# Ma vie de patron

JACK WELCH

avec la participation de John Byrne

# Ma vie de patron

## Le plus grand industriel américain raconte

Traduit de l'américain par Marie-France Pavillet

Village Mondial

L'édition originale de cet ouvrage a été publiée par Warner Business Books, New York, sous le titre *Jack*.



*Les bénéfices retirés par l'auteur pour ce livre*
*seront intégralement reversés*
*à des œuvres caritatives.*



ISBN : 2-84211-155-9

*Aux centaines de milliers de salariés de GE.*
*Si j'ai pu écrire ce livre,*
*c'est grâce à leurs idées et à leurs efforts*

# Sommaire

## Section III

### Des hauts et des bas



## Section IV

### Changer les règles du jeu



## Section V

### Hier, demain...

# Avertissement de l'auteur

Il paraîtra peut-être étrange de commencer une autobiographie par la confession suivante : je déteste parler à la première personne. Presque tout ce que j'ai fait dans ma vie, c'est avec d'autres que je l'ai accompli. Mais quand on écrit ce genre de livre, on est obligé d'utiliser le « je » de narration, alors que c'est en fait le « nous » qui compte.

Je voulais citer par leur nom toutes les personnes qui m'ont accompagné dans ce projet, mais mes éditeurs ont eu l'air de penser que cela faisait beaucoup. Nous avons fini par trouver un compromis. C'est la raison pour laquelle les remerciements, à la fin de l'ouvrage, sont assez longs. Je demande à mon lecteur de penser à tous les collègues et amis qui y sont cités, ainsi qu'à ceux que j'ai pu omettre, chaque fois qu'il lira « je ».

# Prologue

Le week-end de Thanksgiving 2000, j'ai passé le plus clair de la matinée du samedi à attendre notre *New Guy*. Tel était le nom de code de mon successeur, le futur président directeur général de General Electric.

La veille au soir, le Conseil avait unanimement approuvé la nomination de Jeff Immelt. Je l'avais appelé immédiatement pour lui annoncer la bonne nouvelle et je les avais invités, lui, sa femme et sa fille, à venir passer le week-end avec nous en Floride.

Manifestement, il était au courant. Nous sommes d'ailleurs très vite passés aux détails pratiques de son voyage.

En l'attendant, le samedi matin, je ne tenais pas en place. Le long processus de succession était enfin terminé. J'étais déjà dehors quand la voiture de Jeff s'est engagée sur notre chemin. À peine en était-il sorti que je l'étreignais en lui disant exactement ce que Reg Jones m'avait dit vingt ans plus tôt :

« Félicitations, monsieur le Président ! »

Ce geste, à mes yeux, fermait la boucle, en quelque sorte.

Je revivais ce jour où Reg était entré dans mon bureau, à Fairfield, et m'avait pressé sur son cœur, exactement de la même façon.

L'homme n'était guère porté sur les démonstrations d'affection. Le voilà pourtant qui me serrait dans ses bras, radieux. Quant à moi, en ce jour de décembre 1980, j'étais le plus heureux des Américains – en tout cas celui qui avait le plus de chance. Si j'avais tiré dans un chapeau le nom de la société que j'étais appelé à diriger, je n'en aurais trouvé aucune qui me convienne mieux. En en prenant les commandes, je prenais celles d'un fantastique portefeuille d'activités, allant de la construction de moteurs d'avion aux services financiers, en passant par les générateurs électriques, les plastiques, le matériel d'imagerie médicale et la télévision. Les produits et services de GE touchent pratiquement tout le monde.

Et puis, et surtout, mon travail concernait les hommes, à près de 75 %. J'ai collaboré avec certains des individus les plus intelligents, les plus créatifs et les plus battants du monde – dont beaucoup étaient d'ailleurs nettement plus brillants que moi.

Lorsque j'étais entré chez GE, en 1960, mes horizons étaient modestes. À vingt-quatre ans, jeune ingénieur frais émoulu de son doctorat, je touchais un salaire annuel de 10500 dollars et j'ambitionnais de passer la barre des 30000 à trente ans. Tel était mon objectif, si du moins j'en avais un. Je me donnais à fond à ce que je faisais et je m'amusais comme un fou. De promotion en promotion, j'ai fini par me dire, vers le milieu des années 1970, qu'au fond, un jour, je pourrais peut-être parvenir au sommet.

Rien ne m'y prédisposait. Nombre de mes pairs me considéraient comme le canard dans la couvée de poule et trouvaient que j'étais vraiment trop différent du profil maison. De fait, je n'avais pas l'habitude de me gêner pour dire ce que j'avais à dire avec une franchise qui confinait à la brutalité. J'étais impatient et beaucoup me trouvaient très critique. En outre, j'avais contracté certaines habitudes totalement étrangères à la norme, entre autres celle qui consistait à aller à tout bout de champ arroser nos succès, petits et grands, au bar du coin.

Heureusement, nombre de mes collègues – dont Reg Jones – avaient le courage de m'apprécier.

Apparemment, nous étions aussi dissemblables que possible. Né en Grande-Bretagne, toujours digne et tiré à quatre épingles, il avait une prestance d'homme d'État. Quant à moi, j'avais passé mon enfance à Salem, dans le Massachusetts, à vingt-cinq kilomètres au nord de Boston. J'étais fils unique et mon père, d'origine irlandaise, était contrôleur de chemin de fer. Reg était réservé, à cheval sur les formes. J'étais très direct, nerveux, et je parlais fort avec un accent de Boston très marqué et en bégayant parfois de façon gênante. À l'époque, Reg était l'homme d'affaires le plus admiré d'Amérique et jouissait d'une influence certaine à Washington. Totalement inconnu à l'extérieur de GE, je n'avais aucune expérience politique.

Pourtant, j'ai toujours eu l'impression que le courant passait entre nous. Il révélait rarement ce qu'il pensait, même par allusions, mais je sentais qu'il me comprenait. À certains égards, nous étions très proches. Nous respections nos différences mutuelles et nos points communs portaient sur des choses importantes. Tous deux férus d'analyse et de chiffres, nous travaillions attentivement nos dossiers. Nous étions tous les deux amoureux de GE. Conscient qu'une transformation s'imposait désormais, il était convaincu que la passion qui m'animait me permettrait de la mener à bien et que j'en avais les moyens intellectuels.

Je ne suis pas sûr qu'il mesurait l'ampleur du changement que je souhaitais faire subir à GE mais, vingt ans durant, il a soutenu toutes mes initiatives.

La lutte pour la succession de Reg a été farouche, compliquée par des querelles internes et l'affrontement d'ego particulièrement forts, dont le mien. C'était horrible. Au départ, nous étions sept, venant de divers horizons du groupe, à nous battre non pas en coulisses, mais carrément sous le feu des projecteurs, sous les yeux du public. Reg en était navré : il aurait préféré un processus moins fratricide et surtout plus feutré.

J'ai commis quelques erreurs, ces années-là, mais aucune ne s'est révélée fatale. Le 19 décembre 1980, quand Reg a obtenu que le Conseil entérine sa décision de me confier sa succession, ce choix n'avait rien d'évident. Quelques instants après l'annonce officielle, l'un de mes collègues et amis a fait halte au Hi-Ho, le bar le plus proche du siège, où il a surpris un membre de la vieille garde répétant inlassablement à son verre la sombre prophétie suivante : « Je lui donne deux ans – après, il sera bon pour l'asile ! »

Marge d'erreur : plus de vingt ans !

Durant toutes les années où j'ai présidé aux destinées de GE, j'ai bénéficié de l'attention des médias – pour le meilleur comme pour le pire. Début juin 1998, par exemple, le magazine *Business Week* m'a consacré sa couverture et un long article et ce sont les innombrables lettres que j'ai reçues à ce moment-là qui m'ont donné l'idée d'écrire ce livre.

Pourquoi ? Tout simplement parce qu'après avoir lu cet article, littéralement des centaines de personnes, que je ne connaissais ni de près ni de loin, m'ont écrit des lettres aussi émouvantes qu'inspirantes, dans lesquelles elles évoquaient leur carrière. Elles avaient le sentiment que leur entreprise les soumettait à des pressions : si elles voulaient réussir, il leur fallait changer, se conformer à tel ou tel modèle, devenir quelqu'un d'autre. Ce qui les avait frappées et qu'elles avaient apprécié, dans l'article, c'était que j'affirmais être toujours resté moi-même. J'avais même réussi, semblait-il, à faire en sorte que l'une des plus grandes entreprises du monde finisse par adopter un comportement proche de celui de ma famille ou de mes amis.

J'ai effectivement tenté de créer l'ambiance simple et libre de l'épicerie du coin au sein d'une très grande entreprise. Des milliers de personnes m'y ont aidé.

La vérité est évidemment plus complexe. Les premières années de ma carrière, j'ai fait de grands efforts pour être honnête envers moi-même, pour lutter contre la pompe bureaucratique, même si cela devait mettre en cause ma réussite chez GE. N'empêche, moi aussi, je me souviens avoir ressenti des pressions considérables pour devenir un personnage qui n'était pas moi. À l'occasion, j'ai joué le jeu.

C'est ainsi que, peu après avoir été nommé président adjoint, je suis arrivé à l'une de mes premières réunions du conseil d'administration, à San Francisco, vêtu d'un costume bleu admirablement repassé, d'une chemise blanche amidonnée et d'une impeccable cravate rouge. Lorsque je me suis exprimé, ce fut en choisissant mes mots avec le plus grand soin. Je voulais, je crois, montrer aux administrateurs que j'étais plus vieux et plus mûr que mes quarante-trois ans et ma réputation ne le laissaient croire. J'imagine que je voulais avoir l'allure et le comportement du président adjoint typique de GE.

Paul Austin, président de Coca-Cola, qui était depuis longtemps administrateur de GE, est venu me trouver au cours du cocktail qui a suivi.

« Jack, m'a-t-il dit en touchant mon costume, ce n'est pas toi, ça. Reste toi-même, je t'assure que ça te va beaucoup mieux. »

Je remercie le ciel que Paul Austin ait compris que je jouais un rôle – et surtout qu'il ait eu le courage de me le dire. À vouloir être quelqu'un d'autre, j'aurais pu aller au désastre.

J'ai connu nombre de hauts et de bas, au cours des quarante et un ans que j'ai passés chez GE. Dans les médias, je suis passé du prince au cochon et vice versa. On m'a affublé d'un certain nombre de surnoms.

J'ai commencé, dès les premiers temps, quand je travaillais à la division Plastiques, encore toute petite à l'époque, par me faire traiter de fou furieux. Et quand je suis devenu PDG, il y a vingt ans, Wall Street a demandé : « *Jack Who ?* »

Au début des années 1980, lorsque j'ai dû procéder à des compressions d'effectifs pour améliorer la compétitivité de GE, les médias m'ont surnommé « *Neutron Jack* ». Apprenant que nous attachions la plus grande importance aux valeurs et à la culture d'entreprise, chez GE, certains ont demandé si « Jack le dur faisait dans le *soft* ». J'ai été successivement Jack le Numéro un ou le Numéro deux, Jack les Services, Jack le Global et, ces dernières années, Jack Six Sigma et Jack E-Business.

Quand, en octobre 2000, nous avons entrepris d'essayer d'acquérir Honeywell et que j'ai accepté de conserver mon poste pendant la période de transition, je crois bien que certains m'appelaient, dans leur for intérieur, « Jack S'accroche ».

À y regarder de plus près, ces sobriquets portaient moins sur ma propre personnalité que sur les diverses phases que la compagnie a traversées. La vérité, au fond, c'est que je n'ai pas beaucoup changé par rapport au petit garçon que ma mère élevait à Salem.

Au tout début de cette aventure, en 1981, j'ai annoncé lors de ma première réunion d'information devant les analystes de Wall Street réunis à l'hôtel Pierre, à New York, que je voulais que GE devienne « l'entreprise la plus compétitive de la terre ». Mon objectif était d'instiller l'esprit d'une petite entreprise dans le corps d'une grande, de construire, sur les fondements d'un groupe industriel traditionnel, une société plus dynamique, plus réactive et plus agile que des concurrentes cinquante fois plus petites qu'elle. Je leur ai dit que je voulais que nos collaborateurs « aient l'audace d'essayer des approches nouvelles – en étant assurés que les seules limites à leur créativité et à leur dynamisme, à leurs propres critères d'excellence personnelle, ce seraient la vitesse à laquelle ils agiraient et jusqu'où ils iraient ».

J'ai eu la chance de passer plus de quarante ans chez GE et, chaque jour, j'ai mis toute mon intelligence, tout mon cœur et toutes mes tripes dans l'aventure. Ce livre ambitionne de vous la faire partager. Au final, je crois que nous avons créé la plus grande usine à fabriquer des hommes du monde, une entreprise apprenante, dotée d'une culture sans frontières.

Mais je vous laisse juger par vous-même si j'ai, ou non, atteint l'objectif que je décrivais dans mon discours de « vision » à l'hôtel Pierre, en 1981.

Tout n'a pas toujours été évident. Je pense que les affaires, c'est un peu comme un restaurant de renommée internationale. Quand vous regardez derrière les portes de la cuisine, les mets ne sont jamais aussi appétissants que quand ils arrivent sur votre table, sur de la porcelaine fine, présentés à la perfection. Qui dit affaires dit désordre et chaos. J'espère cependant que vous trouverez dans notre cuisine quelque chose qui pourra vous aider à réaliser vos propres rêves.

Ceci n'est ni une bible ni un manuel de management. En revanche, vous trouverez dans ces pages la philosophie que j'ai tirée de mon aventure. Je me suis attaché à un certain nombre de principes élémentaires, qui m'ont beaucoup apporté – à commencer par l'essentiel, l'intégrité. J'ai toujours cru en une approche simple et directe. Ce livre tente de montrer comment une entreprise, et chacun d'entre nous, peut apprendre en s'ouvrant à d'autres idées, d'où qu'elles viennent.

L'expérience m'a montré que l'on tire souvent autant d'enseignements des erreurs que de la réussite.

Ce n'est jamais par un parcours en droite ligne que l'on réalise sa vision ou son rêve. J'en suis la preuve vivante. Mon histoire est celle d'un homme qui a eu de la chance, qui n'était ni au moule de la grande entreprise, ni programmé pour en prendre les rênes, et qui s'est débrouillé pour continuer à avancer, même s'il trébuchait de temps en temps, pour survivre et même réussir dans l'une des entreprises les plus célèbres du monde. Mais elle reste fermement ancrée dans une petite ville américaine. Je n'ai jamais cessé d'être conscient de mes racines, même quand mes yeux se sont ouverts sur un monde dont je ne soupçonnais même pas l'existence.

Pour l'essentiel, cependant, vous avez sous les yeux une histoire écrite par d'autres que moi – des milliers de collaborateurs brillants, ayant confiance en eux, débordant d'énergie, qui se sont mutuellement enseigné l'art et la manière de briser les moules du vieux monde industriel et de contribuer à bâtir un hybride nouveau mêlant production industrielle, services et technologie.

Ce sont leurs efforts et leur réussite qui ont rendu ma propre aventure si passionnante. Si j'ai eu la chance de jouer un rôle dans tout cela, c'est parce que Reg est entré dans mon bureau, il y a vingt et un ans, et m'a serré sur son cœur, comme il ne l'avait sans doute jamais fait de sa vie. Cela a changé la mienne, à tout jamais.

SECTION I

# LES PREMIÈRES ANNÉES

1

# J'apprends à y croire

C'était le dernier match de hockey, après une saison calamiteuse. Cette année-là, j'étais en terminale au lycée de Salem et si nous avions gagné les trois premières rencontres, battant successivement Danvers, Revere et Marblehead, nous avions perdu les six suivantes, dont cinq à un point près. Nous avions donc particulièrement à cœur de gagner celui-ci, qui se jouait sur la patinoire de Lynn, contre notre rivale de toujours, l'équipe de Beverly High. Co-capitaine de mon équipe, les Salem Witches, j'avais marqué deux buts, et nous pensions avoir des chances sérieuses de l'emporter.

C'était un bon match, et nous avions entamé les prolongations sur un score de 2-2. Mais, très vite, l'autre équipe a marqué un but, nous condamnant ainsi à une septième défaite consécutive. Fou de rage, j'ai jeté ma crosse à l'autre bout de la patinoire et je suis allé la récupérer avant de rentrer au vestiaire. Mes camarades y étaient déjà, en train d'enlever leurs patins et leur uniforme. C'est alors que la porte s'est ouverte pour livrer passage à mon Irlandaise de mère.

Le silence se fit immédiatement. Tous les yeux étaient rivés sur cette femme d'âge moyen, en robe à fleurs, qui traversait la pièce en passant devant les bancs de bois où certains garçons se changeaient déjà. Elle fonça droit sur moi et m'agrippa par le haut de mon uniforme.

« Espèce de vaurien, me cria-t-elle au visage. Si tu ne sais pas perdre, tu ne sauras jamais gagner ! Et si tu ne sais pas cela, tu ferais mieux de ne pas jouer ! »

J'en ai été ulcéré – cela se passait devant mes amis – mais ce qu'elle m'a dit ce jour-là, je ne l'ai jamais oublié. La passion, l'énergie, la déception et l'amour qui l'animaient, alors qu'elle se frayait un chemin vers ce vestiaire, c'était ma mère. De ma vie, personne n'a jamais eu sur moi autant d'influence. Grace Welch m'a enseigné la valeur de la compétition et le plaisir de la victoire, mais aussi la nécessité d'accepter la défaite.

Si j'ai un style de leadership, une façon d'obtenir des gens ce qu'ils ont de meilleur, je le lui dois. Dure et agressive, chaleureuse et généreuse, dotée d'un jugement très sûr, elle avait toujours son idée sur les gens qu'elle rencontrait et vous « flairait un faux jeton à un kilomètre à la ronde ».

Dans le même temps, elle montrait une grande compassion et beaucoup de générosité envers ses amis. Si un parent ou une voisine venait à la maison et admirait des verres dans sa vitrine, elle n'hésitait pas à leur en faire cadeau.

D'un autre côté, gare à ceux qui la contrariaient ; en outre, elle gardait rancune à ceux qui trahissaient sa confiance. En écrivant ces lignes, j'ai presque l'impression de me décrire moi-même.

Je lui dois aussi un certain nombre des convictions qui me tiennent le plus à cœur en tant que chef d'entreprise – par exemple la nécessité de se battre farouchement pour gagner, de regarder la réalité en face, de motiver les gens en alternant le bras sur l'épaule et le coup de pied au cul et en leur assignant des objectifs follement ambitieux – ou encore l'habitude de suivre ce qu'ils font, de façon à s'assurer que le travail avance réellement. Elle a ancré en moi, définitivement, des choses qui me paraissent toujours aussi cruciales. Elle tenait particulièrement à ce que l'on juge toute situation en se fondant sur les faits, sans se cacher derrière son petit doigt. L'une de ses expressions favorites était : « Ne te raconte pas d'histoires. C'est comme ça et pas autrement. »

« Si tu ne travailles pas, me disait-elle souvent, tu ne seras rien. Absolument rien. Il n'y a pas de réussite sans travail, pas de raccourcis. Ne te fais pas d'illusions. »

Ces admonitions lapidaires, sans concession, je les entends encore tous les jours dans mon for intérieur. Chaque fois que j'essaie de me leurrer en espérant qu'une négociation bloquée ou un problème difficile s'arrangeront par miracle, les préceptes de ma mère m'aident à remettre les pendules à l'heure.

Depuis mes premières années à l'école, elle m'a appris la nécessité d'y exceller. Elle savait se montrer sévère, mais aussi me prendre dans ses bras, me dorloter. Elle faisait en sorte que je sache à quel point elle m'aimait. Si je ramenais un carnet avec quatre A et un B, elle voulait absolument savoir pourquoi j'avais eu le B. Mais elle terminait toujours la conversation en me félicitant et en me couvrant de baisers pour les A.

Elle vérifiait constamment que je faisais mes devoirs, absolument comme je vérifie sans cesse aujourd'hui ce que font mes collaborateurs. Je me vois encore assis à mon bureau, dans ma chambre, à me dépêcher de les terminer, tandis que la voix de ma mère montait de la salle de séjour : « Tu as fait ton travail ? Ne t'avise pas de descendre avant d'avoir tout fini, hein ! »

Mais c'est autour de la table de cuisine, en jouant au gin-rami avec elle, que j'ai découvert les joies de la compétition. Je me souviens qu'en cours préparatoire, je rentrais déjeuner aussi vite que je pouvais dans l'espoir de pouvoir en faire une partie. Quand elle me battait, ce qui arrivait souvent, elle posait les cartes sur la table en hurlant : « GIN ! » J'étais furieux, mais je n'avais qu'une hâte, revenir tôt à la maison pour avoir une chance de prendre ma revanche.

Je pense que c'est à ce moment-là qu'est née ma rage de gagner, que ce soit sur un terrain de base-ball, une patinoire de hockey, au golf ou dans les affaires.

Le plus grand cadeau qu'elle m'ait fait, c'est sans doute la confiance en soi. C'est d'ailleurs une qualité que j'ai recherchée et tenté de renforcer chez tous les cadres dirigeants qui ont travaillé avec moi. Quand on a confiance en soi, on a davantage de courage, on agrandit sa sphère d'influence. Cela permet de prendre davantage de risques et d'en faire beaucoup plus que l'on n'aurait cru possible. Affermir la confiance en soi de ses collaborateurs, c'est l'une des tâches essentielles d'un patron. Pour ce faire, il faut leur donner des opportunités et les mettre au défi de faire des choses dont ils ne se seraient jamais crus capables – et les récompenser de toutes les façons possibles après chaque succès.

Ma mère n'a jamais eu de personnel à diriger, mais elle n'avait pas sa pareille pour développer l'estime de soi. J'avais un défaut d'élocution, un bégaiement tenace. Cela donnait parfois lieu à des incidents comiques, voire embarrassants. Quand j'étais étudiant, je commandais souvent un sandwich au thon le vendredi, jour où les catholiques ne mangeaient pas de viande, à l'époque. La serveuse m'en rapportait systématiquement deux, ayant mal entendu « un sandwich avec », mais très clairement : « deu-deu thon ».

Ma mère avait trouvé la meilleure excuse qui soit. « C'est parce que tu es très intelligent, me disait-elle. Ça tourne tellement vite, dans ta tête, que ta langue ne suit pas. Personne ne peut parler à la vitesse à laquelle tu penses. » De fait, des années durant, je ne me suis jamais considéré comme bègue. Je croyais précisément ce qu'elle me disait : que mon cerveau allait plus vite que ma langue.

Il m'a fallu des années pour comprendre à quel point elle m'avait aidé, de ce point de vue. Un jour, en regardant des photos des diverses équipes de sport auxquelles j'ai appartenu, j'ai eu la surprise de constater que j'étais presque systématiquement le plus petit et le plus chétif du groupe. À l'école primaire, dans mon équipe de basket, plusieurs joueurs avaient une bonne tête de plus que moi.

Mais cela ne me traumatisait pas, je ne m'en rendais même pas compte. Aujourd'hui, en regardant ces clichés, cela me fait rire de voir le gringalet que j'étais. Il est invraisemblable que je n'aie pas été plus complexé par ma taille. Cela montre le pouvoir d'une mère : la mienne m'a armé d'une incroyable confiance en moi. Elle m'a convaincu qu'aucune ambition n'était trop élevée pour moi. Cela ne tenait qu'à moi. « Il suffit de te battre », me disait-elle.

Il y avait entre nous un lien puissant, chaleureux et unique, sur lequel je pouvais réellement m'appuyer. C'était ma confidente, ma meilleure amie. Je crois que c'est en partie parce que j'étais fils unique et un peu l'enfant du miracle : elle avait trente-six ans à ma naissance, mon père quarante et un, ce qui était tard pour l'époque, et cela faisait plusieurs années qu'ils essayaient sans succès d'avoir des enfants. C'est pourquoi lorsque je suis arrivé à Peabody, dans le Massachusetts, le 19 novembre 1935, ma mère a déversé sur moi des flots d'affection, comme si elle venait de découvrir un trésor inestimable.

Je ne suis pas né dans un milieu fortuné. Mais j'ai eu beaucoup mieux : des tonnes d'amour. Mes grands-parents, des deux côtés, étaient des immigrants irlandais, et aucun d'entre eux n'avait terminé ses études secondaires, pas plus que mes parents. J'avais neuf ans lorsqu'ils ont acheté notre première maison, une modeste bâtisse d'un étage, dans un quartier irlandais ouvrier de Salem.

Juste en face, il y avait une petite usine. Mon père me répétait souvent que c'était un avantage considérable. « C'est idéal, d'habiter près d'une usine. Il n'y a pas mieux, comme voisins : ils ne sont jamais là le week-end, ils ne viennent jamais vous ennuyer, ils sont très calmes. » Je le croyais, n'ayant jamais décelé qu'il disait cela pour se donner, lui aussi, confiance en lui.

Contrôleur de chemin de fer, il travaillait sur une ligne de banlieue, Boston-Newburyport. Quand « Big Jack » quittait la maison, à cinq heures du matin, sanglé dans son uniforme bleu repassé de frais et une chemise blanche amidonnée à la perfection par ma mère, il aurait pu présenter ses respects à Dieu le Père lui-même. Ses journées étaient presque toutes identiques – il poinçonnait les billets au long d'un itinéraire immuable, égrenant indéfiniment les dix mêmes gares : Newburyport, Ipswich, Hamilton/Wenham, North Beverly, Beverly, Salem, Swampscott, Lynn, l'usine General Electric, Boston. Et recommençait tout au long des soixante mêmes kilomètres du retour. Plus tard, cela m'a amusé de constater que l'un de ses arrêts réguliers desservait l'usine de construction de moteurs d'avions GE de Lynn, juste à côté de Boston.

Il était toujours heureux de retrouver le train qu'il considérait comme lui appartenant personnellement. Mon père aimait accueillir le public et rencontrer des gens intéressants. Toujours jovial, il se déplaçait le long du couloir central comme un ambassadeur, poinçonnant les tickets et adressant un mot gentil à tous les passagers qu'il connaissait de vue, comme si c'étaient des amis intimes.

Aux heures de pointe, il échangeait avec eux des sourires et des saluts, faisant largement appel à la faconde irlandaise. Lui qui faisait preuve de tant de gaieté dans le train se montrait au contraire très taciturne à la maison. Cela contrariait ma mère, qui se plaignait souvent qu'il nous fasse si rarement profiter des blagues qu'il débitait toute la journée.

Doué d'une grande conscience professionnelle, mon père faisait des journées longues et n'en manquait aucune. Si les prévisions météo étaient mauvaises, il demandait à ma mère de le déposer à la gare la veille au soir. Il dormait alors dans un wagon de son train, pour être prêt le lendemain.

Il rentrait rarement à la maison avant sept heures du soir et c'est ma mère qui allait le chercher à la gare avec la voiture familiale. Il revenait toujours avec un paquet de journaux sous le bras – ceux que ses passagers avaient abandonnés. Dès l'âge de six ans, j'ai ainsi eu ma ration quotidienne d'actualités politiques et sportives, grâce aux exemplaires laissés pour compte du *Boston Globe*, du *Herald* et de *Records*. La lecture, chaque soir, du journal, est devenue pour moi une habitude invétérée. Encore aujourd'hui, je suis accro d'infos.

Grâce à mon père, j'ai ainsi appris à m'intéresser à ce qui se passait en dehors de Salem. C'est lui aussi qui m'a enseigné, par l'exemple, la valeur du travail acharné. Et puis il a fait autre chose dont je lui ai su gré toute ma vie : il m'a fait découvrir le golf. Il m'a expliqué que les gros bonnets ne parlaient que de ça et que je ferais mieux de m'y mettre, au lieu de continuer à jouer au base-ball, au football ou au hockey. Un certain nombre de mes camarades du quartier étaient caddies. Mon père me poussant, j'ai commencé un peu plus tôt que les autres, dès l'âge de neuf ans, au Kernwood Country Club, non loin de chez nous.

J'étais incroyablement proche de mes parents. Le soir, quand ma mère allait chercher mon père en voiture après son travail, son train était souvent en retard. À douze ou treize ans, j'en étais malade d'inquiétude. Je sortais de la maison et je descendais la rue, le cœur battant, pour voir s'ils approchaient, ayant toujours peur qu'il leur soit arrivé quelque chose. Je ne pouvais pas les perdre, c'était impossible. Ils étaient tout pour moi.

Je n'aurais pas dû être inquiet, car ma mère m'avait élevé de façon à me rendre fort, dur et indépendant. Elle avait toujours eu peur de mourir jeune, victime de la maladie de cœur qui frappait tout le monde dans sa famille. C'est pourquoi, dès le début de mon adolescence, elle m'a encouragé à prendre de l'autonomie. Elle me poussait à aller tout seul à Boston voir un match ou un film. Je me croyais cool – sauf quand elle allait chercher mon père et qu'ils tardaient à rentrer à la maison.

Salem était un environnement fantastique, pour un jeune. On y cultivait fortement l'amour du travail et les valeurs éprouvées. À l'époque, personne ne fermait sa porte à clé. Le samedi, les parents voyaient sans inquiétude leurs gamins partir à pied au cinéma Paramount, en ville, où, pour une pièce de 25 cents, on pouvait non seulement s'offrir deux films et un paquet de pop-corn, mais il restait assez de monnaie pour s'acheter une glace, en rentrant. Le dimanche, les églises étaient pleines.

Mes camarades et moi adorions la bagarre et la compétition, je n'étais pas le seul à vouloir gagner. Tous autant que nous étions, nous ne pensions qu'à pratiquer un sport ou l'autre. Nous organisions nous-mêmes nos matches de base-ball, de basket, de foot et de hockey, sur un terrain plat et poussiéreux entouré d'arbres et de murs derrière North Street. Au printemps et en été, nous balayions le gravier, choisissions notre camp et notre équipe et établissions le programme de nos tournois. Nous jouions du lever du jour au coup de sifflet qui marquait le couvre-feu, à neuf heures moins le quart. C'était le signal qu'il était temps de rentrer à la maison.

À l'époque, il y avait une école par quartier, ce qui conduisait à d'intenses rivalités dans tous les sports – même au niveau de l'école primaire. J'étais quart arrière de l'équipe de football de mon école, qui comptait six joueurs. J'étais d'une lenteur désespérante, mais j'avais le bras solide et deux coéquipiers qui couraient, eux, comme des lapins. Nous avons gagné le championnat. J'étais aussi lanceur de l'équipe de base-ball, où j'ai appris à lancer en courbe et à lober.

Au lycée, cependant, j'ai très vite constaté que je ne progressais plus ni au foot ni au base-ball. J'étais trop lent pour le premier et mon lancer de base-ball, si meurtrier à l'âge de douze ans, n'avait rien gagné en puissance quatre ans plus tard. Ma balle la plus rapide n'aurait pas brisé la moindre vitre. Les batteurs l'attendaient donc tranquillement. Lanceur débutant en seconde, je me suis retrouvé sur le banc de touche en terminale. En revanche, j'avais la chance de me débrouiller correctement au hockey, ce qui m'a permis d'être capitaine et meilleur marqueur de l'équipe du lycée, mais à l'université, à nouveau rattrapé par mon manque de vitesse, j'ai dû abandonner.

Par bonheur, le golf ne demande pas de vitesse. Grâce aux encouragements de mon père, j'avais commencé très tôt à faire le caddy au Kernwood Country Club. Le samedi matin, mes copains et moi, nous nous asseyions sur le trottoir devant les grilles du cimetière et nous attendions qu'un membre du golf nous prenne dans sa voiture pour nous faire franchir les quelques kilomètres qui nous séparaient du golf. Les jours de canicule, nous allions dans un coin retiré que nous appelions « Black Rock » et, nus comme des vers, nous nous rafraîchissions dans la Danvers.

Mais la plupart du temps, nous nous installions dans l'herbe, près de la cabane des caddies et nous attendions que « Swank » Sweeney, notre patron, nous appelle. Grand, maigre, les cheveux frisés, il sortait les sacs de la cabane et, dès qu'il criait : « Welch ! », je me précipitais, abandonnant jeu de cartes ou partie de lutte.

Nous espérions presque tous porter les clubs de Ray Brady, l'un des rares golfeurs à donner un pourboire et certainement le plus généreux. En règle générale, nous nous contentions du tarif officiel, 1,50 dollar par parcours de 18 trous. Mais, en fait, nous travaillions surtout pour le lundi matin, notre grand jour. Pendant que les équipes de jardiniers s'activaient, nous étions autorisés à utiliser les balles perdues que nous dénichions et nos clubs couverts de Chatterton pour faire notre propre 18 trous. Nous arrivions à l'aurore, car à midi pile, on nous mettait dehors.

Cette activité m'a permis de gagner un peu d'argent et, surtout, d'apprendre à jouer. Cela m'a aussi permis d'entrer en contact, très tôt, avec des personnes ayant relativement bien réussi dans la vie. En observant l'attitude des joueurs sur les greens, j'ai appris très tôt à faire la différence entre les hommes charmants et les crétins finis.

J'ai eu aussi des tas d'autres petits boulots. À un moment donné, j'ai livré le *Salem Evening News*. Pendant les vacances de Noël, je travaillais à la poste. Trois ans durant, j'ai également vendu des chaussures, à la commission, au magasin Thom McCan, dans Essex Street. Nous touchions sept cents la paire pour les chaussures ordinaires. Mais pour les rossignols, bicolores violet et blanc en 47 large, je touchais 25 ou 50 cents. Je les sortais de leur boîte, les chaussais sur des pieds puants, faisais faire quelques pas au client et l'assurais d'un ton admiratif que ces pompes lui allaient à ravir. Qu'est-ce que je n'aurais pas dit, pour quelques sous, à l'époque !

L'un de ces petits boulots de vacances m'a permis de savoir quel métier je ne voulais pas faire. C'est chez le fabricant de jeux de société Parker Brothers, à Salem, que je l'ai découvert. Ma tâche consistait à prendre un petit bouchon et à le percer en appuyant sur une pédale, puis à le jeter dans un grand cylindre de carton. J'en perçais des milliers par jour.

Pour faire passer le temps, je pariais intérieurement que je parviendrais à recouvrir tout le fond du carton avant que le contremaître ne vienne le vider. J'y réussissais rarement, et cela me vexait terriblement. En rentrant à la maison, j'avais la migraine. Je détestais ce boulot. Je n'ai pas tenu trois semaines chez Parker, mais j'y ai beaucoup appris.

J'ai passé mon enfance le nez collé à la vitre. Tous les étés, avant que j'aie l'âge de travailler, les gamins de Salem bénéficiaient d'une journée à Orchard Beach, parc d'attractions situé dans le Maine. C'était le point culminant des vacances. Le train spécial qui nous y emmenait partait à six heures et demie du matin et nous arrivions à destination vers huit heures et demie. Au bout de deux heures, en allant d'une attraction à l'autre, la plupart d'entre nous avait dépensé les cinq dollars que nous avions en poche à l'arrivée.

Nous avions encore une journée entière à passer sur place et plus un sou. Alors, mes copains et moi, nous écumions la plage à la recherche de bouteilles vides à rapporter à la consigne, allant de groupe en groupe pour demander aux baigneurs s'ils en avaient. À deux cents la bouteille, nous accumulions en général suffisamment de monnaie pour financer un hot dog et quelques attractions de plus avant de rentrer à la maison.

D'un autre côté, je n'ai jamais eu l'impression d'être privé de quoi que ce soit. Je n'avais pas de grands besoins. Mes parents faisaient beaucoup de sacrifices pour moi, veillant à ce que j'aie un gant de basket de qualité et un bon vélo. Mon père laissait ma mère me gâter, discrètement, sans chercher à en tirer profit lui-même. Effectivement elle me gâtait.

Elle m'emmenait à Fenway Park voir Ted Williams jouer avec les Boston Red Sox. Elle allait me chercher à l'école en début d'après-midi et me conduisait au golf, de sorte que j'arrivais avant les autres caddies. Très pieuse, elle me conduisait aussi à l'église Saint-Thomas pour que je puisse servir la messe de six heures du matin, tandis qu'elle priait au premier rang à droite.

Membre le plus enthousiaste de mon fan club, elle n'hésitait pas à appeler le journal local pour y faire mentionner mes petits triomphes, qu'il s'agisse de mon diplôme de l'université du Massachusetts ou, plus tard, de mon doctorat. Ensuite, elle collait ces coupures dans un grand album. Elle n'avait aucun complexe pour ce genre de choses.

De toute évidence, c'est à ma mère qu'il revenait d'assurer la discipline dans la famille. Un beau jour, par exemple, mon père me surprit dans son train. Je rentrais à la maison avec une bande de copains et nous avions séché nos cours pour célébrer la Saint-Patrick. Il n'a rien dit devant les autres – alors que nous nous étions tous plus ou moins saoulés au Moscatel à 50 cents la bouteille.

En revanche, il a fait son rapport à ma mère, qui m'a pris entre quatre-z-yeux et puni. Une autre fois, j'avais manqué une séance de répétition des enfants de cœur pour aller jouer au hockey sur l'étang gelé de Mack Park, non loin de chez nous. Pendant le jeu, je suis passé à travers la glace et j'ai été complètement trempé. Pour essayer de cacher l'incident, je me suis déshabillé et ai accroché mes vêtements à un arbre, au pied duquel nous avons fait un feu. Je n'étais d'ailleurs pas le seul. Grelottant de froid, en plein mois de janvier, nous avons attendu que nos vêtements sèchent.

Je trouvais que nous nous étions bien débrouillés – du moins jusqu'à ce que je franchisse la porte de la maison.

Ma mère n'a pas mis une seconde à remarquer l'odeur de fumée émanant de mes vêtements. Manquer une répétition des enfants de chœur, c'était une faute lourde à ses yeux, elle qui avait un crucifix au mur, disait son rosaire et considérait le père James Cronin, curé de notre église, comme un saint. Elle m'a donc fait asseoir, m'a obligé à me confesser et m'a imposé une pénitence de son cru, consistant à me fesser à coups de chaussure mouillée (la mienne).

Si elle pouvait être stricte, elle savait aussi se laisser attendrir. Une fois, je n'avais guère plus de onze ans, je me souviens que j'avais chipé une balle à un stand d'attractions foraines qui avait traversé la ville. Le genre de balle que l'on lance pour faire tomber des bidons d'un piédestal et gagner une poupée.

Ma mère n'a pas été longue à la trouver, cette balle, ni à me demander où je l'avais trouvée. Lorsque j'ai avoué l'avoir volée, elle a décrété que je devais aller voir le père Cronin, lui rendre la balle, puis aller me confesser. Mais comme j'étais enfant de chœur, tous les prêtres me connaissaient et j'étais certain qu'ils me reconnaîtraient dans le confessionnal dès l'instant où j'ouvrirais la bouche. Cette perspective me terrifiait.

J'ai négocié avec ma mère en lui proposant d'aller plutôt jeter la balle dans North Canal, rivière boueuse qui traversait la ville, ce qu'elle a accepté au bout d'un moment. Elle m'y a conduit elle-même en voiture, et m'a regardé faire.

Une autre fois, l'année de ma terminale, j'accompagnais au golf l'un des membres les plus radins du club. Cela faisait déjà huit ans que j'étais caddy – probablement un peu trop pour mon bien. Nous sommes arrivés au sixième trou, d'où le drive n'était que d'une centaine de mètres si l'on ne voulait pas perdre sa balle dans un étang. C'est exactement ce qu'a fait mon gars ce jour-là : sa balle est allée s'enfoncer dans la vase, à au moins trois mètres du bord. Il m'a demandé d'enlever mes chaussures et mes chaussettes et d'aller la chercher.

J'ai refusé, et comme il insistait, je l'ai envoyé paître, j'ai jeté ses clubs à l'eau et j'ai conclu en lui disant d'aller les chercher lui-même, ainsi que sa balle, après quoi j'ai pris mes jambes à mon cou.

C'était stupide, pire encore que d'avoir lancé ma crosse de hockey à l'autre bout de la patinoire. Bien sûr, ma mère a été déçue, car cet incident m'a coûté la bourse de caddy que le club allait m'attribuer, mais elle a semblé comprendre ce que j'avais ressenti et n'en a pas fait une montagne.

Une déception plus amère encore m'attendait : j'espérais passer quatre ans gratuitement dans une université prestigieuse grâce à une bourse de la Marine. Trois élèves de mon école avaient passé l'examen : moi, George Ryan et Mike Tivnan, deux de mes meilleurs amis. Mon père avait demandé à notre député d'envoyer des lettres de recommandation et j'avais passé toute une série d'entretiens en vue de décrocher cette bourse. Mes amis l'ont d'ailleurs obtenue : George est allé à Tufts sans bourse délier, Mike à Columbia. J'espérais pour ma part Dartmouth ou Columbia, mais la Marine a refusé mon dossier. Je n'ai jamais su pourquoi.

Le plus curieux, c'est que cet échec s'est révélé favorable. Au lycée de Salem, j'étais bon élève, je travaillais beaucoup et avais de bonnes notes, mais personne n'aurait jamais pu m'accuser d'être brillant. J'ai donc posé ma candidature à Amherst, qui relève de l'université publique de l'État du Massachusetts, où la scolarité se montait royalement à cinquante dollars par semestre. J'allais pouvoir décrocher un diplôme pour moins de mille dollars, y compris le logement et la nourriture.

À part un cousin, j'étais le premier membre de la famille à entreprendre des études supérieures. Je n'avais aucun modèle à suivre parmi mes proches, sauf mon oncle Bill Andrews, qui était « ingénieur » à la centrale électrique de Salem. Ce titre sonnait agréablement à mes oreilles. Ayant rapidement découvert que j'aimais la chimie, j'ai donc entrepris des études d'ingénieur chimiste.

Je connaissais si mal le milieu universitaire que j'ai bien failli ne pas pouvoir l'intégrer. Convaincu que les notes que j'avais obtenues à l'examen de la Marine suffiraient à attester de mon niveau et ignorant leur caractère obligatoire, je n'avais pas passé les tests d'aptitude (SAT). Je n'ai reçu la lettre d'admission que fin juin, quelques jours avant la remise de diplômes de fin d'études secondaires. Je devais être sur une liste d'attente, mais je ne m'en suis même pas rendu compte. Le fait d'entrer dans un environnement moins compétitif que Dartmouth ou Columbia a, en fin de compte, été un immense avantage. Le niveau intellectuel de mes concurrents étant plus faible, il était plus facile de briller.

Et, même si je n'ai jamais manqué de confiance en moi, la première semaine, à l'automne 1953, a été très dure. Je me sentais déraciné, au point que ma mère a fait trois heures de route pour venir me voir sur le campus d'Amherst. Elle a essayé de me remonter le moral.

« Regarde les autres. Rentrer chez eux, cela ne leur vient même pas à l'idée. Tu n'as aucun souci à te faire, tu es aussi bon qu'eux, si ce n'est meilleur. »

Elle avait raison. À Salem, je faisais des tas de choses, je touchais un peu à tout, j'étais à la fois trésorier de ma classe et capitaine de mes équipes de hockey et de golf, mais je n'étais jamais réellement parti loin de la maison, même pas pour un week-end de camping. Moi qui me croyais très fort, capable de me défendre dans la rue ou ailleurs, indépendant, voilà que j'étais complètement anéanti par ma première semaine au campus. Pour commencer, j'avais l'impression de ne pas avoir le niveau dans certaines matières. Certains de mes condisciples, ceux qui venaient des écoles dites préparatoires de Nouvelle Angleterre ou de la prestigieuse Boston Latin, étaient meilleurs que moi en maths. Je trouvais aussi très dur le programme de physique.

Mais ma mère ne voulait rien entendre. Et elle a réussi à me remonter le moral. En moins d'une semaine, mes angoisses avaient disparu.

La première année, j'ai eu du mal, mais les examens se sont bien passés ; les trois années suivantes aussi, d'ailleurs, puisque chaque fois, j'ai réussi à me frayer un chemin sur la liste du recteur. En deuxième année, j'ai prêté serment au Phi Sigma Kappa et me suis installé dans cette fraternité, près de l'étang du campus. Notre maisonnée jouissait de l'un des meilleurs classements en termes de consommation de bière, si ce n'est le meilleur ; on y organisait plus de parties de poker tard dans la nuit et on y faisait mieux la fête que dans la plupart des autres fraternités.

C'était une joyeuse bande et si nous avons failli, une fois ou deux, nous faire renvoyer, j'ai réussi à m'amuser comme un fou tout en faisant correctement mon boulot. J'adorais l'ambiance du campus.

J'étais bien vu par certains de mes professeurs, en particulier Ernie Lindsey, le patron du département Chimie, qui m'a pris en affection et m'a poussé comme si j'étais son propre fils. Comme celui de ma mère, son soutien a beaucoup contribué à me donner confiance en moi. L'été, j'ai travaillé comme ingénieur chimiste stagiaire chez Sun Oil, en Pennsylvanie, et à la Columbia Southern, aujourd'hui PPG Industries, dans l'Ohio. En 1957, je suis sorti dans les deux premiers de ma promotion. Si j'étais allé au MIT, j'aurais sans doute été au milieu du peloton. Très fiers, mes parents m'ont offert une Volkswagen Coccinelle toute neuve comme cadeau de fin d'études.

Au cours de ma dernière année à Amherst, plusieurs entreprises m'ont fait la cour. J'avais beaucoup d'offres intéressantes. Mais mes professeurs m'ont convaincu de faire un troisième cycle. J'ai donc décliné ces diverses offres et décidé d'aller à Champaign, établissement de l'université publique de l'État de l'Illinois, qui m'offrait une bourse. Cette institution était régulièrement classée parmi les cinq premières du pays pour la chimie. Compte tenu de ma spécialité, je ne pouvais guère trouver mieux.

Cela faisait à peine deux semaines que j'étais au campus quand j'ai rencontré une jolie fille, que j'ai invitée un samedi soir. Cette soirée s'est tellement bien passée que nous l'avons terminée dans un parking, non loin des bois. Les vitres de ma voiture commençaient à s'embuer sérieusement, mais cela n'a pas empêché le rayon d'une lampe torche de nous éblouir tout à coup. C'était la police du campus, et elle nous surprenait dans une position embarrassante. Je me suis retrouvé pétrifié sur place, terrifié à l'idée des conséquences possibles.

À l'époque, les choses étaient différentes. Le conformisme régnait en maître dans les années 1950, et nous étions dans le Midwest, l'une des régions les plus conservatrices du pays. La police nous a ramenés tous les deux au poste du campus et nous y a gardés jusqu'à quatre ou cinq heures du matin avant de nous renvoyer dans nos foyers.

Ma vie se déroulait devant moi à vitesse accélérée. Je me disais que j'allais tout perdre : ma bourse, mon diplôme de troisième cycle et ma carrière. Mais, surtout, je pensais à la réaction de ma mère lorsqu'elle apprendrait la chose. Mon sort devait se décider le lundi soir, après une convocation chez le doyen de l'université, qui déterminerait la sanction.

Le dimanche matin, rassemblant tout mon courage, j'ai appelé le professeur Harry Drickamer, directeur du département chimie. Je ne le connaissais que de réputation, celle d'un homme bourru. J'avais peur, certes, mais je le considérais comme mon unique espoir.

« Docteur Drickamer, lui dis-je, j'ai un problème terrible. La police m'a surpris cette nuit avec une jeune fille, en pleine action. Je suis effondré, j'ai besoin de votre aide. »

Je mouillais pratiquement mon caleçon à lui raconter ce qui s'était passé.

« Diable ! m'a-t-il répondu. De tous les étudiants que j'ai vu défiler, vous êtes le premier à faire un truc pareil. Je vais arranger cela, mais je vous préviens, à partir de maintenant, vous avez intérêt à ne plus baisser votre pantalon ! »

Je ne sais pas ce qu'a fait Drickamer, mais il m'a sauvé la mise. J'ai certes passé un moment difficile dans le bureau du doyen, mais je ne me suis pas fait renvoyer. En outre, cet incident effrayant m'a rapproché du professeur Drickamer. Nous avons développé une relation extraordinaire. Lui aussi me traitait comme si j'étais son propre fils. Nous avions nos petits rituels : celui de parier sur les matches de foot, par exemple, ou de discuter politique. Dans les couloirs, il me taquinait sans pitié, me faisant marcher sur les Red Sox ou sur ma calvitie déjà naissante.

Peu à peu, il a pris beaucoup d'influence sur moi ; je peux dire qu'il m'a servi de mentor pendant toute la durée de mon troisième cycle. De fait, j'avais bien besoin de son aide. Je n'étais pas aussi bien préparé pour l'université de l'Illinois que les étudiants qui venaient de Brooklyn Polytechnic, de Columbia ou de l'université du Minnesota. La première année, j'ai eu du mal, comme à Amherst. J'ai vraiment dû bûcher comme un fou. Même avec beaucoup d'imagination, je n'aurais jamais pu passer pour un étudiant éblouissant, encore moins pour une vedette.

En 1958, au terme de ma première année à l'université de l'Illinois où je venais d'obtenir ma maîtrise, le pays traversait une récession. Au lieu d'avoir vingt offres d'emploi, j'en ai eu deux : l'une émanait d'une raffinerie de pétrole de l'Oklahoma Oil, près de Tulsa, l'autre d'Ethyl Corp., en Louisiane. Dans l'avion qui m'y emmenait pour un entretien, je voyageais avec l'un de mes condisciples de l'Université d'Illinois, et il est arrivé quelque chose d'étrange. Venant vers nous, l'hôtesse a dit : « Vous voulez boire quelque chose, monsieur Welch ? » Puis, se tournant vers mon camarade : « Vous voulez boire quelque chose, docteur Gaertner ? »

J'ai trouvé que « docteur Gaertner » sonnait nettement mieux que « monsieur Welch ». Il me suffisait, pour avoir droit à ce titre, de prolonger de deux ans mon séjour à l'université. C'est ce que j'ai fait, afin de passer mon doctorat. Le fait que le marché du travail n'était pas fameux m'a certainement aidé à prendre cette décision. Ce qui m'y a aidé, aussi, c'est que j'aimais beaucoup mes professeurs, surtout Drickamer et mon directeur de thèse, le docteur Jim Westwater.

En troisième cycle, surtout quand on prépare un doctorat, on vit au labo. On arrive à huit heures de matin, et on rentre chez soi à 11 heures du soir. Parfois, j'avais l'impression d'être jugé sur le nombre d'heures où j'avais ma lumière allumée. Ma thèse portait sur la condensation dans les systèmes de distribution de vapeur. Je passais donc des heures à vaporiser de l'eau et à regarder la vapeur se condenser sur une plaque de cuivre.

Jour après jour, je prenais des photographies à très grande vitesse des figures géométriques formées par les gouttelettes en train de se condenser à la surface. À partir de ces expériences, je développais des équations de transfert de chaleur. Ce qui est drôle, quand on prépare une thèse, c'est que l'on est tellement pris par son sujet que l'on se croirait en train de faire de la recherche en vue de décrocher un prix Nobel.

Grâce au soutien efficace de Jim Westwater, j'ai eu mon doctorat en trois ans, plus vite que pratiquement tous mes camarades. En général, cela prend quatre ou cinq ans. J'étais pourtant loin d'être le petit génie du campus. Pour satisfaire aux exigences du programme, qui demandait deux langues vivantes, j'ai travaillé le français et l'allemand jour et nuit pendant trois mois sans discontinuer, tout un été. Je suis entré en salle d'examen, j'ai penché la tête d'un côté, et tout ce que j'avais réussi à ingurgiter est ressorti de l'autre, comme de l'eau. Cela a suffi pour que je sois reçu à l'examen, mais si vous m'aviez demandé une semaine plus tard un seul mot de français ou d'allemand, j'aurais été infichu de vous répondre. J'avais à peine rendu ma copie que mes « connaissances » s'étaient entièrement évaporées.

Je n'étais sans doute pas le plus brillant intellectuellement, mais j'étais opiniâtre. Les plus doués de mes condisciples avaient souvent du mal à terminer leur thèse. Ils étaient incapables d'aboutir à une conclusion. Mon impatience m'a bien aidé.

J'ai toujours pensé que la formation d'ingénieur chimiste était l'une des meilleures préparations pour faire carrière dans les affaires car le programme, puis la thèse, permettent d'apprendre une leçon fort importante : il existe beaucoup de questions auxquelles il est impossible d'apporter une réponse définitive. Ce qui comptait vraiment, aux yeux de nos enseignants, c'était le raisonnement que nous mettions en œuvre. Voici le genre de question que l'on nous posait : un patineur pèse 75 kilos et fait des huit sur de la glace d'une épaisseur de deux centimètres et demie. La température augmente d'un degré toutes les dix minutes, pour atteindre finalement 5 degrés, et le vent souffle à 30 kilomètres/heure. Quand le patineur tombera-t-il à travers la glace ?

Aucune formule ne permettait d'apporter la réponse.

Il en va de même pour de nombreux problèmes en affaires. Par le raisonnement, on peut se rapprocher de la nuance la plus sombre du gris. Mais les réponses sont rarement carrément noires ou carrément blanches. Le plus souvent, dans les affaires, il faut faire autant appel à l'odorat, à l'instinct et au toucher qu'aux chiffres, si ce n'est plus. Attendre la réponse parfaite, c'est se condamner à voir passer les trains.

Quand j'ai quitté l'université de l'Illinois, en 1960, je savais ce que j'avais envie de faire et, tout aussi important, j'avais identifié les domaines dans lesquels je n'excellerais jamais. Mes compétences techniques étaient assez bonnes, mais je ne serais jamais un grand savant, quoi qu'il arrive. Par comparaison avec nombre de mes condisciples, j'étais très extraverti, aimant les gens plus que les livres et le sport plus que les développements scientifiques. Je me suis dit que mes talents et mes centres d'intérêt me prédestinaient à un poste situé à cheval entre le laboratoire et le monde commercial.

C'était un peu comme de savoir que j'étais un assez bon sportif, mais pas un athlète de haut niveau. Ce que je voulais faire me démarquait de la plupart des titulaires d'un doctorat ès sciences qui, d'une manière générale, se destinaient à l'enseignement universitaire ou à la recherche, le cas échéant dans de grands laboratoires appartenant à des entreprises privées. J'ai effectivement envisagé l'enseignement et suis même allé passer des entretiens, dans cette perspective, aux universités de Syracuse et de Virginie Occidentale, mais j'ai décidé de ne pas poursuivre cette voie.

Outre mon diplôme, des amitiés durables et une discipline intellectuelle, l'Illinois m'a donné une épouse merveilleuse. La première fois que j'avais remarqué Carolyn Osburn, c'était à la chapelle du campus, pendant le chemin de croix. Elle allait à la messe, comme moi. Je n'ai cependant réellement fait sa connaissance que lorsqu'un ami commun nous a présentés dans un bar, à Champaign.

Carolyn était grande, jolie, raffinée et intelligente. Sortie brillamment de Marietta College, elle bénéficiait d'une bourse de 1 500 dollars par an à l'université d'Illinois, où elle préparait une maîtrise de littérature anglaise. Dès notre premier rendez-vous, à un match de basket, en janvier 1959, nous sommes devenus inséparables. Cinq mois plus tard, nous étions fiancés et le 21 novembre, deux jours après mon vingt-quatrième anniversaire, nous nous sommes mariés dans sa ville natale, dans l'Illinois.

Nous avons passé le plus clair de notre lune de miel à sillonner les États-Unis et le Canada en Volkswagen – j'allais d'un entretien d'embauche à un autre. J'ai eu la chance d'avoir plusieurs offres, mais deux me convenaient réellement : celle d'Exxon, pour un laboratoire de développement, au Texas, et celle de GE, pour un nouveau projet de la division Chimie à Pittsfield, dans le Massachusetts.

Invité sur place, j'y ai rencontré Dan Fox, scientifique chargé des nouveaux concepts chimiques de la compagnie. C'est ce poste qui m'attirait le plus. Le groupe de développement, de taille modeste, travaillait sur de nouvelles matières plastiques, et l'idée de retourner dans le Massachusetts me plaisait. Comme les professeurs qui m'avaient formé, Fox me donna le sentiment d'être quelqu'un d'intelligent, à qui je pourrais faire confiance. À l'usage, j'ai constaté qu'il savait entraîner ses hommes, leur servir de modèle, tirer la quintessence du talent de tous ceux qui travaillaient avec lui.

À la General Electric, il faisait déjà un peu figure de héros car il avait découvert le Lexan, nouveau plastique que GE commercialisait depuis 1957, potentiellement capable de remplacer l'acier et le verre. Ses utilisations ont été multiples et variées, de la cafetière électrique aux couvercles des feux placés sur les ailes des avions supersoniques.

Fox, comme la plupart des inventeurs, en était déjà au projet suivant : il cherchait désormais à promouvoir un nouveau thermoplastique appelé PPO (oxyde de polyphenylène). Il m'a convaincu que ce serait le prochain produit phare de GE en me décrivant son aptitude unique à résister à de très hautes températures. Le PPO pouvait potentiellement remplacer le cuivre pour les canalisations d'eau chaude et l'acier inoxydable pour les instruments chirurgicaux. Il a terminé son argumentaire sur un élément décisif : je serais à la tête du groupe chargé de le faire sortir du laboratoire et de le faire passer en production. J'ai accepté dans la semaine.

Ce que je ne savais pas lorsque je me suis présenté, le premier jour, le 17 octobre 1960, c'est que je n'allais pas tarder à déchanter. En un an, la bureaucratie de GE a bien failli me faire quitter la compagnie.

2

# Je me démarque

En 1961, cela faisait un an que je travaillais comme ingénieur chez GE pour un salaire annuel de 10 500 dollars, quand mon premier patron m'a accordé une augmentation de 1 000 dollars. Cela m'a semblé parfait – du moins jusqu'à ce que je découvre, un peu plus tard dans la journée, que les trois collègues qui travaillaient dans le même bureau que moi avaient obtenu exactement la même chose. J'estimais mériter mieux qu'une augmentation « standard ».

Je suis allé parler à mon patron, mais la discussion ne nous a menés nulle part.

Vexé, j'ai commencé à chercher un autre job. Je me suis mis à parcourir les offres d'emploi du magazine *Chemical Week* et du *Wall Street Journal*, espérant ainsi trouver rapidement une porte de sortie. Je me sentais piégé dans la masse, proche du niveau zéro d'une grande entreprise. Je voulais en sortir. J'ai reçu une offre intéressante de la société International Minerals & Chemicals, à Chicago, non loin de là où habitait la mère de ma femme. C'était, apparemment, l'occasion de m'échapper.

L'augmentation uniforme et prédéterminée n'était qu'un exemple entre tant d'autres d'une attitude qui m'exaspérait et que je considérais comme de la radinerie. Quand GE m'avait recruté, on m'avait déroulé un tapis rouge et moelleux. Mes interlocuteurs m'avaient convaincu que j'étais la personne entre mille dont ils avaient besoin pour participer au développement d'une nouvelle matière plastique, le PPO.

J'étais arrivé à Pittsfield avec mon épouse en croyant que l'entreprise de séduction continuerait, au moins en partie. Nous avions à peine plus d'argent que la menue monnaie que j'avais en poche. Nous avions parcouru les 1 500 kilomètres qui nous séparaient de l'Illinois dans ma Volkswagen noire, désormais un peu fatiguée. Au mois d'octobre 1960, quand j'ai pris mon poste, le syndicat local était en grève. Afin d'éviter le piquet de grève, je me suis présenté en qualité de « spécialiste du développement de process » à un entrepôt voisin.

Le directeur du développement, Burt Coplan, mon nouveau patron, un homme mince, la petite quarantaine, m'a très rapidement fait comprendre que le processus de séduction était terminé. Il m'a demandé si ma femme et moi-même avions trouvé un appartement en ville et quand je lui ai répondu que nous étions pour le moment à l'hôtel, il m'a prévenu que la note serait à ma charge.

Je n'en revenais pas. Si ce n'avait pas été ma première semaine, je lui aurais dit ce que j'en pensais. Mais je ne voulais pas saborder mes chances. Coplan avait été absolument charmant pendant les entretiens. En fait, c'était un type tout à fait correct. Simplement, il estimait avoir le devoir de gratter sur tout. Il agissait comme si GE était au bord de la faillite.

Tout ce qui m'avait attiré chez GE semblait s'être évaporé. Nous avons quitté l'hôtel. Je suis allé prendre mes quartiers dans un motel moins coûteux, pendant que ma femme allait passer quinze jours chez mes parents à Salem, le temps que nous trouvions un logement. En fin de compte, nous avons emménagé dans un petit appartement, au rez-de-chaussée d'une maison de bois. La propriétaire veillait de si près à sa note de chauffage qu'il nous fallait taper dans le mur pour obtenir qu'elle monte un peu son thermostat. Tout en criant à travers les minces cloisons : « Vous n'avez qu'à mettre un pull ! » Mes parents nous avaient donné mille dollars, grâce auxquels nous avons acheté un lit et un canapé.

Tout n'a pas été catastrophique, cette première année, cependant. Il y avait des choses que j'appréciais beaucoup : l'autonomie de concevoir et de construire une nouvelle usine pilote pour le PPO et le sentiment d'appartenir à une équipe, dont l'ambiance était celle d'une petite entreprise. Je collaborais étroitement avec Al Gowen, entré chez GE pratiquement en même temps que moi. Il a réalisé les premières expériences sur le nouveau plastique dans des béchers. J'ai dessiné des bouilloires, que j'ai fait réaliser dans un atelier local, afin de tester le comportement du PPO sur des échantillons plus importants. Nous avons construit une usine pilote à partir de zéro : au départ, c'était un atelier de fortune, installé dans un petit appentis derrière nos bureaux. Tous les jours, nous menions une ou deux expériences, testant divers processus. Pour quelqu'un qui sortait juste du campus, c'était vraiment l'aventure.

Pour travailler sur un nouveau plastique comme le PPO, nous avions besoin des conseils des chercheurs. Aussi, au moins deux fois par mois, je montais dans ma Volkswagen et je faisais les 70 kilomètres qui nous séparaient du laboratoire central de recherche et de développement de GE, situé à Schenectady, dans l'État de New York, où le PPO avait été inventé. Je passais la journée à travailler avec des chercheurs et des scientifiques, faisant toujours de mon mieux pour les intéresser au potentiel du produit.

À l'époque, le laboratoire central était financé entièrement par le siège, de sorte que rien ne les motivait particulièrement à concentrer leurs efforts sur un projet ou un autre, et encore moins, bien entendu, sur leurs aspects commerciaux. Ce qu'ils aimaient, c'était la recherche avancée. Toute la difficulté, dans mon cas, était de les convaincre de consacrer du temps au développement de notre projet après la phase de son invention. Je n'étais investi d'aucune autorité officielle. Tout était dans la persuasion. Je n'avais pas de mal à retenir l'attention d'Al Hay, l'inventeur du plastique, et de plusieurs de ses associés. Mais certains se souciaient comme d'une guigne de la commercialisation des produits.

J'étais toujours heureux de me rendre au centre de recherche développement, car cela m'amusait de « vendre » mon projet – et ils m'apportaient une aide précieuse. En outre, ces expéditions se révélaient relativement lucratives : le voyage me coûtait un dollar d'essence – quatre gallons à 25 cents le gallon – et GE me remboursait cinq cents le kilomètre. J'empochais donc environ sept dollars chaque fois que j'allais à Schenectady. Cela a l'air dingue aujourd'hui, mais nous étions toujours prêts, tous autant que nous étions, à utiliser notre voiture pour arrondir un peu nos fins de mois.

Malgré ces aspects positifs, j'étais de plus en plus contrarié. La radinerie des premiers jours se poursuivait. Dans notre bâtiment de brique rouge, nous étions quatre à nous partager un bureau minuscule où nous devions nous contenter de deux téléphones que nous nous passions au prix de contorsions ridicules. Pour nos déplacements, Burt nous demandait de partager les chambres d'hôtel.

L'augmentation standard de mille dollars, c'est vraiment la dernière goutte qui a fait déborder le vase. Je suis donc allé trouver Coplan pour lui remettre ma démission. Je me préparais à traverser à nouveau le pays au volant de ma Coccinelle quand Reuben Gutoff, jeune directeur basé dans le Connecticut, m'a appelé pour nous inviter à dîner, ma femme et moi, dans un restaurant de Pittsfield.

Je le connaissais pour l'avoir rencontré à plusieurs réunions. J'avais même établi le contact en lui donnant toujours plus qu'il n'en attendait. Le jeune ingénieur de développement que j'étais lui avait par exemple remis une analyse complète des coûts et des propriétés physiques de notre nouveau plastique par comparaison avec tous les grands produits concurrents offerts par les Du Pont de Nemours, Dow et Celanese de ce monde. On y trouvait une projection des coûts à long terme du Nylon, du polypropylène, de l'acrylique et des acétates par comparaison avec nos produits.

Cette analyse n'avait rien de révolutionnaire, mais c'était plus que l'on en attend ordinairement d'un ingénieur en blouse blanche.

J'avais bien entendu fait cela pour me démarquer. Si je m'étais contenté de répondre à ses questions, j'aurais eu du mal à me faire remarquer. En général, quand un patron pose une question, il a déjà une réponse en tête. Ce qu'il attend, c'est une confirmation, c'est tout. Alors, pour me distinguer de la masse, j'ai pensé qu'il fallait réfléchir au-delà de la question posée, lui donner non seulement la réponse qu'il attendait, mais aussi une perspective nouvelle et inattendue.

Manifestement, Gutoff avait remarqué. Pendant le dîner, quatre heures durant, il a fait l'impossible pour me convaincre de rester chez GE. Son argumentation commençait par la promesse d'une augmentation plus substantielle puis, ce qui me paraissait plus important encore, celle de faire en sorte que la bureaucratie de la compagnie cesse de me mettre des bâtons dans les roues. À ma grande surprise, j'ai constaté que la bureaucratie l'exaspérait autant que moi.

J'ai eu une chance folle, car beaucoup de patrons de GE auraient été heureux de me laisser partir. Manifestement, Coplan me trouvait « lourd ». Heureusement, Gutoff ne partageait pas ce point de vue (évidemment, il ne m'avait pas sur le dos tous les jours). À la fin du dîner, je ne lui avais pas encore donné ma réponse. Il avait encore deux heures de route à faire pour rentrer chez lui. Il s'est arrêté en chemin à un téléphone public. Il était une heure du matin, ma femme et moi étions déjà couchés, et Reuben continuait à défendre son dossier.

En mettant davantage d'argent sur la table (il ajoutait 2 000 dollars aux 1 000 de Coplan), en me promettant de me mettre à l'abri des bureaucrates tout en ayant davantage de responsabilités, il me montrait qu'il tenait réellement à moi.

Quelques heures avant l'aube, le jour où je devais assister à mon pot d'adieu, j'ai décidé de rester chez GE. Le soir, entouré d'un monceau de cadeaux, au cours de la réunion censée célébrer mon départ dans la maison de Coplan, j'ai dit à mes collègues que, finalement, je ne partais plus. La plupart d'entre eux ont eu l'air enchantés, mais j'ai vu une angoisse énorme prendre possession de Burt à l'idée de me voir revenir. Je ne me souviens pas si j'ai conservé les cadeaux, je crois que oui.

Le fait que Gutoff m'ait traité comme un cas particulier, qu'il ait montré qu'il me considérait comme différent du lot, m'a énormément marqué. Non seulement je ne l'ai jamais oublié, mais j'en ai tiré l'un des aspects essentiels de mon style de direction : la différentiation. Cette augmentation « normale » que l'on m'a accordée il y a quarante ans a sans doute contribué à pousser mon comportement à l'extrême. Mais faire la différence entre les gens, cela consiste justement à savoir aller jusqu'à l'extrême, en récompensant les meilleurs et en éliminant les médiocres. Une différenciation rigoureuse fait naître des stars – et les stars font les entreprises extraordinaires.

Certains vous diront que cela nuit au moral des troupes. On dit aussi qu'un traitement différentiel érode l'idée même de travail en équipe. Ce n'est pas le cas dans le monde où je vis. C'est en traitant différemment les individus que l'on construit des équipes puissantes. Il suffit de voir comment les équipes de foot paient les buteurs et les gardiens de but exceptionnels. Leur contribution relative est assez facile à mesurer et fait l'objet de statistiques éloquentes – mais cela ne les empêche en rien de faire partie de l'équipe.

Chacun doit avoir le sentiment d'avoir un intérêt personnel à ce que l'équipe gagne. Mais cela ne veut pas dire que tous les coéquipiers doivent être traités de la même manière.

Depuis que j'ai eu la responsabilité d'une équipe de hockey, je sais que l'essentiel est de faire jouer les meilleurs athlètes. Le club qui aligne la meilleure équipe sur la glace gagne. Gutoff m'a fait comprendre qu'il en allait de même dans les affaires. Les équipes gagnantes, elles se font grâce à la différentiation, à force de récompenser les meilleurs et d'éliminer les plus faibles, en se battant constamment pour hisser la barre toujours plus haut.

J'ai eu la chance de me démarquer et d'apprendre ceci dès ma première année chez GE – mais ça n'a pas été facile, puisqu'au passage, j'ai bien failli quitter la compagnie.

3

# Je fais sauter la baraque

Bien des années avant que l'on ne m'affuble du surnom de Neutron Jack, j'ai effectivement fait sauter une usine – pour de vrai. C'était en 1963, au début de ma carrière chez GE. J'avais vingt-huit ans, et cela faisait bien trois ans que j'étais dans la maison. Je me souviens de ce jour de printemps comme si c'était hier. J'ai rarement eu aussi peur de ma vie.

J'étais dans mon bureau, à Pittsfield, juste en face de l'usine pilote, quand l'explosion s'est produite. Le souffle, énorme, a fait voler en éclats le toit du bâtiment et toutes les fenêtres de l'étage supérieur. Et secoué tout le monde, surtout moi, des pieds à la tête.

Les oreilles résonnant encore du bruit de l'explosion, je me suis précipité de mon bureau au bâtiment de briques rouges, cent mètres plus loin, en priant le ciel pour qu'il n'y ait pas de victimes. Le sol était jonché de débris de tuiles et de vitre brisée. Un nuage de fumée et de poussière coiffait le bâtiment. Terrifié, j'ai grimpé les deux étages. J'avais des palpitations, j'étais en nage. L'explosion avait fait plus de dégâts que je ne l'aurais cru. Un grand pan du toit et du plafond s'était effondré.

Par miracle, nous n'avons eu aucun blessé sérieux. Nous étions, en fait, en train d'expérimenter un processus chimique qui consistait à faire passer des bulles d'oxygène à travers une solution hautement volatile, contenue dans une grande cuve. Une inexplicable étincelle avait déclenché l'explosion. Nous avons eu de la chance, car les boulons de sécurité ont lâché, comme prévu, permettant ainsi au sommet de la cuve de jaillir droit à travers le plafond.

En ma qualité de patron du projet, ma responsabilité était manifestement engagée. Le lendemain, il m'a fallu parcourir 160 kilomètres pour aller à Bridgeport, dans le Connecticut, expliquer à Charlie Reed, directeur au niveau groupe, les causes de l'accident. C'était le patron de mon propre patron, Rueben Gutoff, qui m'avait persuadé de ne pas quitter GE. Ce dernier devait assister à la réunion, mais c'était moi qui devais défendre ma tête, et je m'attendais au pire.

Les patrons de GE, pour leur part, s'attendaient à toutes sortes de choses de la part de leurs ingénieurs. On trouvait normal qu'ils aient sans cesse de nouvelles idées de produits, qu'ils conquièrent de nouveaux marchés et accroissent leur chiffre d'affaires. Mais faire sauter leur usine, non, ce n'était pas au programme.

Je pensais pouvoir expliquer ce qui avait déclenché l'explosion et je voyais comment résoudre le problème. Mais j'étais dans un état de nerfs pitoyable. Ma confiance en moi avait été presque aussi ébranlée que le bâtiment que j'avais démoli.

Je ne connaissais pas très bien Charlie Reed. Mais dès la première minute, dès l'instant où j'ai pénétré dans son bureau, il m'a mis complètement à l'aise. Muni d'un doctorat en chimie du MIT, Charlie était un scientifique brillant qui, au départ, s'était orienté vers l'enseignement. De fait, il avait enseigné les mathématiques appliquées au MIT pendant cinq ans avant d'entrer chez GE en 1942. D'une taille et d'une corpulence moyenne, il avait un regard pétillant.

Ce passionné de technologie ne s'était jamais marié, si ce n'est à GE, dont c'était le directeur du plus haut rang à posséder une expérience pratique des produits chimiques. Charlie savait ce qui pouvait se passer quand on travaillait sur des substances volatiles à température élevée.

Ce jour-là, il s'est montré incroyablement compréhensif, traitant l'accident d'une manière quasi socratique. Ce qui l'intéressait, c'était de savoir ce que cela m'avait permis d'apprendre et si je pensais pouvoir mettre au point le process. La question, à ses yeux, était de savoir si nous devions continuer à travailler sur ce projet. Il ne faisait intervenir que son intellect, sans émotion ni colère.

« Mieux vaut avoir décelé le problème maintenant que plus tard, dans une usine à grande échelle, me dit-il. Remercions le ciel qu'il n'y ait pas eu de blessés. »

Sa réaction m'a immensément impressionné. Quand les gens font des erreurs, la dernière chose dont ils aient besoin, c'est d'une leçon de morale. C'est le moment où jamais, au contraire, de les encourager. L'objectif, dans ce genre de situation, c'est de rétablir leur confiance en eux. Je considère que l'une des pires choses que l'on puisse faire, c'est de « charger la barque » quand quelqu'un est déjà en train de se noyer. Nous avons un rite, aux réunions du comité de direction de GE : si un directeur de division est sur la sellette avec un dossier difficile et que l'un de ses collègues jette de l'huile sur le feu, son équipe sort un mouchoir blanc, le lance en l'air et épingle la personne qui a eu le mauvais goût d'en rajouter.

Enfoncer un individu à un moment de faiblesse peut le précipiter dans une spirale infernale. Cela peut se produire n'importe où. Il suffit, pour tomber dans le gouffre du doute, qu'un dirigeant perde confiance en lui et se mette à paniquer.

J'ai vu cette chose horrible arriver à des directeurs généraux d'entreprises faisant de milliards de dollars de chiffre d'affaires, des hommes solides, brillants, sûrs d'eux. Ils étaient parfaits quand tout allait bien mais, confrontés aux conséquences d'un plan d'exploitation ou d'un accord foireux – surtout si ce n'était pas la première fois – ils commençaient à douter d'eux-mêmes. Dans ces moments-là, ils auraient accepté n'importe quoi pour pouvoir sortir de la pièce et survivre jusqu'au lendemain.

Une fois pris dans ce cauchemar, rares sont les individus qui s'en remettent. J'ai toujours tout fait pour les aider à passer ce cap – ou, mieux encore, à l'éviter.

Comprenez-moi bien. Il ne s'agit pas de jouer les beni-oui-oui : nul n'aime plus que moi les discussions franches et passionnées. Bien sûr, il faut parfois être dur, dire aux gens leurs quatre vérités, c'est notre boulot. Mais il nous appartient aussi de sentir si c'est le moment de remonter le moral d'un collaborateur, de lui passer la main dans le dos, ou de lui donner un coup de pied au cul. Clairement, les gens arrogants, qui refusent de tirer les enseignements de leurs erreurs, n'ont pas leur place parmi nous. Mais si nous avons sous nos ordres des hommes de valeur qui se rongent les sangs à cause d'une erreur, notre tâche est de les aider à passer ce moment difficile.

Cela ne veut pas dire qu'il faille tout laisser passer. L'un de nos meilleurs dirigeants, responsable mondial de la recherche développement de l'une de nos principales divisions, en fournit un exemple parfait. L'an dernier, nous discutions tous les deux, un verre à la main, la veille de la réunion annuelle de l'ensemble de nos dirigeants. Je revenais à peine d'une tournée en Inde, où j'avais été très impressionné par nos centres de recherche développement. Quand je lui ai dit tout le bien que je pensais de ses services, il m'a répondu qu'ils m'avaient bluffé.

« La qualité de leur travail est loin d'être ce que tu crois », avait-il précisé. Cette phrase m'avait irrité. Elle ne reflétait pas la réalité, j'en étais convaincu. Les ingénieurs et les chercheurs, en Inde, étaient payés par *sa* division, et voilà qu'il faisait une distinction entre ses équipes américaines, celles d'ici, et celles de là-bas, en Inde. J'avais toujours eu conscience que nous avions du mal, chez GE, à faire passer dans toutes les mentalités la nécessité de mondialiser l'intellect, autrement dit de faire appel à tout esprit réellement supérieur, où qu'il soit. Cette réaction, émanant de l'un de mes meilleurs dirigeants, révélait que le problème était beaucoup plus grave que je ne l'aurais cru.

Sans le nommer, le lendemain matin, devant 170 grands patrons de GE, je suis revenu sur cette affaire. Elle m'a servi d'exemple pour montrer que notre compagnie comprenait encore mal la notion de maximisation de l'intellect par-delà les frontières. J'ai demandé à toutes les personnes présentes de procéder à un examen de conscience sincère, sous cette perspective : n'avaient-elles pas des réactions comparables à celle que je venais de décrire ? Il était inacceptable que nos équipes de recherche développement basées aux États-Unis se réservent toute la recherche avancée, la partie la plus intéressante du travail, et laissent les miettes, les projets de moindre valeur, à des pays tels que l'Inde. Mes visites dans ce pays m'avaient convaincu que les laboratoires de recherche y étaient bourrés de scientifiques aussi valables, si ce n'est meilleurs, que leurs collègues américains – et cela dans nombre de disciplines, pas uniquement le développement de logiciels.

Mon homme, cela se comprend, a eu le sentiment que je l'épinglais en public, devant ses pairs, ce que je ne me serais jamais permis de faire, même s'il n'avait pas été l'un de nos directeurs les plus brillants, les plus sûrs d'eux. C'était l'une de nos vedettes patentées, pas un imbécile.

Un jour ou deux après la réunion, il m'a envoyé une note m'expliquant qu'il avait, par inadvertance, « sous-estimé les progrès significatifs réalisés par son équipe en Inde » et qu'il m'avait laissé sur une fausse impression. Je l'ai immédiatement appelé pour le remercier de sa note et l'assurer qu'il n'avait pas démérité.

De toute évidence, prendre ainsi quelqu'un comme exemple de ce qu'il ne faut pas faire ne marche pas avec tout le monde. On peut le faire avec les meilleurs éléments – à la condition expresse qu'ils se sachent considérés comme tels. J'ai toujours trouvé que c'était par l'exemple que je pouvais le mieux faire comprendre certains messages à des groupes nombreux.

Le même principe vaut pour les individus qui tentent « un grand coup » et échouent. L'un des avantages authentiques d'une grande entreprise, c'est qu'elle peut entreprendre des projets d'envergure offrant des potentiels énormes. Mais la façon la plus rapide de neutraliser cet avantage, c'est de sanctionner ceux qui ont eu l'audace de tenter leur chance, d'aller jusqu'au bout de leur rêve, mais qui ont manqué leur coup. Cela ne fait en effet que renforcer la frilosité.

La meilleure façon d'encourager les rêves et les efforts démesurés, c'est d'identifier les petites idées à grand potentiel, montrer que d'autres ont réussi dans des circonstances analogues, puis de jeter dans la balance les ressources nécessaires pour transformer un petit projet en une grosse affaire. Telle fut notre démarche lors d'un projet ambitieux, à savoir notre tentative précoce, à la fin des années 1970, de développer une nouvelle ampoule électrique révolutionnaire baptisée Halarc, qui durait dix fois plus longtemps qu'une ampoule classique tout en utilisant beaucoup moins d'énergie. Du point de vue de l'environnement, cela apparaissait comme la solution parfaite. Et nous y avons mis le paquet : 50 millions de dollars.

Le problème c'est que personne ne voulant payer plus de dix dollars une ampoule électrique, toute « écolo » et révolutionnaire qu'elle fût, et notre projet a capoté. Seulement, loin de « punir » l'équipe Halarc, nous l'avons félicitée, accordant des primes et des promotions à plusieurs de ses membres. Certes, personne ne pouvait être satisfait du résultat de leurs efforts, mais nous avons mis notre point d'honneur à montrer que nous les trouvions louables. Nous tenions à ce que tout le monde, chez nous, sache que lorsqu'on tente un grand coup, on a le droit de le manquer.

En 1964, notre projet de fabriquer un nouveau plastique avait bien avancé. Nous approchions à grands pas d'un produit commercialisable. Gutoff confia l'affaire à un directeur général, Bob Finholt. C'était un grand penseur, doublé d'un rêveur, et il ne tarda pas à convaincre ses supérieurs que nous tenions quelque chose de très prometteur, à Pittsfield. En 1964, Charlie Reed fit approuver par le conseil d'administration le projet de construire une nouvelle usine.

Elle coûterait 10 millions de dollars et produirait du PPO, le produit pour lequel j'avais été embauché, celui aussi qui avait conduit au désastre de l'usine pilote. Nous avons obtenu le financement en affirmant que nous avions là un plastique très novateur, qui nous ferait franchir une nouvelle étape par rapport au Lexan, le premier plastique conçu chez GE, qui venait d'établir une nouvelle norme de performance.

Le dossier n'était pas si facile à présenter, en particulier parce que nous ne voulions pas aller nous installer à Mount Vernon, dans l'Indiana, où était située notre première usine Lexan. Nous avions fixé notre dévolu sur un site de 225 hectares que j'avais découvert un dimanche après-midi, en venant sur place de Pittsfield avec ma femme et mes trois enfants. Tous les cinq, nous étions descendus de voiture et nous nous étions baladés sur le terrain. Cette ancienne gare de triage, située à Selkirk, dans l'État de New York, jouissait d'un droit d'accès à l'Hudson. J'adorais ce lieu; nous n'en sommes repartis que lorsque les enfants se sont effondrés de fatigue.

Certains dirigeants avaient des réserves, car le terrain se trouvait à moins de cinquante kilomètres de Schenectady, où GE possédait l'une de ses usines les plus anciennes et les plus importantes. En outre, notre demande n'était pas sans égoïsme. Nous voulions en garder la maîtrise sans avoir à déménager. Pour justifier l'affaire, nous avons avancé deux arguments : le produit créé étant hautement technique, il nous fallait pouvoir accéder facilement aux chimistes et aux chercheurs du laboratoire de Schenectady, ainsi qu'à ceux de notre propre laboratoire de recherche, à Pittsfield, à quelque soixante-quinze kilomètres de là.

Nous avons réussi à convaincre et obtenu notre financement. À peu près à cette époque, la créativité de Bob Finholt lui a valu une promotion à la planification stratégique du siège. Son poste de directeur étant vacant, j'ai décidé de poser ma candidature.

Un soir, après un dîner à Selkirk avec Gutoff et le reste de notre équipe, j'ai suivi Gutoff jusqu'à sa voiture, dans le parking du restaurant, et je me suis installé sur le siège passager de sa Volkswagen décapotable.

« Dis-moi, pour le poste de Bob, tu as pensé à moi ?

– Tu rigoles ? Écoute, Jack, tu n'y connais rien en marketing. Et mettre un nouveau produit sur le marché, c'est du marketing pur et dur. »

Il en aurait fallu plus pour me décourager. Ce soir-là, malgré le froid, je suis resté plus d'une heure dans la voiture de Gutoff, à lui énumérer mes qualifications – toutes minces qu'elles fussent – pour ce poste.

C'était maintenant mon tour de le convaincre et ce ne serait pas facile. Je lui ai rappelé la fois où il m'avait convaincu, lui, de rester chez GE. Il ne m'a pas donné de réponse ce soir-là, mais quand il a quitté ce parking, il savait le prix que j'attachais à décrocher cette direction.

Au cours de la semaine suivante, je l'ai appelé avec de nouveaux arguments susceptibles de renforcer mon dossier. La semaine n'était pas terminée qu'il me demandait de venir le voir à son bureau.

« Espèce de crétin, me dit-il. Tu m'as convaincu de te donner ce job, et je vais le faire. Tu as intérêt à te montrer à la hauteur. »

Ce jour-là, je suis revenu à Pittsfield directeur général des produits polymères.

Je n'ai guère eu le loisir de célébrer l'événement.

À peine avais-je décroché le poste, à peine avions-nous commencé à creuser les terrassements sur le terrain, que nous découvrions que notre PPO présentait un sérieux problème. Les premiers tests que nous avions réalisés montraient que, le temps passant, il devenait friable et ne résistait pas aux hautes températures pour lesquelles il était conçu. Il était hors de question qu'il remplace un jour les canalisations d'eau chaude en cuivre, ce qui était l'un de ses plus grands marchés potentiels.

J'avais fait des pieds et des mains pour me retrouver face à un problème susceptible de briser ma carrière. Je vécus alors un moment resté gravé dans ma mémoire – je revois comme si j'y étais, un jour glacial de l'hiver 1965, trois personnages chaudement emmitouflés, Gutoff, Allan Hay, le chercheur qui avait inventé le produit, et moi, à Selkirk, au bord d'un trou d'une dizaine de mètres de profondeur – on aurait pu nous y enterrer tous.

Compte tenu des défauts techniques récemment découverts, ce gouffre risquait bel et bien d'engloutir tous mes espoirs.

« Al, si tu ne nous aides pas à résoudre ce problème, nous sommes tous morts », dis-je.

Hay s'est tourné vers moi pour me répondre calmement : « Ne t'inquiète donc pas, j'ai encore un ou deux nouveaux plastiques dans mes cartons ! »

Je l'aurais volontiers jeté dans le trou. Dans quelle galère m'étais-je embarqué ! Nous avions mis la charrue largement avant les bœufs en investissant 10 millions de dollars dans un projet que nous ne maîtrisions pas. Il devenait clair que nous n'avions aucun produit opérationnel à faire fabriquer par cette usine. Et le pire, c'est que l'inventeur ne savait absolument pas comment régler le problème.

Six mois de folie se sont écoulés avant que nous ne trouvions la solution. J'ai pratiquement vécu au labo durant cet intervalle. Nous avons tout essayé, ajoutant tous les composants possibles et imaginables au PPO pour voir si cela l'empêchait de craquer. Dan Fox, le chimiste qui m'avait recruté, a pris les commandes d'une équipe de Pittsfield qui a fini par trouver la solution : mélanger le PPO avec du polystyrène, élément peu coûteux, et ajouter du caoutchouc.

Il a fallu jongler avec le plan de l'usine pour faire en sorte que l'opération de mélange soit sans danger, mais nous y sommes parvenus.

L'histoire se termine bien : ce plastique composé, baptisé Noryl, a fini par devenir un produit phare, qui génère aujourd'hui un chiffre d'affaires mondial de plus d'un milliard de dollars.

Cette victoire, GE la doit à une bande de fous qui se croyaient capables de tout, pratiquement. Nous avions très peur, c'est vrai, mais nous étions soutenus par notre rêve et suffisamment dingues pour tout tenter. Nous étions peut-être dans l'une des plus grandes entreprises du monde, mais à Pittsfield ou à Selkirk, nous nous voyions comme une toute petite entreprise familiale qui aurait eu une banque derrière elle.

Toute cette affaire, c'était comme si le Bon Dieu était descendu du ciel pour me dire : « Jack, c'est la chance de ta vie. Ne la laisse pas passer. »

J'étais encore très jeune. Je me souviens de la première fois où un représentant nous a invités à dîner, Carolyn et moi. Cela me paraissait l'événement du siècle. En ma qualité de chef de projet, j'achetais des matières premières à sa société, la Pittsburgh Consolidated Coal. Il nous a emmenés dans le meilleur restaurant du coin, et tout était gratuit, même l'apéritif !

Cela peut paraître naïf aujourd'hui, mais tout était nouveau, pour moi. J'adorais, savourant la moindre chose. Pour aller à l'usine de Mount Vernon, qui fabriquait le Lexan, nous prenions une Caravelle d'United Airlines de Hartford à Chicago. À chaque voyage, l'hôtesse nous donnait à chacun une petite boîte de noisettes et deux bouteilles de whisky miniature. Nous y pensions déjà sur le chemin de l'aéroport.

J'avais parfois du mal à croire que l'on me payait pour ça. Ma mère aussi, d'ailleurs. Lorsque j'ai fait mon premier voyage d'affaires en Europe, en 1964, elle était morte d'inquiétude à l'idée que GE risquait de ne pas me rembourser.

« Tu es sûr qu'ils vont te payer le voyage ? », me demandait-elle.

Nous qui démarrions une activité nouvelle en partant de zéro, nous ne manquions jamais une occasion de fêter un événement. Quand nous recevions une commande de granulés de plastique de 500 dollars, j'achetais des bières pour arroser cela à la maison. Nous avons mis en place une espèce de tableau d'honneur des clients achetant pour 500 dollars de produits ou plus, nous affichions leur nom au mur d'une pièce que nous appelions notre « club des 500 ». Chaque fois qu'il s'enrichissait de dix nouveaux membres, nous arrosions l'événement.

Silicon Valley a mis à l'honneur les tournées de bières et les festins de pizzas, mais à Selkirk et à Pittsfield, nous en étions déjà des praticiens avertis au milieu années 1960 !

Au début, je fêtais aussi toutes mes promotions, primes et augmentations. Ainsi, lorsque j'ai touché une prime de 3000 dollars, en 1964, j'ai invité tout le personnel dans la nouvelle maison que nous venions d'acheter dans un quartier ouvrier de Pittsfield. Le lundi suivant, je me suis offert ma première décapotable, une Pontiac Le Mans verdâtre. Je peux vous dire que j'étais un homme heureux ! Mais le ciel n'a pas tardé à me rappeler que les choses peuvent changer vite, très vite.

Non seulement je m'étais acheté une voiture, mais je m'étais aussi offert un costume neuf. À l'époque, j'aimais bien trancher sur la masse. L'été, je portais souvent un costume de popeline brun clair, avec une chemise bleue à col boutonné et une cravate rayée.

En sortant du bureau, par une magnifique journée de printemps, je suis allé chercher ma rutilante voiture au parking. Et, pour la première fois, j'ai enfoncé la manette qui permettait de rentrer le toit. Et voilà que de l'huile s'est mise à jaillir d'une fuite du circuit hydraulique. Noire, visqueuse à souhait. Non seulement mon costume en a été aspergé, mais la peinture, sur le capot de ma belle voiture neuve, était fichue.

Je n'en revenais pas. Moi qui me prenais presque pour un surhomme, j'étais brusquement rappelé à la réalité. Comme leçon, c'était admirable. Chaque fois que vous croyez être un type extraordinaire, il arrive quelque chose qui vous réveille. Dans mon cas, ce ne serait pas la dernière fois, loin de là.

Entre temps, notre petite entreprise familiale a continué à prospérer, et moi aussi. Quand l'usine de Selkirk a été opérationnelle et que nous avons commercialisé le Noryl, les ventes se sont envolées. Nous avons connu une forte croissance de 1965 à 1968, date à laquelle j'ai à nouveau franchi une étape importante. Au début du mois de juin de cette année-là, près de huit ans après mon entrée chez GE, j'ai été promu directeur général du département Plastiques, qui faisait un chiffre d'affaires de 26 millions de dollars. Ce pas de géant faisait de moi, à trente-deux ans, le directeur de département le plus jeune de la compagnie.

Cette nomination me propulsait dans les hautes sphères, avec tous les avantages habituels – une invitation annuelle en Floride, au mois de janvier, pour la réunion des directeurs, et mes premières stock options.

Pour moi, c'était parti.

# 4

# Je navigue en dessous du radar

Tout eût été pour le mieux dans le meilleur des mondes si je n'avais eu un grand regret : je ne pouvais plus partager ma réussite avec mes parents.

Ma mère était morte le 25 janvier 1965, et ce jour est le plus triste de ma vie. Elle n'avait que soixante-six ans, mais souffrait depuis de nombreuses années de problèmes cardiaques. J'étais étudiant à Amherst quand elle a eu son premier infarctus.

C'est ma tante qui m'avait téléphoné pour me prévenir, et j'en avais été tellement bouleversé que je m'étais littéralement précipité sur la route pour rentrer à Salem (à 175 kilomètres de là) en auto-stop. Incapable de rester immobile, je courais tout en levant le pouce.

Après un séjour de trois semaines à l'hôpital, elle était rentrée à la maison reposée et guérie. Mais la médecine ne disposait encore ni des médicaments bêtabloquants ni de la chirurgie du pontage (qui allaient sauver ma propre vie bien des années plus tard). Ma mère eut une autre crise cardiaque trois ans plus tard, qui fut soignée comme la première, puis à nouveau trois ans plus tard et, cette fois, ce devait être la dernière. Elle était alors en Floride, en vacances avec mon père. Cette année-là, j'avais prélevé mille dollars sur ma prime pour les aider à fuir les rigueurs de l'hiver de la Nouvelle Angleterre.

Ces mille dollars représentaient beaucoup, pour elle comme pour moi. Quand je les lui ai remis, elle rayonnait de fierté. À ses yeux, ce geste reflétait le succès dont jouissait son « produit ». Elle était tellement fière de moi ! Pour ma part, ce modeste cadeau représentait l'occasion de lui offrir enfin quelque chose en retour, elle qui m'avait tout donné, depuis le jour de ma naissance. Heureusement que je l'ai fait ! L'un des grands regrets de ma vie, c'est de ne pas pouvoir la gâter, comme je le pourrais aujourd'hui, si elle était encore parmi nous.

Quand mon père m'a dit qu'elle était hospitalisée, j'ai pris le premier avion et me suis précipité directement dans sa chambre. Elle était très affaiblie, à bout de forces. Quelques heures avant la fin, elle m'a demandé de lui laver le dos. Avec une éponge, de l'eau chaude et du savon, je lui ai rendu ce service, ce qui l'a comblée de joie. Puis, mon père et moi, nous sommes rentrés passer la nuit dans la chambre du motel très simple où ils étaient descendus.

Nous ne l'avons jamais revue vivante.

J'étais effondré. Mon père et ma tante sont rentrés à Salem par le train qui ramenait le cercueil, tandis que je remontais la voiture de mon père. J'ai roulé toute la nuit. Je me suis bien arrêté en Caroline du Nord, pour me reposer un peu dans un motel au bord de l'autoroute, mais je n'y ai passé que quatre heures, ne cessant de me tourner et de me retourner, incapable de trouver le sommeil. J'étais en ébullition, fou de rage. Pendant toute la route, j'ai pleuré, donné des coups de pied dans la voiture de mon père. Je me sentais floué, j'en voulais à Dieu de m'avoir pris ma mère.

Arrivé à la maison, j'avais épuisé mes larmes. La veillée mortuaire et les funérailles, à l'église Saint-Thomas, furent davantage l'occasion de parler de sa vie que de sa mort. La famille au grand complet, les voisins et des centaines d'amis que je ne connaissais pas étaient venus à la veillée, organisée dans un salon funéraire de Salem, et chacun a raconté une histoire qu'elle leur avait elle-même racontée sur son fils Jackie. Inévitablement, chacune de ces histoires dont elle rabattait les oreilles de ses amis montrait à quel point elle était fière de moi.

Mon père, lui aussi, a été très ébranlé par ce décès. C'était un homme bon et généreux : je n'oublierai jamais cette voiture qu'il m'a offerte à un moment où il n'en avait pas les moyens. Son travail et la personnalité très forte de ma mère l'ont empêché d'avoir beaucoup d'impact sur ma vie. Mais je lui étais très attaché et ça a été très triste de le voir refuser de s'adapter à une vie sans elle.

Sans ma mère, il était comme un soldat égaré. Elle avait veillé à lui faire suivre un régime sans sel strict, car il avait tendance à l'œdème. Mais, livré à lui-même, il s'est mis à manger n'importe quoi et, très vite, la rétention d'eau s'est traduite par un visage bouffi et une prise de poids.

Il s'est tué à force de mal manger. La rétention d'eau était telle que le médecin l'a fait hospitaliser. Je suis revenu précipitamment d'un voyage d'affaires en Europe. Il était encore vivant quand je suis monté dans l'ascenseur. Le temps que j'arrive à son chevet, c'était fini. Mon père s'est éteint le 22 avril 1966, à peine quinze mois après la mort de ma mère. Il avait soixante et onze ans.

J'étais en état de choc. Ma mère et mon père étaient partis, c'était dur, j'avais tendance à m'apitoyer sur mon propre sort. J'ai eu la chance que ma femme, Carolyn, soit là pour ramasser les morceaux. C'est une femme intelligente et aussi très forte, toujours prête à me remonter le moral. Elle m'a rappelé la chance que nous avions d'avoir trois enfants adorables et en bonne santé, Kathy, John et Anne (Mark viendrait plus tard, en avril 1968). Carolyn fut le roc auquel je pouvais me raccrocher, non seulement à ce moment-là, mais en de multiples autres occasions.

Quand je m'inquiétais des conséquences d'une décision drastique au bureau, Carolyn m'encourageait toujours à faire exactement ce que je considérais qu'il fallait faire, sans me préoccuper de ce qu'en penseraient mes collègues. Chaque fois que j'avais une promotion, avec les enfants, elle décorait la maison et le chemin d'accès à la route avec du papier crépon et des serpentins.

Peu après ma promotion au poste de directeur général du département Plastiques, j'ai été interviewé pour *Monogram*, le magazine interne de GE. Quand l'auteur est venu me rencontrer à Pittsfield, il m'a servi du « Docteur Welch ». Je l'ai repris : « Je n'ai pas de stéthoscope et je ne fais pas de tournées ! Appelez-moi Jack ! » – citation qu'il a fait figurer dans son article.

Je m'estimais désormais prêt à agir en homme d'affaires, et non plus en ingénieur, c'est la raison pour laquelle j'aimais autant faire disparaître mon titre.

Au cours de l'interview, je me suis vanté d'avoir sous mes ordres une bande de types « survoltés », qui généraient leur propre « électricité ». J'ai également déclaré fièrement que nous avions davantage développé le département Plastiques au cours de ma première année aux commandes qu'au cours des dix années précédentes. « C'est une mine d'or, ici, et nous avons eu la chance d'arriver au bon moment pour exploiter le filon. »

Quel imbécile j'étais, fallait-il que je sois plein de moi pour me rengorger ainsi ! Gommant allégrement le travail accompli par mes prédécesseurs, j'affirmais que nous allions battre tous les records de chiffre d'affaires et de résultats. Ceux qui ont lu l'article ont dû manquer s'étouffer. Par bonheur, j'étais en dessous du radar, j'échappais à la bureaucratie de GE.

Lorsque j'ai eu sous ma responsabilité l'intégralité du département Plastiques, y compris le Lexan, j'ai vraiment cru que j'avais décroché le gros lot. Par comparaison avec le Noryl, le Lexan était un pur-sang. Le produit était transparent comme du verre et dur comme de l'acier. En outre, il était léger et résistant au feu. À l'époque, Boeing en mettait 2 tonnes dans chacun des gros 747 qu'il construisait. Dans la moitié de ses applications, ce plastique remplaçait du métal.

Cela faisait des années que nous vendions le Noryl, qui était un mélange, et ça ne marchait pas tout seul, tant s'en faut. Nous étions les seconds couteaux chargés des destinées d'un produit de seconde classe. Grâce à un prix de vente inférieur, nous avons réussi à le faire utiliser pour les carters de machines industrielles, les systèmes d'arrosage de gazon, les sèche-cheveux, les cartouches de rasoirs jetables et les télévisions couleur. Mais nous devions nous battre pour décrocher la moindre commande de 250 kilos. Quand le Lexan est tombé dans notre escarcelle, j'ai pensé que le monde nous appartenait et j'ai eu la suffisance de le dire.

Déclaration d'autant plus choquante que l'idée que l'on se faisait du plastique, chez GE, était nettement moins flatteuse. Mon prédécesseur venait d'être promu à la direction du département Silicones, alors environ 50 % plus important que le département Plastiques. En outre, le premier gagnait de l'argent, alors que le second en était alors à atteindre le point mort.

L'avenir semblait néanmoins très prometteur pour les plastiques. À l'époque, on pensait cette industrie serait celle qui connaîtrait la plus forte croissance au cours des dix prochaines années – avec un développement plus rapide, estimait-on, que l'électronique et l'informatique. Même à Hollywood, la chose semblait apparemment évidente puisque dans le film *Le lauréat*, on encourage Dustin Hoffman à faire carrière dans ce secteur !

Étoffant les effectifs de l'équipe marketing, nous avons commencé à promouvoir le plastique comme si c'était de la lessive.

Nous avons demandé à Bob Gilson, lanceur vedette de l'équipe de base-ball de Saint-Louis, de figurer dans nos publicités. Nous avons filmé un spot pour la télévision où l'on voyait un taureau mettre la pagaille dans un magasin de porcelaine, sans rien casser, car les objets étaient tous en Lexan. Deux vedettes de la radio, Bob et Ray, vantaient les mérites de notre plastique sur les ondes aux heures de grande écoute. Nous passions leurs spots entre sept heures et demie et huit heures du matin, au moment où nos clients cibles, les ingénieurs de l'industrie automobile, étaient bloqués dans les embouteillages, en route pour leur bureau chez General Motors, Ford ou Chrysler. S'ils ne mettaient pas la radio, ils verraient en tout cas les affiches Lexan – nous en avions installé tout le long de leur parcours pour aller au travail.

Denny McLain, qui venait de gagner trente matches avec les Detroit Tigers, me bombarda de balles de base-ball, tandis que je me protégeais avec un bouclier de Lexan sur le parking de notre bureau de Detroit. Cet événement a été couvert par la presse locale. Nos méthodes de promotion se sont fait remarquer, car c'était un marketing très nouveau pour un plastique à usage industriel.

Notre ambition était de remplacer par du Lexan toutes les pièces métalliques d'une voiture, depuis la garniture du tableau de bord jusqu'aux poignées permettant de monter et baisser les fenêtres. Comme notre bureau de Detroit, où travaillaient cinq personnes, se battait contre son homologue de Du Pont de Nemours, qui en comptait quarante, il nous fallait être plus rapides et plus créatifs qu'eux. Notre arme secrète, face aux géants de la chimie, c'est que nous les prenions de vitesse. Nous avions derrière nous la puissance d'une grande entreprise et cela nous était bien utile, mais nous essayions de courir aussi vite qu'une PME.

À force de courir, nous nous sommes envolés. Dès 1970, nous avions fait mieux que mes propres prédictions les plus optimistes : en moins de trois ans, nous avions doublé notre chiffre d'affaires, et même un peu plus. C'était clairement une réussite, mais il était clair aussi que je commençais à hérisser quelques gros bonnets du siège.

Entre autres Roy Johnson, le directeur des ressources humaines. L'homme, qui rapportait directement à Fred Borch, le PDG de l'époque, puis à son successeur Reg Jones, détenait les clés de la maison : il influençait en effet fortement les promotions et les embauches.

Il se trouve que, bien des années plus tard, j'ai déniché un mémo qu'il avait rédigé en juillet 1971 à l'intention de Herm Weiss, qui était alors président adjoint. À l'époque, la direction générale envisageait de me faire bénéficier d'une nouvelle promotion. Il s'agissait de me nommer directeur général de la division Chimie et métallurgie, groupe d'activités qui totalisait 400 millions de dollars de chiffre d'affaires. Johnson concluait son mémo en notant que je méritais cette promotion mais qu'elle « comporterait un risque supérieur à la moyenne. Jack a de nombreux points forts, mais aussi un certain nombre de limitations notables. Du côté positif, sa motivation, qui a largement contribué au développement de son département, une intuition d'entrepreneur, créativité et agressivité ; en outre c'est un leader né, un organisateur de premier ordre et il possède des compétences techniques de haut niveau.

« D'un autre côté, continuait Johnson, il est assez arrogant, réagit (souvent de façon excessive) – surtout à la critique – et s'implique trop personnellement dans les détails des opérations. Il entre ou sort de situations complexes en comptant un peu trop sur sa rapidité intellectuelle et sur son intuition plutôt que sur un travail de préparation sérieux et l'assistance de ses collaborateurs. Enfin, il a une attitude un peu "anti-establishment" à l'égard des activités de GE extérieures à sa propre sphère. »

Je suis content de ne pas avoir vu cette évaluation à l'époque, car j'aurais risqué de faire des bêtises. Certaines des remarques de Johnson ont beau être très justes, je crois que je n'aurais sans doute pas accepté ses critiques à ce moment-là. Il imputait mes « limitations » à ma « jeunesse et à mon manque de maturité » mais, heureusement, il ne s'est pas opposé à ma nomination à la tête de la division. En outre, grâce au ciel, Herm Weiss soutenait ma candidature.

Avec le recul, je reconnais que Johnson et certains autres avaient des raisons d'émettre des réserves. De toute évidence, je n'avais pas le profil maison. Je ne respectais guère le protocole, que je supportais mal. J'étais un patron impatient, surtout avec les gens dont les performances me décevaient.

J'étais d'une franchise très directe qui allait, selon certains, jusqu'à l'impolitesse. Je m'exprimais à l'occasion de façon rude, sans prendre de gants. Je n'aimais ni rester assis à écouter des présentations longuement préparées, ni lire des rapports, préférant les conversations en face à face. Là, j'attendais de mes cadres qu'ils connaissent bien leur affaire et aient des réponses à apporter à mes questions.

J'adorais le « conflit constructif » et étais convaincu que les débats ouverts et honnêtes étaient le moyen le plus sûr d'aboutir aux meilleures décisions. Si une idée n'était pas capable de survivre à une discussion où toute vérité était bonne à dire, le marché la tuerait de toute manière. Mon ami Larry Bossidy, ancien président adjoint de GE, dirait plus tard que nos réunions d'état-major lui rappelaient les spots télévisés de la bière Miller Lite : elles étaient tout aussi animées, tapageuses et débridées.

Je n'ai jamais caché ce que je pensais ou ressentais. Pendant une discussion d'affaires, il m'arrivait de prendre les choses tellement à cœur que je faisais des commentaires que d'autres auraient pu trouver déplacés. Parmi mes phrases favorites, dans le genre, il y avait : « Mon fils de six ans aurait fait mieux ! » ou « Nous ne sommes pas au journal télévisé ! » Tout le monde comprenait d'ailleurs ce que cela voulait dire : « Vous m'annoncez une mauvaise nouvelle, mais vous ne me dites pas quelle solution vous proposez ! »

Les gens qui ne parvenaient pas à s'adapter à cet environnement très informel et entrepreneurial partaient, d'eux-mêmes ou non. Quand j'avais, par erreur, recruté un collaborateur médiocre, je ne tardais jamais à en tirer la conclusion. Les arrogants et les pédants ne faisaient pas long feu dans mon équipe. En revanche, ceux qui obtenaient de bons résultats se voyaient attribuer des augmentations et des primes plus que généreuses, comme je le faisais moi-même, à l'époque.

Je donnais des coups de pied au cul, mais il m'arrivait aussi de passer une main affectueuse dans le dos de mes collaborateurs.

Ces différences faisaient de moi une sorte de rebelle et menaient à toutes sortes de potins ridicules. La plupart des rumeurs qui couraient à mon sujet n'étaient, précisément, que des rumeurs. Si elles alimentaient les bavardages autour de la fontaine d'eau réfrigérée, elles n'avaient guère de fondement dans la réalité. Les bonnes langues affirmaient que je sautais comme un cabri sur les bureaux ou les tables de conférence.

Non, je ne sautais pas ; en revanche, je continuais à grimper, et même de plus en plus haut. Malgré les réserves de Johnson, j'ai été nommé patron de la division Chimie et métallurgie en 1971, ce qui s'est traduit par un certain nombre de nouveaux défis à relever. J'avais passé onze ans chez GE, mais j'avais toujours travaillé dans le domaine des matières plastiques. Maintenant, il me fallait apprendre à gérer tout un portefeuille de produits, entre autres des outils coupants en carbure, des diamants industriels, des matériaux isolants et des produits électromécaniques – et tout cela avec des collaborateurs que je ne connaissais pas.

Ma première tâche a consisté à regarder mon équipe de très près. À une ou deux exceptions près, j'ai trouvé qu'ils n'étaient pas à la hauteur. Je suis le premier à reconnaître que j'avais parfois tendance à mettre les gens à la porte de façon un peu impulsive, à l'époque. Mais, les années passant, j'ai beaucoup appris sur la façon de le faire. De toutes les tâches qui incombent à un patron, c'est la plus difficile, la plus dure. Et ce n'est pas parce qu'on l'a fait des centaines de fois que cela devient plus facile.

Si j'ai appris une chose, c'est qu'il faut s'arranger pour que la personne ne soit jamais étonnée qu'on lui demande de partir. Quand je rencontrais un cadre que je me préparais à remplacer, j'avais déjà eu avec lui deux ou trois conversations pour lui faire comprendre que j'étais déçu et lui donner une chance de redresser le tir. Et, après chacune de nos réunions de travail, je lui avais adressé un court mémo écrit à la main.

Certains n'ont peut-être pas apprécié ma franchise, mais ils savaient au moins toujours à quoi s'en tenir.

C'est au cours de la première conversation que l'on peut, le cas échéant, provoquer une surprise et une déception – pas quand on demande à la personne de partir. Je ne me souviens pas d'un seul cas où mon interlocuteur ait été choqué ou n'ait pas compris ce qui l'attendait à l'occasion de la dernière conversation.

« Bon, disais-je. Nous avons bien fait le tour de la question. Nous savons tous les deux qu'il n'y a aucune chance pour que ça s'arrange. Je crois qu'il faut maintenant en tirer les conclusions. »

Inévitablement, cela ne va pas sans déception. Mais, la plupart du temps, c'est le soulagement qui l'emporte. Quand nous en arrivons à la dernière conversation, l'aspect financier du licenciement vient très vite sur le tapis. Mais j'ai eu la chance de travailler toute ma vie dans une compagnie dotée de suffisamment de ressources financières pour être en mesure d'amortir le coup.

Une fois cette question traitée, il faut orienter la personne sur son avenir. Je lui explique en général qu'elle est en train de vivre une transition, qu'elle va pouvoir prendre un nouveau départ – que c'est un peu comme la transition entre le lycée et les études supérieures ou entre la fin de ces dernières et le premier job. Elle pourra désormais continuer sa carrière dans un environnement nouveau, où toutes les déconvenues passées seront oubliées.

J'ai vu de nombreuses personnes déboucher sur une vie meilleure et plus heureuse après avoir quitté un travail qui ne marchait pas. Nous avons tous la responsabilité d'essayer de faire en sorte que les salariés dont nous nous séparons y parviennent.

En 1971, j'ai fini par devoir annoncer la mauvaise nouvelle à trois des cadres dirigeants désormais directement sous mon autorité, tout en maintenant à leur poste quelques rescapés de l'ancienne équipe. Je me suis remplacé moi-même, à la direction Plastiques, par Tom Fitzgerald, un bouillant Irlandais. Dans le métier, nous étions presque tous ingénieurs. Tom était le seul vrai vendeur de la bande.

Nous étions non seulement frères spirituels en affaires, mais aussi très bons amis dans la vie. J'ai fait sauter le patron du département silicones et l'ai remplacé par Walt Robb, l'ingénieur de recherche qui était venu me chercher à l'université de l'Illinois. Walt était déjà sorti du labo pour prendre un rôle opérationnel; il dirigeait une petite entité de développement de matériel médical.

J'ai remplacé le patron du département Stratifiés par Chuck Carson. Il avait été mon directeur financier aux plastiques, puis le patron des plaques de Lexan. Les stratifiés, c'était un terrain miné. Notre plus grand concurrent, la marque Formica d'American Cyanamid, dominait le marché et écrasait notre propre marque, Textolite. Nos distributeurs ne faisaient pas le poids. Chuck, si. C'était un tel battant que nous l'avions surnommé «Frank Nitti», en mémoire du dur des durs de la série *Les incorruptibles*, que tout le monde regardait à l'époque. Chuck a toujours atteint les objectifs de son budget, mais n'a évidemment pu améliorer ni les faibles marges de ce secteur d'activité ni notre position concurrentielle.

Ensemble, nous avons tout fait pour transformer ce canard boiteux en poule aux œufs d'or, mais la mission était réellement impossible. C'était la première fois que je voyais la tristesse gagner des gens qui s'échinaient dans un secteur pourri, luttant pied à pied contre un concurrent presque invincible, avec peu d'espoir de parvenir à reprendre du poil de la bête.

Jusque-là, j'avais toujours cru que tous les secteurs d'activité pouvaient permettre de s'éclater. J'étais convaincu que si l'on injectait suffisamment de recherche et d'énergie dans telle ou telle affaire, on obtenait de nouveaux produits et, au bout du compte, la croissance et le succès. C'était la première fois que je voyais de près le monde réel des activités pourries, et j'en ai tiré des leçons qui devaient marquer ma carrière d'un impact énorme. Par bonheur, nos autres départements travaillaient tous avec des marges confortables, surtout le plastique – principal moteur de notre croissance.

Sans perdre de temps, j'ai voulu connaître les gens qui travaillaient dans les nouveaux secteurs dont j'avais la responsabilité. Dans notre atelier métallurgique à Detroit, par exemple, j'ai demandé à voir l'équipe de la direction commerciale à l'occasion d'une des premières réunions d'évaluation des ressources humaines. Je suis tombé de haut. Chacun avait préparé une présentation aussi officielle qu'ennuyeuse. Aucun n'était passionné par son travail, la plupart incapables de répondre aux questions les plus courantes. Autant que je puisse en juger, c'était une force de vente débile – ces commerciaux auraient été incapables de décrocher un nouveau client si leur vie en avait dépendu.

Après cette réunion, deux managers ont sauté, mais j'avais repéré un type remarquable, John Opie, alors chargé du développement du marché. Il avait trente-cinq ans et travaillait dans ce secteur depuis une douzaine d'années. Je lui ai accordé la première d'une longue série de « promotions sur le champ de bataille », le nommant, le jour même, directeur commercial national. Après avoir rencontré tous ses directeurs commerciaux régionaux, je lui ai dit qu'à sa place, je les virerais tous les six dans l'année. En fin de compte, cinq d'entre eux sont partis.

Manifestement, cela sortait de l'ordinaire – et de beaucoup. Mais cela a donné un coup de fouet à l'équipe et Opie en a profité pour dynamiser son affaire. Très travailleur, totalement dénué d'égoïsme, il finira par devenir un des meilleurs dirigeants de GE, terminant sa carrière comme l'un de mes présidents adjoints.

Je ne cherchais pas à faire des pieds de nez à la bureaucratie, mais je n'étais pas au moule et, à la direction générale, certains me trouvaient menaçant. Les commentaires de Roy Johnson reflétaient le conflit qui m'opposait au personnel du siège de New York. Chaque fois que je voulais recruter pour un poste clé, la DRH me présentait sa liste provisoire de candidats pour le « poste en pointillés », qu'il s'agisse d'une direction financière, des ressources humaines ou juridiques. Dans ces fonctions, je devais me battre si je voulais imposer mon propre candidat.

Je n'y parvenais pas toujours. J'ai plusieurs fois dû accepter un candidat sous la pression de la DRH du siège. Un ou deux des directeurs financiers recrutés dans ces conditions étant vraiment très loin d'avoir les capacités requises, j'ai fini par devoir m'en séparer. Et j'ai perdu une bataille qui me tenait à cœur quand j'ai tenté de promouvoir un jeune avocat, Bob Wright, au poste de directeur juridique du département Plastiques.

À mes yeux, il avait bien plus d'étoffe qu'un avocat classique. À vingt-sept ans, il venait d'un cabinet privé. Quand j'ai été promu directeur de division, j'ai emmené Art Puccini comme directeur juridique et je trouvais que Bob avait le profil idéal pour lui succéder aux plastiques. Telle n'était pas l'opinion du directeur juridique du siège. Le trouvant trop jeune et inexpérimenté, il me donna une liste de candidats selon son cœur.

J'en ai pris un. Et, en 1973, j'ai résolu le problème de la promotion de Bob Wright en lui offrant la direction du développement stratégique des plastiques, poste auquel je pouvais pourvoir sans que le siège n'intervienne. Certes, cela n'allait pas de soi pour un avocat, mais Bob y a été sensationnel. Il avait des millions d'idées et a insufflé une nouvelle vie à son service. Dix-huit mois plus tard, nous l'avons nommé directeur commercial national pour les plastiques. Son esprit rapide et sa personnalité extravertie lui conféraient un profil idéal pour ce poste, où il acquit qu'une expérience qui lui fut précieuse par la suite. Bob finit par devenir président de la NBC. Aujourd'hui président adjoint de GE, il a fait pas mal de chemin, lui à qui le siège avait refusé la direction juridique d'un département dont le chiffre d'affaires annuel était de moins de 100 millions de dollars.

Dans toute entreprise, les tensions entre le siège et le terrain sont fréquentes. Dans le cas de Bob Wright, j'ai réussi à battre le système sans le défier ouvertement. Ces vingt dernières années, j'ai espéré tous les jours que les gens de GE recrutaient bien les candidats qu'ils voulaient – ce qui ne nous empêchait pas, mes collaborateurs et moi-même, d'essayer de leur faire accepter les nôtres.

Si j'avais souvent le sentiment que la bureaucratie me mettait des bâtons dans les roues, je faisais mon possible pour ne pas la critiquer de façon trop visible – surtout devant mes supérieurs. Dès le début des années 1970, j'ai en effet commencé à envisager la possibilité de prendre moi-même les commandes de GE. Je suis même allé jusqu'à l'écrire : en 1973, dans mon évaluation, à la case «objectif à long terme», j'ai mis non sans présomption que je voulais devenir PDG. J'étais bien décidé à ne pas saborder mon rêve en m'attaquant à des moulins à vent. Si je pleurnichais et me plaignais trop du système, il aurait ma peau.

J'ai eu de la chance. Le système s'est assoupli. La compagnie m'a offert un nombre incroyable d'expériences différentes. Et, la plupart du temps, on m'a laissé être moi-même.

# 5

# Je m'approche de la cour des grands

Au mois de juin 1973, j'ai eu à nouveau un très grand coup de chance. Reuben Gutoff venant d'être promu patron de la planification stratégique pour l'ensemble de la compagnie, j'ai pris sa place de directeur de groupe. Cette promotion devrait se traduire par un déménagement, le poste étant au siège. Outre la division Chimie et métallurgie que je dirigeais déjà à Pittsfield, j'allais désormais coiffer un certain nombre d'autres branches : les matériels médicaux à Milwaukee, les composants électroménagers à Fort Wayne et les composants électroniques à Syracuse.

C'était un portefeuille de produits très divers, représentant un chiffre d'affaires annuel de plus de 2 milliards de dollars. Le groupe que j'allais diriger employait 46 000 personnes et possédait 44 usines aux États-Unis ; il était également implanté en Belgique, en Irlande, en Italie, au Japon, aux Pays-Bas, à Singapour et en Turquie.

Cette promotion, c'était un grand pas en avant. À peine seize mois plus tôt, j'avais été nommé directeur général de GE à l'âge de trente-six ans. Au poste que l'on me confiait maintenant, je ne pourrais plus échapper à l'écran radar. J'étais vraiment quelqu'un dans la maison, maintenant. Je suis allé au siège de New York voir des bureaux témoins, aménagés à l'image de ceux qui devaient être construits à Fairfield, dans le Connecticut, où le siège de

GE devait s'installer en août 1974. J'ai choisi le mobilier destiné à mon bureau, dont le plafond avait un nombre précis de dalles, correspondant à mon nouveau statut.

Il n'y avait qu'un seul problème, mais il était de taille : je n'avais aucune envie d'aller travailler au nouveau siège de Fairfield.

Nous habitions Pittsfield depuis treize ans et, peu à peu, nous nous y étions fait une vie idéale, tant pour ma famille que pour moi. J'aimais cette région. Depuis l'appartement minuscule où nous nous étions installés en 1960, Carolyn et moi avions habité successivement plusieurs logements et nous étions maintenant propriétaires d'une maison que je considérais comme l'une des plus belles de la ville.

Nous avions toute une bande de bons amis. Nos quatre enfants, encore jeunes, fréquentaient les écoles publiques locales. Pittsfield était un endroit idéal pour y élever des enfants – en quelques minutes de voiture, on était à la montagne ou au bord d'un lac. J'avais un remarquable groupe d'amis au Pittsfield Country Club, où je jouais au golf et au tennis. J'ai joué au hockey, dans un club local, jusqu'à trente ans très largement sonnés. Je connaissais pratiquement tout le monde.

J'avais vraiment l'impression d'être le gros poisson de cette petite mare. Franchement, je n'avais aucune envie d'abandonner tout cela. Et puis, Pittsfield offrait un autre avantage : cela me permettait de rester à l'écart des manœuvres qui s'ourdissaient constamment dans les allées du pouvoir.

Cet été-là, j'ai pris l'avion pour New York pour aller voir Herm Weiss, alors président adjoint. En ma nouvelle qualité de directeur de groupe, c'est à lui que je rapporterais désormais. L'homme était grand et baraqué, très imposant. Cet authentique sportif avait été l'une des vedettes des équipes de foot et de base-ball de son université – le magazine *Sport Illustrated* lui avait même décerné l'une des médailles attribuées à l'occasion de son vingt-cinquième anniversaire, mais il n'était pas prétentieux pour un sou.

Je l'aimais vraiment beaucoup. Nous avions des tas de goûts communs, comme le golf, les bons mots ou encore parier sur les matches de football du dimanche. D'abord en sa qualité de patron, puis d'allié et d'ami, Herm m'a pris sous son aile. Apparemment, où que j'aille, je trouvais un mentor. Je ne cherchais pas à remplacer mon père biologique, mais il s'est toujours trouvé auprès de moi des gens formidables qui m'ont soutenu.

D'une manière générale, j'étais toujours heureux à l'idée de rencontrer Herm. Mais cette fois, je n'en menais pas large en arrivant dans son bureau pour lui demander l'autorisation de rester à Pittsfield. Après lui avoir expliqué que, de toute manière, je passerais le plus clair de mon temps sur le terrain dans chacun des départements dont j'aurais la responsabilité, je lui ai promis solennellement de ne jamais être en retard aux réunions mensuelles du comité de direction au siège.

Dans un accès de faiblesse, de charité, ou des deux à la fois, Herm a fini par dire oui. Je lui ai pratiquement sauté au cou. Ensuite, je me suis dépêché de sortir de son bureau, avant qu'il n'ait le temps de changer d'avis ou d'informer Reg qui voulait, j'en étais certain, que je m'installe au siège. De fait, quand il a découvert que je n'en ferais rien, Reg a eu beaucoup de mal à croire qu'Herm m'ait donné sa bénédiction.

Quittant mon vieux bureau de Plastics Avenue, je me suis installé avec une équipe de cinq collaborateurs dans une suite de bureaux au premier étage du Hilton de Pittsfield. Au cours des cinq années suivantes, j'ai tenu la promesse faite à Herm de ne jamais manquer une réunion. Quand la météo faisait craindre la fermeture de l'aéroport de Pittsfield, je partais la veille au soir. Si cela arrivait par surprise, je sautais dans ma voiture à 5 heures du matin et je faisais comme un fou le trajet jusqu'à New York pour arriver à l'heure.

Ce poste de directeur de groupe était le meilleur que j'aie jamais eu. La nouvelle palette d'activités dont j'étais désormais responsable me donnait, avec ses deux milliards de dollars de chiffre d'affaires, un vaste domaine où appliquer ce que j'avais appris. La division Chimie et métallurgie, qui comportait le département Plastiques, était en pleine croissance. Le département Composants Électroménagers produisait des moteurs et diverses pièces avec de bonnes marges, mais la moitié des ventes se faisait en interne, au sein du groupe GE. Les composants électroniques recouvraient tout un éventail de produits disparates, des semi-conducteurs aux tubes et aux condensateurs de télévision. Plusieurs d'entre eux marchaient bien, d'autres perdaient énormément d'argent. La branche médicale, qui vendait essentiellement des équipements de radiologie, avait beaucoup de potentiel ; en 1973, cependant, elle était déficitaire.

Ce nouveau poste me donna l'occasion de réunir une nouvelle équipe. J'ai eu la chance de trouver des gens brillants, remarquablement informés, habiles et possédant en outre des compétences complémentaires en matière de finance, de ressources humaines, de stratégie et de droit. Après m'être vu fourguer, des années durant, des candidats de seconde zone par la DRH du siège, j'ai eu la chance que le « système » m'attribue enfin deux très bonnes pointures parmi les cadres dirigeants de la maison : Tom Thorsen et Ralph Hubregsen.

Tom, mon financier, était exceptionnellement intelligent, beau gosse et exigeant, ce qui ne l'empêchait pas d'aimer s'amuser. Ralph, mon spécialiste des ressources humaines, était bordélique. Le visage taillé à la serpe, il fumait ses cigares jusqu'à la dernière bouffée en semant des cendres partout où il passait. Affreusement mal organisé, il passait souvent des nuits blanches à boucler son dossier pour notre présentation au siège. Mais, pour juger les hommes, il avait un flair absolument incomparable.

Pour la planification stratégique, je suis allé chercher quelqu'un à l'extérieur et j'ai trouvé Greg Liemandt, de chez Booz Allen & Hamilton. Ce fut le premier de toute une série d'individus brillants que j'ai débauchés à des cabinets de consultants, ce qui est plutôt rigolo dans la mesure où j'ai toujours détesté ces derniers. Très personnel, Greg était un pourfendeur patenté d'idées reçues.

Enfin, j'ai à nouveau promu Art Puccini, mon ancien directeur juridique, à qui j'ai demandé de coiffer tous les services juridiques de mon groupe. Né à Brooklyn, titulaire de deux diplômes, en pharmacie et en droit, Art n'était entré chez GE que quelques années plus tôt. Il nous apportait un remarquable dosage d'intelligence théorique et pratique.

Il eût été difficile d'imaginer une bande de personnages plus divers – l'équipe mêlant, dès le départ, des anciens de GE et deux personnes venant de l'extérieur. Mais nous avions en commun d'être nature, ni prétentieux ni collet monté, et de dire carrément ce que nous pensions.

Avec un personnel administratif de six personnes, nous avons emménagé dans des locaux de 330 mètres carrés, toujours au Hilton de Pittsfield. Nous y venions en pull et en jean (les grands manitous étaient loin), et nous criions à travers les portes ouvertes. L'ambiance était celle d'une résidence universitaire.

Le vendredi soir, nous nous retrouvions souvent au restaurant aménagé sur le toit de l'hôtel pour faire le point sur les événements de la semaine en buvant quelques bières. Nous y montions vers six heures et demie et nos épouses nous y rejoignaient deux heures plus tard. Quand elles arrivaient, nous avions presque épuisé notre stock d'histoires exagérées de la semaine. Aucune d'entre elles n'aimait particulièrement subir les récits de nos exploits, mais elles prenaient leur mal en patience. Et surtout, elles s'entendaient aussi bien que nous. Nous nous retrouvions souvent pour dîner ensemble le samedi soir ou le dimanche après-midi, souvent avec les enfants.

Nous nous amusions comme des fous, et on nous payait pour le faire. Nous passions le plus clair de notre temps sur le terrain, à faire le point sur la qualité des équipes ou la stratégie. Nous avions loué un Citation qui facilitait beaucoup nos déplacements. J'étais tout fier d'avoir un avion à ma disposition.

Carolyn ne voyait pas cela tout à fait de la même manière. « Jack, tu ne comprends pas que s'ils te donnent un avion, c'est pour que tu puisses mieux te tuer au travail ! »

Elle avait sans doute raison, mais j'aimais ça, de toute manière. Il nous arrivait souvent de partir le lundi matin pour ne revenir que le vendredi soir. Nous allions à Fort Wayne, dans l'Indiana, à Milwaukee, dans le Wisconsin et à Columbus, dans l'Ohio, comme si, chaque fois, c'était la porte à côté. Je suis sûr que les responsables, sur place, se disaient de temps en temps : « Zut, les revoilà ! » Nous passions des heures enfermés dans une pièce, à enlever une à une toutes les peaux de l'oignon, jusqu'à ce que tous les aspects du problème soient révélés au grand jour. Certains prenaient peut-être plaisir à ces exercices, qu'ils appelaient des joutes intellectuelles, mais d'autres les voyaient venir comme une séance de dentiste.

Il y a deux mondes, dans les affaires, et nous avions les avantages des deux, bénéficiant à la fois des ressources d'une grande entreprise et de la même atmosphère familiale que celle de mes premières années au département Plastiques. À force d'aller à l'autre bout du pays voir comment se passaient les choses dans nos diverses unités, j'ai compris – plus clairement que jamais – à quel point ma réussite dépendrait de la qualité du recrutement. Je l'avais compris dès mes tout premiers jours aux plastiques : il était essentiel de trouver des collaborateurs de talent et de leur confier le poste pour lequel ils étaient faits. De toute évidence, quand je trouvais quelqu'un de génial, cela faisait toute la différence.

Cela, je l'ai appris à mes dépens – à l'occasion de quelques graves erreurs d'appréciation. L'incohérence de mes premiers recrutements était risible. L'un des pièges dans lesquels je suis tombé le plus souvent fut de me fier aux apparences. Pour des postes de marketing, il m'est arrivé de fixer mon choix sur des beaux gosses ayant la tchatche. Certains étaient bons, d'autres creux comme des outres.

J'ai commis quelques «perles», dans le genre. J'avais trente ans lorsque j'ai commencé à recruter en Asie. Je ne parlais bien sûr pas japonais et sentais mal la culture locale. Je suis donc tombé dans le panneau le plus évident. Si un candidat parlait bien anglais, en général je lui signais un contrat d'embauche. J'ai mis un certain temps à découvrir que la langue, comme critère de sélection, présente un intérêt marginal, dans le meilleur des cas.

Plusieurs de mes erreurs reflétaient mes propres préjugés ridicules. Sans doute parce que j'avais fait mes études à l'université du Massachusetts – établissement longtemps spécialisé dans l'agriculture qui commençait à peine à émerger en tant qu'école d'ingénieurs – je me laissais impressionner par les pedigrees riches en diplômes prestigieux. Par exemple, si je cherchais des ingénieurs, je cherchais à recruter des anciens élèves du MIT, de Princeton et de Cal Tech. J'aurais mieux fait de me souvenir de mes propres origines. J'ai souvent pu constater que l'endroit où ils avaient fait leurs études ne déterminait pas les futures performances des candidats.

Dans les premiers temps, je tombais en arrêt devant des CV étincelants, bourrés de diplômes dans des disciplines diverses. Les candidats en question étaient sans doute brillants, pleins de curiosité intellectuelle, mais à l'usage nous constations souvent que c'était des dilettantes, qui avaient tendance à se disperser et s'avéraient incapables de s'impliquer à fond ou de faire quoi que ce soit avec intensité et passion. Aux mains d'une personne inexpérimentée, un CV est une arme dangereuse.

J'ai fini par comprendre que les qualités que je recherchais, en réalité, c'était l'enthousiasme et le goût de l'action, de faire avancer les choses. Le CV ne pouvait pas m'en dire beaucoup sur cette faim intérieure. Il ne me restait qu'à la «sentir».

À mon nouveau poste de directeur de groupe, j'ai découvert que le seul métier que je connaîtrais jamais à fond, c'était le plastique. Ce constat a provoqué une transition majeure dans ma réflexion. Je ne pouvais plus contrôler le moindre détail du bout des doigts : mon obsession de m'entourer des meilleurs n'en fut que plus intense.

Avec Ralph Hubregsen, mon partenaire des ressources humaines, nous avons entrepris une tournée des popotes. Nous passions en général une journée entière enfermés avec le directeur général et son directeur des ressources humaines, puis avec tous les collaborateurs qui lui rapportaient directement. Au bout de dix ou douze heures de discussion animée, je m'étais fait une idée assez précise des talents dont nous disposions aux deux ou trois niveaux les plus élevés de la hiérarchie.

Cette méthode de travail a fait l'effet d'un électrochoc. Aucun des dirigeants que nous obligions à s'y plier n'avait l'habitude de parler ouvertement des forces et faiblesses de chacun des individus qui composaient leur équipe et encore moins d'en faire l'objet d'une discussion intense.

Sur le terrain, ce sont les quatre directeurs généraux dirigeant chacun une division, qui me rapportaient directement, qui payèrent le plus lourd tribut. Je pense à Julian Charlier pour le matériel médical, Walt Robb pour la chimie et la métallurgie, George Farnsworth pour les composants électroniques, et Fred Holt pour les composants destinés à l'électroménager.

Homme du sérail, Farnsworth connaissait comme sa poche tous les arcanes de GE, ce qui lui permettait de mener sa barque à sa guise. Cynique, mais drôle, il pilotait des avions à cockpit ouvert, et j'ai fini par l'apprécier énormément. Holt, lui aussi, était un vétéran de la maison. Il était de toutes les grandes manœuvres de couloir, et cela depuis des années. En général, il obtenait ce qu'il voulait. Ayant une vingtaine d'années de plus que moi, il avait tout vu et tout entendu et me considérait comme une purge, un mauvais moment qu'il suffisait de laisser passer.

George et Fred ont été les deux premiers directeurs venant du sérail à se trouver sous mon autorité. Ils pensaient souvent que j'étais cinglé, mais il y a au moins une chose qu'ils respectaient, c'était mon enthousiasme. Fred était manifestement en fin de carrière ; quant à George, ce n'était pas un obsédé de l'avancement, ce qui ne l'a pas empêché, un peu plus tard, de bénéficier d'une promotion importante lorsqu'il se vit offrir la direction du département Aérospatial.

Charlier venait d'une petite société liégeoise de matériel médical et avait rejoint GE à l'occasion de son acquisition. Je l'avais observé pendant les deux ans où nous rapportions tous deux à Gutoff. Cet Européen policé avait une idée grandiose à la minute, mais ne se préoccupait guère d'en assurer le suivi. Il avait fait construire de superbes bureaux non loin de Milwaukee, ce qui conférait un panache nouveau au département Matériel médical. J'appréciais sa créativité, son côté bon vivant, mais son incapacité à délivrer des résultats, qui m'agaçait déjà lorsque nous étions sur un plan d'égalité, me mettait réellement hors de moi depuis qu'il travaillait sous ma responsabilité.

J'ai essayé de le maintenir à son poste parce qu'il me plaisait, mais sa façon de tout voir de 15000 mètres de haut ne donnait rien de bon. Nous avons eu plusieurs discussions à ce sujet, nous avons également parlé plusieurs fois des piètres performances de son département et, en fin de compte, nous sommes parvenus à la conclusion qu'il avait tout intérêt à rentrer en Europe et à y travailler dans une autre société.

Pour le remplacer, un dimanche soir, j'ai passé un coup de fil à Walt Robb. Durant mes premières années aux plastiques, il m'appelait souvent le dimanche soir pour me prodiguer son soutien, des conseils, et me tenir informé des bruits de couloir. Cette fois, c'était moi qui prenais l'appareil pour lui demander de reprendre le département Matériel médical. Mon offre a bel et bien failli le faire tomber à la renverse. « Tu adores la technologie et tu es curieux, lui ai-je dit. Tu as le profil idéal pour diriger le matériel médical. »

Walt s'est dit que j'étais tombé sur la tête. En vingt mois, il était passé de la direction d'une petite unité de développement médical (7,5 millions de dollars de chiffre d'affaires) à celle de la division Chimie et métallurgie, l'une des plus grandes et des plus rentables de GE, qui réalisait un chiffre d'affaires de 500 millions de dollars.

Il n'occupait ce poste que depuis quatre mois, il s'y plaisait, et voilà que je venais lui demander de reprendre le matériel médical, qui faisait moitié moins de chiffre d'affaires et qui, en outre, perdait de l'argent. Walt avait quelque difficulté à considérer mon offre de diriger une affaire non rentable, qui fabriquait du matériel de radiologie, des piles cardiaques et des électrocardiographes au fin fond du Wisconsin, comme « la chance de sa vie ». Il accepta tout de même, intrigué par la technologie et sans doute aussi par certains de mes arguments.

Il héritait d'une boîte qui fabriquait essentiellement du matériel à rayons X destiné aux radiologues et aux dentistes. Peu après son arrivée, EMI, société britannique spécialisée dans l'électronique (et aujourd'hui dans la musique), fit une découverte sensationnelle, le scanner. Cette avancée scientifique posait un problème majeur à notre gamme existante de matériels de radiologie classique, mais c'était en même temps un énorme défi à relever, ce qui n'a pas manqué de galvaniser nos instincts compétitifs.

Walt, qui avait commencé sa carrière au laboratoire de recherche de GE, s'adressa directement à ses anciens amis chercheurs de Schenectady. Il n'a pas eu de mal à intéresser les chercheurs, car l'invention d'EMI avait fait grand bruit dans la communauté scientifique. Mon propre rôle s'est limité à suivre chaque semaine les progrès de l'équipe, en maniant alternativement l'aiguillon et la bouteille de champagne. Quelque quatre-vingt personnes ont travaillé jour et nuit pour créer un produit qui nous donnerait plus rapidement de meilleures images que celles du modèle d'EMI.

Tout s'est passé exactement comme dans une start-up. Les chercheurs ont pratiquement vécu au labo, se nourrissant de pizzas qu'ils mangeaient directement dans le carton de livraison, et nous avons construit notre premier scanner dans des locaux loués à un supermarché de Milwaukee.

Début 1976, nous prenions les premières commandes pour notre nouvelle machine, qui coûtait la bagatelle de 650 000 dollars pièce.

Une fois de plus, je mesurais les avantages qu'il y a à se comporter à la manière d'une petite entreprise. Donner de la visibilité au projet prioritaire, y faire travailler des hommes fantastiques et leur allouer un budget généreux – telle est et reste la meilleure recette que je connaisse pour réussir.

Le scanner a tout changé au matériel médical. Le département faisait 215 millions de dollars de chiffre d'affaires et ne gagnait pas d'argent quand Walt en a pris les commandes ; en 2000, c'était l'un des fleurons de la couronne GE, avec un bénéfice d'exploitation de 1,7 milliard de dollars pour plus de 7 milliards de chiffre d'affaires.

En ce qui concerne la division Chimie et métallurgie, que Walt venait de quitter, je l'ai scindée en deux, donnant son autonomie au département Plastiques, qui connaissait une forte croissance. Quant à la métallurgie, dont la croissance était plus lente, mais très rentable, je l'ai confiée à Chuck Carson, qui venait des stratifiés.

Pour les plastiques, il me fallait résoudre un dilemme. Mon ami Tom Fizgerald, alors patron des Silicones, était le candidat idéal, en interne. Mais c'était mon ami le plus proche au travail, je voyais donc mieux que quiconque ses forces et ses faiblesses. J'ai décidé de le comparer avec le meilleur candidat extérieur.

Je l'ai dit plus haut, j'ai commis un certain nombre de recrutements malheureux. Aucun ne fut plus catastrophique que celui que je me préparais alors à finaliser.

Passant par-dessus la tête de Tom, j'ai fait venir un outsider qui avait, lui aussi, dirigé les Silicones. Au début des années 1960, lorsque j'étais jeune cadre aux plastiques, j'avais été ébloui par les discours qu'il faisait aux réunions de division. De tous les membres de la direction, c'était lui qui parlait le mieux. Ce talent m'impressionnait d'autant plus que j'avais, personnellement, de grandes difficultés à m'exprimer en public. Avant de lire mon premier discours devant quelques centaines de directeurs de GE, j'ai dû à deux reprises quitter le premier rang de l'auditorium pour me précipiter aux toilettes.

Je me suis frotté les mains d'avoir réussi à le convaincre de revenir chez nous. Apparemment, il était vraiment parfait : bien habillé, beau parleur, il faisait une excellente première impression. Il avait quitté GE pour un poste plus important dans la chimie, ce qui m'impressionnait encore plus. Le faire revenir avec un titre de directeur général n'était pas une mince affaire. Il me fallait commencer par obtenir le feu vert de la DRH du siège, ainsi que ceux de Herm et de Reg.

Je n'ai pas été très long à comprendre que mon bonhomme n'était pas à la hauteur. Je l'avais embauché sur la foi de l'image que j'avais gardée de ses prestations orales quinze ans plus tôt. J'ai su très vite que je ne pouvais pas le garder. Mais c'était un vrai dilemme. Je pensais pouvoir être candidat à la succession de Reg. En recrutant cet outsider, j'étais passé outre à l'avis de Roy Johnson, le DRH, toujours en faveur des candidats maison. Il me fallait certes tirer les conséquences de mon erreur, puisque ce type ne faisait manifestement pas l'affaire, mais cela risquait d'être désastreux pour mon propre avenir.

Six mois ne s'étaient pas écoulés que je me retrouvais au siège pour expliquer à Roy Johnson, Herm Weiss et à Reg Jones que je m'étais planté et qu'il fallait absolument que je me débarrasse de mon nouveau directeur Plastiques. Ce ne serait pas facile. J'étais allé contre le système, je n'avais pas pris un de mes amis qui attendait cette promotion et dont je voyais, avec le recul, qu'il la méritait. Enfin, j'étais gêné vis-à-vis du candidat que je lui avais préféré, car cela sautait aux yeux que ce poste ne lui convenait pas.

La réaction de Herm a consisté à me dire : « Tu as fait une erreur. Je suis content que tu la corriges si vite. » Reg s'est contenté de dire : « OK », sans révéler ce qu'il pensait de cette affaire. Johnson y a vu un exemple supplémentaire de mon manque de maturité.

Holt et Farnsworth étaient non seulement très compétents, mais aussi remarquablement débrouillards – ils connaissaient toutes les ficelles du système GE. C'était la première fois que je regardais à l'intérieur de la « GE traditionnelle ». Leurs conseils m'ont ouvert les yeux sur un autre monde.

Il y a des tas d'histoires Holt, mais ma préférée porte sur l'évaluation. À Fort Wayne, un jour, au cours d'une réunion d'évaluation de nos ressources humaines, Fred se mit à lire une appréciation enthousiaste d'un type que je connaissais.

« Comment as-tu pu écrire ça, Fred ? Ce type n'est pas si bon que ça ! Tu sais aussi bien que moi que c'est un imbécile. Cette appréciation est ridicule ! »

À ma grande surprise, Fred opina du bonnet.

« Tu veux voir la vraie ? me demanda-t-il. La voilà. Mais je ne peux pas envoyer ça au siège. Ils me diraient de le tuer, ce pauvre gars. »

Fred n'était pas le seul à agir ainsi, à l'époque. Il pensait bien faire en protégeant des collaborateurs qui n'étaient pas à la hauteur. C'était comme ça. Personne ne voulait annoncer la mauvaise nouvelle. Il était tout à fait normal, à ce moment-là, de remplir son questionnaire d'évaluation en disant que l'objectif de carrière que l'on se proposait, c'était au moins le poste de son propre patron. Et la réponse de ce dernier, en général, était : « Parfaitement qualifié pour passer à l'échelon supérieur » – même s'ils savaient pertinemment tous les deux que ce n'était pas le cas.

Nombre de ces appréciations « gentilles » reviendraient me hanter au début des années 1980, quand nous avons dû réduire les effectifs. Cette fichue « fausse gentillesse » n'avait abouti qu'à tromper les gens, de sorte qu'ils ont vécu leur licenciement comme un choc plus grave qu'il n'aurait dû l'être.

George Farnsworth et son affaire de composants électroniques m'ont apporté deux choses. La première fut de regarder de près, pour la première fois, les semi-conducteurs. J'ai tout de suite pris en grippe ce type de produits. Certes, c'était un secteur de forte croissance, mais trop cyclique à mon goût ; en outre, il engloutissait des quantités fabuleuses de capital. J'ai mis près de dix ans à en sortir.

L'autre chose que j'ai héritée de George, c'est la controverse sur les PCB (biphenyls polychlorurés), qui allait durer vingt-cinq ans. George dirigeait l'unité de production des condensateurs à Hudson Falls, dans l'État de New York, qui utilisait les PCB comme isolants électriques. Ce fut l'occasion de mes premiers contacts avec le gouvernement.

De 1971 à 1977, ma responsabilité n'avait cessé de s'étendre : j'étais passé de la direction d'un département dont le chiffre d'affaires s'élevait à 100 millions de dollars à celle d'une division qui en faisait 400 millions, et assez vite à celle d'un groupe de 2 milliards de dollars. Cela m'avait permis d'apprendre l'importance des hommes, d'apprendre à soutenir les meilleurs et à éliminer les moins bons. J'ai également appris à cette occasion qu'il y avait intérêt à favoriser les activités à forte croissance, comme le plastique et les matériels médicaux, et à élaguer au maximum les activités à faible croissance. Tous ces acquis allaient m'être précieux.

Vers la fin de 1977, j'ai reçu un coup de fil à Pittsfield. C'était Reg, qui m'appelait de Fairfield. Il voulait me voir, et c'était urgent. J'y étais le lendemain matin.

« Je pense beaucoup de bien de vous, me dit-il, mais vous savez, Jack, vous ne connaissez pas General Electric. Vous n'en avez vu que 10 %. GE, c'est beaucoup plus que cela. J'ai un nouveau poste à vous proposer – il s'agit de prendre les commandes du secteur des produits de consommation. Je voudrais simplement vous signaler, Jack, que ce poste est à Fairfield. Plus question d'être un gros poisson dans une petite mare. Si vous voulez que l'on pense à vous pour de plus grandes choses, il va falloir venir ici. »

J'étais enchanté de bénéficier d'une nouvelle promotion – même si cela voulait dire que je devrais, finalement, quitter Pittsfield. Carolyn avait très envie de bouger. Elle était ravie à l'idée de commencer une nouvelle vie dans un nouvel environnement et pensait que ce déménagement ferait le plus grand bien aux enfants.

Les deux aînés, Kathy et Jim, étaient maintenant au lycée, Anne était en cinquième et Mark en huitième. Même si je travaillais comme un forcené, nous formions une famille très unie. L'hiver, nous partions toujours faire du ski une semaine et, l'été, nous n'avons jamais failli au rituel qui consistait à louer une villa à Cape Cod pour quinze jours.

Je reconnais que j'avais énormément de mal à couper complètement les ponts avec le bureau pendant les vacances. À Cape Cod, par exemple, je quittais discrètement la plage, au moins deux fois par jour, pour téléphoner d'une cabine publique. Au ski, je passais de temps en temps à l'hôtel entre deux descentes, pour la même raison.

Ces vacances familiales nous permettaient cependant de passer pas mal de temps ensemble. Nous le partagions entre les jeux de société et le sport. J'essayais que tout cela soit aussi amusant et compétitif que possible en encourageant tout mon petit monde. En rentrant, je ne manquais jamais de fabriquer des plaques de bois pour « le plus beau joueur », le « meilleur au golf miniature » ou le « champion de Cluedo », que je remettais aux enfants. Je suppose que je tentais ainsi de reproduire les parties de gin rami de ma mère. Certains de mes enfants étaient comme moi – ils n'aimaient pas trop perdre.

Comme la plupart des adolescents, l'idée de partir ne leur plaisait guère. Tout se passait bien pour eux, à Pittsfield. Ils avaient tous de bons résultats scolaires et beaucoup d'amis.

Mais ce n'était pas toujours facile pour eux. Un matin, mon fils John était tranquillement assis dans le bus de ramassage scolaire quand celui-ci s'est arrêté pour faire monter un autre élève. Ce dernier a foncé droit sur John et lui a décroché un swing complètement inattendu. La bagarre n'a pas duré longtemps, mais le pauvre John, qui n'avait alors guère plus de huit ou neuf ans, se demandait pourquoi il s'était ainsi fait attaquer.

Ce n'est que le soir, quand il a raconté son histoire à table, que j'ai pu lui expliquer que j'avais demandé au père de son camarade de quitter GE. Nous étions tous très ennuyés pour John, surtout moi – je me souviens de cette histoire comme si c'était arrivé hier.

Tout en étant enchanté de mon nouveau poste, j'étais aussi triste que les enfants à l'idée de quitter Pittsfield. Pour conserver un lien, j'ai acheté deux hectares et demi de terrain bon marché au sommet d'une montagne à Lenox, non loin de là, juste avant de partir. À dire la vérité, le jour du départ, notre break Buick chargé jusqu'à la gueule et les quatre enfants entassés à l'arrière, nous nous sommes arrêtés à l'agence pour signer l'acte de vente. Pour une raison ou pour une autre, je me sentais mieux ainsi.

Ma promotion à Fairfield me hissait à un nouvel échelon de l'organisation, celui de directeur de secteur. Comme dans toute grande entreprise, il y avait une hiérarchie chez GE, et j'avais eu la chance d'y grimper. Il y avait des dizaines de titres et de promotions et vingt-neuf niveaux hiérarchiques, du laboratoire à l'unité, à la sous-section, la section, le département, enfin la division et le groupe. Cela faisait un peu penser à l'administration. Se voir confier la responsabilité d'un secteur, c'était atteindre le 27e échelon, à deux petits pas du 29e, celui du poste de Reg.

C'était un grand bond en avant. Cela me mettait dans la course pour la succession de Reg. Enthousiasmé par les possibilités que cela m'ouvrait, je me demandais avec appréhension si la méthode Pittsfield passerait à Fairfield, au cœur même de la bureaucratie.

6

# Le grand bain

Un matin de janvier 1977, après avoir salué les hommes du service de sécurité à l'entrée, j'ai remonté l'allée sinueuse qui menait au siège GE de Fairfield. Ce jour-là, les arbres étaient dénudés et le sol couvert de neige. J'ai garé ma voiture dans le parking en sous-sol, pris l'ascenseur et me suis rendu au second étage de l'aile ouest. J'ai descendu un large couloir pour rejoindre un bureau d'angle muni d'une porte de verre, le plus éloigné de celui de notre PDG, Reg Jones.

Le lieu était silencieux, officiel, froid et peu accueillant. Je n'avais ni secrétaire ni personnel, à part trois directeurs qui avaient travaillé pour l'un de mes principaux concurrents à la succession de Reg. Des centaines de personnes travaillaient au siège, mais je n'en connaissais qu'une poignée. Reuben Gutoff, l'homme qui m'avait convaincu un jour de rester chez GE, avait lui-même quitté l'entreprise deux ans plus tôt, à la fin de 1975.

Deux ou trois visages m'étaient tout de même familiers. Charlie Reed, le directeur qui m'avait si bien soutenu quand j'avais fait exploser l'usine de Pittsfield, était maintenant le grand patron de la technologie au siège. Mike Allen, un ancien du cabinet de consultants McKinsey, dont j'avais fait la connaissance à l'époque où je dirigeais le département Plastiques, était lui aussi désormais à Fairfield, à la planification stratégique. Mais leurs bureaux étaient éloignés du mien et ils avaient fort à faire avec leurs propres dossiers.

Mais si Fairfield me paraissait si vide, c'était surtout à cause de la perte d'un bon ami qui m'y avait toujours fidèlement soutenu. Herm Weiss, l'un des présidents adjoints de GE, était mort un an plus tôt d'un cancer du poumon. C'était mon seul lien véritable avec les grands patrons de l'entreprise. Au mois de juillet, à la compétition de golf du conseil d'administration, il m'avait offert une dernière démonstration d'amitié en faisant trois trous avec moi. Six semaines plus tard, au mois de septembre 1976, il mourait dans un hôpital de New York. J'ai découvert par la suite qu'au cours de ses derniers jours, il avait dit à Reg de penser à moi car j'étais « un type qui se remuait ».

La solitude me pesait réellement. On parle de se sentir comme un « petit poisson dans une grande mare » ! Moi, j'avais l'impression d'être une sardine dans un océan. Certes, j'étais déjà venu de nombreuses fois à l'occasion de cirques rituels. Mais précisément, le soir, quand j'avais dûment présenté mon business plan ou demandé de l'argent pour construire une nouvelle usine, j'étais toujours bien content de revenir à Pittsfield.

Cette fois-ci, évidemment, il n'en était plus question. J'étais au siège pour de bon, maintenant.

Mais quelle différence cela faisait, par rapport au temps tout proche où j'allais au bureau en pull et en jean travailler avec cinq de mes meilleurs amis ! De fait, en recrutant des individus qui étaient devenus mes amis et en les voyant, eux et leur famille, en dehors du travail, j'avais sans doute brisé les règles de bienséance applicables entre cadres dirigeants.

Nous faisions le boulot et nous y prenions plaisir. Nous avions plutôt l'impression de faire partie d'une famille que d'une entreprise. Et voilà que tout cela était fini. Pour accroître encore mon impression de déracinement, j'ai passé les quatre premiers mois à l'hôtel, jusqu'à ce que Carolyn et les enfants puissent venir s'installer dans notre nouvelle maison dans le Connecticut. Cette situation a entraîné un effet secondaire positif : je pouvais m'immerger totalement dans mon nouveau travail.

Mon arrivée à Fairfield concrétisait une promotion importante, qui me hissait à un échelon créé pour l'occasion, celui de directeur de secteur. Il y en avait cinq, tous publiquement identifiés comme candidats à la succession de Reg, les deux autres étant des directeurs du siège : Alva Way, le directeur financier, et Robert Frederick, directeur de la planification.

Les quatre autres directeurs de secteur étaient respectivement John Burlingame, physicien qui présidait aux opérations internationales de GE ; Ed Hood, ingénieur nucléaire chargé du secteur Produits et services techniques; Stanley Gault, qui avait fait le plus clair de sa carrière dans l'électroménager et dirigeait maintenant le secteur industriel; et enfin Tom Vanderslice, qui dirigeait les générateurs.

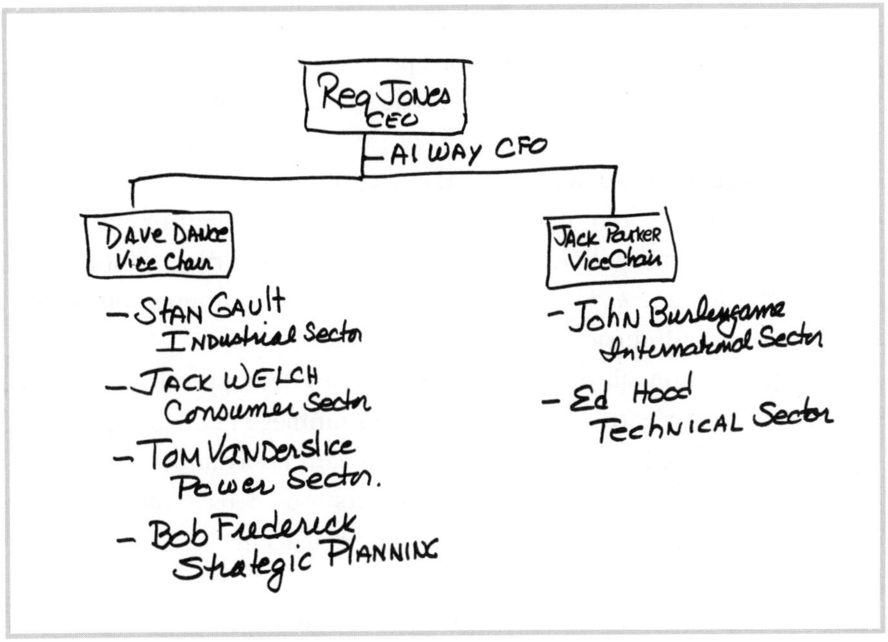


Ce nouvel échelon, Reg l'avait mis en place dans le cadre de son processus de succession, pour tester nos compétences et nos aptitudes à gérer des portefeuilles de plusieurs milliards de dollars que nous connaissions mal. J'étais tombé sur les produits et services de consommation, seul secteur existant, Reg l'ayant créé un an plus tôt pour tester l'idée. À ce poste, je me voyais responsable d'un groupe d'activités dont le chiffre d'affaires combiné s'élevait à 4,2 milliards de dollars, c'est-à-dire environ 20 % du chiffre d'affaires total de GE. L'ensemble regroupait le gros électroménager, les climatiseurs, les produits d'éclairage, le petit électroménager et les produits audio, les téléviseurs, ainsi que des stations de télévision et de radio et GE Credit.

Cette structure, certainement très utile pour aider Reg à choisir son successeur, me posait un problème. Mon nouveau patron direct, le président adjoint « Dave » Dance, avait son favori dans la course à la succession, et ce n'était pas moi. C'était Stanley Gault, son protégé de longue date, qui, comme Dance, avait consacré pratiquement toute sa carrière à l'électroménager.

Dance soutenait Gault de façon évidente et visible. Il avait certainement le droit d'avoir son opinion, mais cela me rendait la vie difficile. En dix-sept ans de maison, c'était la première fois que j'avais un patron qui ne soutenait pas ma cause. Pour ne rien arranger, Gault avait été aux commandes de mon secteur l'année précédente. Je me trouvais donc dans une position telle que toutes mes décisions pouvaient être interprétées comme une tentative de marcher sur les brisées de l'un ou de l'autre.

L'autre président adjoint, Jack Parker, avait lui aussi ses favoris dans la course. Je n'étais pas du nombre. Parker était l'un des pionniers du moteur d'avions chez GE et, tout naturellement, il soutenait toujours cette activité et les gens qui y travaillaient. Il était partisan de ses deux subordonnés directs : Burlingame et Hood. Tom Vanderslice et moi nous retrouvions donc en position d'outsiders.

Ce qui me donnait de l'espoir, c'est que les deux présidents adjoints, Dance et Parker, n'entretenaient de relations intimes ni l'un envers l'autre, ni avec Reg, qui ne les avait pas choisis au départ, les ayant tous deux hérités de son prédécesseur. Ils avaient d'ailleurs tous deux rivalisé pour lui succéder. Ce n'étaient pas de mauvais bougres, mais ils étaient déçus de ne pas être parvenus à leurs fins.

Il n'y a sans doute rien de pire dans les affaires que de travailler pour un patron qui ne souhaite pas vous voir gagner. Cela peut arriver n'importe où, à n'importe quel niveau – et cela arrive certainement plus souvent qu'on ne croit. Mais je n'avais encore jamais été dans cette situation. Je n'ai survécu à l'épreuve qu'en adoptant ce que je considérais comme la seule attitude possible : j'ai fait confiance à Reg et au système, convaincu qu'il devait être juste.

Si j'avais pensé que je resterais indéfiniment sous les ordres de Dance, je ne l'aurais pas accepté. Je n'aurais certainement pas ruiné ma carrière et ma santé mentale en décidant de m'incruster. Dans mon cas, les choses étaient plus faciles qu'elles ne l'auraient été pour d'autres. Je savais ce que je voulais, et je ne tarderais pas à savoir si j'avais mes chances de l'obtenir.

Dès le premier jour, le processus de succession fut marqué par d'innombrables manigances de couloir. Une tension palpable régnait en permanence. Les cinq directeurs de secteur avaient leur bureau dans le bâtiment dit ouest du complexe de Fairfield, qui en comportait deux. Chacun de nous avait un bureau d'angle, une salle de réunions et de l'espace pour plusieurs secrétaires ou assistantes. Quand nous n'étions pas en déplacement, le moment du déjeuner était délicat – nous finissions par avaler quelques sandwiches dans la salle à manger de direction, en faisant toujours très attention à ce qui se disait.

C'était horrible.

J'ai pris l'habitude d'aller me réfugier sur le terrain. Par bonheur, si je voulais accomplir correctement ma tâche, il fallait de toute manière que je passe aussi peu de temps que possible à Fairfield. Je m'appuyais sur une équipe très efficace – et très mobile. David Orselet, mon DRH, était un remarquable découvreur de talents et tout le monde lui faisait confiance – caractéristique inestimable pour un DRH.

Je ne le savais pas à l'époque, mais son soutien allait jouer un rôle très important dans la sélection finale. Dick Schlegel, homme chaleureux et financier très habile, était également en place à mon arrivée.

Dick m'a aidé à trouver deux hommes qui devaient jouer un rôle critique dans ma carrière : Dennis Dammerman, de GE Credit, et Bob Nelson, analyste financier qui avait passé des années dans le petit électroménager.

Dennis avait passé toute son enfance dans une ferme de l'Iowa. Quand il était gamin, après la tonte des moutons du troupeau familial, on le déposait dans les sacs et il sautait pour tasser la laine. Adolescent, il avait travaillé pour une autre compagnie électrique – il avait en effet commencé comme apprenti électricien dans l'entreprise de son père, Dammerman Electric.

Après son diplôme à l'université de Dubuque, en 1967, il était allé voir des amis à Bloomington, dans l'Illinois, où une usine de GE produisait des pièces électriques. Il était allé trouver le planton de sécurité, à l'entrée, et lui avait demandé si l'on recrutait. Par chance, le planton l'avait envoyé à un manager, à l'intérieur, et ce dernier l'avait embauché pour le vivier de gestion financière de GE. Il était brillant, dur à la tâche, débrouillard et remarquablement fiable. Doté d'un potentiel énorme, il aimait s'attaquer à des tâches difficiles.

Bob Nelson était l'intellectuel de la bande. Diplômé de Carleton College, ce passionné de sciences politiques et d'histoire avait un esprit d'analyse extraordinaire. Bob semblait destiné à devenir professeur d'université. Il passa sa maîtrise de lettres à l'université de Chicago et se mit à préparer un doctorat d'études américaines. Mais en 1966, il fit un petit détour par les affaires en entrant au vivier de gestion financière de GE.

Ensemble, Dennis et Bob devinrent mes tuteurs en matière de gestion financière, et je me suis appuyé sur leur jugement jusqu'à mon dernier jour chez GE. Dennis allait devenir mon directeur financier, PDG de GE Capital Services, puis président adjoint de la compagnie. Bob deviendrait directeur général chargé de l'analyse financière.

Pour compléter mon équipe, j'ai fait venir un ami de Pittsfield, Norm Blake, à qui j'ai confié la direction du développement de mon secteur. Cet entrepreneur brillant, tenace, hyperactif, avait rempli les mêmes fonctions sous ma direction aux plastiques. Il fut plus tard directeur général de GE Capital, avant de quitter GE en 1984 pour prendre la présidence de Heller International.

Dans mes nouvelles fonctions, j'ai repris exactement les mêmes méthodes de travail qu'à Pittsfield. La seule différence, c'est que maintenant, nous prenions l'avion à Fairfield pour aller sur le terrain découvrir les usines et les services que je ne connaissais pas encore et les gens qui y travaillaient. Ordinairement, la réunion commençait à sept heures et demie du matin, puis, une fois encore, nous passions des heures à éplucher l'oignon. Nous avions rarement terminé avant huit ou neuf heures du soir ; nous allions alors dîner ensemble pour faire le point sur la journée et évaluer la qualité des équipes de chaque entité.

Mon chef ne me soutenant pas, je faisais mon boulot comme s'il n'était pas là. C'est dans le domaine de l'électroménager que j'allais me heurter aux problèmes les plus difficiles. Tout changement d'orientation pouvait être perçu comme une attaque contre mes prédécesseurs, Dance et Gault, qui avaient dirigé ce secteur pendant plus de dix ans. Des années durant, ç'avait été l'enfant chéri de GE. Dance et Gault avaient dans leurs cartons des projets d'expansion massive. Ils rêvaient de reproduire Appliance Park, le complexe que nous avions à Louisville, en construisant un Appliance Park Est à Columbia, dans le Maryland, et un Appliance Park Ouest à Salt Lake City, dans l'Utah.

Ces projets ambitieux reflétaient l'idée que se faisait traditionnellement GE du potentiel de ce secteur d'activité, qui avait été entraîné par le boom des années d'après-guerre, époque à laquelle les classes moyennes, en plein essor, remplissaient leurs cuisines neuves de machines et d'appareils neufs. Nul ne doutait que la croissance de ces gammes de produits se poursuivrait. Les vraies questions, cependant, étaient de savoir à quel rythme et si nous étions bien placés par rapport à nos concurrents américains et étrangers. Mes nouveaux associés, Bob Nelson et Dennis Dammerman, qui avaient tous deux travaillé dans cette branche, mirent en pièces les idées reçues et les données chiffrées.

D'après nous, la croissance serait désormais lente. Les grands projets d'extension devaient donc être réexaminés. Pour être juste, je crois que Dance et Gault étaient en passe de parvenir aux mêmes conclusions. En outre, et surtout, il fallait à tout prix faire quelque chose pour améliorer la situation à Louisville. Le chiffre d'affaires et les résultats étaient acceptables, mais la productivité ne cessait de se dégrader.

Des années durant, le siège n'avait entendu qu'un son de cloche assez optimiste concernant les produits électroménagers. À Louisville, une armée d'économistes, de spécialistes de la planification stratégique et de financiers croyait dur comme fer en l'avenir de ce secteur d'activité et plaidait en sa faveur, refusant de reconnaître que l'époque de la croissance d'après-guerre était révolue. Ils n'étaient pas les seuls. Leur foi en l'expansion était partagée par une bonne partie de l'industrie américaine.

À Louisville, les équipes de direction avaient quitté l'usine pour s'installer à 7 kilomètres de là, au dernier étage d'une tour de bureaux. C'était symbolique : les intellectuels étaient dans leur tour d'ivoire, tandis que les manuels, restés à Appliance Park, fabriquaient nos produits blancs.

Armé de l'analyse de mon groupe, je suis allé trouver Dance pour recommander un élagage significatif de la branche qu'il avait dirigée tant d'années durant. Je m'attendais à ce qu'il se batte, mais il n'en fit rien. Je crois qu'il considérerait sans doute ma recommandation comme une preuve supplémentaire de mon impulsivité. Quoi qu'il en soit, il approuva mon plan.

Sans attendre, nous sommes passés à l'action, réduisant les effectifs à Louisville pour rendre plus concurrentiel notre site de production existant, et abandonnant les projets de construction des deux nouvelles entités.

À Louisville, les licenciements ont été accueillis par un tollé. J'ai eu la chance d'avoir un allié en la personne du directeur, Dick Donegan, qui avait été nommé par Dance et Gault. D'accord avec le nouveau plan, il a eu le courage d'agir selon ses convictions malgré ses relations antérieures. Les changements douloureux accomplis à Appliance Park n'ont pas résolu tous nos problèmes de coûts, mais elles ont tout de même amélioré notre compétitivité et notre rentabilité, ce qui nous a permis de continuer.

Dans l'électroménager, cela fait plus de vingt ans que l'on est contraint de renouveler indéfiniment ce genre d'initiatives. Ce secteur, qui employait plus de 47 000 personnes en 1977, en compte aujourd'hui moins de la moitié, soit environ 19 800 personnes. Ces suppressions d'emplois sont terribles, les salariés se font laminer par l'évolution de la situation concurrentielle. Dans les secteurs difficiles, cette évolution va toujours dans le mauvais sens, c'est sans fin. Je serais incapable de vous dire combien de fois, au début des années 1980, on m'a demandé : « C'est fini, maintenant ? »

Non, hélas, ce n'est jamais terminé.

Une grande partie des produits qui ont alimenté le boom de l'après-guerre, aujourd'hui banalisés, n'offre plus que des marges minces comme du papier à cigarettes dans des marchés à croissance lente. Ces changements ont éliminé de nombreux concurrents du secteur électroménager, comme les marques Philco ou Frigidaire, qui appartenaient respectivement à Ford et à Westinghouse. GE a choisi de se maintenir et de se battre dans un métier très dur. Mais pour y survivre, nous avons dû délocaliser la production d'un nombre croissant de ces produits. Le prix d'un réfrigérateur, aujourd'hui, s'échelonne de 700 dollars à 800 dollars, alors que la fourchette, en 1980, était de 1 000 à 1 200 dollars.

La seule chose positive, dans ce métier farouchement concurrentiel, c'est que les Asiatiques n'ont que faiblement pénétré le marché américain. Cette situation s'inscrit en contraste avec celle du marché automobile, où les augmentations régulières de prix ont invité toutes sortes de concurrents étrangers.

De toutes les entités dont j'ai pris la responsabilité, quand j'ai été nommé directeur de secteur en 1977, aucune ne me paraissait plus prometteuse que GE Credit. Comme le plastique, ce secteur était assez éloigné de notre métier de base, et comme le plastique, j'avais le sentiment qu'il recelait un potentiel de croissance important.

Personne ne s'intéressait beaucoup à GE Credit, qui faisait figure d'élément hétérogène dans une entreprise industrielle. Nous étions entrés dans ce métier presque par défaut, en 1933, à l'époque de la Grande Dépression, pour aider nos revendeurs de produits électroménagers à alléger leurs stocks de réfrigérateurs et de cuisinières en faisant crédit aux consommateurs. Nous proposions aussi du financement pour les meubles, car la plupart en avaient également en rayon. Mais c'est à peu près tout ce que nous avons fait les vingt premières années, des années 1930 aux années 1950.

Nous avons alors diversifié nos activités en finançant les engins de construction Caterpillar. Ce n'est que vers la fin des années 1960 que nous avons commencé à faire du leasing pour d'autres biens d'équipement. À la fin des années 1970, GE Credit était diversifié, mais encore petit. À cette époque, nous financions des maisons préfabriquées, nous faisions du refinancement immobilier, nous proposions des crédits pour l'immobilier commercial, du crédit et du leasing industriel et nous gérions des cartes privatives. Mais la plupart de ces activités avaient le potentiel de faire beaucoup plus.

Quand j'ai commencé à m'en occuper, je connaissais mal les arcanes de la finance. J'ai demandé à mes collaborateurs de me faire un dictionnaire traduisant tout le jargon en vocabulaire compréhensible par l'homme de la rue. J'ai baptisé l'ouvrage « la finance racontée aux enfants », mais c'était exactement l'outil qu'il me fallait. Je l'ai étudié comme si j'étais retourné sur les bancs de l'école primaire, afin de pouvoir parler avec les gens du métier.

Je sentais intuitivement que, par comparaison avec les activités industrielles que je connaissais, ce métier paraissait une façon facile de faire de l'argent. Il n'y avait besoin ni d'investir lourdement dans la recherche développement, ni de construire des usines, ni de plier du métal jour après jour. Il n'y avait pas besoin non plus d'être gros pour être concurrentiel. Il s'agissait surtout d'exploiter du capital intellectuel, autrement dit de trouver des collaborateurs intelligents et créatifs, puis de s'appuyer sur le bilan solide de GE pour gagner de l'argent. J'y voyais une « mine d'or ».

Il est plus facile d'utiliser à bon escient des capacités intellectuelles que de fabriquer des produits. La comparaison entre la finance et la production industrielle est particulièrement éloquente si l'on regarde le ratio bénéfice par salarié. En 1977, avec moins de 7000 salariés, le résultat net de GE Credit était de 67 millions de dollars. Par contraste, dans l'électroménager, il fallait 47000 salariés pour gagner 100 millions de dollars.

Je suis sûr que c'est évident pour tout le monde aujourd'hui, mais pour moi, en 1977, ce fut une grande découverte. Après tout, j'étais ingénieur chimiste, et jusqu'alors, je ne connaissais que la production d'objets tangibles.

GE Credit ne faisait pas de mauvaises affaires à la fin des années 1970. Ses résultats et son chiffre d'affaires augmentaient tous les ans. Je trouvais, simplement, qu'ils n'augmentaient pas assez vite, compte tenu de l'envergure de l'opportunité. Au cours de mes premières réunions avec les dirigeants, au printemps 1978, j'ai été déçu par mes interlocuteurs. Je les rassemblais dans un bureau – plusieurs niveaux hiérarchiques à la fois – et je les interrogeais sur les détails et les principes fondamentaux de leur métier, comme s'ils étaient professeurs et moi élève.

Au cours de l'une des plus mémorables de ces séances, je me souviens avoir posé une question assez simple à l'un des patrons de l'assurance. Pendant son exposé, il avait utilisé un ou deux termes que je ne connaissais pas. Je l'ai donc interrompu pour lui demander la différence entre un risque « du traité » ou « facultatif ». Après s'être embrouillé dans une réponse de plusieurs minutes, qui ne m'éclairait aucunement, il a fini par s'exclamer, exaspéré : « Comment voulez-vous que je vous explique en cinq minutes ce que j'ai mis vingt-cinq ans à comprendre ? » Inutile de vous dire qu'il n'a pas duré longtemps.

Cette anecdote n'est pas un incident isolé, au contraire. Si GE Credit pouvait gagner autant d'argent avec les équipes existantes, je me demandais quel serait le potentiel si on les remplaçait par des collaborateurs top niveau.

Nous n'avions pas assez d'étoiles pour capitaliser sur les équipes existantes, qui me semblaient avoir été rassemblées avec une certaine négligence. John Stanger, qui était alors aux commandes de GE Credit, était un négociateur fin et habile. Mais c'était un produit du système et il ne voulait pas faire de vagues. En matière de recrutement, il avait tendance à prendre les candidats qu'on lui proposait et ignorait tout des réserves de talents que nous avions dans de nombreux autres départements.

À l'occasion des réunions d'évaluation des ressources humaines, au printemps 1978, j'ai mis en question tous les managers de GE Credit. Le premier jour a été très dur. Après la réunion, nous les avons tous invités au Landmark Club, à Stamford, pour mieux les « sentir » dans une atmosphère de détente. La plupart ne se sont pas révélés plus impressionnants autour du bar qu'ils ne l'avaient été autour de la table de conférence.

Stanger avait largement l'étoffe qu'il fallait. Il nous a suffi de lui donner des collaborateurs d'un calibre supérieur. Dès qu'il les a eus, il s'est épanoui. Au cours des deux années qui ont suivi, nous avons renouvelé plus de la moitié de l'équipe dirigeante de GE Credit. Bon nombre des nouveaux sont venus d'autres parties de GE, et beaucoup des échelons les moins élevés de la hiérarchie. Mais ils ont fait la différence.

L'un des dirigeants en place se détachait clairement du lot. Brusque, astucieux, drôle, parlant à toute vitesse, il dirigeait le service de crédit industriel et commercial. Il s'appelait Lawrence Bossidy et, quand j'ai fait sa connaissance, je me souviens m'être demandé d'où il sortait.

C'était début 1978, à l'occasion d'un comité de direction de GE Credit à Hawaï. Je ne sais comment, nous nous sommes retrouvés dans le jardin de l'hôtel, de part et d'autre d'une table de ping-pong. Nous jouions comme si notre vie était en jeu, plongeant dans les haies et suant à grosses gouttes. C'était intense, chacun de nous mettant tout l'effet qu'il pouvait dans la petite balle blanche. Ma femme m'a appelé du balcon de notre chambre pour me rappeler que nous avions un avion à prendre. Mais je ne voulais pas partir. Ce type, si plein de vie et de rage de gagner, m'intriguait.

Quand la partie a été terminée, j'ai été incapable de le quitter. Il m'a impressionné par son sens de la répartie et ses observations très fines, qui ne faisaient que renforcer l'impression de médiocrité que m'avaient laissée les cadres de GE Credit. Je croyais avoir enfin trouvé une star, quand Larry a lâché une bombe : il se préparait à quitter la compagnie pour un poste chez Lone Star Cement. Il était écœuré de la bureaucratie GE, comme je l'avais été un certain nombre d'années plus tôt.

Je lui ai demandé de rester.

« Pourquoi diable voulez-vous aller chez un cimentier ?

– Je deviens fou, ici ! me répondit-il.

– Donnez-moi une chance, lui dis-je. Vous êtes exactement le genre de type dont nous avons besoin. Et ça va changer, ici, vous pouvez me croire. »

Bossidy est resté. Un an plus tard, avec l'appui de Reg, je l'ai nommé directeur général de GE Credit. Avec Stanger, ils ont planté le décor de ce qui allait devenir notre premier pôle de croissance. Après ma nomination à la présidence, Larry est venu à Fairfield, en 1981, avec le titre de directeur de secteur. Trois ans plus tard, il est devenu l'un de mes présidents adjoints. Ce fut un partenaire fantastique pendant sept ans, jusqu'à ce qu'il parte voler de ses propres ailes, aux commandes d'Allied Signal.

Chez GE Capital, le rôle initial de Larry a été essentiel. Parti d'une petite base – un résultat de 67 millions de dollars avec moins de 7 000 salariés en 1977 – GE Capital a connu une croissance explosive. En 2000, les résultats se sont élevés à 5,2 milliards de dollars, avec des effectifs de plus de 89 000 personnes. Ces performances sont l'œuvre d'une succession de dirigeants plus remarquables les uns que les autres.

Tout ce que je touchais ne se terminait pas toujours aussi bien. Au milieu de la course à la succession, j'ai tenté une acquisition majeure pour augmenter notre position dans l'audiovisuel. J'ai négocié, avec Norm

Blake, mon directeur du développement, l'achat de la branche câble et télévision de Cox Cable Communications.

Au printemps 1978, persuadé que cette acquisition serait une excellente affaire pour GE, j'en ai défendu le principe devant le conseil d'administration. Nous possédions déjà quelques stations de télévision et GE avait été l'un des pionniers du câble. Elle avait jeté l'éponge au début des années 1970, estimant que ce secteur était exagérément réglementé. Norm et moi-même pensions que c'était une erreur. Nous étions convaincus que le câble avait un avenir très prometteur, à très court terme. Reg était d'accord avec notre analyse.

Au cours des 14 mois suivants, tandis que nous travaillions à obtenir toutes les autorisations nécessaires à la Federal Communications Commission (FCC), la télévision par câble commença effectivement à exploser. Voulant prendre un temps d'avance, j'ai alors transféré Bob Wright de la direction des plastiques au siège de Cox, à Atlanta, pour diriger les activités de Cox dans ce secteur, avant même que nous n'ayons pris le contrôle de Cox Broadcasting. J'avais vu Bob à l'œuvre à la direction commerciale des plastiques et je pensais que sa personnalité très extravertie et sa formation de juriste lui conféraient le profit idéal pour la télévision par câble, alors en forte croissance. La direction de Cox a beaucoup apprécié Bob, mais la FCC a tant tardé à donner son feu vert que la famille Cox en a profité pour augmenter ses prétentions. Il m'apparaissait de plus en plus clairement qu'ils regrettaient de signer ce contrat avec nous.

Ils s'étaient entourés des conseils d'avocats astucieux. Notre accord, vu de près, était moins un contrat nous autorisant à acheter l'affaire qu'une option permettant à Cox de vendre à leur discrétion. Il donnait une porte de sortie à Cox. J'aurais peut-être pu saisir la distinction plus tôt, mais je ne l'avais pas fait.

Je m'étais mouillé pour convaincre Reg et le conseil d'administration que cet accord, portant sur plusieurs millions de dollars, était bon. Maintenant que le prix augmentait chaque fois que Norm et moi rencontrions les gens de chez Cox, j'en arrivais à la conclusion que nous n'aurions jamais notre accord, quel que soit le prix. La famille Cox avait changé d'avis et se servait du prix comme d'un moyen pour mettre fin à la négociation. Perdre la face sur un dossier de cette envergure, dans l'atmosphère tendue d'une course à la succession, c'était potentiellement le désastre.

Compte tenu de tout ce que cette acquisition représentait – en elle-même et par rapport à mon avenir personnel – je tenais particulièrement à emporter le morceau. Norm et moi passions des heures à nous demander si les Cox signeraient jamais. Nous ne voulions pas lâcher prise. Nous avions travaillé ensemble au département Plastiques, et nos familles étaient intimes. Pendant une dizaine de jours, nous en avons débattu sans cesse, au bureau ou à la maison de l'un ou de l'autre. Ayant retourné le problème sous tous les angles, j'ai décidé qu'il fallait nous retirer. Décision lourde de risques pour moi, je ne le savais que trop.

J'en ai informé Reg au cours de l'été 1979. Il tomba d'accord avec moi, mais me demanda d'expliquer mon raisonnement devant le conseil d'administration à sa prochaine réunion plénière, qui devait se tenir à Saint-Louis. Non seulement j'avais dû me confesser à Reg, mais maintenant je devais affronter tous les administrateurs. Cette réunion du Conseil coïncidait avec le tournoi de golf annuel des dirigeants et des administrateurs. Cela ne faisait qu'ajouter au désagrément de devoir admettre que je m'étais trompé sur un dossier dont je vantais les mérites depuis plus d'un an. Je ne savais pas à quelle sauce je serais mangé. La situation était difficile, restait à faire de mon mieux pour convaincre.

Au cours d'une réunion du Conseil matinale, j'ai expliqué les raisons pour lesquelles je pensais que nous avions intérêt à jeter l'éponge. Les administrateurs m'ont posé de nombreuses questions, dont «pourquoi ne pas continuer à augmenter le prix de votre offre?» Moi qui passais ma vie avec les négociateurs de Cox depuis six semaines, j'étais intimement convaincu que la famille ne nous vendrait pas, quelles que soient les conditions, mais je ne pouvais pas le prouver. En revanche, j'étais certain que GE n'avait rien à gagner à continuer à surenchérir.

J'ai eu l'impression que la réunion s'était bien passée. J'espérais que les administrateurs fermeraient les yeux sur le fait que je n'avais pas réussi à boucler l'acquisition et se rendraient compte que j'avais été confronté à une situation difficile. Je n'avais pas la moindre idée de ce qu'ils pensaient réellement, au fond d'eux-mêmes. Cet après-midi-là, en jouant au golf avec trois d'entre eux, j'ai noté une réaction plutôt positive. J'étais en train de placer ma balle sur le tee, sur un par trois très court, quand Dick Baker, administrateur et ancien PDG de Ernst & Whitney, qui avait beaucoup d'humour, a lancé d'un air malicieux : «J'espère que vos ennuis de ce matin ne vous gêneront pas pour ce coup!»

Mon fer de sept m'est tombé des mains et j'ai crié : «Coup bas!» Les deux autres administrateurs qui complétaient notre groupe ont éclaté de rire. J'ai interprété cela comme un signe positif, car c'était la première fois que je voyais ces hommes plutôt sérieux faire des blagues. Je ne pensais pas qu'ils m'auraient mis en boîte si je n'avais pas été en bonne position. J'ai découvert plus tard que certains administrateurs, qui trouvaient que j'avais l'esprit de compétition un peu surdéveloppé, avaient apprécié que je sois capable de jeter l'éponge dans une négociation.

En toile de fond de tous ces changements, il y avait bien entendu la succession de Reg. Chacun des concurrents concernés tentait d'éclipser tous les autres. Nous nous donnions tous un mal de chien pour tenter de nous différencier. Mon patron, Dance, ne me disait jamais ce qu'il pensait de ce que je faisais. Les changements que j'avais introduits chez GE Credit, par exemple, n'avaient reçu ni soutien ni opposition de sa part. Et je n'étais vraiment pas sûr de savoir en faveur de qui penchait Reg. En mon for intérieur, j'ai toujours eu le sentiment qu'il était dans mon camp, mais je ne l'ai jamais su avec certitude.

Dans cette course, tous les jockeys et tous les chevaux étaient aveugles. Personne d'autre que Reg ne savait qui courait en tête ou s'était fait distancer. Et il n'était pas homme à dire à un candidat comment il se plaçait.

Les bruits de couloir faisaient penser à tout le monde que son favori était Al Way, qui, comme lui, était financier de formation et, en sa qualité de directeur financier, travaillait tous les jours avec lui. Way avait contribué à concevoir la plus grosse acquisition de Reg, celle d'Utah International ; il l'avait également aidé à se défaire de notre pôle informatique qui perdait de l'argent, en le vendant à Honeywell. Dans le même temps, Dance ne cessa jamais de soutenir la candidature de Gault, qui était aux commandes du secteur industriel, de même que Parker continua contre vents et marées à soutenir Burlingame et Hood.

Mon flair et mes tripes me disaient que Reg approuvait ce que je faisais, mais j'étais la proie de doutes incessants. Ces incertitudes m'ont même poussé à envisager de quitter GE au beau milieu de la course à la succession. Comme tout le monde chez GE, j'étais souvent contacté par des chasseurs de tête. Cette fois, doutant de mes chances, j'ai réagi positivement à un coup de téléphone de Gerry Roche, du cabinet Heidrick & Struggles, qui me proposait le poste de PDG d'Allied Chemical.

Rétrospectivement, je me rends compte que je ne faisais que prendre la température du marché – je ne voulais pas réellement quitter GE, mais je n'étais pas sûr d'avoir des chances d'en devenir président. Le manque de confiance en soi dressait sa tête hideuse.

À l'époque, j'étais très loin de connaître tous les détails du processus de succession. J'ignorais absolument que la liste initiale élaborée fin 1974, lorsque j'étais encore à Pittsfield, comportait 19 noms, mais pas le mien. J'ignorais aussi que lorsque la liste avait été réduite à 10 noms, début 1975, je n'en faisais toujours pas partie. Je ne savais pas que Roy Johnson, le DRH, m'avait tenu à l'écart de ces listes. Voici un commentaire officiel des ressources humaines sur moi à l'époque : « Pas sur liste meilleurs candidats malgré réussite opérationnelle. Trop polarisé sur résultats. Relations intimidantes avec subordonnés. N'a que vagues notions gestion grande entreprise. Résistera sans doute mal aux difficultés conjoncturelles actuelles. Surveillons de près. »

La traduction était simple. Johnson pensait que j'étais trop jeune, trop impétueux, et que je n'avais pas le monogramme GE sur le front. Il pensait que je tirais trop sur la corde pour obtenir les résultats que j'obtenais et que je ne m'intéressais guère aux rites et aux traditions de la maison. Malgré les réserves de Johnson, Reg insista pour que je figure parmi les candidats. À ses yeux, je méritais au moins de tenter ma chance, compte tenu de mes performances. J'étais identifié comme orienté sur un « développement intensif » – autrement dit, le plus gros poste.

Heureusement pour moi, Ted Le Vino succéda à Johnson en 1976 au poste de directeur des ressources humaines. Déjà très impliqué dans la préparation de la succession, c'était lui qui avait élaboré les premières listes à la demande de Reg, et il suivait quotidiennement les développements du processus. Ted a révolutionné la fonction ressources humaines de GE. Remettant en cause le statu quo qui privilégiait l'ancienneté et les relations, il a commencé à jeter les bases d'une méritocratie. Reg avait pris l'habitude de tester ses idées sur lui.

Fin janvier 1979, Reg me fit venir dans son bureau et ferma la porte. Je devais apprendre plus tard que j'étais l'un des premiers à être convoqué pour le célèbre « entretien de l'avion » qu'il eut avec tous les candidats. Fred Borch, son prédécesseur, avait eu recours au même type d'entretiens pour le sélectionner lui-même.

« Jack, nous sommes tous les deux dans un avion de GE et l'appareil s'écrase. Qui doit être le prochain président de General Electric ? »

La plupart des candidats, et je ne fis pas exception, réagissaient instinctivement en tentant, sans coup férir, de s'extirper de la carlingue et de prendre le contrôle de la compagnie. Reg m'expliqua poliment que ce n'était pas possible. Nous étions tous les deux dans le même avion. J'ai essayé d'insister, d'expliquer que je survivais à l'accident.

« Non, non, dit-il. Nous sommes tués tous les deux. Qui doit être président ? »

Cherchant désespérément une réponse, j'ai fini par lui expliquer que j'étais tellement sûr d'être le meilleur candidat qu'il m'était difficile de lui donner un autre nom.

« Vous n'allez pas vous en tirer comme ça ! me dit Reg. Vous êtes coincé. Qui ? »

J'ai fini par dire à Reg que j'opterais pour Ed Hood, le patron du secteur Produits et services techniques. « Il est réfléchi et intelligent. Et je mettrais Tom Vanderslice en numéro deux. Tom a le sens de la décision et il est coriace. Ils se compléteraient très bien. » Tom dirigeait le secteur Générateurs et, comme moi, il n'était soutenu par aucun des deux présidents adjoints.

Ensuite, Reg me demanda ce que je pensais de chacun des autres candidats, me soutirant une évaluation de leurs forces et de leurs faiblesses. Il voulait savoir comment je les notais en termes d'intelligence, de qualités de leadership, d'intégrité et d'image. Se refusant à imposer à son successeur – comme on le lui avait imposé à lui-même – deux présidents adjoints malheureux, il essayait de voir qui pourrait travailler avec qui. Au cours de ces entretiens, qui se sont répétés plusieurs mois durant, Reg rassembla les opinions des neuf membres de la direction générale, y compris les non candidats.

Quand il compila le résultat de ces séances, il constata qu'aucun ne m'avait nommé pour prendre les commandes. Stan Gault avait été nommé sept fois, Hood deux.

Une nouvelle fois, en juin, Reg me demanda de venir le voir.

« Vous vous souvenez de notre conversation concernant ce malheureux accident d'avion ? me demanda-t-il.

– Parfaitement, lui répondis-je. Vous m'avez tué ! »

Il rit. « Eh bien, cette fois-ci, nous sommes encore ensemble, en avion, et l'avion s'écrase.

– Non, encore ?

– Jack, cette fois, je meurs, mais vous restez vivant. Alors, maintenant, qui doit prendre la direction de General Electric ?

– Voilà qui est mieux. Moi, évidemment, ai-je dit sans hésitation. »

Reg m'a alors demandé qui devait faire partie de mon équipe de direction. Je lui ai dit que parmi tous les candidats, c'est avec Hood et Burlingame que je préférerais travailler, soulignant à nouveau que c'est avec Hood que je pensais pouvoir m'entendre le mieux. J'ajoutais Burlingame parce que je respectais sincèrement son intelligence, ses capacités d'analyse et le fait qu'il était bien dans sa peau.

« Bon. Et si vous êtes l'élu, quels grands défis la compagnie devra-t-elle relever, à votre avis ? »

J'ai dit à Reg exactement ce que je pensais, et je suppose que les autres en ont tous fait autant. Reg a rapporté nos points de vue au comité des rémunérations du conseil d'administration, alors dirigé par Ralph Lazarus, le PDG de Federal Department Stores. Apparemment, quand Reg a compté les points, après cette seconde série d'entretiens visant à composer l'équipe dirigeante, j'avais gagné du terrain. Gault continuait à enregistrer le plus grand nombre de voix (sept), mais Hood et moi étions à égalité, avec six chacun.

Durant tous ces entretiens, Reg est resté impénétrable, comme d'habitude. Jamais il n'a laissé deviner le moindre indice à aucun d'entre nous. Par moments, il pouvait donner l'impression d'être distant, d'un abord difficile. Il ne montrait ni préjugé ni préférence, en tout cas pas à moi, et, en raison des nombreuses différences superficielles entre nous deux, je n'étais absolument pas certain qu'il finirait par me choisir. Cet Anglais était un véritable homme d'État, et moi un gosse de la rue, un Irlandais.

Apparemment, au moins, nous étions diamétralement opposés.

Mais peu de gens, moi pas plus que les autres, savaient que Reg avait grandi du mauvais côté de la barrière, à regarder ce qui se passait à l'intérieur.

On le dépeignait comme un grand de ce monde, courtois à l'extrême, l'éminence grise de trois Présidents des États-Unis. Il était, il est tout cela. Mais ce que les gens ne voyaient pas, c'est que Reg ne venait pas des classes privilégiées. C'était un *self-made man*, d'origine ouvrière, qui avait travaillé et s'était battu farouchement pour réussir comme il l'avait fait.

Il avait passé sa petite enfance en Angleterre, dans un coron. Son père était contremaître dans une aciérie, et sa mère rêvait d'une vie meilleure en Amérique. Reg y était arrivé à l'âge de huit ans et demi, vêtu de son uniforme d'écolier anglais. Sa famille s'était installée dans le New Jersey. S'il avait un accent, ses petits camarades d'école, qui se sentaient menacés par cet étranger bon élève, eurent vite fait de le lui faire passer. Ses parents trouvèrent tous les deux du travail dans une usine de caoutchouc, Acme Rubber. Sa mère travaillait aux pièces, sa tâche consistant à trier et à emballer les joints de caoutchouc destinés aux couvercles de bocaux de conserve. Son père était assistant électricien.

Excellent élève, Reg fit son chemin jusqu'à la Wharton School, finançant ses études grâce à des cours particuliers et à un petit boulot à la bibliothèque de l'Université. En 1939, après avoir obtenu son diplôme, il rentra directement chez GE, où il gravit tous les échelons de la puissante direction financière de la compagnie. Huit ans durant, membre de l'équipe d'audit interne, il fit le tour pratiquement de toutes les usines et de tous les services de la compagnie. Il fut directeur d'exploitation de plusieurs entités avant d'être nommé directeur financier en 1968, poste qui lui permit de décrocher la présidence quatre ans plus tard.

Reg et moi étions manifestement très différents. Mais nous avions aussi nombre de points communs cachés. Tous deux très travailleurs, nous étions tous deux d'origine modeste. Il était, comme moi, fils unique, et ses parents ressemblaient beaucoup aux miens. Notre réussite, dans la seule entreprise où nous ayons travaillé, l'un comme l'autre, témoignait que la méritocratie y était possible.

Nous aimions tous les deux beaucoup les chiffres et l'analyse. Nous travaillions tous deux beaucoup nos dossiers et tolérions mal que d'autres ne se donnent pas cette peine. Les gens de l'extérieur qui, des années durant, se sont demandé comment Reg avait pu choisir un successeur lui ressemblant si peu, ignoraient tous nos points communs.

Moi aussi, d'ailleurs, jusqu'à ce que je m'attaque à la rédaction de ce livre. En fait, nous étions nettement plus semblables que les gens ne l'imaginaient.

Le premier grand tournant de la course à la succession intervint début août 1979 – dix-huit mois après mon arrivée à Fairfield. Le jeudi 2 août, le conseil d'administration s'était retrouvé au Country Club de Blind Brook, dans l'État de New York. Le soir, Reg, flanqué de ses deux présidents adjoints, avait annoncé aux administrateurs qu'il avait décidé de restreindre le nombre de candidats à trois : moi-même, Burlingame et Hood.

Les autres conserveraient leur poste actuel ou quitteraient la compagnie. Reg demanderait au Conseil, le lendemain matin, de nous nommer tous les trois présidents adjoints. Parker et Dance devraient se retirer tous deux avant la fin de l'année.

Le lendemain matin, Parker et Dance donnèrent leur point de vue au Conseil réuni au grand complet – pour être précis, ils s'élevaient contre le fait que Reg m'ait choisi comme troisième candidat. L'un des administrateurs les plus puissants du Conseil, au moins, soutenait fortement la candidature de Gault, d'autres soutenaient Way en raison de son expertise financière. Cependant, le Conseil s'inclina devant la décision de Reg à l'unanimité, Parker et Dance ayant fait marche arrière.

Un Parker visiblement déçu me convoqua dans son bureau. « Il y a une chose que je tiens à vous dire personnellement : je ne vous ai pas soutenu et je ne crois pas que vous soyez l'homme qu'il faut pour diriger GE. Je crois que vous risquez de démolir cette société et ça, je n'en veux pas. » J'ai admiré sa franchise et je pense qu'au total, l'épisode est tout à son honneur, même si je n'étais pas tout à fait d'accord sur le fond.

Ce que je ne devais savoir que plusieurs années plus tard, c'est que Reg avait déjà pris sa décision. C'était moi qu'il voulait voir devenir le prochain PDG de General Electric. Mais quelques administrateurs continuaient à pencher pour d'autres candidats. En faisant entrer les trois finalistes au Conseil, au titre de présidents adjoints, Reg prenait un pari : le fait de nous voir de plus près ferait basculer dans mon camp les administrateurs qui n'y étaient pas encore.

Au cours des quelques mois qui suivirent, Gault, Vanderslice, Way, Parker et Dance quittèrent la compagnie. Les deux années suivantes, Burlingame, Hood et moi avons rapporté directement à Reg. L'atmosphère s'est éclaircie, les manigances ont disparu. Les entretiens avaient convaincu Reg que nous étions capables de bien fonctionner en équipe – et ce fut le cas.

Vers la fin, Reg formula une dernière demande à tous les candidats : nous devions rédiger un mémo détaillé évaluant notre propre performance en tant que président adjoint, administrateur et représentant de la compagnie. Il nous demanda aussi de parler de notre développement personnel et de dire comment nous pensions nous placer par rapport à ce qu'il appelait le « test du bon intendant » – autrement dit dans la perspective de ce que l'entreprise devait apporter à la société civile.

J'étais encore aux prises avec une inquiétude plus terre à terre : je me demandais si Reg et le Conseil ne m'élimineraient pas à cause de mon âge. À quarante-quatre ans, j'étais le plus jeune des trois finalistes. Burlingame avait cinquante-huit ans, Ed Hood en avait cinquante. J'ai même envisagé d'inclure dans mon mémo la promesse de ne pas conserver la présidence plus de dix ans – si du moins je l'obtenais. Je pensais que cet engagement rassurerait ceux qui s'inquiétaient que je reste trop longtemps aux commandes.

J'en ai parlé à un de mes amis intimes, Anthony LoFrisco, qui m'a pris pour un fou. J'avais fait la connaissance «Lofie», avocat new-yorkais, peu après mon arrivée à Fairfield, au Country Club de Silver Spring. Un dimanche après-midi, au bord de notre piscine, nous nous sommes mis à discuter âprement de cette idée de proposer un terme à ma présidence éventuelle. Si je le faisais, à l'en croire, je le regretterais toute ma vie.

«Une fois que tu seras dans ce bureau, tu n'en partiras jamais, me dit-il. S'ils veulent t'en chasser, il faudra qu'ils t'y enterrent avec des parpaings.

– Fous-moi la paix! lui ai-je dit. Tu es dingue.»

Larry Bossidy, qui était là aussi avec sa femme et ses enfants, s'est rangé aux côtés de LoFrisco. J'ai fini par me laisser convaincre. (Cela fait bien dix ans que Lofie ne cesse de me rappeler la grande contribution qu'il a apportée à ma carrière.)

J'ai découvert plus tard que mon inquiétude était fondée – mais pas trop grave. Un ou deux administrateurs avaient suggéré à Reg de nommer Burlingame pour une période de transition avant ma propre nomination. Apparemment, Reg avait répondu au Conseil que, si je n'obtenais pas la présidence, il était plus que probable que je quitterais la société. Il avait raison.

J'ai passé un temps fou à peaufiner mon mémo de huit pages, puis je l'ai transmis à Reg, en notant : «En voici sans doute davantage sur Welch que vous et moi n'avons envie ou besoin d'en savoir.» Mon document était plus raide, plus officiel, que ce que j'écrirais aujourd'hui. Mais je n'avais que quarante-quatre ans, et j'avais le sentiment qu'il fallait cela pour contrebalancer l'image de manque de maturité qui était la mienne. Quoi qu'il en soit, il contenait bon nombre des idées que j'allais mettre en application au cours des vingt années suivantes.

Je m'y attaquais de front aux inquiétudes que je risquais d'inspirer à certains de mes collègues, en particulier ce qu'ils percevaient comme un manque de maturité et de sensibilité. J'affirmais, pour m'en défendre, que plus de vingt ans de maison, conjugués avec mon développement personnel, m'avaient donné la maturité et la sensibilité nécessaires à ce poste et au rôle qu'il me faudrait y tenir vis-à-vis de la société.

On me trouvait trop exigeant? J'écrivais : «Si j'ai toujours exigé, et continuerai d'exiger, que mes collaborateurs atteignent un haut niveau de performance, j'ai dans le même temps fait brûler des étapes à de jeunes salariés prometteurs et contribué à créer une atmosphère qui attire les hommes et les femmes talentueux et ambitieux.»

Une phrase que j'aimais bien résumait ce que je pensais du leadership : «Les gens avec qui j'ai été associé ont travaillé avec plus d'acharnement et, même si ce n'était pas toujours le cas initialement, y ont pris davantage de plaisir; en fin de compte, ils ont grandi à leurs propres yeux, car ils en ont accompli plus qu'ils ne l'avaient cru possible.»

J'expliquais que j'avais tiré un enseignement précieux de mon échec lors de l'affaire Cox. À ma grande surprise, Wall Street avait réagi par un «désintérêt général» – tant par rapport à l'acquisition envisagée que par rapport à son abandon – le coût de l'opération se chiffrait pourtant par centaines de millions de dollars, sans compter qu'elle se situait dans un secteur à la fois hautement attractif et visible. Mais la taille de GE était telle que son impact n'était pas considéré comme significatif.

«Cela me renforce dans le sentiment que ce que nous pouvons proposer de mieux aux investisseurs, en notre qualité d'entreprise, c'est une croissance des résultats régulière et supérieure à la moyenne, sur toute la durée du cycle économique. Notre taille nous impose sans doute cette unique option. La condition *sine qua non* pour réussir une telle stratégie est de s'imposer la discipline d'équilibrer le court et le long terme.» J'avoue qu'en écrivant ces lignes, je ne savais pas à quel point ce credo se révélerait exact.

En conclusion, je soulignais que j'étais vraiment l'homme de la situation. «Il y a une distance considérable, aujourd'hui, entre vous et les trois candidats que nous sommes. Je tiens cependant à préciser que j'ai le sentiment d'avoir la capacité intellectuelle, l'envergure, la discipline et la plupart des qualités de leadership requises. General Electric, c'est toute ma vie professionnelle, et son importance à mes yeux s'est accrue au fil des années. Il appartient à d'autres de juger si je suis capable de m'acquitter correctement des responsabilités multiples qu'implique le poste – mais, de toute évidence, j'aimerais avoir l'occasion de le faire.»

Mon principal atout, selon moi, c'était donc un potentiel, une aptitude à aller plus loin – précisément ce que j'ai toujours privilégié dans toutes les nominations que j'ai faites. J'ai *toujours* parié sur cette marge de développement personnel, en proposant aux jeunes, très tôt dans leur carrière, des postes supposant qu'ils se dépassent. Dans l'immense majorité des cas, ils se passionnent alors pour leur travail et se réalisent nettement plus qu'ils ne l'auraient fait autrement.

Concernant mon propre avenir, j'ai commencé à rassembler des indices positifs au cours de l'été 1980. Dave Orselet, qui était à la fois mon directeur des ressources humaines et un ami véritable, me répétait les potins glanés auprès de Ted LeVino, le DRH du siège. Dave rapportait directement à Ted, envers lequel il se montrait loyal, mais il était difficile de résister à la constance avec laquelle je tentais sans cesse de lui tirer les vers du nez.

Je me souviens qu'une fois, au cours d'un dîner à la maison, je l'avais coincé contre le réfrigérateur et avais entrepris de lui soutirer un pronostic. Je crois n'avoir jamais autant dépassé les bornes que ce jour-là. Ce pauvre Dave, il ne m'a jamais dit que j'étais le candidat de tête, mais il divulguait à contrecœur juste assez d'informations pour me donner de l'espoir quant au résultat final.

Le premier indice émanant du Conseil que j'étais peut-être le candidat le mieux placé vint en septembre 1980, lorsqu'un administrateur m'appela pour me faire une invitation inhabituelle. C'était Ed Littlefield, l'un de nos plus gros actionnaires depuis qu'il avait vendu Utah International à GE à la fin des années 1970, qui me demandait d'être son partenaire pour une compétition de golf au célèbre club Cypress Point, en Californie. J'ai pensé qu'il ne m'aurait pas invité si je n'avais pas été le candidat préféré de Reg.

C'était la première fois que je venais au Cypress Point, ce que je considérais comme un immense privilège. Ed voulait me présenter à tous ses amis de la côte ouest. Cette fois encore, j'ai eu une veine d'Irlandais. Le premier jour, le départ a été donné au pistolet et nous avons démarré au sixième trou. Au septième, qui était un par trois, j'ai mis la balle directement dans le trou, avec un fer de quatre. En trente ans de golf, c'était la première fois que je mettais la balle dans le trou en un seul coup, et cela m'arrivait au Cypress Point, à mon second trou ! Il est clair que cela m'a aidé à rencontrer tout le monde.

Littlefield fut l'un des nombreux administrateurs dont le soutien clairement exprimé au Conseil a fait une grande différence. Il plaidait ma cause avec enthousiasme, comme l'ont également fait Si Cathcart, G.G. Michelson, Henry Hillman, Walter Wriston et John Lawrence. Cinq sur six d'entre eux allaient jouer un rôle très important pour moi au cours des années suivantes.

Cathcart, alors PDG d'Illinois Tool Works, était l'homme le plus naturel, le plus facile à vivre du monde. Je l'ai énormément apprécié dès notre première rencontre. Doué d'un bon sens remarquable, il vous « sentait » une situation d'une façon extraordinaire. Il m'a aidé tout au long de ma présidence, acceptant même de revenir de retraite pour prendre la direction de Kidder Peabody, quand cette société traversa une période difficile.

G.G. Michelson, de chez R.H. Macy & Co, qui n'était à notre Conseil que depuis relativement peu de temps, me fit une forte impression, même si je ne devais découvrir que plus tard à quel point elle était intelligente, habile et créative. Elle a joué auprès de moi le rôle essentiel de la confidente avertie, m'aidant à préparer toutes les grandes décisions que j'ai prises à GE. Hillman était un entrepreneur, c'était quelqu'un qui prenait des risques, avec lequel j'aimais beaucoup bavarder. Brillant, riche et drôle, il ne se prenait jamais trop au sérieux. Il haïssait autant que moi les prétentieux et les pédants. Il passait sa vie à demander : « Est-ce que nous allons assez vite ? » Lawrence, Brahmane de Boston et négociant de coton sur les marchés mondiaux, prenait chaque jour le train de banlieue dans lequel mon père travaillait comme contrôleur. Il était au Conseil de GE depuis vingt-trois ans. Il aimait le golf et, chaque fois que GE organisait une compétition, il faisait un parcours avec moi. Véritable mémoire de la maison, c'était un confident intime de Reg. Il a atteint l'âge de la retraite obligatoire juste après ma nomination.

En sa qualité de PDG de Citicorp, Wriston était l'un de nos administrateurs les plus influents : dans les années 1970 et 1980, c'était le premier banquier du pays. Je l'ai vu pour la première fois à l'occasion d'une sortie du Conseil à Disney World, en 1979. Il tentait alors de recruter Dennis Dammerman, alors directeur général et inspecteur de GE Capital, pour lui offrir un gros poste chez Citicorp. Je m'étais mis à le taquiner : comment, il était administrateur chez nous et il essayait de me voler l'un de mes meilleurs dirigeants ?

Je crois que mon « attaque » l'a amusé. Ma franchise, qui aurait pu signer mon arrêt de mort, marqua le début d'une amitié durable. Dur et rusé, Walter avait un sens de l'humour assez cassant, mais quand il aimait bien quelqu'un, il le soutenait de tout son poids. C'est ce qu'il a fait pour moi, dès le premier jour.

Toutes ces personnes ont soutenu Reg autour de la table du Conseil, et c'est grâce à eux qu'il a pu venir m'embrasser dans mon bureau le

15 décembre 1980. Ce jour-là, il m'a dit qu'il avait recommandé ma nomination à son poste et que le Conseil avait accepté à l'unanimité, au cours de la réunion du 20 novembre. Il avait donné un mois aux administrateurs pour réfléchir et poser toutes les questions qu'ils voulaient après le vote. Il n'y en avait eu aucune. Reg me précisa que je serais officiellement élu président à la prochaine réunion du Conseil, qui devait avoir lieu le vendredi 19 décembre 1980. Il m'expliqua que Hood et Burlingame seraient mes présidents adjoints et que lui-même comptait passer les trois mois suivants à m'aider pendant la période de transition, jusqu'à ce que je lui succède officiellement, le 1er avril.

Si nous en étions là, c'est grâce au fait que Reg avait eu le courage de choisir un successeur diamétralement opposé à l'idée que l'on se faisait alors du « dirigeant GE modèle ».

La lutte avait été féroce. J'avais le poste, mais il restait encore des querelles tenaces. Pour vous donner une idée de l'ambiance qui régnait alors, Paolo Fresco, alors directeur général, se souvient avoir manqué de se faire attaquer physiquement, dans un couloir de Fairfield, par un directeur un peu trop zélé qui rapportait à Burlingame mais était tout de même dans mon camp. Fresco s'était fait traiter d'imbécile, simplement parce qu'il était, lui, resté loyal à son patron. Peu après ma nomination officieuse, Paolo est venu me trouver.

« Jack, me dit-il dans le plus pur style d'un homme politique italien, je vous offre ma démission. Je veux que vous sachiez que je soutenais la candidature de Burlingame, et mon candidat a perdu. »

Je lui ai dit de remballer sa lettre de démission. Peu m'importait de savoir qui m'avait soutenu ou non. Fresco, né en Italie, l'homme le plus policé et le plus cosmopolite que j'aie jamais rencontré, est devenu par la suite l'un de mes amis les plus proches. Il a fini président adjoint et, à ce poste, il a immensément contribué à donner à GE une envergure réellement mondiale.

Mais l'heure était surtout aux réjouissances. Dans son article annonçant la décision, le *Wall Street Journal* dit que GE remplaçait « une légende par une torpille ».

Reg avait décidé de me présenter à l'élite du monde des affaires à l'occasion d'un cocktail au Helmsey Palace, à New York, le 24 février, peu avant ma prise de fonctions officielle, le 1er avril. Il souhaitait me présenter à ses amis et me transférer ses relations. Il y aurait du beau linge : les PDG des plus grandes entreprises du pays avaient promis de nous honorer de leur présence.

Ce fut une soirée mémorable et j'ai été le premier à en profiter. Tout le monde était détendu, et presque tout le monde avait bu un petit verre de trop, sauf Reg qui, tenant à me faire prendre un départ sans faute, voulait s'assurer qu'il me présentait à chacun des 50 ou 60 invités. Mais, tard dans la soirée, quand il me demanda quelques commentaires, il trouva apparemment, sans me le dire sur le coup, que mon articulation était un peu pâteuse.

Le lendemain matin, à peine arrivé à Fairfield, il se précipita dans mon bureau. Je ne l'avais jamais vu dans une telle colère.

« Je n'ai jamais été aussi humilié de ma vie ! me dit-il. J'en étais gêné de vous voir dans un état pareil, nos invités aussi. »

J'étais stupéfait. Personnellement, je m'étais amusé comme un fou et j'avais trouvé que la soirée avait été une réussite totale. J'ai passé les quelques heures suivantes à ressentir successivement toutes les émotions humaines. J'étais très déçu d'avoir moi-même déçu Reg. Dans le même temps, j'étais furieux contre lui, trouvant qu'il était beaucoup trop collet monté. Je m'apitoyais sur mon sort, pensant que je n'avais sans doute pas, finalement, fait aussi bonne impression que je l'avais cru. Je ne parvenais pas à croire que nos invités ne s'étaient pas amusés. Ce n'était pas possible qu'ils aient joué une telle comédie. J'avais tout de même assisté à suffisamment de réceptions pour savoir que celle-ci s'était bien passée.

Juste avant le déjeuner, cependant, tout changea. Reg revint dans mon bureau.

« Il faut que je vous dise quelque chose, dit-il. J'ai reçu plus de vingt coups de fil ce matin, et tout le monde m'assure avoir passé la soirée la plus sympa depuis dix ans. Je suis navré. J'ai été trop dur avec vous. Tout le monde s'est bien amusé. Je n'entends que des échos favorables sur vous et sur la réception d'hier soir. Ils vous ont adopté. Je n'avais rien compris. »

Seigneur, comme j'ai été soulagé ! Je n'avais plus qu'une hâte, me mettre au travail.

SECTION II

# J'ÉLABORE MA PHILOSOPHIE

7

# De la nécessité de ne pas se voiler la face

En ce mois d'avril 1981, j'étais comme le chien qui finit par rattraper le bus. Je l'avais, en fin de compte, ce poste tant espéré !

Malgré toute l'expérience qui m'avait permis d'arriver là, j'étais très loin d'être aussi sûr de moi que je voulais bien le dire. Vu de l'extérieur, certes, j'avais l'air de posséder une bonne dose de confiance en moi, et ceux qui me connaissaient m'auraient sans doute décrit comme culotté, décisif, rapide et dur. En mon for intérieur, cependant, j'étais encore la proie d'un certain nombre de démons. Chaque fois que je devais prendre la parole en public, il fallait que je lutte contre mon défaut de prononciation. Je ramenais mes cheveux de côté pour masquer ma calvitie naissante. Et quand on me demandait ma taille, je me faisais croire à moi-même que j'avais bien cinq centimètres de plus que les 172 qu'annonçait la toise.

Au départ, il me manquait un certain nombre des qualités extérieures d'un PDG. J'avais rarement eu l'occasion de traiter avec Washington, alors que le gouvernement s'intéressait plus que jamais au monde des affaires. Je n'avais pas non plus beaucoup l'habitude des médias. Je n'avais donné qu'une seule et unique conférence de presse, mais c'était avec Reg, et avec un script, le jour où GE avait annoncé officiellement que je serais son prochain PDG. Je n'avais été exposé qu'une ou deux fois, brièvement, aux questions des analystes de Wall Street qui suivaient GE. Et nos plus de 500 000 actionnaires ne savaient absolument pas qui était Jack Welch, ni s'il serait capable de remplir les chaussures du chef d'entreprise le plus admiré du pays.

Mais je savais, moi, quelle « ambiance » je voulais créer chez GE. On ne parlait pas encore de « culture d'entreprise », à l'époque, mais c'est bien de cela qu'il s'agit. Je savais qu'il fallait que ça change.

L'entreprise était puissante, à plusieurs égards. Le chiffre d'affaires annuel s'élevait à 25 milliards de dollars, les résultats à 1,5 milliard de dollars, et les effectifs à 404 000 personnes. Notre bilan était noté AAA, et nos produits et services étaient présents dans presque tous les compartiments du PIB, du grille-pain à la centrale électrique. Certains de nos salariés décrivaient fièrement la compagnie comme un « supertanker », puissant et stable sur l'eau. Tout en respectant ces qualités, je souhaitais la faire ressembler un peu plus à un hors-bord, rapide et agile, capable de changer de cap en un clin d'œil.

Je voulais que GE fonctionne davantage à la manière de la structure très informelle du département Plastiques dont je venais – que ce soit une société pleine d'entrepreneurs, sûrs d'eux, qui se confronteraient, chaque jour, à la réalité. Pourquoi ne pas faire la fête chaque fois que l'on atteignait un objectif ? Je ne voyais pas pourquoi on ne s'amuserait pas en faisant des affaires. À quelques exceptions notables près, ce n'était pas dans les mœurs à l'époque.

J'étais conscient des avantages de rester petit, même si GE grossissait. Il fallait aussi faire le tri entre les bons et les mauvais secteurs, et se débarrasser des seconds. Je voulais que GE ne maintienne sa présence que dans les secteurs où nous étions numéro un ou deux sur le marché. Il nous fallait agir plus vite et éliminer ma vieille ennemie, la bureaucratie.

La réalité, c'était que GE, à la fin de 1980, était, comme une bonne partie de l'industrie américaine, une bureaucratie officielle et massive, avec pléthore de niveaux hiérarchiques. L'entreprise était dirigée par plus de 25 000 cadres ayant chacun en moyenne sept personnes sous leur autorité directe, et la hiérarchie comptait une bonne douzaine d'échelons entre les ouvriers des usines et mon bureau. Plus de 130 cadres dirigeants avaient rang de directeur général ou au-dessus, chacun ayant droit à une équipe administrative et à un titre ronflant.

Il y avait aussi huit directeurs généraux régionaux ou des « relations avec la clientèle » disséminés sur le territoire, sans responsabilité commerciale directe. La bureaucratie que générait ce système était d'une lourdeur effarante. (Aujourd'hui, la compagnie est six fois plus grande, et nous avons en gros 25 % de directeurs généraux en plus et moins de cadres, avec en moyenne vingt collaborateurs sous leur autorité directe au lieu de sept; enfin, dans la majorité des cas, on compte moins de six échelons entre l'usine et le PDG.)

Il n'a pas fallu longtemps pour que nous nous heurtions à certaines pratiques particulièrement détestables. À peine deux mois après mon arrivée aux commandes, Art Bueche, le patron de notre recherche développement, s'est planté devant mon bureau. Il voulait me remettre une série de bristols couverts de questions écrites, en vue des réunions de planification qui devaient avoir lieu peu après avec les patrons opérationnels. La pièce maîtresse de ces réunions, qui avaient lieu tous les ans en juillet, était d'épais dossiers de planification contenant des prévisions détaillées de ventes, de profits, de dépenses en capital ainsi que des myriades d'autres données chiffrées pour les cinq années suivantes. Ces dossiers étaient le sang qui irriguait les veines de la bureaucratie. Certains cadres, à Fairfield, leur assignaient même des notes, allant jusqu'à donner des points au graphisme de la couverture. C'était tout bonnement ridicule.

Jetant un coup d'œil sur les cartes que me tendait Art, j'ai été étonné de voir que ces antisèches étaient bourrées de questions destinées à « coincer » l'interlocuteur.

« Que veux-tu que je fasse de ça ?

– Je remets toujours ces questions aux membres de la direction générale. Cela leur permet de montrer aux opérationnels qu'ils ont étudié leur dossier, m'a-t-il répondu.

– Mais c'est complètement dingue, Art. Il faut que ces réunions soient spontanées. Je veux y voir leurs dossiers pour la première fois et y réagir. Ce sont eux qui doivent alimenter la conversation. »

La dernière chose que je voulais, c'était une série de questions techniques pièges pour marquer quelques points. À quoi bon être PDG si je n'étais pas capable de poser mes propres questions ? Les gens du siège se fichaient pas mal de ceux du terrain – ils étaient bien trop occupés à « faire de la lèche » à leurs propres supérieurs.

Les membres de la direction générale, y compris mes présidents adjoints, n'étaient pas les seuls à utiliser des antisèches. Au niveau de chacune de nos entités, avant les réunions importantes, les collaborateurs du patron lui préparaient sa petite liste de questions.

Des dizaines de collaborateurs passaient leur vie à étudier ce que je considérais comme des dossiers « morts ». De toute ma carrière, je n'ai jamais voulu voir un dossier de planification avant que le responsable concerné n'en fasse la présentation. À mes yeux, la valeur de ces réunions n'était pas dans les dossiers, mais dans la tête et dans le cœur de ces gens qui venaient à Fairfield. Je voulais creuser, dépasser les classeurs, atteindre le raisonnement qui avait conduit à leur élaboration. Je ressentais le besoin de voir les réactions physiques du patron de tel ou tel département, de voir avec quelle chaleur il défendait ses arguments.

Trop de réunions étaient passives. J'en citerai pour exemple un rituel annuel, le voyage de printemps à Louisville pour la présentation des nouveaux produits électroménagers. Une équipe d'ingénieurs et de spécialistes du design exhibait des prototypes factices en carton et en plastique. Et nous, les gens de Fairfield, on nous demandait de donner notre avis sur des modèles futuristes de réfrigérateurs, de cuisinières ou de lave-vaisselle.

Je ne saurai jamais combien de ces modèles parvenaient jamais dans les magasins de nos revendeurs. Mais ce que je savais, c'est que certains de ces factices devaient être époussetés avant la réunion, parce que cela faisait des années que l'on nous les ressortait. Et je savais aussi que les commentaires du contingent venu de Fairfield, y compris les miens, n'avaient que peu de valeur. Ce rituel était une perte de temps pour tout le monde.

Je voulais briser le cycle de ces mascarades. Il fallait cesser de penser que le rôle de la hiérarchie était de « passer en revue et d'approuver ». Passivement.

Après les réunions de planification de mon premier été, j'ai essayé de créer l'environnement que je recherchais au sein de ma propre équipe. J'ai pensé qu'une bonne façon de briser la glace serait d'emmener tout le monde passer deux jours hors de nos murs. Aux postes que j'avais occupés précédemment, nous avions toujours trouvé le moyen de ménager une dose de golf et une dose de travail dans des clubs de première classe.

Je venais de devenir membre de Laurel Valley, club merveilleux situé dans les environs immédiats de Pittsburgh. À l'automne 1981, j'y ai donc invité quatorze directeurs pour une retraite de deux jours. Le groupe comportait tous les patrons d'une direction fonctionnelle et nos sept responsables de secteur. C'était ma première tentative sérieuse de créer un groupe collégial au sommet, ce que nous appellerions plus tard le CEC, pour Corporate Executive Council.

Parmi ces quatorze dirigeants, un noyau de sept ou huit personnes a adopté d'emblée mes nouvelles priorités. Reg ne s'était pas trompé en choisissant Burlingame et Ed Hood comme présidents adjoints. Ils avaient peut-être quelques réserves concernant le rythme auquel les changements étaient entrepris, mais ils m'ont toujours soutenu sans jamais saper mes efforts.

De fait, à eux deux, ils constituaient l'élément modérateur. Larry Bossidy, que j'avais découvert en jouant au ping-pong, arrivé à Fairfield en 1981 pour y prendre la direction d'un secteur, était, en affaires, mon frère spirituel. Nous partagions la même haine de la bureaucratie. J'étais également puissamment soutenu par deux de mes directeurs les plus gradés, Tom Thorsen, directeur financier, et Ted LeVino, directeur des ressources humaines.

Tom était l'un de mes anciens collègues de Pittsfield. Reg avait fait appel à lui quelques années plus tôt pour devenir directeur financier à Fairfield. Il comprenait ce que nous voulions faire. Il n'hésitait pas à me lancer des piques, mais j'appréciais énormément sa franchise et son intelligence. LeVino, c'était la passerelle entre l'ancien GE et le nouveau. Le soutien qu'il a apporté à beaucoup de mes premières initiatives a été vital.

Si je n'avais pas nos quatorze plus hauts dirigeants complètement derrière moi à ce moment-là, je savais que j'en avais un nombre suffisant pour démarrer le processus. Le premier matin, à Laurel Valley, j'avais fait remplir la salle de conférence de tableaux blancs afin que tous puissent y inscrire ce qu'ils pensaient. Je me suis levé devant tout le monde et j'ai commencé à leur demander ce qu'ils pensaient de la stratégie selon laquelle nous ne nous maintiendrions que dans les métiers où nous étions numéro un ou numéro deux, ce qu'ils aimaient ou détestaient dans GE, et s'il y avait des choses que nous devrions, selon eux, modifier au plus vite. Nous avons passé un certain temps à discuter des sessions de planification qui venaient de s'achever et à voir comment on pourrait les améliorer. Il n'a pas été évident de créer un dialogue ouvert. Seuls ceux avec lesquels je collaborais de près étaient prêts à se lancer. Mais la plupart des participants refusaient de se mouiller. Ce matin-là, seule la moitié d'entre eux a participé à la discussion.

Après une après-midi de bon temps sur le terrain de golf et quelques verres au dîner, l'ambiance s'est un peu détendue et le nombre des participants actifs a augmenté un peu. Le lendemain, ce fut la même chose. Il était peut-être trop tôt. Bon nombre de mes invités ne savaient pas trop où ils mettaient les pieds et ne comprenaient pas très bien ce que j'attendais d'eux. Notre sortie de deux jours n'avait pas réussi à déboucher sur le moindre consensus en faveur du changement.

Pour moi, une révolution était indispensable. Et, de toute évidence, ce n'est pas avec cette équipe que nous la ferions. La culture de GE correspondait à des temps révolus, où une structure reposant sur le commandement et le contrôle était adaptée à la situation. Ayant passé pas mal de temps sur le terrain, j'étais assez monté contre la majeure partie de l'état-major du siège. J'avais le sentiment que l'on y pratiquait ce que l'on pourrait appeler une « sympathie de façade » – la courtoisie apparente masquant des tourbillons souterrains de méfiance et de férocité. Cette expression résume la façon dont se comportent normalement les bureaucrates : ils vous sourient par-devant, mais derrière votre dos ils cherchent systématiquement le moyen de vous coincer.

Nous avions hérité d'un autre sous-produit de la taille, le nombre excessif d'échelons hiérarchiques. Pour expliquer mon point de vue là-dessus, il y a une analogie que j'aime bien. Qu'y a-t-il de commun entre un lainage et un échelon hiérarchique ? Les deux sont des isolants. Si vous sortez avec quatre pulls sur le dos, vous aurez du mal à savoir s'il fait froid ou glacial.

Au cours d'une visite à l'usine de moteurs d'avions de Lynn, près de Boston, au début de ma présidence, je me suis retrouvé dans la chaufferie avec un groupe de salariés qui connaissaient un certain nombre de mes anciens camarades d'école à Salem. La conversation, à bâtons rompus, a porté essentiellement sur le bon vieux temps, mais j'ai appris par hasard, à force de bavarder, que ces ouvriers avaient quatre échelons hiérarchiques au-dessus d'eux pour superviser les opérations de la chaufferie. Je n'en croyais pas mes oreilles. C'était une drôle de façon de découvrir le problème des hiérarchies pléthoriques. Cette petite histoire, je l'ai racontée à tous ceux qui voulaient bien m'entendre.

Une autre analogie assez efficace consiste à comparer une entreprise à une maison. Les planchers, ce sont les échelons, et les murs, les barrières qui séparent les fonctions. Pour qu'une entreprise tourne au mieux, il faut démolir les uns et les autres, créant ainsi un espace ouvert où les idées circulent librement, indépendamment du rang et de la fonction.

Dans les années 1970 et 1980, les grandes entreprises avaient trop d'échelons – trop de pulls, trop d'étages, trop de murs. C'est dans le processus de l'affectation des capitaux que l'impact de ce surnombre est le plus évident. À mon arrivée au poste de PDG, presque toutes les demandes d'autorisation pour les investissements importants remontaient jusqu'à moi. Chaque fois qu'un service voulait faire l'achat d'un gros ordinateur de 50 millions de dollars, je voyais arriver sur mon bureau toute une liasse de papiers à signer. Dans certains cas, seize autres personnes l'avaient signée avant moi, ma signature étant la dernière requise. Quelle valeur est-ce que j'ajoutais ?

J'ai supprimé ce processus et n'ai plus signé une seule approbation de dépense depuis au moins dix-huit ans. Chaque patron d'une entité du groupe a la même délégation de pouvoir que celle que m'a donnée le conseil. Tous les ans, en début d'année, il présente ses besoins en capital. Nous lui affectons des fonds qui peuvent aller de cinquante à plusieurs centaines de millions de dollars. Ces sommes appartiennent à son affaire, c'est lui qui décide jusqu'où déléguer sa signature. Ce sont les personnes les plus proches du projet qui le connaissent le mieux. Ce système les responsabilise. Ils prennent leurs propres recommandations plus au sérieux s'ils savent qu'ils ne seront pas coiffés par toute une série de signatures.

À cette époque, je jetais des bombes, je tentais de faire sauter des traditions et des rituels qui, selon moi, nous bridaient. À l'automne 1981, j'en ai lancé une en beau milieu d'Elfun Society, un club de management interne à GE. (Elfun est le sigle de Electrical Funds, un fonds mutuel dans lequel les membres pouvaient investir.) En fait, c'était une espèce de club où les cols blancs se faisaient des relations. Y entrer était considéré comme un rite de passage pour accéder aux postes de direction.

Je ne pensais pas grand bien des activités d'Elfun – à mes yeux, c'était de la « sympathie de façade » poussée à son paroxysme. Elfun était devenu un groupe élitiste organisant des dîners où se rendaient ceux qui voulaient y être vus par leur patron ou le patron de leur patron. Je me souviens avoir payé mes cotisations et avoir assisté à quelques-uns de ces dîners au début de ma carrière. Si un directeur général du siège coiffant une entité GE de la ville annonçait sa venue, Elfun faisait le plein, tout le monde venant tenter de marquer des points et se montrer. Si, au contraire, l'invité de la soirée n'avait pas d'impact réel sur leur carrière, Elfun avait du mal à remplir une petite salle de conférences.

En ma qualité de nouveau PDG, j'ai été invité à venir prendre la parole à la conférence annuelle de direction, à l'automne 1981. C'était censé être une occasion mondaine, où le nouveau ferait un discours type jevous-passe-la-main-dans-le-dos. Je me suis présenté au Longshore Country Club de Wesport, dans le Connecticut, où une centaine de leaders Elfun venus de tous les chapitres locaux répartis sur l'ensemble du territoire américain s'étaient rassemblés. Après le repas, je me suis levé et ai prononcé un discours dont un membre se souvient encore comme un morceau de bravoure dans le style « coup de poing dans la gueule ».

« Je vous remercie de m'avoir demandé de prendre la parole. Ce soir, je voudrais être franc avec vous et je vais commencer par vous demander de réfléchir au fait que j'ai de sérieuses réserves à émettre sur votre organisation. »

J'ai ensuite décrit Elfun comme une institution passéiste, précisant que je ne pourrais jamais m'identifier avec ses activités récentes.

« Je ne vois pas la valeur de ce que vous faites, ai-je dit. Vous êtes un club social hiérarchique et politique. Je ne vais pas vous dire ce que vous devriez faire ou être. C'est à vous qu'il appartient de l'imaginer, de vous trouver un nouveau rôle utile pour vous et pour GE. »

Un silence stupéfait a salué la fin de mon discours. J'ai essayé d'amortir le coup en traînant une heure autour du bar. Mais personne n'était d'humeur à plaisanter.

Le lendemain matin, Frank Doyle, l'un de nos dirigeants, est allé, comme il le faisait toujours, rencontrer le groupe à sa session de travail. Cette fois, il avait de quoi faire. Il lui fallut ramasser les morceaux après mon intervention de la veille. C'était presque comme s'il arrivait dans la maison d'un mort. Ils avaient le sentiment de s'être fait écraser par un train. Comme je l'avais déjà fait la veille au soir, il les invita à engager leur révolution.

Un mois plus tard, Cal Neithamer, ingénieur dans notre pôle transports et président d'Elfun, m'appela pour me demander un rendez-vous. Je l'ai invité à déjeuner à Fairfield. Il est arrivé armé de tableaux et de statistiques, mais, surtout, avec une nouvelle idée pour Elfun qui lui plaisait au point de l'empêcher de dormir. Son rêve consistait à transformer son organisation en une armée de bénévoles GE au service de la communauté. L'idée venait à point nommé, puisque le président Reagan pressait alors les citoyens américains de donner leur temps – d'entrer en scène là où le gouvernement se préparait à réduire son propre rôle.

La vision de Cal m'a vraiment transporté. Je n'oublierai jamais ce repas. Cal a pris sa retraite il y a quelques années, mais j'ai encore de ses nouvelles à peu près une fois par an. Quel boulot ils ont abattu, lui et son successeur ! Aujourd'hui, Elfun a plus de 42 000 membres, y compris des retraités. Tous offrent leur temps et leur énergie dans les villes où GE a des usines ou des bureaux. Ils servent, entre autres, de mentors à des lycéens ayant obtenu des résultats scolaires remarquables.

À Aiken High School, école située dans le centre ville de Cincinnati, les cours particuliers que donnent les bénévoles de GE ont fait bondir le pourcentage d'élèves entreprenant des études supérieures de moins de 10 % à plus de 50 % au cours des dix dernières années. Il y a des programmes d'entraide scolaire du même genre dans toutes les villes où GE a une présence significative, par exemple Albuquerque, Cleveland, Durham, Erie Houston, Richmond et Schenectady.

Mais ils ont fait et font mille autres choses, de la construction de terrains de jeux ou de bibliothèques à la réparation de magnétophones pour les aveugles. Aujourd'hui, ouvrier en usine ou directeur, nul n'est exclu de l'organisation. Pour être membre, il faut simplement prouver son désir de donner à son tour. Quelques vingt ans plus tard, une organisation que j'avais pratiquement condamnée est l'une des meilleures choses qu'il y ait chez GE. J'aime Elfun, les gens qui y sont, les valeurs qu'elle défend, et ce qu'elle a fait.

La mutation autogérée d'Elfun est un symbole très important. Je n'aurais pas pu imaginer mieux pour en entraîner d'autres.

Il n'y a pas qu'au siège que je voulais changer des choses. C'est parfois très loin de mon bureau que mes yeux se sont décillés. J'ai passé la majeure partie de l'année 1981 sur le terrain, avec une équipe, à passer en revue nos différentes activités – exactement comme je le faisais depuis dix ans. Je sentais bien environ le tiers de l'entreprise, je voulais creuser un peu pour mieux connaître le reste.

J'ai pu constater assez vite que la bureaucratie que j'avais vue à l'époque où je dirigeais l'électroménager et l'éclairage n'était rien par rapport à ce que je verrais dans d'autres parties de l'empire GE. Plus l'affaire était grosse, moins les gens semblaient s'y impliquer. Des conducteurs de chariots élévateurs aux ingénieurs sagement rangés dans leur box, trop de gens se contentaient de la routine.

L'enthousiasme ne courait pas les rues. Schenectady, où nous fabriquions les turbines destinées aux centrales électriques, s'est révélé particulièrement décevant. Cette activité avait longtemps été notre cœur de métier; elle avait remplacé les produits d'éclairage, notre métier d'origine.

Elle possédait une technologie remarquable et ses turbines à gaz faisaient l'envie du monde entier. Avec un chiffre d'affaires de 2 milliards de dollars et 26000 salariés, dont plus de 20000 à Schenectady, c'était une affaire importante – et elle «se la jouait» importante, même si elle ne parvenait à sortir que 61 millions de dollars de résultat net.

Il y avait beaucoup à changer dans ce métier. Je ne parle pas de la technologie ou des produits, mais bien plutôt des attitudes. Trop de dirigeants considéraient leur poste comme une récompense pour services rendus à l'entreprise, le couronnement de leur carrière, et non comme une opportunité de prendre de nouvelles initiatives. Pour certains, le plus grand projet de la matinée semblait se réduire à la lecture du *Wall Street Journal* derrière les portes fermées de leur bureau. Ils donnaient le sentiment que les clients avaient de la chance de pouvoir commander leurs merveilleuses machines. La nature du métier, avec son cycle très long, où la durée de vie des produits et les carnets de commandes se mesuraient en années, ne faisait qu'ajouter au manque de rythme, d'intérêt et d'énergie.

J'étais loin de me douter qu'à force de me déplacer sur le terrain, je finirais par tomber sur une entité relativement petite, en difficulté, qui allait beaucoup m'aider. Il s'agissait de notre site de San Jose, en Californie, spécialisé sur les réacteurs nucléaires. L'électricité nucléaire avait été l'une des trois grandes aventures des années 1960 pour GE, les deux autres étant les ordinateurs et les moteurs d'avions. Ce dernier métier se portait très bien, mais nous avions déjà vendu la branche informatique et notre activité dans le nucléaire était un espoir lointain.

Aucun secteur ne subissait une mutation aussi profonde que l'électricité nucléaire à cette époque. À peine deux ans plus tôt, en 1979, l'accident du réacteur de Three Mile Island, en Pennsylvanie, avait mis fin au peu d'adhésion populaire qu'avait encore l'énergie nucléaire. Les grandes compagnies de gaz et d'électricité et les gouvernements étaient en train de remettre en question les plans d'investissements élaborés plus tôt pour se préparer un avenir nucléaire. Mais, ironiquement, cette activité de GE, autrefois si prometteuse, allait devenir le modèle parfait d'un thème qui me tenait à cœur, la nécessité de regarder la réalité en face.

Les gens qui travaillaient à San Jose étaient parmi les meilleurs et les plus brillants de leur époque. Ayant terminé des études de troisième cycle dans les années 1950 et 1960, ils avaient consacré leur vie à la promesse de l'énergie nucléaire. C'étaient les Bill Gates de leur génération; comme lui, ils comptaient bien changer la façon dont nous vivions et travaillions.

Au printemps 1981, j'ai visité cette affaire, qui réalisait un milliard de dollars de chiffre d'affaires. Deux jours durant, nous avons fait le point. L'équipe de direction nous a présenté un plan optimiste – qui tablait sur trois nouvelles commandes de réacteurs par an. Au début des années 1970, leurs performances avaient été remarquables ; ils vendaient alors, en effet, trois ou quatre réacteurs par an. Ces spécialistes considéraient le désastre de Three Mile Island comme un gros incident de parcours, guère plus.

Leur point de vue était aux antipodes de la réalité. Ils n'avaient reçu aucune nouvelle commande depuis deux ans et avaient subi une perte de 13 millions de dollars en 1980. Ils se préparaient à faire un modeste bénéfice en 1981, mais l'activité de construction de réacteurs, en elle-même, allait vers une perte de 27 millions de dollars. J'ai écouté un moment, avant d'interrompre la séance par ce qui fut considéré par mes interlocuteurs comme une bombe.

« Vous n'aurez pas trois commandes par an, les gars. À mon avis, vous n'aurez même plus une seule commande américaine de réacteur nucléaire. »

Ils semblaient outrés. Ils ont répliqué, déguisant à peine le fond de leur pensée : « Jack, vous ne connaissez pas vraiment ce métier. »

C'était sans doute vrai, mais j'avais l'avantage de voir les choses avec un œil neuf, puisque je n'avais pas consacré ma vie à l'électricité nucléaire. En revanche, j'appréciais leur enthousiasme, même si je pensais qu'il se trompait d'objet.

Leurs arguments étaient très émouvants, mais vides de faits. Je leur ai demandé de refaire leur plan en partant de l'hypothèse qu'ils n'auraient plus de commande américaine de réacteur nucléaire.

« Voyez comment vous pouvez gagner votre vie en vendant uniquement du combustible nucléaire et des services au parc existant », leur ai-je dit.

À l'époque, GE avait 72 réacteurs actifs en service. La sécurité était la préoccupation principale tant des patrons des sociétés de distribution d'électricité que des autorités de tutelle. Nous avions à la fois l'obligation et l'opportunité de faire en sorte que ces réacteurs fonctionnent dans des conditions de sécurité satisfaisantes.

Clairement, notre passage a dû laisser un mauvais souvenir à nos ingénieurs de San Jose. J'avais jeté un seau d'eau glacée sur leurs rêves. Vers la fin de la séance, ils ont eu recours à l'un des arguments que l'on emploie quand rien d'autre ne marche.

« Si le nouveau plan ne prévoit aucune commande, cela va détruire le moral de nos hommes et il sera impossible de les mobiliser à nouveau quand les commandes reviendront. »

Ce n'était ni la première ni la dernière fois que j'entendais des équipes désespérées utiliser cet argument. Ce raisonnement relève de la même catégorie que cette autre menace que j'ai souvent entendue dans les temps difficiles : « Vous avez supprimé tout le gras. Maintenant, c'est l'os, si vous continuez à couper, vous tuerez l'affaire. »

Aucun de ces deux arguments n'est valable. Ils sont faibles, tous les deux. La direction a toujours tendance à mordre le moins possible dans la pomme des coûts. Inévitablement, il lui faut toujours y revenir, indéfiniment, réduire encore les frais à mesure que les marchés se détériorent. Le seul résultat, c'est que cela augmente l'incertitude pour le personnel. Je n'ai jamais vu une entreprise ruinée parce qu'elle avait diminué ses coûts trop et trop vite. Quand les affaires reprennent, j'ai toujours vu les équipes se mobiliser très vite pour profiter de la situation.

Heureusement, le patron de San Jose, Roy Beaton, était le plus réaliste de mes interlocuteurs. Il a fini par accepter, à contrecœur, de relever le défi. Je suis parti sans savoir ce qui sortirait de tout cela. Pendant l'été, nous avons eu encore deux ou trois échanges animés quand l'équipe nous a suppliés de lui laisser inscrire une ou deux commandes de réacteurs dans le plan au lieu de trois. Je suis resté inébranlable : zéro commande, mais développement complet d'une activité fondée sur la vente de combustible nucléaire et de services.

Je dois dire, et c'est tout à son honneur, que, dès l'automne 1981, l'équipe – maintenant dirigée par Warren Bruggeman, qui avait pris la succession de Beaton, parti en retraite – avait un plan et était prête à le mettre en œuvre. Les effectifs des salariés travaillant aux réacteurs sont passés de 2410 en 1980 à 160 en 1985. La plus grande partie de l'infrastructure réacteurs a été éliminée, tous les efforts se concentrant sur la recherche de réacteurs avancés, au cas où le monde changerait à nouveau d'avis sur le nucléaire. L'activité Services connut un grand succès, signe avant-coureur du rôle immense qu'allaient jouer les services pour l'avenir de GE. Grâce à cette réussite, le résultat net global du nucléaire passa de 14 millions de dollars en 1981 à 78 millions de dollars en 1982 et 116 millions de dollars l'année suivante.

Une vingtaine d'années après cette première réunion, San Jose n'a enregistré que quatre commandes pour ses réacteurs de technologie avancée Aucune ne venait des États-Unis. Mais l'équipe a mis en place une puissante affaire de services et de combustible nucléaire qui gagne de l'argent tous les ans. Nous avons ainsi pu satisfaire à nos obligations envers les installations existantes de nos clients et investir régulièrement pour soutenir la recherche en matière de réacteurs avancés.

Cette réussite a été l'une des plus grandes satisfactions de mes premières années à la présidence. Ce qui me faisait le plus plaisir n'était pas tellement l'aspect économique, mais bien plutôt le changement d'état d'esprit que cela révélait : nous approchions de l'ambiance de travail que je cherchais à créer. Les hommes qui ont conçu la transformation de notre activité nucléaire n'avaient pas un profil à la Jack Welch. Ils n'étaient pas jeunes, ils ne parlaient pas fort et ne cherchaient pas la confrontation. Ils ne considéraient pas la bureaucratie comme l'ennemi public numéro un. Ils avaient fait carrière chez GE et étaient représentatifs de l'ensemble du personnel.

Transformer en héros ces gens qui n'étaient apparemment pas mes disciples m'a permis de faire un autre grand pas dans la bonne direction. Il n'était pas indispensable de correspondre à un certain stéréotype pour réussir dans la nouvelle General Electric. On pouvait avoir l'allure qu'on voulait, s'y prendre comme on voulait, et devenir un héros. Les seuls impératifs étaient de regarder la réalité en face et d'obtenir des résultats. Ce message revêtait une grande importance à un moment où certains de nos collaborateurs se posaient des tas de questions, se demandant en particulier si GE était ou non dirigée par un fou.

Je me suis énormément appuyé sur l'exemple du nucléaire, les premières années de ma présidence, pour enfoncer le clou de la nécessité de vérifier que l'on regardait bien la réalité en face. Je l'ai crié sur tous les toits. Cela semble simple, de regarder la réalité en face, mais c'est loin de l'être. J'ai trouvé très difficile d'obtenir que les gens voient telle ou telle situation comme elle est et non comme elle était ou comme ils espèrent qu'elle va devenir.

« Ne te raconte pas d'histoires. C'est comme ça et pas autrement. » L'admonition de ma mère, bien des années plus tôt, gardait toute son importance chez GE.

Parier sur une espérance n'a pas sa place dans un business plan, si ce n'est à dose infinitésimale. Une entreprise entière peut s'illusionner volontairement sur son propre sort et mener ainsi les personnes qui y travaillent à des conclusions ridicules. Qu'il s'agisse de l'électroménager à la fin des années 1970, du nucléaire au début des années 1980 ou des dotcoms au début de ce siècle, faire en sorte que les gens regardent la réalité en face est le premier pas en direction d'une solution éventuelle.

En devenant PDG, j'ai hérité de beaucoup de choses remarquables, mais regarder la réalité en face n'était pas l'une des spécialités GE. La « sympathie de façade » alors de rigueur faisait de la franchise une vertu des plus rares. J'ai eu de la chance. Les changements intervenus dans notre nucléaire et à Elfun m'ont donné des armes importantes pour montrer, par l'exemple, le genre d'ambiance et de mentalité que je voulais créer chez GE.

Ces histoires, je les ai racontées sans jamais me lasser à tous les publics de GE et en toutes circonstances. Vingt ans durant, j'ai utilisé cette technique, j'ai raconté des histoires, pour faire passer des idées dans l'ensemble de la compagnie.

Lentement, les gens se sont mis à écouter.

# 8

# Une affaire de vision

La première fois que je me suis trouvé confronté aux analystes de Wall Street en tant que président de GE, je crois les avoir passablement étonnés.

J'étais à mon poste depuis huit mois en ce 8 décembre 1981, jour où je suis allé à New York délivrer mon grand message sur la « Nouvelle General Electric ». J'avais travaillé, repris, répété mon texte, car je tenais à marquer un grand coup.

Après tout, c'était la première fois que je venais dire en public ce que je voulais faire de GE. Vous savez, la vision, c'est la grande affaire.

Ce jour-là, cependant, les analystes attendaient de moi quelque chose de bien précis : les résultats financiers et les réussites obtenues par l'entreprise au cours de l'exercice. Ils étaient venus pour que je leur donne une ventilation détaillée des données financières afin de pouvoir saisir ces chiffres dans leurs modèles et en tirer des estimations de nos résultats segment d'activité par segment d'activité. Ils adoraient cet exercice. En vingt minutes de discours, je leur ai donné fort peu de ce qu'ils voulaient, me lançant très vite dans une discussion purement intellectuelle et qualitative articulée autour de ma vision.

Le lieu de l'événement était la salle de bal, au décor somptueux, de l'hôtel Pierre, sur la 5$^{e}$ avenue. Les machinistes de GE y avaient travaillé toute la journée de la veille. J'avais moi-même répété mon texte derrière le podium plusieurs heures avant l'arrivée des analystes. Il est difficile, aujourd'hui, d'imaginer à quel point tout cela était alors officiel, organisé, mis en scène.

Mon « grand » message, ce jour-là (voir en appendice), était conçu pour décrire ceux qui gagneraient à l'avenir. Selon moi, ce seraient les entreprises qui « recherchent les authentiques industries de croissance et y participent, et n'acceptent que d'être numéro un ou numéro deux dans tous leurs métiers – numéro un ou numéro deux en termes de position sur le marché, mais aussi en termes de productivité, de coûts, de qualité des produits et services produits dans le monde entier... Les entreprises et les directions qui ne font pas ce choix aujourd'hui, dans les années 1980, qui s'accrochent à des secteurs en perte de vitesse, quelles que soient leurs raisons – tradition, sentiment, faiblesse des dirigeants – ces entreprises auront disparu en 1990. »

Être numéro un ou numéro deux n'était pas seulement un objectif, c'était une exigence absolue. Si nous y parvenions, nous avions la certitude qu'à la fin de la décennie, cette idée centrale nous aurait permis de constituer un faisceau d'activités unique au monde. Tel était le message clair, net et précis de la journée.

Quand je suis arrivé à des questions moins tangibles, comme la réalité, la qualité, l'excellence et (croyez-le ou non) « l'élément humain », j'ai senti qu'ils ne m'écoutaient plus que d'une oreille distraite. Pour gagner, il nous fallait conjuguer l'idée centrale, tout à fait tangible, d'être numéro un ou numéro deux sur des marchés de croissance avec des valeurs *soft*, immatérielles, afin d'obtenir l'ambiance, les mentalités et la manière qui définiraient notre nouvelle culture. À peu près au milieu de ce développement, j'ai senti que j'aurais suscité à peu près autant d'intérêt si je leur avais parlé de ma thèse de doctorat sur la condensation des gouttelettes.

Ne me laissant pas décourager par ces regards vides, j'ai continué. Aujourd'hui, certaines parties de mon discours font un peu l'effet de clichés, tant elles ont été ressassées dans le monde des affaires. En le relisant, c'est le style qui m'étonne le plus, par son côté guindé.

« Nous devons imprégner tous les esprits, dans notre entreprise, d'une attitude, d'une atmosphère qui permette de voir et de traiter les choses comme elles sont et non comme on voudrait qu'elles soient. Il faut non seulement le permettre, mais l'encourager par tous les moyens. Ancrer ce concept de réalité dans l'ensemble de notre organisation est une condition nécessaire à l'accomplissement de l'idée centrale – la nécessité d'être le numéro un ou le numéro deux dans tout ce que nous faisons – ou d'en tirer les conclusions. »

J'ai poursuivi en affirmant que la qualité et l'excellence créeraient une atmosphère telle que nos salariés dépasseraient leurs propres limites, de sorte que nous serions meilleurs que nous ne pensions pouvoir l'être. Cet « élément humain » favoriserait la naissance d'un environnement où les gens « auraient l'audace d'essayer des approches nouvelles – en étant assurés que les seules limites à leur créativité et à leur dynamisme, ce seraient la vitesse à laquelle ils agiraient et jusqu'où ils iraient ».

En faisant tout cela, en conjuguant ainsi un message clair et précis et des objectifs moins tangibles, GE deviendrait plus « vivante, plus adaptable et plus agile » que d'autres entreprises incomparablement plus petites que nous. Notre croissance ne se contenterait pas de suivre celle du PIB, objectif que se fixaient beaucoup de grandes entreprises à l'époque. General Electric serait « la locomotive qui tirerait le PIB, et non le fourgon de queue ».

À la fin, la réaction dans la salle laissait apparaître clairement que le public estimait qu'on lui avait donné plus de vent que de substance. L'un de nos cadres a même entendu un analyste ronchonner : « On se demande vraiment de quoi il parle. » En quittant la salle, j'avais conscience qu'il devait y avoir une meilleure façon de raconter notre histoire. Wall Street m'avait écouté, mais en baillant. Le titre a monté... de 12 cents! J'avais sans doute de la chance qu'il ne soit pas descendu.

J'étais certain que mes idées étaient justes. Simplement, je ne leur avais pas donné vie. Telles que je les avais présentées, ce n'était que des mots, lus sur un podium par une tête nouvelle.

Le caractère très structuré et formel des réunions d'analystes de GE ne favorisait pas ma cause. Le moindre détail était planifié, les sièges étaient même affectés à l'avance. Les analystes s'y asseyaient poliment. Les cadres de GE allaient et venaient dans les allées, ramassant des cartes sur lesquelles les analystes avaient griffonné leurs questions. Ces dernières étaient ensuite apportées à trois autres collaborateurs de GE, dont le directeur financier, installés derrière une longue table, sur le côté de la pièce. Leur tâche consistait à éliminer les questions risquant d'être embarrassantes, voire de susciter la controverse, ou les questions difficiles auxquelles ils pensaient que le PDG ne voudrait ou ne pourrait pas répondre. On m'apportait celles qui avaient le feu vert.

Quelle différence avec les réunions d'analystes telles que GE les organise aujourd'hui! Il n'y a plus aucun script. On part des tableaux chiffrés, et il est impossible d'en montrer deux sans susciter une question ou une critique. Nous avons des discussions intellectuelles, maintenant, exactement comme au cours de nos réunions de travail en interne. Nous en sortons en sachant beaucoup mieux ce qui préoccupe les investisseurs ; quant aux analystes, ils sont mieux informés sur les perspectives et les orientations stratégiques de GE.

Ma première réunion d'analystes a peut-être été un four, mais au fil des vingt années suivantes, en faisant parfois deux pas en avant et un pas en arrière, nous n'avons cessé d'aller dans la direction de la vision définie ce jour-là. Nous avons vécu cette réalité dure et tangible du numéro un ou numéro deux, et nous nous sommes battus comme des lions pour instiller l'intangible, l'atmosphère de travail que j'avais décrite, partout dans le groupe.

L'idée centrale découlait de mes premières expériences au contact des bons et des mauvais secteurs et s'appuyait sur la réflexion de Peter Drucker. J'ai commencé à lire ses ouvrages vers la fin des années 1970, et Reg me l'avait présenté pendant la période de transition, juste avant que je ne devienne officiellement PDG. S'il y a un authentique sage du management, c'est Peter. Dans ses nombreux ouvrages, il glisse toujours quelques remarques lumineuses, de purs joyaux.

La clarté du concept « numéro un ou numéro deux » découlait de deux questions impitoyables que Drucker aime à poser : « Si vous n'étiez pas déjà dans ce métier, y entreriez-vous aujourd'hui ? » Et, en cas de réponse négative : « Alors, quelles conséquences allez-vous en tirer ? »

Questions simples, mais non sans profondeur, comme la plupart des choses simples. Elles étaient particulièrement pertinentes chez General Electric. Nous étions présents dans un nombre invraisemblable de secteurs. À l'époque, si une activité donnée était rentable, c'était une raison suffisante pour s'y maintenir. Changer les règles du jeu, sortir des secteurs à faible marge et à croissance lente pour aller vers des activités à forte marge et à forte croissance, à l'échelle mondiale, ce n'était pas encore à l'ordre du jour.

À l'époque, nul ne percevait de crise, que ce soit de l'intérieur ou de l'extérieur de l'entreprise. GE était un symbole, aux États-Unis, c'était la dixième entreprise du pays par la taille et par la capitalisation boursière. La vague asiatique attaquait le pays depuis un certain nombre d'années, balayant les secteurs industriels les uns après les autres – elle s'était attaquée aux radios, aux appareils photo, à l'acier, aux chantiers navals et finalement à l'automobile. Nous l'avons ressentie pour la fabrication de téléviseurs, où les concurrents étrangers – en particulier japonais – se sont mis à laminer nos marges. Plusieurs de nos métiers étaient vulnérables, en particulier le petit électroménager et l'électronique grand public.

À l'époque, si vous fabriquiez des grille-pain et des fers à repasser, si vous considériez que c'était votre métier et qu'il était rentable, cela suffisait. Aujourd'hui encore, les gens vous sortent cet argument aberrant : « Mais puisque nous gagnons de l'argent, quel est le problème ? »

Hélas, dans certains cas, le problème est énorme. Si votre affaire ne dispose pas d'une solution concurrentielle à long terme, ses jours sont comptés.

La stratégie du numéro un ou numéro deux avec restructuration, cession ou fermeture à la clé pour ceux qui ne l'étaient pas, avait l'avantage de la simplicité. Les gens en discutaient et la comprenaient, la plupart étaient intellectuellement d'accord. En revanche, quand le moment venait de la mettre en pratique, ils avaient du mal à l'accepter au plan affectif. Ceux qui étaient clairement numéro un de leur secteur n'avaient pas de problème. En revanche, dans les secteurs où nous n'étions pas leader, les gens se sentaient acculés. Il leur fallait accepter cette réalité qu'ils devaient réagir, faire quelque chose, vite – faute de quoi le nouveau patron, à Fairfield, risquait de le leur imposer.

Comme pour tous les objectifs que nous avons lancés, je me suis évertué à répéter ce message du numéro un ou numéro deux à satiété, jusqu'à ce que ces mots me ressortent pratiquement par le nez. Je faisais l'impossible pour convaincre à la fois au plan intellectuel et au plan affectif. Toutes nos initiatives devaient s'inscrire dans la lignée de la vision.

Comme la plupart des visions, la stratégie du numéro un ou numéro deux avait d'ailleurs ses limites.

De toute évidence, certains produits sont devenus interchangeables au point qu'y détenir une position de leader ne confère que peu ou pas d'avantage concurrentiel. Pour reprendre l'exemple des grille-pain et des fers à repasser, y être numéro un n'offrait guère d'intérêt puisque nous n'avions pas la possibilité de jouer sur le prix et étions confrontés à des importations à faible coût.

Il existe par ailleurs des marchés de plusieurs milliers de millions de dollars, comme les services financiers, qui couvrent l'océan. Dans ce genre de situation, être le numéro un ou le numéro deux est moins critique, tant que vous êtes puissant dans votre créneau, qu'il s'agisse d'un produit ou d'une région.

La vision avait beau être simple, j'avais énormément de mal à la communiquer aux quarante-deux centres de profits de GE. Je cherchais depuis longtemps comment le faire de façon plus efficace. Curieusement, c'est sur une serviette en papier que j'ai trouvé la réponse, au mois de janvier 1983.

Je passe ma vie à m'expliquer à coups de petits schémas sur des bouts de papier, n'importe quand et n'importe où, ce qui en agace plus d'un. Cette fois, mon interlocuteur était mon épouse Carolyn. Nous étions au restaurant et j'avais entrepris de lui faire comprendre ma vision. J'ai sorti de ma poche un stylo feutre noir et j'ai commencé à faire un croquis sur le petit napperon que le serveur avait placé sous mon verre. J'ai dessiné trois cercles et divisé nos activités en trois catégories : la production industrielle cœur de métier, la technologie et les services. À l'intérieur du cercle cœur de métier, par exemple, j'ai mis les produits d'éclairage, le gros électroménager, les moteurs, les turbines, le transport et le matériel de construction.

Et j'ai dit à Carolyn que nous allions redresser, vendre ou fermer toutes les activités qui ne rentraient pas dans l'un des trois cercles. Les entités concernées avaient de piètres performances, travaillaient sur des marchés à faible croissance ou, tout simplement, cadraient mal avec notre stratégie. Ce concept des trois cercles me plaisait. Pendant les quinze jours suivants, je l'ai peaufiné avec mon équipe, nous en avons augmenté la portée tout en y ajoutant des détails.

Ce schéma, c'était l'outil conceptuel simple dont j'avais besoin pour communiquer et mettre en application la vision du numéro un ou numéro deux. Je me suis mis à m'en servir partout et le magazine *Forbes* l'a repris pour illustrer un grand article sur GE en mars 1984.

Pour les gens qui travaillaient dans des entités figurant à l'intérieur des cercles, cela créait un certain sentiment de sécurité et de fierté. En revanche, cela semait un malaise terrible dans toutes les entités extérieures aux cercles, en particulier celles qui avaient été le cœur de l'ancienne GE, comme les climatiseurs, l'électroménager, la fabrication de téléviseurs, les produits audios et les semi-conducteurs. La menace d'être « restructurés, vendus ou fermés » ne pouvait évidemment laisser personne indifférent.

Les gens avaient le sentiment d'avoir été trahis, cela les révoltait. On entendait des commentaires comme : « Nous ne sommes pas des lépreux, tout de même ! Je ne suis pas entré chez GE pour ça ! » Les syndicalistes et les autorités municipales se plaignaient. La levée de boucliers prenait une ampleur que je n'avais pas prévue. Je devais agir, je le savais.

Les deux premières années, la stratégie du numéro un ou numéro deux a engendré beaucoup d'action – mais, d'une manière générale, on restait encore à une petite échelle. Nous avons vendu 71 unités ou lignes de produits, ce qui nous a permis d'engranger un peu plus de 500 millions de dollars. Dans le même temps, nous avons réalisé 118 autres transactions, dont des acquisitions, des joint-ventures et des prises de participation minoritaires, qui nous ont amenés à dépenser plus d'un milliard de dollars. C'était des bricoles, mais la portée culturelle de ce modeste remue-ménage a été ressentie dans l'ensemble du groupe, surtout la vente de notre affaire de climatiseurs.

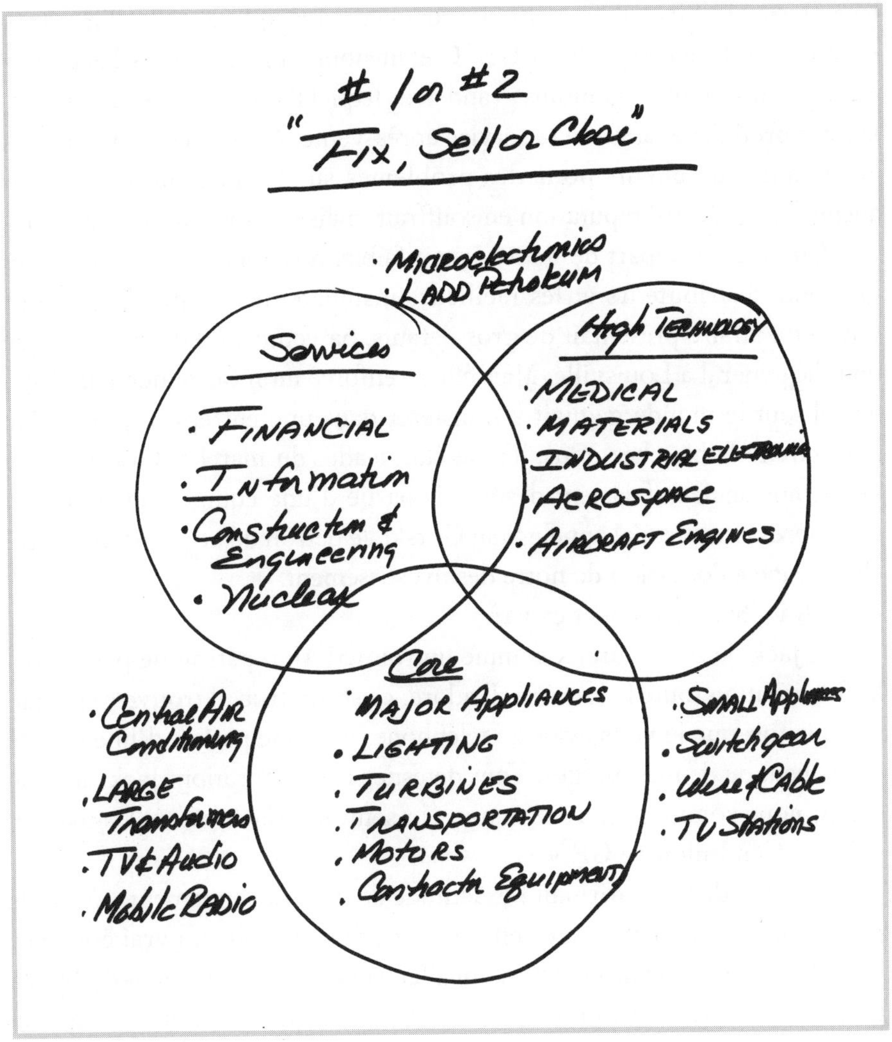

Avec ses trois usines et ses 2300 salariés, ce n'était pas l'une des plus grosses entités du groupe, et elle ne gagnait pas beaucoup d'argent. Quand nous l'avons vendue à Trane, au milieu de 1982, cela a surpris beaucoup de monde, car la climatisation était vraiment au cœur du groupe : c'était une division du site de gros électroménager de Louisville. Pourtant, sa part de marché de 10 % paraissait bien faible par comparaison avec nos autres lignes d'électroménager.

Dès la première fois que je l'avais vue de près, quand j'avais été nommé responsable de secteur, j'avais porté un jugement très sévère sur cette affaire. J'avais le sentiment qu'elle n'avait aucune maîtrise sur son propre destin. On vendait le produit sous marque GE à un distributeur local comme « L'As de la Plomberie ». Les gars prenaient leurs marteaux et leur tournevis, l'installaient et rentraient chez eux en laissant le climatiseur chez le client, avec son logo GE. C'était nous qui subissions les conséquences du soin plus ou moins grand avec lequel l'« As » en question installait nos produits et assurait le service après-vente. Nous recevions souvent des plaintes de clients pour des problèmes sur lesquels nous n'avions aucune prise. Notre réputation en souffrait, mais nous n'y pouvions rien.

Comme notre part de marché était faible, nos concurrents avaient les meilleurs distributeurs et les meilleurs installateurs indépendants. Pour GE, cette affaire présentait de gros défauts. Sa vente a pourtant provoqué un tollé général à Louisville. Mais elle a renforcé mon raisonnement, selon lequel tout le monde gagnait à transférer dans une entreprise plus solide une activité faible chez nous. Trane était leader du marché. Grâce à cette vente, nos anciens faisaient désormais partie d'une équipe gagnante. Un mois après la vente, j'ai appelé Stan Gorski, le patron de notre affaire, entré chez Trane à l'occasion de notre désinvestissement.

« Allo, Stan, comment ça va ?

– Jack, je suis heureux comme un roi, ici ! Mon patron ne pense qu'à la climatisation toute la journée. Il adore, c'est son truc, il trouve ça génial. Chaque fois que je vous avais au téléphone, vous me parliez d'une plainte d'un client ou de mes marges. Vous détestiez la climatisation. Jack, aujourd'hui, nous sommes les rois et nous le sentons très bien. À Louisville, j'étais la Cendrillon de GE. »

Ce coup de fil confirmait l'exactitude de mon raisonnement. Avant de raccrocher, j'ai dit à Stan que cette conversation avait été un vrai bonheur.

Malgré la vague de critiques qui allait suivre, ce que m'avait dit Stan a renforcé ma détermination de poursuivre, coûte que coûte, la stratégie du numéro un ou numéro deux. La vente des climatiseurs a aussi été l'occasion d'établir un autre principe essentiel : les 135 millions de dollars qu'elle nous a permis d'engranger, nous les avons utilisés pour contribuer à payer la restructuration d'autres entités.

Nous avons traité exactement de la même manière toutes les affaires que nous avons vendues. Jamais nous n'avons affecté les sommes concernées au résultat net. Nous les avons employées à améliorer la compétitivité de la compagnie. En vingt ans, nous ne nous sommes jamais permis, et nous n'avons permis à aucune de nos entités, de présenter des charges exceptionnelles de restructuration comme une excuse pour ne pas tenir les objectifs de résultats. Nous avons payé avec notre argent.

Du jour où j'ai utilisé cette expression dans la lettre où je détaillais à Reg mes qualifications pour lui succéder, j'ai fait de la « croissance régulière du résultat » l'un de mes thèmes fétiches. Heureusement, nous avions un certain nombre d'affaires puissantes et diverses, capables de nous faire tenir cet engagement. Nous gérions des activités – pas des résultats.

Lorsque nous vendions une affaire comme les climatiseurs et que nous réalisions un profit comptable tout en faisant rentrer de l'argent frais, cela nous donnait la souplesse nécessaire pour renforcer ou restructurer d'autres activités. C'est ce que nos actionnaires attendaient de nous, c'est pour cela qu'ils nous payaient.

J'aime comparer la façon dont nous gérions ces sommes à l'entretien d'une maison. Si vous n'avez pas les moyens de faire réparer votre toit, vous mettez un seau sous la fuite pour récolter ce qui tombe. Et quand votre budget vous le permet, vous réparez la fuite. Chez GE, c'est ainsi que nous avons employé la plus grande partie de l'argent engrangé à l'occasion des désinvestissements. Nous avons pris des mesures susceptibles de nous renforcer sur la durée.

De temps à autre, on venait nous demander d'un air soupçonneux comment nous nous y prenions pour obtenir cette « croissance régulière des résultats ». Un journaliste a même précisé que si nous provisionnions un trimestre pour fermer une affaire et encaissions un gain le trimestre suivant à l'occasion de la vente d'une autre, la croissance de nos résultats n'aurait pas été régulière.

Nom d'un chien ! Eh bien, notre boulot, c'est de réparer toutes les fuites, chaque fois que nos moyens nous le permettent.

Faute de quoi vous n'avez très vite plus rien à gérer. Si vous regardez où va l'argent, et dans le cas qui nous occupe l'argent de GE, vous voyez ce qui se passe réellement dans l'entreprise. La comptabilité ne génère pas d'argent, la bonne gestion des affaires, oui.

L'abandon des climatiseurs a déclenché une tempête, mais elle est restée localisée principalement à Louisville. La vente suivante, celle d'Utah International, me mettait dans une situation beaucoup plus difficile. Reg Jones avait déboursé 2,3 milliards de dollars pour acheter l'entreprise en 1977. À l'époque, c'était la plus grande acquisition jamais réalisée – pour Reg, pour GE, et pour l'Amérique des affaires tout entière.

Utah était une entreprise hautement rentable, de première classe, qui tirait largement ses revenus de la vente de coke à la sidérurgie japonaise. Elle possédait également une petite compagnie américaine de pétrole et de gaz et d'importants gisements prouvés, mais non exploités, de cuivre au Chili. Reg avait fait cette acquisition pour se protéger contre la forte inflation qui sévissait dans les années 1970.

Le problème de l'inflation ne se posait plus pour moi, et Utah ne coïncidait pas avec mon objectif de croissance régulière des résultats. Ses bénéfices immodestes cadraient mal avec mon objectif de faire en sorte que tout le monde sente que sa propre contribution aux résultats du groupe comptait.

GE tire ses bénéfices, trimestre après trimestre, de l'argent qu'il gagne aux quatre coins du monde, sou à sou. Chaque jour que Dieu fait, la contribution de chacun compte. Quand j'étais responsable de secteur, puis président adjoint, j'avais participé à des réunions, avec mes pairs, écoutant avec quelle vaillance nous avions travaillé pour atteindre nos objectifs du trimestre ou de l'année. À ce moment-là, le directeur qui supervisait Utah se levait et, bien involontairement, il écrasait tout le monde, dans un sens ou dans l'autre.

« Nous avons eu une grève à la mine de charbon, disait-il, il nous manquera donc 50 millions de dollars pour atteindre notre objectif. » Nous ouvrions tous des yeux ronds devant la taille du chiffre. Mais il pouvait tout aussi bien arriver et nous annoncer calmement : « Le cours du charbon a monté de 10 dollars, j'ai donc 50 millions de dollars de rab à mettre au pot. » D'une manière ou d'une autre, Utah faisait toujours paraître dérisoires nos contributions accumulées sou à sou.

J'avais le sentiment que la nature cyclique du secteur d'activité d'Utah rendait impossible notre objectif de croissance régulière des résultats. Je n'aimais pas le secteur des ressources naturelles, où j'avais l'impression que des événements échappant souvent à notre contrôle ou, dans le cas du pétrole, le comportement d'un cartel, réduisaient la marge de manœuvre des acteurs indépendants.

Soit dit en passant, je suis convaincu que l'acquisition de Conoco par DuPont de Nemours, en 1981, a entraîné un impact similaire. Conoco a également été acquis pour protéger DuPont de l'inflation du prix d'une ressource naturelle, le pétrole. Mais cette compagnie, elle aussi, était suffisamment grosse pour que les efforts individuels des autres entités de DuPont paraissent moins significatifs. Certains de mes amis de l'université de l'Illinois étaient chez DuPont. J'ai appris par eux et par d'autres personnes de la branche Plastiques de la firme à quel point les hauts et les bas des résultats de Conoco les démoralisaient personnellement. DuPont a fini par donner son indépendance à Conoco en 1998. Il faut laisser les ressources naturelles aux compagnies de ressources naturelles.

J'avais beau ne pas penser beaucoup de bien d'Utah, j'hésitais à revenir sur la plus grande affaire de Reg, d'autant que cela ne faisait que quatre ans qu'il l'avait conclue. Je lui devais tout. Je ne voulais pas paraître manquer de respect par rapport à lui en vendant immédiatement. Avant de prendre ma décision, je lui ai envoyé une note dans laquelle je lui expliquais la logique qui me poussait à vendre. Je lui ai ensuite téléphoné pour lui demander d'y réfléchir.

Au fil des années, j'ai souvent téléphoné à Reg. Je n'ai jamais rien fait d'essentiel sans le mettre au courant – même s'il a quitté le Conseil le jour où je suis devenu PDG.

Quelques jours plus tard, il m'a rappelé et, après m'avoir posé une série de questions, il m'a donné son accord. En fait, plus de vingt ans durant, il n'a jamais critiqué ce que je faisais, ni à l'intérieur de GE, ni à l'extérieur.

L'année même où j'avais pris la présidence, j'avais rencontré en privé, au Waldorf Towers, Hugh Liedtke, le PDG de Pennzoil. J'avais proposé de lui vendre Utah. Il avait étudié le dossier un moment, puis avait décidé que cela ne lui convenait pas. Il avait en vue un poisson autrement plus gros – il finit effectivement par s'attaquer à Getty Oil, mais son OPA fut contrée par Texaco et la bagarre qui suivit fit les gros titres de la presse économique.

J'avais parlé à d'autres acheteurs américains potentiels, mais n'avais rencontré que peu d'intérêt.

Par chance, mon président adjoint John Burlingame a eu une meilleure idée. Et John a trouvé ce qu'il considérait comme le meilleur acheteur stratégique d'Utah, Broken Hill Proprietary (BHP), conglomérat de ressources naturelles basé en Australie qui semblait convenir parfaitement. Il a contacté la société, qui a tout de suite montré son intérêt. Ensuite, il a rassemblé une équipe *ad hoc*, composée de lui-même, Frank Doyle et son vieil ami Paolo Fresco. John et Frank, en coulisses, élaboreraient la stratégie des discussions, tandis que Paolo, que l'on avait fait revenir d'Europe pour l'occasion, mènerait les négociations en face à face.

Compliquées par la taille du projet et l'éloignement géographique des parties en présence (Utah possédait des actifs dans le monde entier, son siège était à San Franscisco, celui de BHP à Melbourne), les discussions avec BHP se sont prolongées plusieurs mois. Après les hauts et les bas habituels à toute grande négociation, les deux équipes étaient parvenues à une lettre d'intention officielle définitive vers le milieu du mois de décembre.

Nous étions au comble du bonheur. Utah était un très gros morceau, nous n'avions pas l'intention d'en faire cadeau, et le nombre des acquéreurs potentiels était réduit. Cette cession était un immense succès pour nous, en outre elle cadrait parfaitement avec notre stratégie. L'acquisition avait autant d'impact pour BHP. Nous avions prévu de faire entériner l'accord par le conseil d'administration au cours de sa réunion habituelle de décembre.

Le jeudi soir, veille de cette réunion, la direction au grand complet de GE, ainsi que les administrateurs, s'étaient retrouvés à l'hôtel Park Lane, à New York, pour le dîner de Noël suivi d'une soirée dansante désormais traditionnel. À l'époque, c'était encore nouveau, puisque je n'avais inauguré la formule que l'année précédente, dans le but de rapprocher la direction du Conseil. Ce soir-là, tous mes invités étaient gonflés à bloc en raison de l'accord de vente. Vers onze heures du soir, cependant, j'ai remarqué qu'un cadre venait précipitamment chercher John Burlingame sur la piste de danse. Une demi-heure plus tard, quand il est revenu, j'ai constaté qu'il était visiblement ébranlé, lui dont le visage ne trahissait pourtant jamais rien. Ébranlé, mais encore plutôt cool. Certainement plus que moi quand il est venu à ma table m'apporter la mauvaise nouvelle.

« Jack, me dit-il. L'accord est tombé à l'eau. Je viens d'avoir Paolo au téléphone. BHP venait juste de l'appeler pour l'informer que leur conseil n'a pas pu leur donner le feu vert. Ils sont incapables de rassembler les fonds nécessaires. »

J'étais effondré. Je comptais sur cette signature, j'y comptais dur comme fer. Cette cession aurait été le premier grand pas sur la voie stratégique que j'avais tracée. Et maintenant, tandis que l'orchestre continuait à jouer, je voyais tout cela m'éclater à la figure. Carolyn et moi sommes restés jusqu'à la fin de la soirée, avant de rentrer au Waldorf où nous partagions une suite avec Si Cathcart et sa femme Corky.

J'avais toute confiance en Si. Très vite, c'était devenu mon confident au sein du Conseil. Nous avons discuté jusqu'à trois heures du matin, passant toutes les alternatives en revue. Mais nous étions un peu dans le brouillard, ne sachant pas, dans le détail, ce qui avait achoppé. Cette nuit-là, j'étais plus bas que du caca de baleine, et ce pauvre Si a dû subir mes divagations jusqu'au petit matin.

Le lendemain matin, Burlingame et moi avons informé tous les administrateurs. Manifestement déçus, ils nous ont poussés à tenter de renouer les négociations. Quand je suis rentré à l'hôtel, le vendredi soir, j'y ai trouvé un ours en peluche qui suçait son pouce sur mon lit. Cathcart avait attaché une petite note au nounours que sa femme était allée acheter le matin : « Ne te laisse pas abattre. Tu trouveras une solution. »

N'étant aux commandes que depuis vingt et un mois, je me demandais si je ne venais pas de me planter magistralement. Le petit mot de Si arrivait à point nommé. C'était la première fois – il y en aurait beaucoup d'autres – qu'il m'apportait une aide précieuse. Il n'était pas le seul : dès mon premier jour, le Conseil m'a énormément soutenu, et cela m'a été nécessaire en bien d'autres occasions.

Après les fêtes, le trio Burlingame-Doyle-Fresco s'est remis au travail pour jeter les bases d'un nouvel accord. Puisque l'affaire se révélait trop lourde financièrement pour BHP, ils proposèrent de soustraire de la cession certains actifs d'Utah, en particulier Ladd Petroleum, producteur de gaz et de pétrole américain. L'accord devenait ainsi acceptable pour Broken Hill, et la compagnie acheta le reste de notre filiale Utah pour la somme de 2,4 milliards de dollars, payables en liquide avant la fin du second trimestre 1984. Il fallut attendre encore un an pour avoir toutes les autorisations gouvernementales. Six ans plus tard, en 1990, nous avons vendu le dernier morceau, Ladd, 515 millions de dollars.

Ces deux désengagements, la climatisation et Utah, s'étant dans l'ensemble bien passés, je me suis dit que la mise en œuvre de notre stratégie ne poserait pas trop de problèmes. C'était pécher par optimisme. La cession de notre unité de climatiseurs n'avait fait de vagues que dans le secteur du gros électroménager, où elle était implantée. Utah n'avait pas provoqué le moindre frisson – nous ne possédions la société que depuis peu, et elle ne s'était jamais vraiment intégrée au sein de la famille GE.

Notre décision suivante – la cession du petit électroménager – serait une autre paire de manches.

Cela faisait près de six ans que je supervisais les opérations du petit électroménager, et je trouvais ce secteur d'activité épouvantable. Les fers à vapeur, grille-pain, sèche-cheveux et autres mixeurs ne sont pas des produits particulièrement passionnants. Je me souviens d'une « innovation capitale », une baguette magique (électrique) censée faciliter immensément l'épluchage des pommes de terre.

Ce n'était pas vraiment le genre de « technologie de pointe » que nous cherchions. Ces produits n'étaient pas pour la nouvelle GE ; en outre, nous étions des proies faciles pour les importations japonaises. Les producteurs de ce secteur étaient en grande majorité américains, et leurs usines avaient des coûts de fonctionnement ruineux. Les barrières à l'entrée étaient peu élevées et, pour couronner le tout, la consolidation de la grande distribution réduisait la fidélité du consommateur aux marques.

J'avais mis le petit électroménager à l'extérieur des trois cercles. Pour moi, la cession tombait sous le sens. Nous n'y perdrions rien, et cela poserait un jalon de plus dans la perspective de notre stratégie du numéro un ou numéro deux. Apparemment, Black & Decker avait eu vent de nos intentions et avait décidé que notre gamme de produits compléterait bien la sienne. Cette société jouissait d'une marque très puissante pour l'outillage électrique et d'une position solide en Europe, où nous n'étions pas présents. La direction souhaitait étendre la palette d'activités et visait le petit électroménager.

Un jour, en novembre 1983, j'ai reçu un coup de fil de Pete Peterson, administrateur de B&D et banquier, que j'avais rencontré à plusieurs reprises.

« Cela t'intéresserait-il de vendre ton petit électroménager ? me demanda Peterson.

– Qu'est-ce que c'est que cette question ? » lui ai-je répondu.

Et nous avons ainsi joué au chat et à la souris, quelques minutes, jusqu'à ce qu'il me dise qu'il m'appelait au nom de Larry Farley, le PDG de Black & Decker.

« Je vois que tu deviens sérieux. Qu'est-ce que je peux faire pour toi ?

– Prenons une échelle de un à cinq : un vous ne vendrez jamais, deux vous ne vendrez qu'en échange d'un gros chèque, trois vous vendrez un bon prix, comment te situes-tu sur cette échelle ? me demanda Peterson.

– Pour le gros électroménager, je suis quelque part entre un et deux, mais pour le petit appareillage, c'est trois, lui répondis-je.

– Tant mieux, car c'est précisément ce qui nous intéresse ! »

Deux jours après, le 18 novembre, Pete, Larry et moi étions réunis dans les bureaux new-yorkais de GE. Larry m'a posé toute une série de questions, j'ai répondu à la plupart. Après quoi, Pete a demandé carrément ce que je voulais de l'affaire.

« Trois cents millions de dollars, pas un sou de moins. Et Bob Wright, le patron, n'est pas dans le lot. »

J'avais réussi à faire revenir Bob de chez Cox, et je lui avais confié une holding chargée du petit électroménager. Je n'avais pas envie de le perdre à nouveau. Je l'ai rencontré le lendemain matin et lui ai dit où nous en étions, en précisant au passage : « Ne t'inquiète pas. J'aurai très bientôt un meilleur poste à t'offrir. »

Nous n'avons pas été longs à entendre à nouveau parler de Larry et de Pete, tous deux d'accord pour passer à l'étape suivante. Pendant le processus de *due diligence*, c'est-à-dire de mise à la disposition de l'acquéreur potentiel de toutes les informations souhaitées, une querelle interne a éclaté chez nous. Les traditionalistes de GE affirmaient que la compagnie avait grand avantage à ce que notre nom et notre logo figurent sur ces produits, présents dans la majeure partie des foyers. Nous avons alors commandé une rapide étude de marché, qui a prouvé l'inverse. Le consommateur avait une perception correcte de nos fers à repasser ou de nos appareils à friser les cheveux, mais cela n'ajoutait strictement aucune valeur à la compagnie. En revanche, les produits de gros électroménager de notre marque étaient – et sont encore – très prisés des consommateurs.

Les négociations ont été assez faciles. Il existait une confiance réciproque et une volonté commune de parvenir à un accord. Chaque fois qu'un problème surgissait, nous trouvions aisément une solution. Ce ne devait pas être la dernière fois que le style très direct de Pete et sa grande intégrité joueraient un grand rôle dans ma carrière. Quelques semaines après son premier coup de fil, nous avons vendu notre pôle petit électroménager.

La facilité de la négociation masquait la tempête que cette cession déchaînait dans la plus grande partie du groupe. Le personnel de nos activités traditionnelles réagissait violemment, trouvant inconcevable que je puisse vendre le petit électroménager. Le désinvestissement d'Utah, à 2 milliards de dollars, n'avait pas suscité la moindre réaction, mais le fait de céder pour 300 millions de dollars cette affaire *low tech* provoquait une incroyable levée de boucliers. Je reçus mon premier flot de lettres de salariés en colère.

Si le courrier électronique avait existé, tous nos serveurs auraient été bloqués. Les lettres étaient toutes de la même eau : « GE ne sera plus GE si elle ne fabrique plus de fers à repasser et de grille-pain ! » ou « Quel homme êtes-vous ? Si vous pouvez faire cela, il est clair que vous feriez n'importe quoi ! »

Le bourdonnement, autour de la fontaine d'eau réfrigérée, était comparable à celui d'une ruche en colère. Mais en matière de cris et de protestations, ce n'était qu'une mise en bouche.

9

# Les années Neutron

Au début des années 1980, les gens qui travaillaient dans des activités que nous avions décidé de vendre n'étaient pas les seuls se demander si Jack Welch savait ce qu'il faisait et où il allait. L'entreprise tout entière était livrée à l'agitation, à l'angoisse et à la confusion. L'objectif d'être numéro un ou numéro deux de son marché, les trois cercles, la vente de certaines activités et les compressions de personnel qui se multipliaient désormais dans nombre de départements étaient à l'origine de ce malaise.

Au cours des cinq années suivantes, un salarié sur quatre allait quitter la compagnie, soit 118 000 personnes au total, dont 37 000 dans les entités ayant fait l'objet d'une cession. Dans l'ensemble de l'entreprise, le personnel était en proie aux affres de l'incertitude.

Et moi, je jetais de l'huile sur le feu en investissant des millions de dollars dans des projets qui pouvaient paraître « improductifs ». Je faisais en effet construire à Fairfield un club de gymnastique, des installations hôtelières privées et un centre de conférences, et je me préparais à rénover complètement notre centre de formation des cadres dirigeants de Crotonville. De mon point de vue, ces investissements, d'un coût total de près de 75 millions de dollars, s'inscrivaient dans le droit fil des objectifs *soft* d'excellence que j'avais décrits à l'hôtel Pierre.

Mes beaux raisonnements ne convainquaient pas grand monde. Ils prouvaient, aux yeux de la plupart, que j'avais « pété les plombs ». L'argent que j'investissais dans des appareils de musculation, des salles de conférence ou des chambres à coucher n'était pourtant qu'une bagatelle à côté des 12 milliards de dollars consacrés pendant la même période au financement d'usines et d'équipements nouveaux. Ces 12 milliards, une fois répartis entre nos diverses usines, dans le monde entier, étaient invisibles et paraissaient normaux à tout le monde.

Mes modestes 75 millions de dollars avaient cependant une portée symbolique qui ne passait pas, et je le comprenais. J'avais pourtant l'intime conviction que cet argent était bien dépensé.

Si quelqu'un qui m'a énormément aidé, pendant cette période difficile, c'est Ted LeVino, notre DRH. Ce vétéran sorti du rang, pur produit de GE, était respecté de tous. Ses mobiles et son intégrité ne pouvaient en aucun cas être mis en cause. C'était un roc, le trait d'union avec le passé. Je sais que nombre de dirigeants sont allés s'asseoir sur son canapé en sortant, un peu secoués, de leur première rencontre avec moi. Et quand ils devaient nous quitter, Ted leur prodiguait d'utiles conseils. Il m'avait soutenu pendant le processus de sélection et, surtout, il savait ce que nous faisions et avait la certitude que c'était indispensable.

Le soutien de Ted était important, car ces investissements rendaient les gens malades. Rien de ce que je pouvais dire ou faire ne satisferait jamais complètement mes détracteurs ni ne tranquilliserait définitivement les trouillards de l'entreprise. Je n'allais tout de même pas me cacher! J'ai donc cherché, ou créé, des occasions de m'expliquer, de communiquer. À partir du début de 1982, je me suis mis à organiser des tables rondes, une semaine sur deux, avec des groupes de vingt-cinq salariés environ. Nous prenions le café ensemble et, que j'aie en face de moi du personnel administratif ou dirigeant, c'était toujours les mêmes questions qui revenaient.

Celle qui dominait invariablement était la suivante : « Comment pouvez-vous justifier de dépenser de l'argent pour acheter des appareils de musculation, faire aménager des chambres à coucher et des centres de conférences, alors que vous fermez des usines et que vous licenciez du personnel ? »

Je prenais plaisir à ces débats. Si je ne parvenais pas forcément à prouver que j'avais raison, je pouvais toujours tenter de rallier mes interlocuteurs à ma cause, un par un. J'expliquais inlassablement que les dépenses et les coupes s'inscrivaient, les unes comme les autres, dans la direction que devait prendre GE.

Il fallait bien comprendre, par exemple, que nous en demanderions désormais beaucoup plus à un plus petit nombre de personnes, que nos équipes de dirigeants ne seraient composées que d'éléments top niveau, auxquels on ne pouvait pas demander d'aller passer quatre semaines de stage dans les cellules de béton d'un centre de formation antédiluvien. De même, lorsque nous invitions quelqu'un au siège, il n'était pas normal qu'il passe la nuit dans un motel miteux. Quand on vise l'excellence, le minimum, c'est que les apparences soient à la hauteur.

J'expliquais également que le centre sportif serait doublement utile au siège : il permettrait au personnel d'entretenir sa forme, mais ce serait aussi un lieu de rencontre. Je comparais la vie des experts de l'état-major avec celle des hommes du terrain. Les premiers ne fabriquaient ni ne vendaient rien; ils ne connaissaient pas, comme les seconds, le plaisir de décrocher une commande ou de réussir un lancement de produits. Ils arrivaient le matin, ils rangeaient leur voiture dans un parking au sous-sol, prenaient l'ascenseur jusqu'à leur étage et, en général, allaient travailler jusqu'à la fin de la journée dans un coin du bâtiment. La cafétéria était certes un lieu de rencontre, mais la plupart des tables y étaient occupées par des collègues de service.

Je pensais qu'un centre sportif permettrait de réunir tout le monde dans une ambiance informelle, tous gabarits, toutes fonctions et tous niveaux confondus. Ce serait un peu comme l'arrière-salle d'un magasin, où les vendeurs se retrouvent à la pause. Si un investissement d'un peu plus d'un million de dollars permettait ce brassage, il était pleinement justifié. Malgré mes bonnes intentions, les gens avaient du mal à voir les avantages d'un club de gym, face aux licenciements.

Une logique comparable sous-tendait la décision de consacrer une enveloppe de 25 millions de dollars à la construction d'une structure hôtelière et d'un centre de conférences à côté du siège. Fairfield était bien desservi par une autoroute, mais c'était une île, complètement repliée sur elle-même, en pleine campagne, à environ 90 kilomètres au nord de New York. Nous n'avions nulle part où nous retrouver après le travail. En outre, il n'y avait dans la petite ville de Fairfield et ses environs aucun hôtel correct pour accueillir nos collaborateurs ou invités, qui venaient du monde entier. Je voulais créer un lieu vraiment agréable où les gens puissent séjourner, travailler et se rencontrer. L'architecte avait donc prévu des cheminées dans les salons et un pub, avec un bar debout, où tout le monde pourrait se mélanger.

Cette idée choquait les traditionalistes. J'ai persévéré parce que je tenais réellement à créer une atmosphère familiale et détendue, de grande qualité, et que j'avais besoin de ce cadre pour y parvenir. Partout où j'allais, je prêchais la nécessité de l'excellence, dans tout ce que nous faisions. Mes propres actions se devaient de le démontrer.

Le cas de Crotonville était similaire. Notre centre de formation des dirigeants avait déjà plus qu'un quart de siècle et, hélas, cela se voyait. Nos directeurs étaient cantonnés quatre par quatre dans des appartements austères. Les chambres étaient à peu près aussi chaleureuses que celles d'un motel de bord de route. Je souhaitais que nos collaborateurs de haut niveau et les clients qui venaient à Crotonville soient accueillis dans un cadre tel qu'ils aient l'impression de travailler ou de traiter avec une entreprise de classe mondiale. Les esprits critiques se sont mis à parler de la « cathédrale de Jack ».

Je répondais à ces protestations par une série de paradoxes :

- *Oui, nous pouvons dépenser des millions à construire des bâtiments qui ne produiront rien et fermer simultanément des usines non concurrentielles.* Notre objectif était de devenir un acteur d'envergure mondiale. Il fallait impérativement prendre ces deux décisions apparemment contradictoires si nous voulions à la fois recruter et conserver les meilleurs et devenir le producteur de biens et services aux coûts les plus bas.
- *Oui, nous pouvons offrir les salaires les plus élevés tout en ayant les coûts salariaux les plus faibles.* Il nous fallait engager les meilleurs collaborateurs du monde et les payer en conséquence. Nous ne pouvions, en revanche, pas conserver ceux dont nous n'avions pas besoin. Si, avec des effectifs inférieurs, nous avions une meilleure productivité, cela supposait que chacun soit plus performant.
- *Oui, il faut gérer le long terme tout en « mangeant » à court terme.* J'ai toujours pensé que n'importe quel imbécile peut faire l'une ou l'autre de ces deux choses, isolément. Il est en effet facile de comprimer les coûts aux dépens de l'avenir, cela permet de dégager de petites économies l'année où on le fait et, à la rigueur, la suivante aussi. Il est encore plus facile de bâtir des plans sur la comète en négligeant de gérer les affaires en cours. On reconnaît un vrai leader à ce qu'il est capable de tenir l'équilibre entre les deux. Les dix premières années, au moins, on m'a accusé d'être trop attaché au court terme. Encore une bonne excuse pour ne rien faire.
- *Oui, il faut être dur pour pouvoir être « soft ».* Prendre des décisions difficiles concernant les hommes et les usines – telle est la condition nécessaire pour mériter le droit de parler de valeurs *soft*, comme « l'excellence »

ou « l'entreprise apprenante ». Ces approches ne fonctionnent que dans une culture fondée sur la performance, où la direction a démontré sa détermination.

Méditons ces paradoxes que je tentais de faire comprendre à mes troupes. Nous avions besoin de produire plus avec moins d'entrants. De développer certains secteurs, d'élaguer ou de céder les autres. De fonctionner comme une seule entreprise, alors que notre diversité nous imposait des styles différents. Et je le répète, il fallait impérativement très bien traiter les gens si nous voulions attirer et conserver les meilleurs.

Dans un environnement paralysé par tant d'incertitude, la logique qui sous-tendait ces paradoxes avait du mal à s'imposer. De fait, l'agitation interne était telle que cela s'est su à l'extérieur. Au milieu de 1982, le magazine *Newsweek* fut le premier à me surnommer « Neutron Jack » – j'étais le type qui éliminait les gens, mais laissait les bâtiments intacts.

Je n'ai pas apprécié, cela m'a même fait très mal. Mais j'appréciais encore moins la bureaucratie et le gaspillage. Les états-majors obsédés de données chiffrées et les faibles marges des générateurs me paraissaient aussi détestables les uns que les autres.

Très vite, ce surnom a été repris presque partout dans les médias. On aurait dit que les journalistes ne pouvaient plus écrire un article sur GE sans y faire référence. Des années durant, les gens avaient pensé que j'étais trop fonceur, trop focalisé sur la croissance, que je recrutais trop, que je construisais trop d'usines – pour les plastiques, l'équipement médical et GE Credit. Et maintenant j'étais « Neutron Jack ». Cette modification soudaine de mon image m'a été très pénible.

Je suppose que c'était un paradoxe, là encore. Je n'ai pas aimé, mais j'ai fini par comprendre. La vérité, c'est que nous étions la première grande entreprise classique, rentable et en bonne santé, à prendre des mesures pour améliorer sa compétitivité. Chrysler l'avait fait quelques années plus tôt, mais les esprits y avaient été préparés par les efforts désespérés, et très médiatisés, de ce constructeur automobile pour éviter la faillite.

Dans notre cas, les esprits n'étaient nullement préparés. Nous avions l'air trop performants, trop puissants, trop rentables pour entreprendre des plans de restructuration. Avec nos 1,5 milliard de bénéfice net et nos 25 milliards de dollars de chiffre d'affaires, nous étions, parmi les sociétés figurant au palmarès *Fortune* 500, la neuvième pour les profits et la dixième par la taille.

Il nous fallait bien, cependant, regarder en face notre propre réalité. En 1980, l'économie américaine traversait une récession. L'inflation faisait des ravages. Le pétrole était à 30 dollars le baril, et certains prédisaient qu'il atteindrait la barre des 100, si du moins il parvenait encore jusqu'à nous. Dans le même temps, les Japonais, profitant de la faiblesse du yen et d'un bon niveau technologique, augmentaient leurs exportations dans beaucoup de nos industries traditionnelles, de l'automobile à l'électronique grand public.

Je tenais à réagir à ces réalités en réduisant nos coûts afin d'améliorer notre compétitivité – et c'est ce que nous faisions.

Il faut dire que j'avais vu de près l'impact de ce changement d'environnement sur de nombreux présidents de sociétés ayant leur siège dans les trois États de la région de New York. Au début des années 1980, j'avais participé à la campagne de l'organisation caritative United Way, où je représentais le patronat. Quand j'allais demander leur contribution financière aux chefs d'entreprise, je ne cessais de m'entendre répondre que l'on aimerait bien me donner quelque chose, mais que l'on ne pouvait pas, ou que l'on ne pouvait plus donner autant que par le passé, les temps étant trop durs. Cette expérience avait renforcé ma conviction que seules les entreprises en bonne santé et en pleine croissance pouvaient assumer leurs responsabilités envers la société.

Quand il faut redresser après coup une entreprise en difficulté, cela coûte affreusement cher, et c'est encore plus douloureux. Nous avions de la chance. Nos prédécesseurs nous ayant laissé une situation financière très solide, nous avions les moyens de nous montrer humains et généreux avec les salariés que nous devions licencier – même si, à l'époque, les intéressés ne s'en rendaient sans doute pas compte. Nous les avertissions longtemps à l'avance et nous leur offrions de bonnes primes de licenciement ; en outre, la réputation dont nous jouissions les aidait à retrouver un emploi. Enfin, comme nous étions parmi les premiers à nous restructurer, la situation de l'emploi était meilleure pour eux qu'elle ne l'a été par la suite. C'est encore vrai en 2001. Si vous étiez parmi les premières start-up Internet à réduire vos effectifs, chacun de vos salariés avait de nombreuses offres d'emploi. Mais si vous êtes le dernier, vos employés risquent fort de se retrouver au chômage.

En 1982 toutefois, en voyant une grande entreprise en pleine santé comme la nôtre fermer une usine de fers à repasser à vapeur à Ontario, en Californie, tout le monde n'a pas fait ce genre de raisonnement. Nous avons appris que l'émission *60 Minutes* envoyait Mike Wallace et une équipe de cameramen couvrir l'événement. Quand *60 Minutes* vient parler d'une fermeture d'usine, il ne faut pas s'attendre à ce que ce soit agréable, et ça ne l'a pas été. Wallace a expliqué aux téléspectateurs que nous mettions 825 personnes à la rue uniquement parce que nous trouvions nos bénéfices insuffisants, laissant entendre que les emplois supprimés aux États-Unis se retrouveraient sans doute au Mexique, à Singapour ou au Brésil. Il interviewa d'anciens salariés qui dirent qu'ils avaient l'impression d'avoir été trahis, puis un religieux qui condamna la fermeture de l'usine comme « immorale ».

Ce point de vue était compréhensible, sur le coup, mais les faits apportaient un éclairage assez différent. L'usine fabriquait des fers à repasser métalliques, alors que l'immense majorité des consommateurs préférait les modèles réalisés en plastique. Quatre de nos usines, dont une en Caroline du Nord, en fabriquaient déjà. La suppression de la gamme de produits de l'usine d'Ontario était inéluctable. Sa fermeture était une solution pénible pour tout le monde mais, dans l'ensemble de notre système, c'était celle dont la productivité était la plus faible, ce qui était incompatible avec notre objectif en termes de compétitivité.

Pour être honnête, je dois dire que *60 Minutes* a précisé que nous avions prévenu nos salariés six mois à l'avance, la moyenne étant d'une semaine à l'époque. Wallace a également indiqué que nous avions participé au financement d'un centre d'aide à la recherche d'emplois, construit sur un terrain appartenant à GE et géré par l'État, destiné à apprendre aux gens à passer des entretiens de recrutement, à rédiger leurs lettres de motivation, etc.

Nous en avons fait beaucoup plus que les autres parce que la solidité de notre bilan nous le permettait. Nous avons étendu à une année supplémentaire la couverture d'assurance vie et d'assurance santé et, quand l'usine a effectivement fermé ses portes, 120 de ses salariés avaient trouvé un nouveau poste au sein de GE. Près de 600 autres touchaient leur retraite GE ; enfin, nous avons trouvé un acquéreur pour l'usine, qui a repris un certain nombre de nos anciens. Malgré tout, perdre son emploi, c'est l'horreur.

J'étais aux commandes depuis moins d'un an quand, fin février 1982, *60 Minutes* nous accusa de « faire passer les profits avant les hommes ». Certains se sont servis de nous comme faire-valoir d'IBM, qui, à l'époque, promouvait encore le concept de l'emploi à vie. De fait, en 1985, Big Blue avait fait une campagne publicitaire vantant sa politique de non licenciement, en se servant d'une accroche disant en substance : « Il y a des tas de choses qui font du yo-yo. Mais on ne joue pas au yo-yo avec les hommes. » Plusieurs de nos directeurs ont apporté ces publicités à Crotonville et nous ont demandé comment nous y réagissions. Moi qui, à l'époque, portais comme une croix le sobriquet « Neutron Jack », ces publicités me mettaient réellement hors de moi.

Hélas pour les hommes d'IBM, leur heure viendrait, à mesure que leur compagnie perdait sa compétitivité. Une entreprise qui croit pouvoir garantir la sécurité de l'emploi court droit à l'impasse. Seuls, des clients heureux peuvent l'assurer, pas les entreprises. Cette réalité mettait fin aux contrats tacites que les entreprises ont eu, à une certaine époque, avec leurs salariés. Ces « contrats », fondés sur ce que l'on percevait comme l'emploi à vie, produisaient une vague loyauté, paternaliste et féodale. Les salariés avaient l'impression que s'ils donnaient à l'entreprise leur temps et un travail sérieux, elle veillerait en retour toute leur vie à leur bien-être.

Mais le nouveau contexte économique a obligé tout le monde à se battre dans un monde concurrentiel, où aucune entreprise ne peut offrir la sécurité de l'emploi à moins de réussir sur le marché. Dans ces conditions, le contrat psychologique devait nécessairement changer aussi. Celui que je voulais créer consistait à offrir les meilleurs emplois au monde à ceux qui étaient prêts à relever le défi de la concurrence. S'ils s'engageaient, nous leur donnerions la meilleure formation et les meilleures perspectives de carrière dans un environnement riche d'opportunités de croissance personnelle et professionnelle. Même si nous ne pouvions pas leur garantir l'emploi à vie, nous ferions tout pour leur donner des compétences telles qu'ils seraient « employables à vie ».

Licencier des salariés sera toujours la décision la plus difficile à laquelle un chef d'entreprise puisse être confronté. Aucune entreprise ne devrait avoir dans ses rangs des individus qui y prennent plaisir, ni aucun collaborateur qui en soit incapable. Je n'ai jamais sous-estimé le coût humain des suppressions d'emplois, pas plus que les épreuves qu'elles peuvent entraîner pour les hommes et pour les collectivités locales. De mon point de vue, avant toute décision, il faut se poser quelques questions simples : « Aimerions-nous que l'on nous traite comme nous sommes en train de traiter le ou les salariés que nous sommes en train de licencier ? Cette décision est-elle juste et équitable ? Pouvons-nous nous regarder dans la glace tous les jours et répondre oui à ces questions ? »

En tant que société, si une chose nous permet de nous regarder dans la glace, c'est la façon dont nous avons fait tout ce qui était en notre pouvoir pour adoucir les contrecoups du changement radical. J'ai bien dû faire mille fois le même discours : « Nous n'avons pas supprimé du personnel. Nous avons supprimé des postes, et le personnel a dû partir. »

Nous n'avons jamais eu recours à deux techniques favorites des directions pour réduire les coûts : les réductions d'effectif au pourcentage, applicables à l'ensemble de l'entreprise, et le gel généralisé des salaires. Sous couvert de « partager la douleur », cela recouvre deux refus – celui de faire face à la réalité et celui de faire la différence entre les bons et les mauvais collaborateurs.

Ce n'est pas ainsi que l'on gère ou que l'on dirige une entreprise. Imposer autoritairement des réductions d'effectifs de 10 % ou un blocage général des salaires, c'est négliger des priorités porteuses d'avenir. Au printemps 2001, plusieurs de nos activités, comme le plastique, les produits d'éclairage et l'électroménager, touchés par le ralentissement économique, ont procédé à des restructurations. Mais dans le même temps, d'autres métiers, comme les turbines pour centrales, l'imagerie médicale et GE Capital, recrutaient à tour de bras.

Dans les années 1980, la plupart de nos indicateurs d'emploi étaient hélas orientés à la baisse. Nous sommes passés d'effectifs de 411 000 personnes fin 1980 à 299 000 fin 1985. Des 112 000 personnes qui nous ont quittés, environ 37 000 étaient dans des activités que nous avons vendues, mais 81 000 personnes – autrement dit un salarié sur cinq de nos activités industrielles – ont perdu leur emploi pour des raisons liées à la productivité.

Ces chiffres pouvaient permettre de tirer deux conclusions : soit « Neutron Jack » avait sévi, soit GE avait trop de salariés au départ. Même si je penchais pour la seconde, l'étiquette « Neutron Jack » me collait toujours à la peau, ce qui me démoralisait. J'ai eu la chance de pouvoir m'appuyer, tant à la maison qu'au bureau et au Conseil, sur des gens remarquables, dont le soutien m'a permis de traverser l'épreuve. Je rentrais à la maison évidemment un peu abattu. Quelque sévère que soit la presse à mon égard, Carolyn me remontait le moral. Elle terminait toutes nos conversations par les paroles suivantes : « Jack, tu dois faire ce que tu crois bon pour tout le monde. »

Dans les années 1980, les immenses changements que nous avons fait subir à GE auraient été impossibles sans l'appui d'un noyau de supporters puissants à l'intérieur de la compagnie. John Burlingame et Ed Hood, mes anciens rivaux désormais partenaires, ont soutenu toutes mes décisions. Deux personnages très importants au siège en ont fait autant : le DRH, Ted LeVino, et le directeur financier, Tom Thorsen. Tom et moi avions été très proches à Pittsfield et nous avions été heureux de nous retrouver, avec des responsabilités plus importantes, à Fairfield. Et puis Larry Bossidy, que j'avais fait venir à Fairfield en 1981 pour prendre la tête d'un secteur nouvellement créé, Matériels et Services, était devenu mon confident et ami intime. Je testais sur lui toutes mes idées.

Le Conseil m'a également apporté un soutien précieux, à cette époque difficile. Les administrateurs entendaient toutes les plaintes, émanant parfois de salariés en colère qui leur écrivaient directement ; ils lisaient tous les articles où l'on nous clouait au pilori. J'ai cependant toujours su qu'ils étaient derrière moi, dès le premier jour.

À l'époque de ma nomination, Walter Wriston avait commencé par faire le tour de New York en disant à tous ceux qui voulaient bien l'entendre que j'étais le meilleur PDG dans l'histoire de la compagnie – avant même que je n'aie fait quoi que ce soit. Cela faisait vraiment du bien d'entendre ça, surtout pendant mon époque « neutron ». Plein de cran, ayant le courage de ses opinions, il me répétait toujours de faire ce qu'il fallait pour mener à bien la mutation de la compagnie.

Je subissais cependant des pressions considérables, et pas seulement en interne – recevant des coups de fil de maires, de gouverneurs, de législateurs de l'État concerné et de membres du Congrès, qui tentaient de me dissuader de prendre certaines décisions difficiles.

Un jour, en 1988, à l'occasion d'une réception officielle, j'ai rencontré le gouverneur Michael Dukakis.

« Nous sommes très heureux que vous soyez présent dans l'État du Massachusetts, me dit-il. Nous aimerions beaucoup que vous y créiez des emplois. »

La veille, notre usine de moteurs d'avions et de turbines industrielles de Lynn s'était distinguée, une fois de plus, en étant le seul syndicat GE de la chaîne à rejeter notre nouvelle convention collective nationale.

« Gouverneur, lui ai-je répondu. Je vous dirai franchement que Lynn est le dernier endroit où je créerai de nouveaux emplois. »

Les membres de l'entourage du gouverneur étaient visiblement outrés. Il y eut un long silence. Tout le monde attendait une phrase rassurante, un mot sur nos engagements par rapport à la situation de l'emploi, voire une expansion éventuelle dans le Massachusetts.

« Vous êtes un homme politique, vous savez compter les voix. Vous ne faites pas construire des routes nouvelles dans les circonscriptions qui ne votent pas pour vous.

– Que voulez-vous dire ? me demanda-t-il.

– Lynn est la seule section locale, dans tout GE, à avoir refusé notre convention collective nationale. Cela semble être devenu une habitude, depuis plusieurs années. Pourquoi voulez-vous que je crée des emplois et que j'investisse dans des endroits où l'on me met des bâtons dans les roues, alors qu'il y en a tant d'autres où les gens nous demandent de construire des usines et les méritent ? »

Dukakis a éclaté de rire. Il a compris immédiatement ce que je voulais dire et envoyé son spécialiste des affaires sociales à Lynn pour tenter de mettre de l'huile dans les rouages. Le progrès a été lent, c'est le moins que l'on puisse dire, mais Lynn a voté la convention collective nationale en 2000.

J'ai encaissé un autre coup assez dur en août 1984, le magazine *Fortune* m'ayant placé en tête de sa liste des « Dix patrons les plus durs d'Amérique ». En l'occurrence, je ne me serais pas battu pour être numéro un ou numéro deux. Heureusement, l'article contenait aussi quelques éléments positifs. Un ancien de chez nous expliquait au magazine qu'il n'avait jamais vu personne avoir « autant d'idées créatives en affaires ni stimuler autant son propre cerveau ». Un autre affirmait que j'apportais à GE « une implication passionnée que ne remercient pas les meilleures start-up de Silicon Valley ».

Ces réactions, qui me faisaient plaisir, passaient au second plan par rapport à des commentaires d'anciens salariés « anonymes » affirmant que j'étais caustique et ne tolérais aucune réponse commençant par « je crois que… ». « Travailler pour lui, c'est comme faire la guerre », déclarait une autre personne non identifiée. « Beaucoup se font descendre, les survivants passent à la bataille suivante. » L'article affirmait que j'attaquais les gens presque physiquement, à coups de questions qui, pour reprendre le vocabulaire du journaliste, les « critiquaient, les rabaissaient, les ridiculisaient et les humiliaient ».

La vérité, c'est que nos réunions de travail chamboulaient toutes les habitudes. Elles étaient franches, difficiles, exigeantes. Ceux qui nous avaient quitté faute de s'y montrer à la hauteur et cherchaient à se justifier pouvaient fort bien présenter l'histoire à leur manière.

J'ai eu l'article en quittant mon bureau avant de prendre l'avion pour la Californie, où j'étais invité à passer le week-end par notre administrateur Ed Littlefield. Quand je le lui ai fait lire, il a haussé les épaules.

Cela m'a tout de même gâché mon week-end. Le résultat net de toute cette publicité, c'est que les étiquettes « Neutron Jack » et « patron le plus dur d'Amérique » me colleraient à la peau un certain temps.

Paradoxalement, en réalité, je ne suis allé ni assez loin ni assez vite. Un jour, au milieu des années 1980, les étudiants du MBA de la Harvard Business School m'ont demandé ce que je regrettais le plus dans mes premières années de présidence, et je leur ai répondu que j'avais été trop long à passer à l'action.

Ils ont éclaté de rire, mais c'était vrai. C'est un fait, j'ai trop hésité avant de casser la baraque. J'ai attendu trop longtemps avant de fermer les sites non concurrentiels. J'ai trop tardé à sabrer dans les effectifs pléthoriques du siège, y conservant des économistes, des consultants marketing, des spécialistes de la planification stratégique et des bureaucrates purs et durs beaucoup plus longtemps qu'il n'était nécessaire. J'ai attendu 1986 pour faire sauter la structure des secteurs, alors que cet échelon hiérarchique surnuméraire aurait dû être éliminé dès l'instant où la course à la présidence était terminée.

Les sept individus qui en avaient la responsabilité étaient nos meilleurs dirigeants, l'élite de l'élite. Ils auraient dû être aux commandes de nos entités opérationnelles. C'était du gaspillage de les laisser à ces postes de supervision. Certains y perdaient en partie leur image. Dès l'instant où nous avons fait sauter cette structure, nous avons découvert qu'elle avait un autre énorme défaut : elle faisait écran, nous masquant les hommes qui faisaient réellement tourner la boîte.

Cela a tout changé. En quelques mois, nous avons vu clairement qui avait l'étoffe et qui ne l'avait pas. Quatre directeurs généraux senior ont quitté la compagnie en 1986. C'était une immense première.

Pendant que les médias ne parlaient que des licenciements, nous concentrions tous nos efforts à l'amélioration des équipes en place. Je pouvais toujours m'égosiller à répéter inlassablement qu'il fallait regarder la réalité en face, être numéro un ou numéro deux dans tous nos métiers, voire créer une organisation qui prospérerait grâce au changement, il y avait plus important encore. Changer véritablement la compagnie n'était possible que si nous réunissions les hommes qui sauraient la tirer en avant.

Je n'aurais pas dû perdre tant de temps à tenter de convaincre les récalcitrants.

Quand nous avons fini par avoir des gens capables de faire la différence à tous les postes clés, tout a changé très vite. Je ne vois pas de meilleur exemple, pour illustrer mon propos, que la nomination de Dennis Dammerman à la direction financière du siège en mars 1984.

À l'époque, si vous aviez demandé à des milliers de nos salariés de dresser la liste des cinq personnes susceptibles de succéder à Tom Thorsen, aucun n'aurait nommé Dennis, car il était trop loin dans la hiérarchie financière.

Tom et moi avions toujours eu des relations complexes. J'appréciais son intelligence, son culot et son sens de la camaraderie. Le problème, c'est que s'il adhérait de tout cœur à notre nouvelle orientation, qu'il défendait à l'extérieur avec un talent remarquable, il se considérait, en interne, comme le gardien du temple, le protecteur de l'organisation fonctionnelle la plus puissante de la compagnie.

Paradoxalement, c'en était l'esprit critique le plus acéré; n'hésitant pas à « casser » tout et tout le monde, moi y compris. En revanche, il ne s'agissait pas de toucher à un cheveu de la direction financière, c'était sacré. Nous en avons parlé à plusieurs reprises, mais n'avons jamais pu tomber d'accord. Tom nous a donc quittés pour prendre la direction financière de Travelers.

Avec des effectifs de 12000 personnes, la fonction financière formait désormais un bloc aussi rigide que surdimensionné. Elle consacrait de 65 à 75 millions de dollars par an uniquement à l'analyse de nos opérations et c'est de ses bureaux que venaient la plupart des études « intéressantes » mais dont on pouvait se passer.

C'était devenu une institution à part entière. Son vivier était le meilleur programme de formation de la compagnie. En en sortant, les éléments les plus brillants allaient au contrôle de gestion et passaient ensuite plusieurs années à faire le tour de nos services. Ils y coupaient les cheveux en quatre avec la plus grande compétence mais, retranchés dans leurs habitudes, ils ne souhaitaient changer ni la compagnie ni leur propre institution.

Je comptais sur Dennis pour y faire la révolution. Quand je lui ai demandé de devenir directeur financier en chef du groupe, il était directeur général de la division immobilière de GE Capital. Il n'avait jamais eu l'occasion de prendre la parole devant le conseil d'administration. À trente-huit ans, il devenait le plus jeune directeur financier de l'histoire de la compagnie.

Dennis avait travaillé deux ans pour moi quand j'étais directeur de secteur. Il avait alors fait preuve d'une intelligence, d'un courage et d'une polyvalence extraordinaires. Il était capable d'éplucher à la loupe les comptes de l'électroménager un jour et d'analyser le montage le plus complexe de GE Capital le lendemain. Aux réunions d'évaluation dites « Session C », il faisait instantanément la différence entre les potentiels extraordinaires et ceux qui n'étaient que remarquables, les A et les B.

En outre, et à mes yeux cette caractéristique revêtait au moins autant d'importance que le reste, il ne traînait pas, comme les candidats les plus typiques de notre liste, tout un fatras d'us et coutumes bureaucratiques. Au poste que j'envisageais de lui confier, il allait vraiment falloir qu'il se dépasse. Même s'il n'était pas sûr lui-même d'avoir les qualifications requises, je l'en savais capable et j'étais déterminé à l'aider.

Dennis a été aussi surpris de sa nomination que les services qu'il était appelé à diriger. Il était à son bureau, chez GE Capital, lorsque je l'ai appelé un matin de mars 1984, sur le coup de sept heures et quart, pour lui demander de venir me retrouver le soir même, à six heures, chez Gates (le restaurant où j'avais fait le croquis des trois cercles sur un napperon de papier).

Je lui ai demandé expressément de ne parler de ce rendez-vous à personne entre-temps. Je n'ai aucune idée de ce qui lui est passé par l'esprit entre mon coup de fil et le moment où nous nous sommes retrouvés. Je suis sûr qu'il a compris qu'il y avait une bonne nouvelle à la clé, mais il n'a certainement jamais imaginé que je lui donnerais la haute main sur les finances, au top niveau.

Quand je suis arrivé au Gates, il était déjà assis au bar. Je me suis installé à côté de lui, me suis commandé un verre, et suis allé droit à mon affaire.

« Dennis, si tu es d'accord, j'ai l'intention d'aller au Conseil cette semaine pour te nommer directeur général senior et directeur financier en chef. Ça te va ? »

Complètement pris de court, il a réussi à marmonner : « Oui, oui… OK. »

Une fois remis de sa surprise, il a entrepris de me poser des dizaines de questions concernant le poste, tant et si bien que j'ai fini par téléphoner à la maison pour inviter Carolyn à venir nous rejoindre. Nous avons fêté ensemble la nomination de Dennis.

Quand elle a été rendue publique, des ondes de choc ont parcouru la compagnie ; mais à la fonction finance, c'était un véritable tremblement de terre. C'était précisément ce que je voulais. La nomination de Dennis créait la crise devenue indispensable. J'ai jeté de l'huile sur le feu en lui adressant une lettre de trois pages dans laquelle je brossais un tableau critique de la fonction dont il prenait les commandes. Il l'a fait lire à son équipe.

Dans ce texte de mai 1984, j'écrivais : « La première chose que je voudrais faire, c'est souligner que je ne "déteste" pas la direction financière. C'est à certains points de vue la meilleure organisation fonctionnelle de la compagnie, dont elle a longtemps assuré la cohésion. Mais cela, c'est le passé. L'outil si utile jusqu'à présent – le contrôle – ne suffira pas demain…

« Il vous faudra remettre en question – et non critiquer – tout ce qui se faisait par le passé – depuis le vivier de formation, son coût, sa taille et les formations qu'il prodigue, jusqu'aux équipes du siège et du terrain, leur taille et leur rôle. »

On ne change pas les choses à coups de slogans et de discours. La seule façon de le faire, c'est de confier le poste qu'il faut à la personne qu'il faut. Tout passe d'abord par les hommes. C'est la première priorité. La stratégie et tout le reste viennent ensuite. Dennis était, à plusieurs titres, le parfait « étranger de l'intérieur », exactement ce dont nous avions besoin pour briser la mainmise bureaucratique qu'avait la finance sur notre compagnie.

Non sans peine et non sans y mettre le temps, il a métamorphosé la fonction. Deux ans après sa nomination, il était encore en train de se battre contre l'esprit bureaucrate qui régnait dans ses services. Les gens du siège adorent les données chiffrées, et il a fallu des années pour obtenir que les financiers cessent de les mouliner jusqu'à l'absurde. En 1986, j'ai vu arriver sur mon bureau une analyse détaillée de nos ventes à l'étranger, avec des projections du chiffre d'affaires total de GE pour les cinq années suivantes dans tous les pays du monde, y compris l'île Maurice !

J'ai piqué ma crise. Au bas du rapport, figurait le nom de Dave Cote, un analyste financier du siège, deux échelons au-dessous de Dennis. J'ai demandé à mon assistante de l'appeler et de lui demander de venir me voir.

« Dave, lui ai-je dit, tu as l'air intelligent. Pourquoi embêtes-tu les gens sur le terrain pour pouvoir faire un truc pareil ? Nos ventes ? Sur cinq ans ? À l'île Maurice ? Je ne suis même pas sûr que tu sais où c'est ! »

Dave ne savait pas quoi dire. Ce que j'ignorais, c'est qu'il avait essayé de stopper ce rapport deux mois plus tôt. Nous l'avons éliminé définitivement ce jour-là. Dave y a gagné de la visibilité et une série de promotions chez nous, la dernière étant la présidence de l'électroménager. Il nous a quittés en 1998 et est aujourd'hui PDG de TRW à Cleveland.

Malgré des incidents comme celui-ci et des centaines d'autres, Dennis Dammerman a persévéré. Au cours de ses quatre premières années, il a réduit de moitié les effectifs de sa fonction. Il a dirigé l'harmonisation des cent cinquante systèmes de feuilles des salaires que nous utilisions à son arrivée rien que pour les États-Unis. Il a modifié le contenu de la formation dispensée par le vivier, auparavant 90 % finance et 10 % management général, pour arriver à un programme portant à près de la moitié sur le management et le leadership. Enfin, il a changé le métier des contrôleurs de gestion, de sorte que les gendarmes d'autrefois mettent aujourd'hui leurs compétences au service des entités opérationnelles.

Cette dernière évolution a eu des répercussions immensément positives. Faire endosser aux auditeurs internes le rôle de partenaires de l'entreprise, leur faire jeter aux orties celui de coupeurs patentés de cheveux en quatre, a changé non seulement ce qu'ils faisaient, mais aussi ce qu'ils allaient devenir. Trois de nos initiatives clés – les services, le Six Sigma et l'e-business – n'en seraient pas où elles en sont aujourd'hui sans l'aide et le leadership passionné de ce jeune groupe de stars. Sans relâche, ils ont transféré les meilleures pratiques d'une entité GE à une autre, d'un bout de la terre à l'autre.

Aujourd'hui, les directeurs financiers de toutes nos entités se considèrent comme des opérationnels et non plus comme des contrôleurs. Avant de devenir président adjoint en 1998, Dennis a passé quatorze ans à la direction financière du siège – transformant au passage une organisation placée sous le signe de l'audit comptable en la meilleure école de leadership qui soit. Trois de ses anciens directeurs du contrôle de gestion sont devenus des vedettes immenses de GE : John Rice et Dave Calhoun sont aujourd'hui PDG de nos deux entités les plus importantes, respectivement les générateurs et les moteurs d'avions. Jay Ireland a été nommé PDG du groupe de stations de télévision NBC. Charlene Begley, trente-six ans, mère de trois enfants, a elle aussi dirigé notre équipe d'audit interne (180 personnes) avant de devenir directeur financier de l'affaire de matériaux spéciaux de GE au milieu de 2001. Elle a été remplacée à l'audit interne par Lynn Calpeter, trente-sept ans, auparavant directeur financier de NBC.

Une mutation réussie a également été menée à la direction juridique. Traditionnellement, on y travaillait essentiellement le carnet d'adresses.

Quand un problème survenait, nos juristes savaient qui appeler. Un cabinet extérieur traitait alors le dossier et nos juristes maison lui servaient de doublures. Contrairement à ce qui s'est passé dans la finance, aucun candidat interne ne semblait pouvoir accomplir la transformation nécessaire. J'ai parlé à toutes sortes d'avocats extérieurs pour me faire aider dans ma recherche des meilleurs.

Si la nomination de Dennis en a surpris plus d'un, il en est allé de même de celui de mon nouveau directeur juridique, Ben Heineman. Praticien du droit constitutionnel à Washington, c'est devant la Cour Suprême qu'il plaidait ses affaires en appel. Ancien titulaire d'une bourse Rhodes, il avait aussi été journaliste au *Chicago Sun-Times*, rédacteur en chef du *Yale Law Journal*, greffier auprès de la Cour Suprême et avocat général à Washington. Son premier job, après avoir servi de greffier au juge Potter Stewart, avait consisté à défendre les handicapés mentaux. Quand je l'ai rencontré, en 1987, il travaillait au ministère de la Santé, de l'Éducation et des Affaires sociales tout en étant, dans le privé, partenaire associé au bureau de Washington de Sidley & Austin.

Certains trouvaient bizarre de lui confier les commandes de notre direction juridique. Je n'étais pas de cet avis – même s'il avait lui-même quelques doutes. Avant notre dernier entretien, il m'a dit : « N'oubliez pas que je suis spécialiste du droit public, pas du droit des affaires. Je ne suis pas un avocat new-yorkais.

– Cela m'est bien égal, lui ai-je répondu. Vous recruterez de bons avocats. C'est tout ce que je vous demande. »

En arrivant, Ben n'a pas trouvé la réserve de talents dont Dennis avait hérité à la finance. Il a fallu qu'il cherche à l'extérieur, et c'est ce qu'il a fait. Je lui ai donné carte blanche pour s'aligner sur les rémunérations offertes par les meilleurs cabinets, puis j'ai ajouté des options, la cerise sur le gâteau pour faire la différence. Il a ainsi pu attirer certains de leurs meilleurs partenaires.

C'était l'exemple même de l'« As » recrutant des « As ».

Ben était passionné de CV. Il était incapable de parler de quelqu'un sans se lancer dans une énumération détaillée de ses références, de son école et de sa position dans le magazine *The Law Review*, sans oublier de préciser le nom du juge fédéral auquel il servait de greffier. Nous le faisions tous marcher à ce sujet.

Je reconnais que dans ce cas particulier, les CV comptaient, et Ben nous a trouvé des stars. Il a fait entrer chez nous John Samuels, ancien partenaire chez Dewey Ballantine, pour prendre la tête de notre département fiscal ; Brackett Denniston, ancien conseiller juridique de Bill Weld, gouverneur du Massachusetts, à qui il a confié le contentieux ; Pamela Daley, partenaire chez Morgan, Becker & Lewis à Philadelphie, pour diriger les fusions acquisitions ; Steve Ramsey, ancien patron du contentieux pour les problèmes d'environnement au ministère de la Justice, à qui il a confié notre service environnement, santé et sécurité ; et Ron Stern, partenaire antitrust chez Arnold & Porter, pour diriger notre pratique antitrust, basée à Washington. (En 2001, Ron a passé le plus clair de son temps à Bruxelles, où il a vécu une expérience que je ne souhaite à personne.)

Grâce à Ben, notre direction juridique a pu disposer de talents du même calibre que presque toutes les entités de GE. Ils nous ont apporté davantage que des conseils juridiques remarquables.

Trois des associés de Ben ont abandonné le droit pour jouer un rôle important dans nos opérations : Henry Hubschman, ancien directeur juridique de notre division Moteurs d'avions, est aujourd'hui PDG de GE Capital Aviation Services. Frank Blake, directeur juridique des générateurs électriques, y est devenu directeur du développement. Jay Lapin, ancien directeur juridique à l'électroménager, est devenu président de GE Japon.

Ben a tout chamboulé sur son passage. Aujourd'hui, je crois que GE possède l'équivalent du meilleur cabinet d'avocats de la planète (presque tout le monde reconnaît en tout cas que c'est la meilleure équipe de droit des affaires). Nos juristes conçoivent le travail et élaborent la stratégie en ayant l'avantage d'avoir une connaissance intime de notre compagnie et de ses collaborateurs. Les cabinets extérieurs coopèrent beaucoup plus étroitement avec nous que par le passé. Ce sont nos partenaires.

Je n'aurais jamais dû hésiter aussi longtemps que je l'ai fait à me séparer de nombreux collaborateurs qui ne donnaient pas satisfaction. L'enseignement que j'ai tiré au fil des années c'est que, dans nombre de cas, j'ai été trop prudent. J'aurais dû faire sauter plus tôt les structures et vendre plus vite que je ne l'ai fait nos affaires faibles. Presque tout aurait dû et pu être fait plus vite.

Honnêtement, le soi-disant patron le plus dur d'Amérique ne l'était pas assez.

# 10

# L'acquisition de RCA

Je n'oublierai jamais le jour où j'ai visité une usine japonaise, au milieu des années 1970, après avoir mis en place une joint-venture avec Yokogawa Medical Systems. Totalement ébahi, j'avais observé la technique d'assemblage des modules ultrasons.

Le process ne ressemblait à rien de ce que j'avais vu aux États-Unis. Quand les appareils étaient terminés, un ouvrier déboutonnait sa chemise, se mettait un peu de gel sur le torse et procédait à un rapide test qualité en se passant les sondes sur le corps. Il enveloppait ensuite le produit, le mettait dans une boîte, y collait une étiquette et le déposait sur les palettes d'expédition.

Il aurait fallu beaucoup plus qu'un seul homme pour réaliser ces diverses opérations à Milwaukee, l'une de nos meilleures usines.

La productivité des Japonais, à la fois impressionnante et effrayante, produisait des dégâts dans de nombreux marchés. Secteur d'activité après secteur d'activité, ils sabraient les structures de coûts. Les constructeurs américains de téléviseurs, d'automobiles et de photocopieuses se faisaient laminer.

Face à cette menace, je me suis demandé quels secteurs pouvaient offrir un abri. Au début des années 1980, trois métiers semblaient en sécurité : l'alimentation, la pharmacie et la télévision. Nous avons évalué plusieurs sociétés du secteur alimentaire, dont General Foods, sans toutefois réussir à ce que les chiffres collent. À l'époque, leur PER était beaucoup plus élevé que le nôtre. L'écart étant encore plus marqué avec ceux des laboratoires pharmaceutiques, il ne fallait même pas y penser.

La télévision était un domaine intéressant, dans la mesure où la concurrence étrangère était soumise à des restrictions administratives. Comme l'agroalimentaire, ce secteur disposait d'une trésorerie puissante, susceptible de nous aider à renforcer et étendre nos activités existantes.

La menace japonaise allait nous conduire à un accord qui allait réellement changer GE – l'acquisition de RCA. Nous l'avons faite, essentiellement, pour NBC. Mais ce que nous avons trouvé d'autre dans la corbeille de la mariée nous a transformés.

J'avais toujours été fasciné par la télévision. Avant RCA, nous avions frôlé de près l'acquisition de CBS. Au printemps 1985, Ted Turner avait en effet lancé une OPA hostile sur cette chaîne. J'avais alors rencontré son PDG, Tom Wyman, à Fairfield, et nous avions envisagé de jouer les chevaliers blancs. Wyman ayant finalement réussi à repousser tout seul la menace, le projet était tombé à l'eau. Mais ma réunion « secrète » avec Wyman n'avait pas échappé à tout le monde.

Il n'y a pas de secrets à Wall Street. À l'époque, Felix Rohatyn, partenaire chez Lazard Frères, participait à la préparation de la plupart des très grands accords de fusion acquisition. Je n'en avais certes signé aucun avec lui, mais je lui vouais une grande admiration. De son côté, il avait entendu dire que je m'étais intéressé à CBS ; il connaissait aussi ma tentative antérieure d'acquisition de Cox. En outre, Felix était ami de Thornton Bradshaw, dit « Brad », le PDG de RCA, avec qui il avait discuté des options stratégiques de RCA.

Brad avait été appelé pour redresser RCA au milieu de 1981. Il avait fait du bon boulot, en particulier à NBC, ayant réussi à convaincre le producteur de télévision Grant Tinker de prendre la direction de cette chaîne. C'était un homme calme, discret, d'une immense sagesse. Il m'a immédiatement fait une excellente impression.

Brad n'avait jamais eu l'intention de rester très longtemps à la tête de RCA et, curieusement, il s'était trouvé un successeur en la personne de Bob Frederick, l'un de mes anciens rivaux à la course à la succession de Reg. Bob, entré trois ans plus tôt chez RCA, en avait été nommé directeur général en 1985, Brad conservant la présidence. Ce dernier doutait sérieusement que RCA puisse continuer à s'en sortir tout seul.

Un beau jour, j'ai reçu un coup de fil de Felix, me demandant si je voulais rencontrer Brad. Quelques jours plus tard, le 6 novembre 1985, nous nous sommes retrouvés dans l'appartement de Felix autour d'un verre. Brad est arrivé en smoking, car il devait se rendre directement à un dîner officiel prévu de longue date. Il est apparu très vite que, comme moi, il s'inquiétait de la concurrence asiatique. Nous avions un autre point commun : il était aussi attaché que moi à la stratégie du numéro un ou numéro deux.

Nous n'avons parlé de rien de précis ce soir-là, mais nous avons constaté que le courant passait entre nous deux. Felix s'était montré bon « marieur ». Ce fut une brève rencontre – un peu moins d'une heure. Et quand j'ai quitté l'appartement de Felix, nous n'avions pas fixé de second rendez-vous.

Ce n'était encore qu'un petit flirt. Mais j'avais le sentiment que le mariage pourrait bien être dans l'air. Le lendemain, j'ai rassemblé une équipe, dont Dennis Dammerman, notre directeur financier en chef, et Mike Carpenter, notre patron du développement, afin de creuser le dossier RCA.

La veille de Thanksgiving, notre équipe s'est réunie pour décider si nous passions ou non à l'étape suivante. Plus de quatre heures durant, Larry Bossidy, l'équipe projet et moi-même avons barboté dans les avantages et les inconvénients de l'acquisition. « Barboter », pour moi, n'a pas un sens négatif, c'est même un élément essentiel de la méthode GE. Vous réunissez un certain nombre de gens autour d'une table, tous rangs confondus, et tout le monde se bat avec un problème particulièrement ardu. On l'attaque sous tous les angles, on fait cracher à tout le monde ce qu'il en pense, mais surtout, surtout, on s'interdit de parvenir à une conclusion immédiate.

Dans le cas de RCA, à force de barboter, nous avons fait un constat intéressant : il y avait là bien davantage qu'une simple chaîne de télévision. Nous avions une petite affaire de semi-conducteurs, RCA aussi. Nous avions une division aérospatiale, RCA aussi. Nous construisions tous deux des téléviseurs. Le fait de combiner les opérations, dans ces métiers, renforcerait considérablement chacun d'entre eux.

Nous construisions des stations de télévision depuis des années et notre petit flirt avec CBS nous avait permis d'en apprendre assez pour être raisonnablement sûrs de notre affaire concernant les chaînes. Nous avons évalué à 3,5 milliards de dollars l'activité télévision. Si nous pouvions nous permettre de payer tout le reste 2,5 milliards, c'était jouable.

Notre principal souci était l'évaluation de NBC. Certes, la chaîne jouissait d'une bonne audience en 1985, mais la télévision câblée commençait à mordre sur son public. Après avoir posé quelques hypothèses extrêmement agressives sur la pénétration du câble, nous avons décidé que l'accord restait valable.

Je revenais toujours à la même question : « Dans dix ans, est-ce que vous préféreriez être dans l'électroménager ou dans la télévision ? »

D'un commun accord, nous avons décidé de rentrer chez nous et d'y réfléchir pendant le pont. Le lundi matin, à la première heure, nous nous retrouvions. Nous étions tous parvenus à la même conclusion. Les chiffres collaient et, en dehors de la chaîne de télévision, il semblait clair que la plupart des autres métiers de RCA complétaient admirablement les nôtres. Il fallait y aller.

J'ai fait savoir à Felix que nous étions intéressés, à condition que le prix soit convenable. Il a alors organisé une nouvelle rencontre entre Brad et moi, le jeudi 5 décembre, dans l'hôtel où était descendu Brad, en plein cœur de Manhattan.

Après quelques propos anodins, nous sommes rapidement passés à l'ordre du jour.

« Je voudrais acheter votre société, lui ai-je dit. Nos compagnies se complètent parfaitement. »

Cela lui apparaissait aussi évident qu'à moi.

J'ai essayé un prix voisin de 61 dollars par titre – autrement dit, plus de 13 dollars au-dessus du cours du jour. Il a marqué un temps d'arrêt et, de son ton légèrement doctoral, il m'a fait savoir que ce n'était pas tout à fait suffisant. À l'issue de la réunion, nous étions convenus de deux choses : primo, nous allions poursuivre les pourparlers ; secundo, nous n'étions pas d'accord sur le prix final.

Le lendemain, l'atmosphère s'est légèrement dégradée. Apparemment, Brad n'avait pas tenu Bob Frederick au courant de nos rencontres. Quand il a découvert la chose, ce dernier est entré dans une fureur noire, estimant que l'on vendait la société derrière son dos. Bob et Brad se sont brièvement affrontés à ce sujet, à la suite de quoi Bob a tenté de dresser quelques administrateurs contre l'accord. Mais quand le Conseil s'est réuni, le dimanche 8 décembre, Brad a réussi à trouver une majorité pour en faire approuver le principe.

Il m'a appelé pour m'annoncer la bonne nouvelle, tout en précisant que le prix ne lui convenait toujours pas. Il m'a informé également que

Felix le représenterait. De mon côté, j'ai engagé mon bon ami John Weinberg, alors patron de Goldman Sachs.

Au cours des quelques jours suivants, Brad, Bob et Felix sont venus nous retrouver, John et moi, dans une suite d'un hôtel new-yorkais. Comme toujours, la négociation, dans sa phase finale, a tourné à la discussion de marchand de tapis. Brad voulait 67 dollars le titre, j'avais atteint les 65. L'accord s'est fait quand j'ai accepté 66,50 dollars, vraisemblablement 50 cents de plus qu'il ne l'espérait.

Quand il est important que le vendeur continue à faire preuve de bonne volonté après la transaction, j'essaie toujours de faire un geste pour lui faire plaisir. Le mercredi 11 décembre, nous étions parvenus à un accord, nous permettant d'acheter RCA pour un total de 6,3 milliards de dollars en cash.

Dès que je suis revenu, après avoir signé chez l'avocat de RCA, nous avons sabré le champagne. Quelle soirée! Nous riions, nous nous tapions dans la main. Tous autant que nous étions – Larry Bossidy, Mike Carpenter, Dennis Dammerman et leurs coéquipiers, nous étions comme des gosses. Je n'oublierai jamais l'effet que cela nous a fait de regarder par la fenêtre, à travers le brouillard, le signe RCA illuminé au sommet de leur tour au Rockefeller Center. C'était à trois pâtés de maisons de notre propre bureau. Nous étions impatients d'y voir le logo GE. Nous étions vraiment heureux comme des rois.

De ma première rencontre avec Brad au feu vert du Conseil, nous n'avions mis que 36 jours à finaliser la plus grande acquisition jamais réalisée à l'époque en dehors des compagnies pétrolières. Cet accord, annoncé le 12 décembre, a été un tournant pour GE. Les critiques, et il y en a eu beaucoup, ont surtout vu que nous avions acheté une chaîne de télévision. « A-t-on jamais vu un fabricant d'ampoules électriques se mêler de télévision ? » Mais cela rehaussait notre prestige, améliorait notre trésorerie – tout en nous permettant d'entrer, comme je le souhaitais, dans un secteur qui ne prêtait pas le flanc à la concurrence étrangère. La valeur cachée, nous la trouverions dans des actifs moins glamour, auxquels personne ne prêtait beaucoup d'attention, mais qui collaient parfaitement avec notre stratégie.

Cette acquisition fut aussi l'étincelle qui fit naître la nouvelle GE. Les restructurations et les compressions d'effectifs venaient de nous faire traverser une passe difficile. L'accord changeait l'atmosphère. Ainsi, au mois de janvier, quelques semaines après son annonce officielle, je venais de monter sur scène pour l'ouverture de notre grande réunion annuelle de direction quand, tout à coup, les quelques 500 personnes présentes dans la salle se sont levées pour me faire une ovation spontanée. RCA nous faisait pénétrer, d'un seul coup, dans une ère nouvelle.

Une fois l'accord conclu, nous avons vendu les actifs non stratégiques de RCA, par exemple les disques, les tapis et l'assurance. Nous n'aimions guère la mentalité qui régnait aux disques, les tapis ne coïncidaient avec aucune de nos propres activités et il en allait de même de la petite compagnie d'assurances que possédait RCA. En un an, ces cessions nous ont permis de récupérer 1,3 milliard de dollars sur les 6,3 que nous avait coûté l'opération.

Avec son partenaire Brandon Tarnikoff, Grant Tinker avait redressé NBC grâce à des émissions phares comme *Cosby Show* et *Cheers*. Son contrat de cinq ans se terminait en juillet. Ayant passé tout ce temps à faire la navette entre la Californie et New York, il trouvait que cela suffisait. Il avait prévenu Brad, avant l'acquisition, qu'il voulait partir, mais j'ai tout de même tenté de le convaincre de rester. Nous avons dîné ensemble à New York et je lui ai offert ce qui me paraissait réellement un monceau d'or. Mais rien ne l'aurait fait revenir sur sa décision.

Heureusement, dès le premier jour, j'avais un plan de rechange. Bob Wright était à la tête de GE Capital depuis la cession de notre petit électroménager. Auparavant, nous l'avions envoyé chez Cox avant mon acquisition manquée et il était resté trois ans à la présidence de Cox Cable.

Bob avait le profil idéal. Il sentait admirablement ce métier et connaissait bien GE ; c'était un allié proche pour pénétrer en territoire inconnu. Au mois d'août 1986, je l'ai nommé président de NBC. Les médias se sont demandés comment ce type de GE pourrait diriger une chaîne de télévision. Quinze ans plus tard, il la dirige toujours et ses états de service sont remarquables.

Si nous avons laissé son indépendance à NBC, nous avons au contraire immédiatement intégré les activités complémentaires de RCA et de GE. Il s'agissait de diminuer les frais généraux et, dans cette perspective, nous avons constitué des équipes paritaires que je rencontrais une fois par semaine. Leur objectif était simple : 1 + 1 = 1, les postes devant aller aux meilleurs de chacune des deux compagnies.

Cela n'a bien entendu pas été évident. GE a récupéré les postes de direction au sommet, mais dans les affaires complémentaires, les hommes de RCA ont eu la plupart des gros postes. Au final, nous étions le constructeur américain numéro un de téléviseurs, et c'est un dirigeant de RCA qui a pris les commandes de cette entité. Nous avons fait la même chose pour l'aérospatial et les semi-conducteurs, tous deux également confiés à des patrons de la RCA. Une quatrième branche, les services au gouvernement et les communications par satellite, a été confiée à Gene Murphy, de RCA, qui prendrait par la suite la direction de l'aérospatial et des moteurs d'avion et, plus tard encore, deviendrait président adjoint de GE. Gene avait une allure de militaire. Il tenait toujours ses engagements. Je le considérais comme monsieur Intégrité – le plus beau compliment que l'on puisse faire à qui que ce soit.

Ces actifs nous ont ouvert des options stratégiques impossibles jusqu'alors. Au cours de la décennie suivante, chacun d'entre eux allait réellement créer de la valeur pour GE.

Hélas, pendant que je concluais le plus grand accord de ma carrière professionnelle, la plus grande fusion de ma vie personnelle se terminait.

Carolyn et moi traversions depuis plusieurs années des difficultés conjugales. Depuis mon entrée chez GE, je n'ai cessé de travailler comme une brute, alors qu'elle élevait remarquablement nos quatre enfants. Tous étaient bien partis. Katherine, notre aînée, était en première année à la Harvard Business School. John, l'aîné des garçons, préparait son master en Chimie à l'université de l'Illinois. Notre autre fille, Anne, sortait de Brown et se préparait à entrer à Harvard School for Architecture. Le cadet, Mark, était en première année à l'université du Vermont.

La vie avait fait diverger nos voies et nous n'avions plus grand-chose en commun, à part l'amitié et le respect mutuel. Ce fut difficile et douloureux, mais nous avons divorcé à l'amiable, en avril 1987, après vingt-huit ans de mariage. Carolyn est allée suivre les cours d'une faculté de droit, a obtenu son diplôme, et a fini par épouser un soupirant de sa jeunesse, lui aussi avocat.

Tout à coup, je me suis retrouvé célibataire. En outre, j'avais de l'argent – c'était comme mesurer 1,90 mètre et avoir une chevelure luxuriante. J'avais mon petit succès, je sortais avec des femmes intéressantes et séduisantes.

Mais de coup de foudre, point. Jusqu'au jour où Walter Wriston et sa femme Kathy ont organisé un rendez-vous aveugle avec Jane Beasly, jolie avocate qui travaillait pour le frère de Kathy chez Shearman & Sterling, un cabinet new-yorkais. Quand son patron l'a appelée pour lui demander si elle accepterait de sortir avec Jack Welch, elle a cru qu'il parlait d'un autre avocat du cabinet.

« Hors de question ! C'est un collègue.

– Lui ? Non, ce Jack Welch-là est PDG de General Electric, il est d'ailleurs un peu plus vieux que toi.

– Aucune importance. Je ne vais pas me marier avec lui ! »

À l'époque, Jane était à Londres, en mission de longue durée pour sa firme. Elle est revenue six mois plus tard et, en octobre 1987, nous sommes allés dîner dans un restaurant italien de New York avec les Wriston.

Ce premier rendez-vous a été un peu guindé. Devant un administrateur, on se tient bien ! Mais Jane et moi avons ensuite fait la fermeture du bar au Café Luxembourg. Il a fallu un second rendez-vous, chez Smith & Wollensky, où nous sommes tous deux arrivés en jean et veste de cuir, pour que les choses prennent une tournure plus sérieuse.

Jane est brillante, spirituelle, a dix-sept ans de moins que moi et sait ce qu'elle veut. Elle est terre à terre, dans tous les sens du terme. Enfant, à la ferme de son père, dans l'Alabama, elle cueillait les haricots dès cinq heures et demie du matin, jusqu'à en avoir mal au dos. Elle avait trois frères, était elle-même un peu garçon manqué, et sa mère était enseignante. Diplôme d'avocat en poche, elle était montée à New York où elle s'était consacrée aux fusions acquisitions.

Je n'étais pas toujours un compagnon idéal. Au cours de l'été 1988, j'ai invité Jane passer un week-end à l'île de Nantucket. Il lui a fallu négocier comme une folle avec son patron pour avoir le feu vert. Le vendredi soir, nous sommes allés dîner au restaurant. Le lendemain matin, je me suis réveillé, habillé, et me suis dirigé vers la porte.

« Non, mais qu'est-ce que tu fiches ? Où vas-tu comme ça ?

– Je vais jouer au golf !

– Tu rigoles ? J'ai fait des pieds et des mains pour avoir mon week-end et tu files au golf ? »

Honnêtement, cela me paraissait on ne peut plus normal. J'avais toujours fait ça quand j'étais marié. Je travaillais comme un fou toute la semaine et, le samedi matin, j'allais retrouver les copains au golf. Là, j'ai compris que j'allais devoir modifier un peu mes petites habitudes.

Quand les choses ont pris un tour sérieux, nous avons eu une grande conversation pour tenter d'identifier ce qui risquait de faire achopper notre couple. Je lui ai dit que cela m'ennuyait qu'elle ne fasse pas de ski ni de golf. Elle m'a dit que cela l'ennuyait que je n'aille pas à l'opéra. Nous avons passé un accord : j'irais à l'opéra si elle se mettait au ski et au golf. Je voulais vraiment une partenaire à plein temps, qui accepterait de se plier à mon emploi du temps et m'accompagne lors de mes voyages d'affaires. Jane devrait abandonner sa carrière. Elle a pris un congé pour voir l'effet que cela lui faisait et, heureusement pour moi, a décidé que notre vie commune serait son occupation à plein temps.

Nous nous sommes mariés en avril 1989 dans notre maison de Nantucket, en présence de mes quatre enfants. Les quelques années suivantes, je suis allé à l'opéra, accomplissant ainsi ce que j'appelais « mon devoir conjugal », jusqu'à ce que Jane me délivre de cette obligation.

Si je ne suis pas devenu fou d'opéra, le fait de servir de professeur de golf à Jane m'a permis d'améliorer mon handicap. Nous avons fait des progrès ensemble. Jane, qui n'avait jamais joué avant de me rencontrer, a remporté quatre ans de suite le championnat de notre club de Nantucket – et moi deux fois (cela faisait des années que je tentais ma chance, sans succès). C'est aujourd'hui une partenaire idéale.

En Juin 1987, Paolo Fresco et moi étions à Paris, où nous avions invité des clients à Roland Garros, car NBC couvrait l'Open de Paris. Alain Gomez, le président de Thomson, est venu nous saluer dans notre bungalow, au village. C'était un homme sympathique, plein d'allant.

Nous avions déjà prévu de le rencontrer le lendemain à son bureau. Quand je l'ai eu en face de moi, le courant a passé immédiatement, un peu comme lors de ma première rencontre avec Bradshaw. Thomson avait une très petite affaire d'imagerie médicale, CGR, numéro quatre ou cinq sur le marché, qui m'intéressait cependant au plus haut point. En effet, si nous détenions, dans ce secteur, une position de numéro un sur le marché américain, notre part de marché, en France, était insignifiante, le pays nous étant pratiquement fermé du fait que Thomson appartenait à l'État français.

Alain Gomez nous a fait comprendre qu'il n'était pas prêt à céder cette activité. Paolo et moi avons alors décidé de voir si un échange l'intéresserait éventuellement. Nous avions identifié depuis longtemps les activités dont nous serions heureux de nous désengager. Je me suis mis à écrire sur un tableau blanc le nom de celles que nous pouvions proposer en échange de l'imagerie médicale de Thomson.

J'ai commencé par les semi-conducteurs. Sans succès. En revanche, quand j'ai essayé la construction de téléviseurs, cela a fait tilt. Dans ce domaine, Thomson avait un problème d'échelle et ses activités se cantonnaient strictement à l'Europe. Alain a tout de suite vu que cet échange lui permettrait de se désengager de ses activités médicales, qui perdaient de l'argent, tout en devenant, du jour au lendemain, le premier constructeur de téléviseurs du monde.

Nous avons eu une poussée d'adrénaline, tous les trois. Nous avons décidé que Paolo Fresco rencontrerait l'un des collaborateurs de Gomez dès la semaine suivante pour entamer les discussions. Alain nous a reconduits jusqu'à notre voiture, qui nous attendait devant la porte. À peine nous étions-nous éloignés du trottoir que je saisissais Paolo par le bras.

« Putain ! Je crois qu'il veut vraiment le faire ! » Nous avions presque le vertige, tous deux.

Je suis certain qu'Alain est remonté à son bureau en ressentant exactement la même chose. Il savait que son affaire de construction de téléviseurs était trop petite pour lutter contre la concurrence japonaise. Cet accord lui permettrait de réaliser des économies d'échelle et de s'assurer une position sur le marché suffisante pour monter une riposte efficace. Notre branche électronique grand public faisait 3 milliards de dollars de chiffre d'affaires annuel, avec des effectifs de 31 000 personnes. CGR faisait un chiffre d'affaires annuel de 750 millions de dollars.

Si l'accord aboutissait, nous triplerions nos parts de marché en Europe, passant à plus de 15 %, ce qui nous assurerait une présence contre notre plus gros concurrent, Siemens. L'accord fut conclu en six semaines et annoncé au mois de juillet. Thomson nous versait une soulte de 1 milliard de dollars et un portefeuille de brevets qui nous rapporterait 100 millions de dollars par an après impôts. De son côté, il devenait le plus gros constructeur de télévisions du monde.

Beaucoup ont eu du mal à avaler ce désengagement. Les médias ont prétendu que nous baissions pavillon devant la concurrence japonaise, certains jugeant même notre attitude contraire aux intérêts du pays. Je me suis fait traiter de poule mouillée, de poltron qui prenait la fuite avant la bataille.

Ces critiques, c'était des bêtises telles que les médias aiment à en débiter, au mieux. Nous avons perdu de l'argent pendant près de dix ans avec notre affaire d'imagerie médicale en Europe. Thomson en a fait autant avec l'électronique grand public. Nous avons tenu bon, chacun de notre côté, et, chacun de notre côté, nous avons réussi.

Moins de deux ans plus tard, nous avions trouvé une solution pour les semi-conducteurs. Harris Corp. en produisait, comme nous, sans avoir la taille critique. Au mois de juillet, j'ai reçu un coup de fil de Jack Hartley, le PDG, qui souhaitait me voir pour tâter le terrain. Harris travaillait essentiellement pour le département de la Défense, sa modeste production de semi-conducteurs étant essentiellement destinée à des ventes militaires. Hartley estimait que s'il voulait la conserver, il devait l'étoffer, faire du volume dans le secteur industriel.

Je n'avais jamais aimé les semi-conducteurs. J'ai fait à l'intention du Conseil un petit schéma résumant d'un coup d'œil les défauts que je leur trouvais. Cette activité très cyclique suppose de très lourds investissements ; en outre, la durée de vie des produits est très courte et la rentabilité des capitaux investis, pour la plupart des acteurs du marché, a toujours été faible. Si nous en sortions, nous pourrions affecter le capital dégagé à d'autres projets, comme les moteurs d'avions, l'imagerie médicale et les générateurs, tous métiers générant de meilleurs retours sur investissement.

**LA VENTE DES SEMI-CONDUCTEURS**

CARACTÉRISTIQUES DU SECTEUR :

- Croissance rapide, 20 % et plus
- Mais
  - Hautement cyclique
  - Intensément concurrentiel
  - Retour sur investissement historiquement bas... allant s'empirant

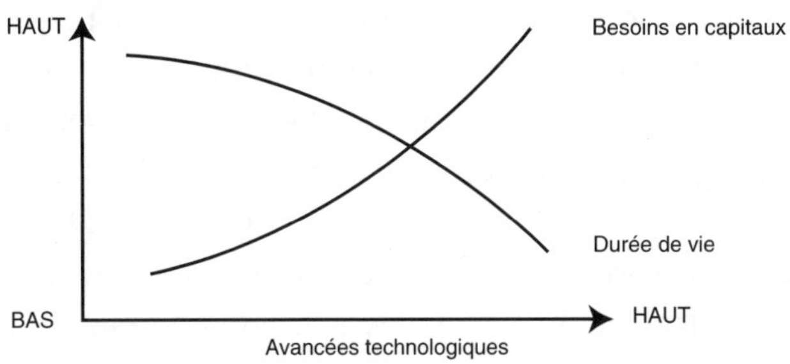

Heureusement pour nous, nos plus gros concurrents mondiaux ont continué à produire des semi-conducteurs. Cette activité leur a pompé de grosses quantités de capital et a partiellement détourné des vraies priorités l'attention de leurs dirigeants.

Mon désir de sortir de ce métier a rendu relativement facile l'accord avec Harris. Je n'étais pas gourmand, souhaitant juste un désinvestissement honorable. Pendant le déjeuner, Hartley et moi avons posé les grandes lignes de l'accord. Nous avons griffonné sur un bout de papier les six points principaux, puis nous l'avons remis à nos équipes de financiers.

Deux mois plus tard, vers le milieu du mois de septembre 1988, l'accord était bouclé. Harris héritait de nos hommes, de nos sites de production et de nos clients, et nous recevions 206 millions de dollars en cash.

Ce n'est que cinq ans plus tard que nous sommes sortis de l'aérospatial. La guerre froide était terminée, il y avait trop de capacité, on se battait à couteaux tirés pour de petits contrats. Nous en avons conclu qu'il fallait se désengager. La seule société qui semblait convenir était Martin Marietta, dont l'aérospatial était le seul métier.

Fin octobre 1992, je suis allé à une réunion du Business Council dans l'espoir d'y rencontrer Norm Augustine, le PDG de Martin Marietta. Norm, d'une intégrité sans faille, est brillant, réfléchi. C'est également un fin lettré et un conteur né. Nous nous étions déjà rencontrés brièvement. Je lui ai proposé de nous retrouver pour parler de nos projets respectifs dans ce métier. Il avait déjà envisagé un rapprochement mais hésitait à nous contacter, en partie parce qu'il craignait que nous souhaitions acquérir sa société.

« Nous tenons énormément à notre indépendance, me dit Norm. Je ne veux rien faire qui puisse la menacer, même si cela m'intéresserait, c'est vrai, de discuter avec vous. »

Je l'ai rassuré, en ajoutant que nous pourrions dîner ensemble bientôt, en privé. Quelques jours plus tard, Norm est venu à Fairfield. Notre équipe avait déjà préparé une ébauche de proposition, avec des figures et des tableaux. Norm a mangé tranquillement son poisson pendant que je lui présentais mes arguments. Un accord était manifestement dans l'intérêt des deux parties en présence. Martin Marietta devait grossir. De notre côté, il nous permettrait de sortir la tête haute d'une activité militaire que je n'aimais pas. Les réglementations complexes, presque byzantines, qui régissaient les marchés publics faisaient de GE une cible juteuse pour les procureurs généraux à l'affût de scalps dans le monde des affaires.

Pendant le repas, nous sommes convenus de laisser de côté les tactiques habituelles et de préciser noir sur blanc les positions non négociables d'un accord acceptable. En jouant ainsi cartes sur table et en acceptant de faire des offres raisonnables, nous espérions minimiser les risques de fuite. Avant que Norm ne reparte, nous étions assez près de penser que l'accord était possible.

À ce stade, nous étions d'accord pour nous passer des services d'une banque d'affaires ou d'un cabinet d'avocats. Pendant les pourparlers, Norm a fait trois fois secrètement le voyage de Fairfield. Ses cent collaborateurs les plus gradés étaient en séminaire en Floride. Norm y passait la journée, dînait en vitesse et sautait dans l'avion afin de poursuivre la négociation avec moi et Dennis Dammerman à New York. Nous travaillions la moitié de la nuit. Au retour, il dormait dans l'avion, se rasait et se douchait avant de retrouver ses collaborateurs. Il a fait cela trois nuits de suite, les discussions se poursuivant en général jusqu'à deux ou trois heures du matin.

Au terme de la troisième nuit, nous avions les points essentiels de l'accord sur une serviette en papier et nous nous sommes serré la main dessus. Notre confiance mutuelle accélérait la négociation. Nous étions d'accord également pour contrôler l'ego des banquiers et des avocats. Ces équipes extérieures engagent souvent des combats alimentaires pour prouver qu'ils sont les meilleurs. J'avais dit à Norm : « Si jamais ils commencent, on se téléphone et on résout le problème en vitesse. »

En trois semaines, l'affaire était conclue. Lorsque la cession a été annoncée, le 23 novembre 1992, la capitalisation boursière de chacune de nos sociétés a fait un bond de 2 milliards de dollars en quatre heures. Vingt-sept jours s'étaient écoulés depuis notre toute première conversation à Fairfield, et nous annoncions l'accord le plus important de l'histoire de l'aérospatial.

Martin Marietta ne pouvait pas rassembler beaucoup plus de 2 milliards de dollars, alors que l'accord en prévoyait 3. Dennis Dammerman avait donc imaginé une structure de titres préférentiels convertibles qui permit de financer leur acquisition, tout en nous donnant une participation de 25 % au capital de Martin Marietta.

Nous étions donc intéressés au succès à long terme de la transaction. L'accord a doublé la taille de Martin Marietta et déclenché une grande vague de consolidation dans l'industrie aérospatiale. Deux ans plus tard, Martin Marietta lui-même allait fusionner avec Lockeed. En 1994, quand nous avons vendu notre participation, nos titres convertibles avaient doublé de valeur par rapport aux 3 milliards de dollars initiaux.

Les transactions avec Martin Marietta, Harris et Thomson n'avaient été possibles que grâce à ce que nous avons trouvé dans la corbeille de la mariée en achetant RCA. Dans les trois cas, la clé de la réussite avait été l'effet d'échelle obtenu en combinant nos affaires.

Ce n'est qu'en 2001 que nous avons conclu notre dernière transaction liée à RCA. Nous avions placé leur affaire de communications par satellites au sein de GE Capital, où son appétit d'argent frais était plus facile à satisfaire. Nous lui avions donné de l'extension, bâtissant une puissante compagnie de communications par satellite. Nous en possédions vingt et avions accès à tous les systèmes câblés des États-Unis, où nous touchions 48 millions de foyers. Mais si nous étions le premier fournisseur américain de communications par satellite fixe, nous étions loin d'avoir une envergure internationale.

En juillet 2000, au cours d'une réunion de stratégie à long terme, Denis Nayden, le PDG de GE Capital, a décidé qu'il nous fallait soit grandir par le biais d'une acquisition importante, soit procéder à une cession ou à une fusion avec un acteur existant. Après avoir cherché un partenaire adéquat, il a fini par négocier un accord avec SES, société luxembourgeoise possédant 22 satellites et touchant 88 millions de foyers. Nous leur avons vendu nos holdings dans les satellites 5 milliards de dollars, payables presque également en cash et en titres. L'accord nous donnerait une participation de 27 % au capital de la nouvelle SES Group, entité d'envergure réellement un mondiale.

Au total, l'accord RCA nous a permis d'entrer dans de très bonnes conditions dans le monde de la télévision, tout en acquérant des actifs puissants dans le câble, une affaire de matériel médical réellement mondiale, une participation significative dans une entreprise mondiale de satellites, et des dizaines de milliards de dollars d'argent frais – tout cela pour un investissement initial de 6,3 milliards de dollars en 1985.

C'était une victoire stratégique pour GE. C'était surtout excellent pour notre moral.

11

# Les hommes

Après ma nomination à la présidence, Joyce Hergenham a été le premier cadre supérieur que j'ai recruté à l'extérieur – il n'y en a d'ailleurs pas eu beaucoup. Cette très brillante MBA n'avait pas peur de dire ce qu'elle pensait et avait la peau dure. Elle avait d'ailleurs été à très rude école, puisqu'elle avait été directeur général senior de Con Edison à un moment où cette compagnie d'électricité générait plus de colère que de lumière.

Avant de la rencontrer, j'avais appris que c'était une encyclopédie vivante du sport, une championne des questions orange du Trivial Pursuit. Pendant le déjeuner, pour m'amuser, j'ai décidé de lui poser une première petite colle :

« Qui jouait en seconde base dans l'équipe Red Sox de 1946 ?

– Bobby Doerr. »

La réponse avait fusé sans la moindre hésitation. J'étais impressionné. J'avais été supporter des Red Sox toute ma vie et me souvenais du championnat de 1946 comme si j'avais à nouveau onze ans. J'ai décidé de pousser un peu plus.

« Pas mal, mais qui a gardé la balle trop longtemps ?

– Oh ! Vous voulez dire quand Enos Slaughter a marqué en un seul lancer, de la première base ?

– Exactement !

– Johnny Pesky ! »

Bien sûr, ce n'est pas pour sa connaissance du base-ball que j'ai embauché Joyce. Elle avait d'autres cordes à son arc. En seize ans, notre directrice des relations publiques a contribué à faire la réputation de GE.

Elle n'était pas la première à se faire recruter d'une manière un peu originale. Près de vingt ans plus tôt, le moteur de ma Volkswagen ayant rendu l'âme, je m'étais fait remorquer jusqu'à un garage voisin où j'avais rencontré un mécanicien allemand, Horst Oburst. Deux jours durant, il s'était battu pour mettre la main sur les pièces. Impressionné par son opiniâtreté, je lui ai offert un job et, une semaine plus tard, il faisait partie du personnel de GE Plastics à Pittsfield. Il y a travaillé trente-cinq ans, obtenant un certain nombre de promotions au passage.

Il y a toutes sortes de façon de dénicher des talents et j'ai toujours pensé que toute rencontre est un entretien qui s'ignore.

En fait, la priorité des priorités, chez GE, c'est de trouver des hommes et des femmes remarquables et, d'où qu'ils viennent, de les aider à se réaliser. Il y a beaucoup de choses qui me tiennent à cœur, mais aucune autant que mon obsession de faire de nos hommes une compétence clé de GE. Cela paraîtra sans doute contradictoire, mais le système y contribue largement. Moi qui me pose en ennemi juré de la bureaucratie, je le reconnais volontiers : en l'occurrence, tout repose sur la rigueur de notre organisation.

Dans une entreprise qui compte plus de 300 000 salariés et 4 000 cadres supérieurs, on ne saurait se contenter de bonnes intentions. Nous devons nous appuyer sur une structure logique, clairement définie, et chaque salarié doit connaître les règles du jeu. Au fil des années, nous avons mis en place un processus annuel cyclique. Il s'articule autour des trois étapes suivantes : en avril, la « Session C », réunion d'une journée entière, organisée dans toutes nos entités ; en juillet, une vidéoconférence de deux heures destinée au suivi de la Session C et, en novembre, les Sessions C2, qui confirment et finalisent les engagements pris en avril. Tel est le cadre formel.

Mais chez nous, l'évaluation du personnel a également une dimension complètement informelle, qui s'opère tacitement, en continu, dans les cantines, les couloirs, et à toutes les réunions. Les hommes nous intéressent au plus haut point, nous les observons, nous les testons dans toutes sortes d'environnements et de circonstances, et cette attitude définit la mission que nous assignons à nos dirigeants. En dernière analyse, elle nous définit nous-mêmes.

Nous fabriquons des collaborateurs remarquables, qui fabriquent à leur tour des produits et des services remarquables.

Si nous nous appuyons sur un système, avec des classeurs et des calendriers bien précis, autrement dit un processus, celui-ci n'a rien de statique. À part les calendriers, soigneusement préparés à l'avance, nos méthodes d'évaluation ne ressemblent ni de près ni de loin à un exercice de géométrie.

Quel que soit l'intérêt de ce que nous mettons dans nos dossiers – et nous y mettons tout – il n'y a pas que cela qui compte. Ce qui compte, c'est la passion et l'intensité que chacun y investit. Quand des cadres dirigeants risquent leur propre carrière pour défendre leurs subordonnés directs, on en apprend autant sur eux que sur les gens dont ils nous parlent.

Il nous arrive de discuter une heure entière du contenu d'un document d'une seule page. Pourquoi ces sessions sont-elles l'occasion de débats si passionnés ? La réponse tient en un seul mot : la différenciation.

Je m'explique : dans nos usines, nous essayons d'apposer la marque de notre différence à tout ce que nous fabriquons. Et en ce qui concerne les hommes, nous croyons dur comme fer qu'il est essentiel de marquer les différences.

Cela n'a rien d'évident. L'une des choses les plus difficiles que nous ayons faites est précisément d'élaborer une méthode permettant de différencier les gens dans une grande entreprise. Au fil des années, nous avons utilisé toutes sortes de courbes de Gauss et de grilles pour étalonner la performance et le potentiel.

Nous avons aussi joué les pionniers avec les « évaluations à 360 degrés », intégrant le point de vue des pairs et des subordonnés. Cette idée nous plaisait beaucoup. Les quelques premières années, elle nous a permis d'identifier les flagorneurs qui faisaient de la lèche à leurs supérieurs tout en cassant leurs subordonnés. Mais, comme tout ce qui est alimenté par les pairs, le système se prête au détournement, à long terme. Les gens se faisaient des compliments mutuels, de façon à avoir tous de bonnes notes. Nous réservons aujourd'hui le 360-degrés à des circonstances particulières.

À force de tâtonner, nous avons fini par trouver une méthode d'évaluation qui nous convient vraiment. Nous l'avons baptisée « courbe de vitalité » (voir page 169). Tous les ans, nous demandons à chacune de nos entités de classer ses dirigeants, le concept de base consistant à obliger le patron à différencier les membres de son équipe de direction. Pour être plus précis, nous lui demandons de la diviser en formant trois groupes : les 20 % supérieurs, les 70 % qui lui apportent une contribution vitale, et enfin les 10 % les moins bons. Si, par exemple, son équipe comporte 20 cadres dirigeants, nous voulons savoir le nom des 4 meilleurs et des deux les moins bons – leur nom, leur poste et leur rémunération. Et, en général, nous estimons que ces derniers n'ont pas leur place dans l'équipe de direction.

Il n'est pas facile de porter ces jugements, et ils ne sont pas toujours précis. Il est clair que l'on passe à côté de quelques éléments hors pair et de quelques éveils tardifs – dans l'ensemble, cependant, les chances de réunir une équipe composée exclusivement d'éléments exceptionnels augmentent de façon remarquable. C'est ainsi que l'on bâtit une entreprise extraordinaire. Année après année, la différentiation hausse la barre d'un cran supplémentaire et augmente le calibre moyen. C'est un processus dynamique : personne n'est assuré de rester indéfiniment dans le peloton de tête. Il faut constamment apporter la preuve que l'on y mérite sa place.

La différentiation revient à faire le tri entre les A, les B et les C.

Les A regorgent d'enthousiasme, s'impliquent à fond, se montrent ouverts à toutes les idées nouvelles et sont encore très loin d'avoir réalisé tout leur potentiel. Ils sont capables non seulement de mobiliser leur propre énergie, mais aussi de galvaniser tous ceux qui sont en contact avec eux. Avec eux, le travail est à la fois productif et amusant. Ils savent trancher, même dans les cas difficiles; ils savent aussi exécuter et tenir leurs promesses.

Au départ, nous nous contentions d'évaluer les trois premières aptitudes : l'énergie, la capacité à dynamiser les autres, l'esprit de décision. Quand nous avons fait nos premières Sessions C en ne retenant que ces trois critères, nous avons trouvé des managers infatigables, capables de gonfler leur équipe à bloc et de trancher dans le vif. Mais quand nous sommes allés sur le terrain, division après division, nous avons constaté que les un ou deux individus qui satisfaisaient ces trois critères ne nous paraissaient pourtant pas extraordinaires. Nous avons alors décidé que nous passions à côté de quelque chose. À la réflexion, ce qui manquait à ces hommes, c'était l'aptitude à tenir leurs objectifs. Nous avons alors ajouté le quatrième critère, la capacité d'exécuter. Et là, ça a marché.

Dans mon esprit, ces quatre critères doivent être ancrés sur un socle commun : la passion. C'est ce dernier élément, plus que tout autre chose, qui distingue les A des B. Ces derniers sont au cœur de l'entreprise, leur contribution est essentielle à sa réussite opérationnelle. Nous consacrons beaucoup d'énergie à l'amélioration des B. Nous leur demandons de chercher tous les jours à combler les lacunes qui les empêchent de devenir des A. Leur patron a le devoir de les y aider.

Les C, ce sont les gens qui ne vont jamais au bout de ce qu'ils entreprennent. Loin de galvaniser leurs collègues, ils leur coupent leurs moyens. Au lieu de faire avancer les choses, ils tergiversent. S'ils passent leur vie à perdre du temps, ils ne doivent pas nous faire perdre le nôtre. Nous ne leur consacrons de ressources que pour les redéployer ailleurs.

La courbe de vitalité est l'outil le plus important de la Session C. Mais pour un manager, écrire le nom de ses collègues sous les sections 20 %, 70 % et 10 % de la courbe suppose de prendre des décisions très difficiles.

La courbe de vitalité n'est pas parfaite. Il est possible – et même probable – que nous ayons des A perdus dans la masse des B. Tous les A n'ont en effet pas nécessairement l'ambition d'assumer des responsabilités encore

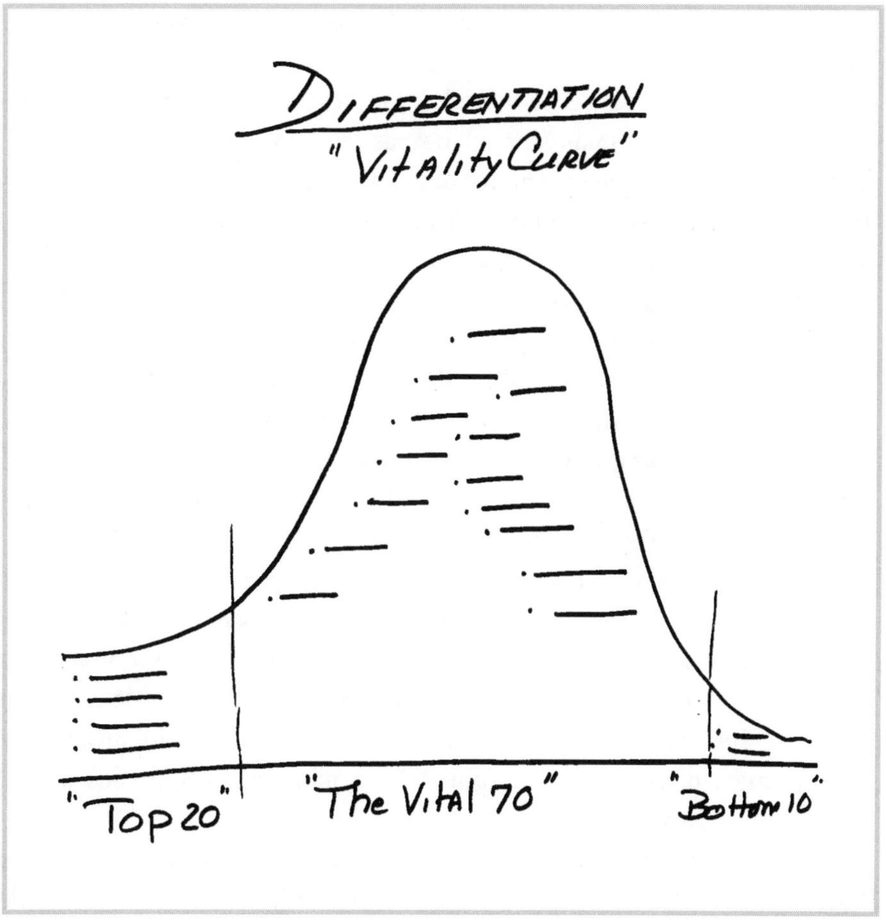

plus élevées, mais cela ne les empêche pas de vouloir être les meilleurs là où ils sont.

Les managers qui ne savent pas ou ne veulent pas différentier se retrouvent rapidement *eux-mêmes* dans la catégorie C.

La courbe de vitalité doit être soutenue par le système d'incitation : augmentations de salaire, stock options et promotions.

Il est normal de donner aux A des augmentations deux ou trois fois supérieures à celles des B. Ces derniers doivent bénéficier d'augmentations substantielles, tous les ans, reflétant leur contribution à la réussite de l'entreprise. Les C ne doivent en avoir aucune. Chaque fois que nous distribuons des stock options, nous en attribuons beaucoup aux A. Soixante à 70 % des B en touchent aussi, mais ce ne sont pas forcément les mêmes à chaque fois.

Quand nous accordons une augmentation, des stock options ou une promotion, la courbe de vitalité nous sert toujours de guide. Toutes les recommandations sont accompagnées de la position sur la courbe de la personne concernée.

Perdre un A est un péché mortel. Il faut les aimer, les chouchouter, les cajoler, les dorloter, mais surtout ne pas les perdre ! Nous faisons une enquête chaque fois que cela arrive et leurs patrons doivent pouvoir expliquer ce qui s'est passé, sinon nous les en tenons responsables. Ça marche. Nous en perdons moins de 1 % par an.

Ce système, comme tous les systèmes, a des défauts. Identifier les A, c'est l'une des joies du manager. Tout le monde aime ça. Développer et récompenser les éléments valables des 70 % du milieu pose peu de problèmes. Pour les 10 % du bas de l'échelle, c'est une autre paire de manches.

La première fois qu'un nouveau manager nomme ses éléments les plus faibles, il le fait de bon cœur. La seconde année, c'est déjà plus difficile. Mais la troisième, c'est la guerre.

À ce moment-là, en effet, ceux qui étaient clairement les plus mauvais ont déjà quitté l'équipe, et beaucoup de managers éprouvent les plus grandes difficultés à mettre des noms dans la colonne C. Ils se sont attachés à tous leurs coéquipiers. Au bout de trois ans, si leur équipe de direction comporte 30 personnes, ils sont souvent incapables d'en identifier une seule à ranger dans les 10 % les plus faibles, alors qu'ils sont censés nous donner trois noms !

Ils tentent donc toutes les astuces possibles et imaginables pour éviter d'identifier ces 10 % fatidiques, glissant le nom d'une personne à la veille de la retraite, d'une autre à qui on a demandé de quitter la société ou qui est déjà partie. J'ai même déjà vu un de nos directeurs aller jusqu'à l'extrême : il avait inscrit le nom d'un collaborateur décédé deux mois avant la réunion d'évaluation.

C'est dur, très dur. Aucun patron ne prend ces décisions difficiles d'un cœur léger. Beaucoup, même les meilleurs, nous opposent une résistance farouche. Je me suis débattu moi-même avec ce problème et j'ai souvent péché par manque de rigueur. On est toujours tenté de faire comme si on n'avait rien vu. J'ai lutté contre cette tentation. Si un chef de branche m'envoyait ses recommandations, demandant des primes exceptionnelles ou des stock options pour les meilleurs sans identifier les 10 % les moins bons, je lui renvoyais le tout jusqu'à ce qu'il soit parvenu à une véritable différentiation.

Si l'on ne traite pas ces 10 % d'une façon franche et directe, on ne fait que repousser à plus tard les décisions douloureuses. Elles seront prises dès l'arrivée d'un nouveau manager ne s'étant pas encore fait des amis au sein de l'équipe, qui n'aura aucune difficulté à en identifier les membres les plus faibles. Et le couperet tombe très vite.

Certains estiment cruel ou brutal d'éliminer systématiquement 10 % de nos cadres de direction. Mais non, au contraire ! Ce que je trouve brutal, moi, c'est la fausse gentillesse qui consiste à maintenir en place des gens qui ne peuvent ni progresser, ni prospérer. Rien n'est plus cruel que d'attendre et de venir leur dire, tard dans leur carrière, qu'ils ne sont pas à leur place chez nous – au moment où leurs possibilités de se retourner se restreignent.

Dire que la courbe de vitalité est cruelle, c'est raisonner faux, cela résulte des habitudes acquises de fausse gentillesse. Pourquoi cesserait-on de mesurer la performance d'un individu dès l'instant où il a terminé ses études ?

Dès notre entrée à l'école, nous avons tous été soumis à la mesure de la performance. La différentiation s'applique aux équipes de football, au processus d'admission dans les universités (certaines vous acceptant, d'autres rejetant votre dossier) et au rang de sortie. Tous autant que nous sommes, au cours de nos vingt premières années, nous acceptons parfaitement d'être traités différemment les uns des autres. Pourquoi cela s'arrêterait-il à la porte de l'entreprise, où nous passons le plus clair de notre temps ?

Notre courbe de vitalité marche parce que nous avons passé plus de dix ans à bâtir une culture de la performance, doublée d'un feed-back sincère à tous les niveaux. La franchise et l'ouverture sont les deux piliers de cette culture. Jamais je ne me risquerais à injecter une courbe de vitalité, à froid, dans une entreprise où la culture de la performance ne serait pas déjà en place.

À quoi ressemble une Session C typique ?

Un mois avant que nous allions sur le terrain, Bill Conaty, notre DRH, établit un ordre du jour que doivent respecter tous les patrons de nos grandes activités. (Voir, en annexe B, l'ordre du jour de nos Sessions C 2001.) Ces derniers doivent alors rassembler l'information complexe requise. L'objectif n'est pas de se bombarder à coups de papiers, mais de montrer que notre stratégie en matière de ressources humaines s'applique partout dans le groupe.

Si les dossiers, tableaux et autres grilles peuvent paraître redoutables, les réunions elles-mêmes font la part belle à la confiance, l'émotion, l'humour et le naturel.

Les enjeux sont cependant considérables, je dirais même que cette réunion d'évaluation est la réunion la plus importante de l'année. En voici les étapes :

Le matin, nous parlons de l'entité concernée et des personnes qui y travaillent.

Pendant le déjeuner, nous mettons l'accent sur la diversité.

L'après-midi, nous passons en revue les grandes initiatives susceptibles de modifier la règle du jeu et les hommes qui en assument la responsabilité.

C'est le matin que c'est le plus chaud. Nous parlons carrières, promotions, courbes de vitalité, nous abordons les points forts et les points faibles de chaque individu, en partant du principe que chacun a des deux. Nous consacrons le plus clair de notre temps à voir comment remédier aux faiblesses, après nous être posé la question de savoir si les individus en question en sont capables.

Les points forts d'un directeur d'usine que nous avons récemment évalué étaient qu'il atteignait ses objectifs (excellente productivité, impressionnante amélioration du rendement, Six Sigma puissant). Mais il avait aussi des faiblesses évidentes – se montrant trop dur avec son personnel et insuffisamment ouvert aux idées des autres. Après un long débat, nous sommes parvenus à la conclusion unanime qu'il fallait lui donner un signal.

Cet homme devait changer d'attitude, faute de quoi il courait le risque de tomber dans la catégorie C. Il est impardonnable de manquer d'ouverture d'esprit.

Bien entendu, il y a des moments où le ton est plus léger.

Je cherche toujours le défaut de la cuirasse, quitte à choquer mes interlocuteurs. Les dossiers de Session C comportent des photographies et des biographies miniatures de tous les cadres dirigeants. Quand je repère des épaules tombantes, des paupières lourdes, un dos voûté, je n'hésite pas à intervenir. « Ce type a l'air moribond ! N'allez pas me dire que c'est un foudre de guerre ! Cela fait six ou sept ans qu'il est à son poste, je ne vois pas ce qu'il a fait d'exceptionnel ! Je me demande vraiment pourquoi vous n'avez pas réagi ! »

De toute évidence, ce n'est pas parce qu'une photo montre un visage dénué d'expression que l'individu concerné est nul. Je cherche simplement à faire un peu de provocation, à pousser le patron à défendre ses hommes.

Ces photos sont toujours accompagnées d'une grille composée de neuf cases dont l'une est cochée pour montrer le potentiel et la performance de la personne concernée. La meilleure note est en haut à droite. Pour placer ses petites croix, le patron s'appuie sur les quatre critères dont j'ai parlé plus haut (l'énergie, l'aptitude à la transmettre, le sens de la décision, l'exécution) ; il évalue aussi la prise en compte de nos initiatives majeures, telles que le souci du client, l'e-business et le Six Sigma.

En dessous de la photo, le responsable résume en quelques mots les points forts et les points faibles du manager concerné. En général, ce sont des points forts, mais notre règlement exige au moins un point faible nécessitant une amélioration. Nous ne permettons aucun « sans faute ». Tel cadre supérieur a des plus ; c'est par exemple un « pit-bull de la finance », il a encore « des kilomètres de marge », il « pige l'e-business ». Et un point négatif : il « porte son ambition en bandoulière ». Nous n'avons jamais beaucoup aimé les gens qui ont l'air de penser davantage à leur prochain poste qu'à celui qu'ils occupent. Une remarque de cet ordre peut donc briser une carrière, chez nous. Un autre cadre supérieur est décrit comme « brillant, ambitieux, en pleine progression ». Mais, côté négatif, « l'exécution laisse encore à désirer ». Ne pas être capable de tenir ses objectifs est, en fin de compte, inacceptable.

Au verso de ces résumés, il y a le détail des réalisations et des besoins en termes de développement. Chacun de nos collaborateurs fait aussi sa propre évaluation, qui figure sur la même page que l'analyse de son patron.

**Ceinture verte**

**Nom :**

**Titre :**

**Mois passés à ce poste :**

Photo

*Potentiel* / *Performance*

| | | |
|---|---|---|
| X | | |
| | | |
| | | |

+ Technicien remarquable
+ Ouvert, bon contact avec les clients
+ A le potentiel pour diriger une entité
– Doit encore mûrir comme leader

**Ceinture verte**

**Nom :**

**Titre :**

**Mois passés à ce poste :**

Photo

*Potentiel* / *Performance*

| | | |
|---|---|---|
| | | |
| X | | |
| | | |

+ Tenace
+ Excellente réflexion sur les process
+ A encore des kilomètres de marge
+ Pige l'e-business
– Porte son ambition en bandoulière

**Ceinture verte**

**Nom :**

**Titre :**

**Mois passés à ce poste :**

Photo

*Potentiel* / *Performance*

| | | |
|---|---|---|
| X | | |
| | | |
| | | |

+ Excellent leader opérationnel
+ Apprend incroyablement vite
+ Bon mentor
+ Respect de ses pairs
– Manque de mordant

**Ceinture verte**

**Nom :**

**Titre :**

**Mois passés à ce poste :**

Photo

*Potentiel* / *Performance*

| | | |
|---|---|---|
| | | |
| | X | |
| | | |

+ Brillant, volontaire
+ Pense international
+ Prend la dimension de son rôle
+ Excellent formateur
– L'exécution laisse à désirer

Depuis quelques années, nous avons pris l'habitude de déjeuner avec nos divers « gros potentiels ». Un membre de l'équipe dirigeante sert de mentor à chacun d'entre eux. Et j'ai clairement fait comprendre, au fil des années, qu'il ne s'agit pas d'expliquer les finesses de nos avantages sociaux, mais bel et bien de contribuer au développement personnel, en y appliquant la discipline du développement de produit.

En l'occurrence, les « produits », ce sont les personnes confiées au mentor. Considérer ce dernier comme responsable de leur développement, cela veut dire qu'il lui appartient de les hisser au niveau A ou les remplacer par d'autres. Pendant ces déjeuners, nous parlons franchement des progrès réalisés. Mentors et élèves acceptent, les uns comme les autres, des règles du jeu très dures. Dans notre culture de la performance, ils comprennent les uns comme les autres qu'il faut donner un produit supérieur et qu'on les jugera sur le résultat. Les membres du comité de direction en sont tenus responsables. Cela marche. Plus de 80 % des « élèves » de la promotion 1999 ont bénéficié de promotions.

Après le déjeuner, nous passons à l'application des grandes initiatives au sein de l'entité. Nous voulons voir qui les dirige, avec quels coéquipiers. Chaque équipe fait une présentation des résultats obtenus par rapport aux objectifs annuels. Nous prenons les meilleures pratiques de chaque entité pour les transmettre aux autres. Et, surtout, nous nous faisons une idée très précise de la quantité d'énergie investie dans chaque projet.

À la fin de chaque réunion, nous dressons une liste très précise, un véritable programme d'action, que nous communiquons à nos interlocuteurs. Deux mois plus tard, en juillet, au cours d'une vidéoconférence de deux heures, nous faisons le point de ce qui a été accompli et des progrès réalisés. La liste dressée en avril sert aussi d'ordre du jour aux Sessions C2 du mois de novembre, qui ferment la boucle.

Malgré la rigueur de ce processus, j'ai toujours été surpris de ce que déclarent les salariés à l'occasion de notre enquête annuelle sur l'attitude du personnel. Sur 42 affirmations auxquelles il faut répondre par oui ou par non, celle où le oui obtient le score le plus faible est toujours la suivante : « Quand les performances individuelles s'avèrent insatisfaisantes, la compagnie en tire les conséquences. »

En 2001, 75 % seulement de nos cadres étaient d'accord avec cette phrase – réponse en amélioration par rapport à celle de 1999, où le « oui » n'avait obtenu que 66 %. Le niveau de satisfaction sur ce point contraste fortement avec les scores exceptionnellement élevés obtenus par les autres questions de l'enquête. (Par exemple : « Ma carrière chez GE a eu un impact favorable sur moi et sur ma famille. » – plus de 90 % de réponses favorables.) Ces résultats montrent très clairement l'importance de la différentiation à tous les niveaux de la compagnie ; ils montrent aussi que notre personnel souhaite une approche encore plus franche et déterminée.

Au cours des Sessions C, dans les sites les plus importants, nous organisions toujours une réunion d'au moins une heure avec les responsables syndicaux. Nous voulions nous connaître mutuellement et savoir ce qui les préoccupait.

Notre respect mutuel, à tous les niveaux, était réel et profond. La différence philosophique la plus importante entre nous, c'est que j'avais le sentiment que si nous faisions bien notre boulot, nos salariés n'avaient pas besoin de faire défendre leurs intérêts par un syndicat. Ce point de vue suscitait toujours une réaction très vive des dirigeants syndicaux, qui acceptaient mal que nous résistions à leurs efforts d'organisation. Mais nos divergences ont toujours été ouvertes. Il n'y a jamais eu de priorités cachées entre nous et GE n'a pas connu une seule grande grève en plus de vingt ans.

Sur le front social au sens le plus large, mon prédécesseur, Reg Jones, avait dirigé un groupe de travail paritaire comportant une dizaine de responsables syndicaux et une dizaine de PDG. Dans les années 1970, l'AFL-CIO y était représentée par George Meany et Lane Kirkland. Cette idée me plaisait et j'ai partagé la direction du groupe d'abord avec Lane Kirkland, puis avec John Sweeney. John et moi pouvons tous deux être des Irlandais têtus, mais j'ai toujours eu le sentiment que nous partagions un respect mutuel authentique. Nous avons essayé de trouver des accords sur des sujets comme la santé, le commerce et l'éducation. Si le groupe n'a obtenu que des succès marginaux sur les questions de politique générale de l'entreprise, au fil de nos nombreuses réunions, nous avons bénéficié d'une meilleure compréhension de nos positions respectives.

Notre façon de traiter les syndicats n'est pas différente de notre attitude à l'égard de notre personnel. On m'a souvent demandé comment la culture GE peut fonctionner dans d'autres pays, dans des contextes culturels totalement différents. La réponse est toujours la même : il faut traiter les gens avec dignité et les écouter. Ce message-là passe dans le monde entier.

J'ai toujours trouvé qu'il n'y avait pas assez d'heures, dans une journée ou dans une année, à consacrer aux hommes. Rien, absolument rien, ne revêt autant d'importance à mes yeux. J'ai toujours essayé d'entraîner les managers, à tous les niveaux, à partager cette passion, à prendre conscience de leur responsabilité à cet égard. En effet, si je leur paraissais un grand bonhomme, ils jouissaient exactement du même prestige pour les hommes de leur usine ou de leur service. Il leur appartenait donc de transmettre la même énergie, la même motivation et le même sens des responsabilités à des gens à qui le nom de Jack Welch ne disait rien de particulier. Carolyn, mon ex-épouse, me rappelait toujours que j'avais travaillé dix ans chez GE avant de savoir qui en était le président. Je pressais donc tous nos dirigeants de se souvenir d'une chose essentielle : aux yeux de leurs propres hommes, le grand patron, c'était eux.

Tout le monde connaît la règle du jeu, chez nous, et chacun sait qu'elle s'applique aux plus grosses pointures comme aux autres. Témoin ce commentaire d'Andy Lack, président de NBC : « Jack et moi sommes amis depuis huit ans, nos femmes se voient sans arrêt. Mais si je prenais quatre décisions catastrophiques, je sais qu'il me virerait. Il me prendrait dans ses bras, me dirait qu'il est navré, mais il n'hésiterait pas à se débarrasser de moi. »

La performance avant tout.

# 12

# Crotonville, itinéraire d'une refondation

Le changement suscite toujours des résistances – et ce qui est perçu comme une révolution encore bien plus. À peine quinze jours après avoir été nommé président et avant même mon entrée en fonctions officielle, je me suis rendu à la réunion annuelle des directeurs de GE en Floride, comme je le faisais depuis 1968. Je savais pouvoir y rencontrer Jim Baughman, un universitaire barbu, ancien professeur à la Harvard Business School qui, après avoir travaillé un certain nombre d'années comme consultant pour GE, avait été nommé un an plus tôt directeur de Crotonville, notre centre de développement des cadres dirigeants.

Dès que je l'ai repéré, je l'ai saisi par la manche, je me suis présenté, et je suis rapidement passé au sujet qui m'intéressait.

« Nous allons changer des tas de choses chez GE, lui ai-je expliqué, et Crotonville est appelé à jouer un rôle essentiel. »

C'était effectivement une partie cruciale de mon plan. J'avais besoin de communiquer la logique du changement à un public aussi vaste que possible au sein de l'entreprise. Je ne pouvais pas rêver mieux que Crotonville. Ce campus de 25 hectares, dans l'État de New York, devait justement son existence à la nécessité de « faire passer » un tournant antérieur dans la politique de management de GE – la décentralisation. C'est effectivement dans cette perspective que Ralph Cordiner, l'un de mes prédécesseurs, l'avait fait construire vers la fin des années 1950.

Des milliers de managers GE y avaient alors appris à gérer leur entité comme un centre de profits. De nombreuses années durant, les instructeurs du centre y avaient enseigné un programme fondé sur ce qu'on appelait les «livres bleus», près de 1500 pages de conseils. Des milliers de directeurs généraux avaient été formés à cette bible dont les commandements étaient les principes du POIM (Planifier-Organiser-Intégrer-Mesurer).

Une fois la décentralisation mise en place, Crotonville avait été utilisé moins comme un centre de formation au leadership que comme un forum destiné à dispenser des formations techniques ou à communiquer des messages importants en temps de crise. Pendant les années 1970, au moment où la hausse constante du prix du pétrole alimentait une inflation galopante, Reg avait envoyé des centaines de dirigeants y suivre des séminaires portant sur le management en période d'inflation.

En 1980, les installations avaient beaucoup vieilli et Crotonville avait perdu le plus clair de son prestige. Les formations étaient ouvertes à tous, et la qualité des participants variait beaucoup. Une bonne partie de nos futurs dirigeants ne prenait pas la peine de s'y inscrire : sur les sept candidats à la succession de Reg, deux seulement avaient suivi le programme de management général, qui durait plusieurs semaines. Pour ma part, je m'étais contenté de huit jours de cours de marketing à la fin des années 1960. J'avais apprécié la qualité de l'enseignement, mais avais trouvé l'hébergement plus que médiocre. En 1981, Crotonville était fatigué, vraiment très fatigué.

Je voulais lui donner un second souffle, y créer un environnement ouvert où l'on pourrait diffuser et échanger des idées sans passer par la voie hiérarchique. Je souhaitais entrer en contact direct avec les managers au cœur même de l'entreprise, sans que mon message ne soit interprété entre temps par leurs patrons et les patrons de leurs patrons.

Mais si le centre de Crotonville devait ainsi servir de courroie de transmission du changement, il devait commencer par changer lui-même. Quelques semaines plus tard, Jim Baughman est venu déjeuner avec moi à Fairfield. Trois heures durant, nous avons travaillé à définir son avenir. Je voulais tout changer : les étudiants, le corps enseignant, les programmes et l'apparence physique du lieu. Je souhaitais abandonner les formations fonctionnelles spécifiques afin de concentrer tous les efforts sur le développement des dirigeants. Je voulais pouvoir y toucher l'esprit et le cœur de nos meilleurs éléments, y couler le ciment qui assurerait notre cohésion pendant la mutation.

J'ai expliqué à Jim que je ne voulais y voir que de forts potentiels. Cela supposait d'être en mesure de les accueillir dignement et donc d'engager des investissements au moment même où nous traversions une mutation douloureuse. Nous avons commencé par la rénovation immédiate du grand amphi, puis nous avons construit un héliport afin d'écourter les trajets de notre équipe de direction (Crotonville est à une heure de voiture de Fairfield). J'ai demandé à Jim d'expliquer le projet au Conseil. Il l'a fait en juin 1983, mentionnant au passage qu'il nous faudrait 46 millions de dollars pour construire une résidence destinée aux stagiaires. Jim se souvient que lorsque j'avais regardé sa présentation, avant qu'il ne la fasse au Conseil, j'avais barré d'une grande croix le dernier transparent, sur lequel il avait analysé les retombées positives. Et j'avais griffonné en travers «Infinies», car j'étais intimement convaincu que le retour sur investissement se prolongerait très longtemps.

Le départ s'est avéré un peu laborieux. Ma première session avec un groupe de stagiaires s'est déroulée comme tant d'autres réunions auxquelles j'ai participé au début de ma présidence. Nous n'étions pas encore installés à Crotonville. Au cours de leur stage de quatre semaines, on m'amenait donc en autocar le contingent de cadres dirigeants en formation pour la «soirée avec le président». Au mois de juin 1981, je me suis ainsi trouvé face à cinquante managers dans l'auditorium du siège. Nous étions tous en costume et en cravate. Les stagiaires étaient assis aux premiers rangs, le personnel de la DRH au fond. Ce soir-là, j'ai abordé mes thèmes favoris : la stratégie du numéro un ou numéro deux et mon désir de changer l'ambiance de la compagnie.

Après quoi je les ai invités à me poser des questions. Il y en a eu quelques-unes, mais aucune n'exprimait la moindre velléité de contestation. Pourtant, deux tiers au moins des stagiaires semblaient dubitatifs, je le voyais sur leur visage.

Pour être honnête, je suis sûr que je les intimidais énormément. Il faut se mettre à leur place, coincés entre moi, qui faisais les cent pas sur l'estrade en menaçant de restructurer, de vendre ou de fermer leur lieu de travail et, au dernier rang, les gens de la DRH, qui avaient la haute main sur leur carrière. Il y avait de quoi être tendu. Les rares participants qui avaient déjà eu maille à partir avec la bureaucratie ont été les seuls à apprécier cette soirée.

Tout compte fait, je n'avais réussi qu'à semer la crainte et la confusion dans les esprits, et, en y réfléchissant, j'ai compris pourquoi. La GE qui les avait recrutés était différente, plus traditionnelle que celle dont je leur parlais en ne trouvant pas toujours les mots qu'il fallait, contribuant ainsi moi-même à émousser l'impact de mon message. Je bombardais ces pauvres gens d'une avalanche de thèmes comme l'excellence, la qualité, l'esprit d'entreprise, l'appropriation, la nécessité de regarder la réalité en face et d'être numéro un ou numéro deux – mais la seule chose qui les préoccupait, c'est qu'ils risquaient de perdre leur poste.

J'ai continué à recevoir ainsi des groupes de stagiaires à l'auditorium de Fairfield, faisant suivre l'exposé et les questions d'un court cocktail. Peu à peu, l'ambiance s'est améliorée. Mais c'était dur.

L'humeur de la compagnie fluctuait en fonction des articles que la presse nous consacrait et du cours en Bourse de notre titre. Un article positif faisait toujours remonter le moral, tandis qu'un papier critique relançait les cyniques gémissants.

En janvier 1982, le magazine *Fortune* nous a fait l'honneur d'un jugement très favorable. Moins de six mois après, je prenais la claque avec « Neutron Jack ». En mars 1984, le magazine *Forbes* nous consacrait un article dithyrambique. J'étais avec Henry Kissinger quand on me l'a remis. Il a trouvé cela sensationnel. Venant de Henry, qui avait une longue habitude des médias, c'était un beau compliment. Mais je n'ai pas eu le loisir de m'endormir sur mes lauriers : cinq mois plus tard, *Fortune* affirmait que j'étais le « patron le plus dur d'Amérique ».

Dans les médias, au moins, je passais du prince au porc – et vice versa – à toute vitesse.

Heureusement, Wall Street était de mon côté. Le titre GE, qui stagnait depuis des années, s'est mis à décoller, renforçant l'idée que nous étions sur la bonne voie. Pendant de nombreuses années, ce n'était pas le pactole de posséder des stock options. En 1981, quand je suis devenu président, le total des gains réalisés en les exerçant ne s'élevait qu'à 6 millions de dollars. L'année suivante, le chiffre a bondi à 38 millions, pour atteindre 52 millions de dollars en 1985.

Pour la première fois, nos collaborateurs commençaient à ressentir dans leur compte en banque que les choses se passaient bien. La vague d'achats avait commencé.

En 1984, j'ai commencé à me rendre à Crotonville à l'occasion de chacun de nos trois stages de direction générale. Nous avions repensé leur contenu. Auparavant, ils reposaient sur des études de cas pris dans d'autres entreprises. Dorénavant, on y étudierait de vrais problèmes se posant chez GE. Jim Baughman avait recruté Noel Tichy, professeur de management très novateur de l'université du Michigan, qui contribua beaucoup à l'élaboration du nouveau programme. Il assuma avec un enthousiasme extraordinaire la direction de Crotonville de 1985 à 1987 et y introduisit l'« apprentissage par l'action ».

Crotonville proposait toute une gamme de stages, de l'orientation des nouveaux arrivés à des programmes fonctionnels spécifiques. Trois modules concernaient spécifiquement le leadership : EDC (pour *Executive Development Course*), destiné aux forts potentiels, BMC (pour *Business Management Course*), destiné aux cadres moyens, et MDC (pour *Management Development Course*), destiné aux gros calibres en début de carrière.

Ce dernier durait trois semaines et nous en organisions six à huit par an ; Crotonville voyait donc défiler chaque année 400 à 500 jeunes stagiaires MDC, qui travaillaient dans une atmosphère scolaire.

Le concept d'apprentissage par l'action de Tichy, qui consistait à travailler sur de vrais problèmes, devint le cœur des stages plus avancés, BMC et EDC. Les projets se centraient sur un pays, une grande activité de GE ou les progrès accomplis dans le groupe concernant les grandes initiatives, comme la qualité ou la mondialisation. (Il est d'ailleurs intéressant de noter que nous avions un stage à Berlin le jour de la chute du mur et un à Pékin le jour de la manifestation de la place Tiananmen. Les stagiaires ont pu voir ces deux événements de leurs yeux et sont tous revenus enrichis de cette expérience.)

Nous organisions trois BMC par an, réunissant chaque fois une soixantaine de stagiaires, et un EDC auquel participaient les trente-cinq à cinquante de nos plus forts potentiels. Tous ces stages duraient trois semaines, les dates étant choisies de façon à ce que chaque groupe puisse présenter ses recommandations, en deux heures, à l'une des réunions trimestrielles du comité de direction (CEC, pour *Corporate Executive Council*). Ce dernier rassemble trente-cinq dirigeants de GE : les PDG de nos grandes entités opérationnelles et la direction générale du siège.

En fin de compte, les stagiaires servaient désormais de consultants internes à la direction générale. Les groupes étudiaient nos opportunités de croissance et la façon dont les autres entreprises les abordaient dans tous les pays développés ou en voie de développement du monde. Ils évaluaient la vitesse et l'efficacité avec lesquelles nos quatre grandes initiatives étaient mises en œuvre. Ils sont toujours parvenus à des conclusions réellement intéressantes qui ont débouché sur des décisions pratiques. Non seulement nous avons bénéficié de conseils remarquables, élaborés par des hommes de l'intérieur vraiment intéressés à la réussite de GE, mais ces stages ont permis à nombre de leurs participants de tisser des liens durables avec des collègues venant d'autres horizons de GE.

Il est vite devenu évident qu'être appelé à y participer était un signe de réussite. Un stage BMC supposait d'avoir obtenu le feu vert du patron de la branche. Pour EDC, il fallait ceux de Bill Conaty, notre DRH, des présidents adjoints et de moi-même. Dans un cas comme dans l'autre, la sélection commençait par une proposition étudiée en Session C.

Au milieu des années 1980, les visages et les dialogues ont commencé à se détendre. Il faut dire que le recrutement avait énormément changé. À partir de 1989, nous avons offert des stock options à un plus grand nombre de managers et j'ai pris l'habitude de demander, à la séance inaugurale, combien de stagiaires en avaient reçu. Au début, moins de la moitié d'entre eux levait la main. J'annonçais ensuite que j'avais de bonnes nouvelles pour tout le monde. Je félicitais d'abord les titulaires de stock options, leur disant que c'était la preuve qu'ils étaient vraiment des « A », que le cours se tenait bien, et que si nous continuions sur cette lancée de bonnes performances, leurs stock options leur permettraient d'empocher des sommes substantielles. Les autres, qui n'avaient jamais vu une stock option de leur vie, se demandaient ce que j'allais leur annoncer.

« J'ai une bonne nouvelle aussi pour ceux qui n'ont pas de stock options. Vous savez maintenant que votre patron n'est pas franc du collier. S'il vous envoie ici, c'est qu'il vous considère comme un excellent élément, mais nos meilleurs éléments ont tous des stock options. Vous devriez aller le trouver et lui demander pourquoi vous n'en avez pas. » Le plus curieux, c'est que nombre d'entre eux ne le faisait pas, car ils savaient fort bien, en réalité, où ils en étaient.

En 1991, nous avons décidé que les participants à nos trois modules de haut niveau devaient tous être titulaires de stock options. Tous les collaborateurs de niveau A devaient en avoir, et tous devaient aller à Crotonville.

En 1995, j'ai lu un article dans *Fortune* qui expliquait comment PepsiCo enseignait le leadership à ses dirigeants. Il s'agissait de demander aux membres de la direction générale de prendre, chacun leur tour, la responsabilité d'un stage. Ils avaient tous déjà enseigné, mais très sporadiquement. Le modèle Pepsi donna à nos stagiaires l'occasion de voir de près nos dirigeants les plus prestigieux et à ces derniers celle de prendre le pouls de la compagnie. Aujourd'hui, 85 % des enseignants de Crotonville sont des leaders de GE.

En 1986, la modernisation physique de Crotonville était achevée. Nous disposions d'une nouvelle résidence et de nouvelles salles de cours. Mais le plus important, c'est que les hommes et les femmes qui les fréquentaient avaient réellement changé. Ils étaient plus énergiques et beaucoup plus susceptibles de poser des questions gênantes.

Au total, il a bien fallu dix ans pour que la majeure partie du personnel comprenne vraiment ce que j'attendais d'eux. Ces dix dernières années, l'amphi n'a vu défiler que des gens motivés à fond, aux visages jeunes et très différents les uns des autres. Leurs questions sont intelligentes et difficiles – pour moi comme pour eux.

Crotonville est aujourd'hui une réserve d'énergie, une bourse à idées.

Tout bien réfléchi, mon vrai métier, c'est d'enseigner. J'ai toujours aimé ça. Après ma thèse, j'ai même postulé pour des postes en université. Au cours de mes premiers jours chez GE, j'ai donné des petits cours de maths à Pete Jones, l'un de mes techniciens, que je retrouvais dans mon bureau à l'heure du déjeuner. Ayant repéré qu'il était intelligent, je voulais l'aider à reprendre ses études.

Pete vous dirait que je n'étais pas très patient. Il m'arrivait de lui jeter la craie à la figure s'il ne comprenait pas les formules que j'écrivais sur le tableau noir de mon bureau. Mais, malgré tout, ça a marché. Pete a quitté GE, passé son diplôme, puis enseigné trente ans dans les écoles de Pittsfield.

Il n'est donc pas étonnant que je sois devenu accro de Crotonville. J'y ai passé un temps considérable. Une ou deux fois par mois, je me retrouvais dans le grand amphi pour une séance qui pouvait durer jusqu'à quatre heures. En vingt et un ans, j'ai ainsi pu rencontrer directement près de 18000 leaders de GE. Ces petites expéditions étaient toujours pour moi des bains de jouvence. C'était aussi l'une de mes activités préférées.

Je n'y allais pas pour monopoliser la parole. Ce que j'aimais, c'était les échanges largement ouverts. Les stagiaires m'en ont appris autant que je leur en apprenais. Je suis devenu une espèce de facilitateur, aidant chacun à apprendre de ses condisciples. J'apportais quelques idées à toutes les séances, et nos échanges les enrichissaient. Je tenais à ce que tout le monde réagisse, au besoin par la contradiction. Ces dix dernières années, ils ne se sont pas gênés.

Parfois, avant de venir, j'envoyais une petite note manuelle précisant les points que je souhaitais aborder pendant la séance. Je demandais en général aux MDC de réfléchir en groupe à un certain nombre de questions :

« Y a-t-il, au quotidien, des choses qui vous exaspèrent ? Dans quelle mesure puis-je faire quelque chose à ce sujet ? »

« Y a-t-il quelque chose que vous n'appréciez pas dans votre carrière chez GE, quelque chose que vous aimeriez voir changer ? »

« Êtes-vous impliqué dans la mise en œuvre de notre politique qualité ? Comment l'accéleriez-vous dans votre domaine, votre secteur, et au sein de la compagnie ? » Je posais mes questions dans une perspective différente aux stagiaires EDC : je leur demandais ce qu'ils feraient s'ils prenaient le lendemain les commandes de GE.

« Que feriez-vous les 30 premiers jours ? Avez-vous une "vision" de notre avenir ? Présentez-en une ébauche aussi affinée que possible. Comment envisagez-vous de la développer, puis de la "vendre" ? Sur quel socle existant tenteriez-vous de bâtir quelque chose ? Quelles pratiques actuelles jetteriez-vous par-dessus bord ? »

Je demandais également à chacun de réfléchir à un dilemme auquel il avait été confronté, en tant que leader, au cours des douze derniers mois, par exemple une fermeture d'usine, une délocalisation, un licenciement difficile, la cession ou l'acquisition d'une activité. Pour lancer ces discussions et les mettre à l'aise, je parlais de ma propre expérience. L'une de mes anecdotes préférées portait sur un dîner, en novembre 1997, avec Phil Condit, le PDG de Boeing. Nous tentions à l'époque de décrocher un contrat de plus d'un million de dollars pour fournir les moteurs du 777, le nouveau long courrier de Boeing.

Les équipes de GE et celles de Boeing avaient déjà beaucoup travaillé à la sélection du moteur pour la version long courrier du Boeing 777. Phil était parfaitement au courant. Je lui ai tout de même expliqué en quoi notre moteur était le meilleur et pourquoi il ne trouverait pas de partenaire aussi valable que GE. Il a écouté très attentivement, m'a posé quelques questions, et terminé la conversation par une grande nouvelle.

« Écoute, le contrat, vous l'avez, me dit-il. Mais tu vas me promettre quelque chose. Ne le dis pas à tes hommes. Je tiens à ce que la négociation se poursuivre en toute bonne foi. »

10/22/96

MDC Class.

I look forward to seeing you on what appears to be a full Monday for you. I know you will enjoy interacting with the BOD.

I have a few thoughts for you to think about prior to our session.

As a class (perhaps in three sections)

(A) What are the major frustrations you deal with on a daily basis that
- You or your immediate leader can confront
- I can help with

(B) What are the three best things about a GE career.

(C) What don't you like about a career in GE that you would like to see changed.

Individually –

(A) Are you experiencing the Quality initiative... How would you accelerate it in your area? your business? the Company.

Jack

J'ai accepté. Au cours des deux à trois mois suivants, nos négociateurs m'ont téléphoné à plusieurs reprises : ils avaient dû accorder à Boeing des concessions supplémentaires sur le prix, promettre de participer davantage au développement… J'étais sur des charbons ardents. Mais il eût été impensable de révéler le contenu de ma conversation avec Phil.

Ils continuaient donc indéfiniment à faire cadeau sur cadeau à Boeing. Nous sommes ainsi arrivés au dernier jour de la négociation, Boeing tentant encore de nous extorquer une dernière concession. J'ai craqué, pris mon téléphone et appelé Phil.

« Phil, je suffoque. Je ne peux plus rester là sans rien dire. Il faut absolument que tu me délies de ma promesse.

– C'est bon, m'a-t-il répondu. Dis à ton équipe de dire non. Ils ont le contrat. »

Je leur ai parlé aussi d'un autre dilemme, la décision, à la fin des années 1990, de transplanter au Mexique la production de réfrigérateurs. Économiquement, elle était clairement justifiée. Mais, d'un autre côté, le syndicat avait montré une immense bonne volonté, tant au niveau national que sur place, à Louisville, pour nous aider à améliorer la compétitivité de nos usines américaines.

D'un point de vue purement opérationnel, les chiffres imposaient la délocalisation. Nous fabriquions d'autres produits à Louisville et la direction nationale du syndicat faisait tout pour coopérer avec nous. Finalement, nous avons décidé de conserver la production d'une ligne de réfrigérateurs à Louisville, ce qui permettait de sauver environ 900 emplois. J'ai expliqué à mes stagiaires que ce geste avait été apprécié à sa juste valeur par le syndicat, de sorte que cette décision allait nous aider à devenir plus compétitifs à Louisville. Il n'en demeure pas moins que ce n'avait pas été évident de prendre une décision contraire aux chiffres.

Je leur racontais ces épisodes et d'autres du même genre, invitant chacun des participants à réfléchir aux questions éthiques et de leadership que cela posait. Ensuite, je demandais à l'un des stagiaires dont je savais qu'il venait de vivre un problème difficile de nous en parler. Les vannes s'ouvraient alors. Ces discussions personnelles ont été parmi les moments les plus riches que j'ai passés à Crotonville. Tous les participants quittaient la salle en sachant qu'ils n'étaient pas les seuls à être confrontés à des situations difficiles.

Pour les stages de premier niveau, les MDC, je commençais par demander à chaque stagiaire de se présenter, consacrant à cette prise de contact personnelle la première des quatre heures que nous allions passer ensemble. Ensuite, je les écoutais expliquer ce qu'ils aimaient ou détestaient chez GE et ce qu'ils changeraient s'ils étaient à ma place.

Crotonville est aussi devenu le lieu idéal pour clarifier les confusions nées à l'occasion de telle ou telle grande initiative. Dans les premiers temps de la mise en place de notre politique d'internationalisation, les stagiaires demandaient souvent s'il était indispensable de se voir confier un poste international pour continuer à progresser dans la maison.

« Bien sûr que non, leur répondais-je. Mais cela améliore vos chances et c'est une expérience enrichissante pour vous et pour votre famille. »

À l'époque où j'ai développé les services, les participants demandaient immanquablement si nous allions cesser nos activités de production. Réponse :

« Pour offrir de bons services, il faut commencer par avoir de très bons produits. »

Pendant la première phase de notre programme qualité Six Sigma, on m'a beaucoup demandé :

« Tout le monde doit-il avoir une formation de niveau ceinture noire au Six Sigma pour progresser chez GE ?

– Il est clair que cela ne peut que vous y aider, répondais-je. C'est une nouvelle façon de vous démarquer. »

Et, en 1999, quand nous avons lancé notre campagne pour promouvoir l'e-business, les stagiaires m'ont demandé si la formation ceinture noire au Six Sigma était toujours indispensable. Certains avaient tellement hâte de participer à la mise en place de la numérisation généralisée qu'ils n'avaient pas tellement envie d'investir deux ans dans leur formation au Six Sigma. Je leur répondais que le Six Sigma était un moyen de se différencier, comme des études supérieures, mais que la numérisation n'était qu'un outil, comme la lecture ou l'écriture, et que tout le monde l'utiliserait dans un avenir proche.

En général, après chacune de ces sessions, je me joignais au groupe pour prendre un pot avant de repartir au siège. Trois jours plus tard, j'avais sur mon bureau la réponse du groupe aux trois questions suivantes :

« Qu'avez-vous trouvé constructif et éclairant dans la présentation ? »

« Qu'avez-vous trouvé compliqué et ennuyeux ? »

« Que considérez-vous comme le plus important, dans ce que vous retirerez de ce stage ? »

Ces commentaires m'étaient utiles. Je savais qu'au début des années 1980, de nombreux managers étaient repartis désorientés et troublés. Je prenais donc toutes les remarques très au sérieux, essayant d'en faire bénéficier le groupe suivant. Je lisais attentivement tous les commentaires. Si la personne avait signé, je lui adressais parfois un petit mot, surtout si je me rendais compte que j'avais créé un malentendu.

Vers le milieu des années 1980, les réactions ont montré que l'adhésion était meilleure. Les stagiaires semblaient mieux comprendre la stratégie et la vision. Le problème, c'est que ce qu'ils m'entendaient dire ne coïncidait souvent pas avec ce que leur disait leur patron, ce dernier les prévenant parfois qu'ils entendraient beaucoup de bêtises à Crotonville. Au fin fond de l'organisation, il y avait en effet encore des poches de résistance.

À partir de 1988, Crotonville a vu passer environ 5000 collaborateurs de GE par an. Pourtant, les mêmes questions et les mêmes remarques revenaient indéfiniment. Les stagiaires adhéraient au message et à la vision que nous leur présentions, mais ils ajoutaient souvent : « Ce n'est pas comme ça que ça se passe dans notre coin. » Il fallait bien le reconnaître : malgré tout le mal que l'on se donnait, le message ne passait pas ou n'atteignait pas tout le monde.

Un après-midi, en septembre 1988, je suis reparti furieux de Crotonville. La session avait été particulièrement bonne. Les stagiaires nous avaient expliqué que lorsqu'ils voulaient changer les choses dans leur service ou dans leur usine, ils se heurtaient à un mur. J'ai alors pris conscience qu'il fallait introduire sur le lieu de travail des discussions aussi franches et passionnées que celles qui résonnaient entre les murs de Crotonville.

Dans l'hélicoptère qui me ramenait à Fairfield; Jim Baughman a dû subir mes lamentations : « Pourquoi ne pouvons-nous pas avoir partout l'ouverture d'esprit de Crotonville ? » Je ne lui ai pas laissé le loisir de répondre à ma question. Je savais ce que nous devions faire : « Il faut recréer des amphis à la Crotonville partout dans la compagnie. »

À l'arrivée, nous avions une ébauche de solution qui, quelques semaines plus tard, lorsqu'elle serait tout à fait développée, allait vraiment changer les règles du jeu chez GE. C'était le futur Work-Out.

Les stages de Crotonville marchaient bien parce que les gens se sentaient libres de s'exprimer. Techniquement, c'est vrai, j'étais leur « patron », mais je n'avais que peu ou pas d'impact sur leur carrière – surtout s'ils n'étaient que cadres moyens. Il fallait créer le même genre de discussion, la même atmosphère, dans tout GE. Évidemment, il ne fallait pas que ce soit le patron qui dirige les sessions, car il connaîtrait tout le monde dans la pièce et cela modifierait la dynamique – l'ouverture serait plus difficile.

Nous avons alors eu l'idée de faire intervenir des facilitateurs qualifiés, extérieurs à GE, essentiellement des universitaires qui n'auraient de comptes à régler avec personne. Des groupes de quarante à cent collaborateurs seraient invités à partager leur point de vue sur leur activité et à expliquer si la bureaucratie les gênait, en précisant si c'était au niveau des approbations, des rapports, des réunions ou des statistiques à fournir.

Le principe directeur de Work-Out consistait à éliminer du système toutes les tâches inutiles. Dans cette perspective, toutes nos entités organiseraient vraisemblablement des centaines de Work-Outs. C'était une vaste entreprise.

En général, l'opération durait deux ou trois jours. Cela commençait par une présentation du patron du service ou de l'atelier, ce dernier proposant un défi ou donnant les grandes lignes de l'ordre du jour, puis quittant la pièce. En son absence, mais avec l'aide d'un facilitateur, on demandait aux salariés de recenser les problèmes, de discuter de solutions éventuelles et de se préparer à convaincre leur patron quand il reviendrait. Les intervenants neutres recrutés à l'extérieur par Jim Baughman ont énormément facilité les échanges entre les salariés et leur patron.

La vraie nouveauté, c'est que nous demandions à ces derniers de prendre une décision immédiate concernant chaque proposition. Ils devaient répondre par oui ou par non à au moins 75 % des idées. Si la décision ne pouvait pas être prise immédiatement, on prenait date, mais il était hors de question d'enterrer les propositions. Quand les gens ont vu que leurs idées étaient immédiatement appliquées, le Work-Out est vraiment devenu une bombe anti-bureaucratie.

Je n'oublierai jamais une session d'avril 1990, dans notre département électroménager. Nous étions une trentaine de personnes dans une salle de conférences de l'Holiday Inn local. Un ouvrier syndiqué était au beau milieu d'une présentation où il montrait comment on pouvait rationaliser la fabrication des portes de réfrigérateurs. Il décrivait une partie du process, qui se déroulait au premier étage de la chaîne.

Tout à coup, le patron du syndicat local s'est levé et l'a interrompu.

« N'importe quoi… Tu ne sais pas de quoi tu parles. Tu n'y as jamais mis les pieds. »

Saisissant un feutre, il s'est mis à écrire sur le tableau blanc. En moins de temps qu'il n'en fallait pour le dire, il avait pris le relais et trouvé la solution, qui fut acceptée immédiatement.

C'était absolument époustouflant de voir ces deux syndicalistes se crêper le chignon au sujet d'une amélioration de process. De jeunes diplômés aux prises avec le même problème n'auraient eu aucune chance de s'en sortir. Nous avions devant nous les gens qui le connaissaient pour l'avoir vécu, et c'était eux qui nous aidaient à améliorer les choses.

Dans ces conditions, il n'est pas étonnant que les gens aient commencé à oublier leur rôle officiel. Tout le monde, partout, s'est mis à dire ce qu'il avait à dire. Des histoires comme celle-ci, il y en a eu des centaines, dans l'ensemble de l'entreprise. Vers le milieu de 1992, plus de 200 000 salariés de GE avaient participé à des séances de Work-Out. La logique du programme a été admirablement résumée par un ouvrier de l'électroménager, d'une quarantaine d'années : « Vous avez payé mes mains, pendant vingt-cinq ans. Mais vous auriez pu avoir la tête avec, gratuitement. »

Les Work-Out ont confirmé ce que nous savions déjà, à savoir que ce sont les personnes les plus proches du travail qui le connaissent le mieux. Le point de départ de presque toutes les bonnes choses qui sont arrivées dans la compagnie, c'est la libération d'une équipe, d'une activité ou d'un individu. Et le Work-Out en a libéré beaucoup. Cette idée toute simple, qui a germé à Crotonville, nous a aidés à créer une culture telle que chacun comprenait qu'il avait un rôle à jouer, que les idées de tout le monde comptaient, une culture où les dirigeants dirigeaient au lieu de se contenter de contrôler. En jouant les entraîneurs – et non plus les Père Fouettard – ils ont obtenu de meilleurs résultats.

Crotonville a fini par devenir un véritable creuset pour tous ceux qui voulaient apprendre quelque chose. Nos meilleurs professeurs, c'était nos stagiaires. Grâce au travail qu'ils ont accompli au centre et sur le terrain, ils ont appris aux dirigeants de la compagnie et ils se sont mutuellement appris qu'il y a souvent une meilleure façon de résoudre le problème.

Crotonville est devenu notre usine la plus importante. Nous n'allions pas tarder à en améliorer la productivité grâce à une idée qui changerait définitivement notre entreprise.

13

# La libre circulation des idées

Décembre 1989. Je suis à la plage, à la Barbade, avec Jane, ma seconde épouse – nous faisons notre voyage de noces avec un peu de retard (nous nous sommes mariés en avril). Et, comme d'habitude, je finis par lui parler boulot. Je ne suis pas sûr que ce soit terriblement romantique, mais cela l'intéresse.

Le Work-Out a remarquablement réussi. C'est une arme merveilleuse pour botter les fesses à la bureaucratie. Les idées affluent et se propagent plus vite dans l'ensemble de la compagnie. Mais ce que je cherche maintenant, sous mon parasol, c'est une façon de décrire ce processus, quelque chose qui parle à tout le monde – et qui fasse passer le partage des idées à la vitesse supérieure.

Jane me sert de cobaye. Comment instiller dans la tête de chacun de nos salariés la capacité intellectuelle de tous leurs collègues, c'est-à-dire plus de 300 000 personnes ? Imagine, lui dis-je, un dîner réunissant huit invités particulièrement brillants, sachant tous quelque chose de différent. Tu te rends compte du progrès, pour chacun, s'il y avait un moyen de transférer le meilleur de ses idées à chacun des autres convives ? Voilà ce que je cherchais.

Je n'avais jamais passé Noël aux Antilles – évidemment, ça change un peu ! Quand j'ai vu le Père Noël sortir d'un sous-marin, à quelques encablures du sable, cela m'a sans doute procuré le choc psychologique dont j'avais besoin. Toujours est-il que c'est ce jour-là que j'ai eu l'idée qui allait m'obséder pendant les dix années suivantes.

Pauvre Jane ! J'étais lancé, rien ne pouvait plus m'arrêter : je ne cessais de lui parler de toutes les entraves que les séances de Work-Out faisaient voler en éclats, les unes après les autres. Tout à coup, une expression m'est venue à l'esprit : la libre circulation des idées. C'était l'image même de GE telle que je la rêvais. Cette expression s'est mise à me trotter dans la tête.

Aussi futile que cela puisse paraître, j'avais l'impression d'avoir fait une grande découverte. Une semaine plus tard, obnubilé par cette nouvelle idée fixe, je suis allé directement des Barbades à Boca, en Floride, où se tient traditionnellement, en début d'année, la réunion annuelle de direction que je termine toujours en proposant quelques défis à relever. Cette fois, les cinq dernières pages de mes gribouillages ne parlaient que libre circulation des idées. Comme d'habitude, mon enthousiasme confinait à la frénésie. Je savais désormais que lorsque l'on tient à faire passer une idée, il ne faut jamais avoir peur d'en faire trop, faute de quoi il ne se passe rien.

En conclusion, j'affirmais que la libre circulation des idées ferait « toute la différence entre GE et le reste du monde des affaires dans les années 1990 ». (Cette vision ne m'inspirait pas la moindre fausse modestie, comme vous voyez !) La compagnie décloisonnée que je voyais aurait supprimé toutes les barrières entre les diverses fonctions : études, fabrication, marketing et le reste. Elle ne ferait aucune distinction entre les opérations sur le territoire national et à l'étranger. Cela voulait dire que nous nous sentirions aussi à l'aise à Budapest ou à Séoul qu'à Louisville ou à Schenectady.

Une entreprise pratiquant cette libre circulation abattrait aussi les remparts la séparant du monde extérieur, intégrant ainsi ses fournisseurs et ses clients en un processus unique. Elle dynamiterait les murs moins visibles du sexe et de la race. Elle ferait passer l'équipe avant l'ego individuel.

Depuis toujours, GE faisait honneur aux inventeurs ou aux auteurs de bonnes idées. Désormais, nous ferions des héros des individus qui reconnaîtraient et développeraient une bonne idée, et non plus seulement de ceux qui l'avaient eue. On encouragerait ainsi les leaders à cesser de s'en attribuer tout le mérite, mais à le partager avec leur équipe.

La libre circulation nous ouvrirait également aux meilleures idées et pratiques des autres entreprises. Nous avions déjà attaqué le syndrome du NIH « *Not Invented Here* » (Ça ne vient pas d'ici) en exploitant des concepts

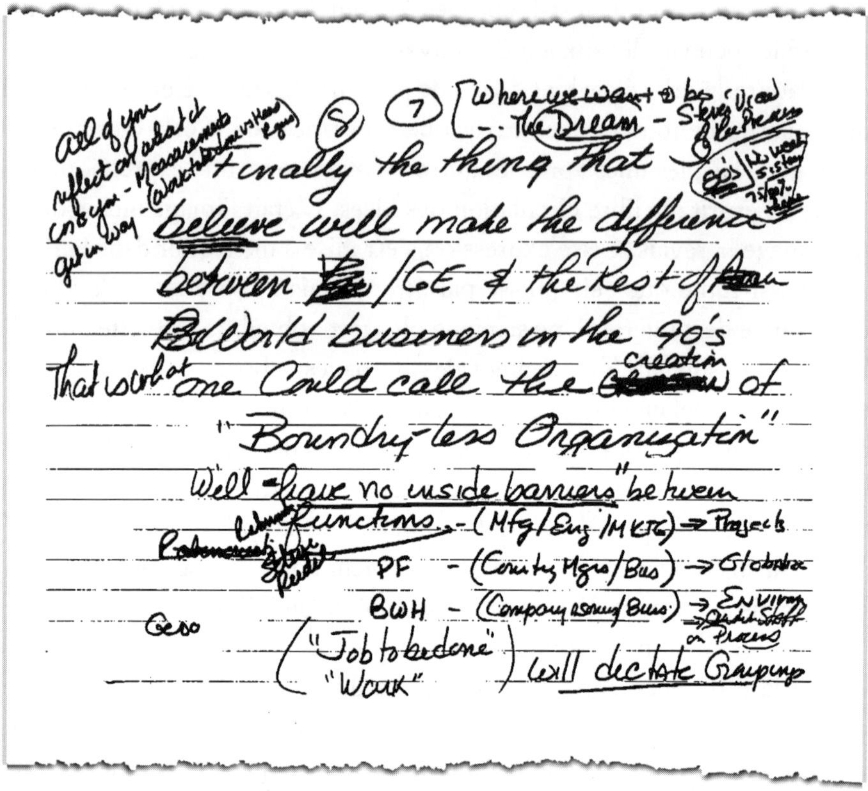


tels que le Kanban japonais, précurseur du juste à temps. Nous irions désormais beaucoup plus loin. Chacun de nous se réveillerait tous les matins avec un objectif : « *Finding a better way every day* » (Trouver chaque jour une meilleure approche). Cette phrase allait d'ailleurs devenir un slogan qui serait affiché sur les murs des usines et des bureaux de GE dans le monde entier.

Ce principe a donné un nouvel élan à la culture de l'apprentissage dont le Work-Out venait de jeter les bases. En 1990, nous commencions déjà à partager d'une division à l'autre. L'expression « libre circulation des idées » nous permettait simplement d'exprimer ce mouvement et d'en faire une partie intégrante de notre vie quotidienne. Nous en parlions à toutes les réunions. Nous l'utilisions presque en blaguant, pour embarrasser une personne qui se refusait à partager une idée ou un manager qui ne voulait pas laisser partir un bon élément vers une autre division. Il se trouvait alors toujours quelqu'un pour lui demander en riant : « C'est comme ça que pratiques la libre circulation ? » Ils m'avaient admirablement compris.

En 1991, nous avons commencé à introduire ce critère dans notre processus d'évaluation des dirigeants, en Session C. Tous les cadres supérieurs de la compagnie ont donc été jugés bons, moyens ou faibles en la matière, en fonction de l'appréciation de leurs pairs et, plus tard, de celle de leurs patrons. Une «bulle» à côté d'un nom signifiait que la personne avait intérêt à changer vite, sinon c'était la porte. Chacun a très vite su comment il se situait par rapport à cette valeur et, très vite, tout le monde a pris conscience de l'importance qu'elle revêtait désormais.

En 1992, à Boca, j'ai fait quelque chose qui a vraiment donné vie à nos valeurs, y compris au libre échange des idées. Nous avons discuté des différents types de managers en fonction de leur aptitude à atteindre les objectifs tout en pratiquant les valeurs GE. J'en ai décrit quatre grandes catégories.

- Le type 1 tient ses engagements – financiers ou autres – et partage nos valeurs. Son avenir ne pose pas de problème.
- Le type 2 ne tient pas ses engagements et ne partage pas nos valeurs. Son avenir est aussi facile à prédire que celui du type 1, mais il implique une décision désagréable.
- Le type 3 ne tient pas ses engagements mais partage toutes nos valeurs. Nous avons estimé qu'il fallait lui accorder une seconde, voire une troisième chance, de préférence dans un environnement différent. J'ai vu des redressements spectaculaires.
- Le type 4 est le plus difficile à traiter pour nous tous. Il s'agit de l'individu qui tient tous ses engagements, réalise ses objectifs chiffrés, mais ne partage pas nos valeurs – du patron qui, au lieu d'inspirer ses subordonnés, en obtient des performances par la contrainte. C'est un autocrate, un tyran. Nous avons trop souvent fait semblant de ne pas nous en apercevoir. Je sais que cela m'est arrivé, personnellement.

En d'autres temps, c'était peut-être acceptable. Mais dans une entreprise où la libre circulation des idées allait devenir une valeur fondamentale, nous ne pouvions plus nous permettre de conserver parmi nous des dirigeants de type 4.

À Boca, devant un public de 500 personnes, j'ai expliqué pourquoi quatre cadres supérieurs (que je n'ai pas nommés) avaient été remerciés l'année précédente – alors qu'ils obtenaient de bonnes performances financières. Je me refusais à avoir recours au traditionnel «parti pour des raisons personnelles». Bien au contraire, je tenais à ce que tout le monde comprenne ce qui avait motivé leur départ.

« Si vous regardez autour de vous, ai-je commencé, vous constaterez que cinq des participants de l'an dernier ne sont plus parmi nous aujourd'hui. L'un d'entre eux n'avait pas atteint ses objectifs. Nous avons demandé aux quatre autres de quitter GE parce qu'ils ne pratiquaient pas nos valeurs. »

Je suis ensuite descendu dans le détail, expliquant que l'un de ces cadres dirigeants, ne croyant ni au Work-Out ni au partage des idées, ne pouvait donc en promouvoir la libre circulation. Un autre s'était avéré incapable de construire une équipe solide, le troisième se refusait à déléguer ses responsabilités, et le quatrième n'avait jamais compris la nécessité de travailler à l'international.

« Si je consacre tant de temps à cette question, c'est qu'elle est importante. Nous ne pouvons pas parler réalité, franchise, mondialisation, libre circulation des idées, vitesse et responsabilisation tout en conservant parmi nous des dirigeants qui n'adhèrent pas à ces valeurs. Nous devons tous y croire et le prouver quotidiennement par nos actions. »

On aurait entendu voler une mouche. Quand j'ai dit que nous avions remercié un cadre dirigeant essentiellement parce qu'il n'en faisait pas assez en termes de libre circulation des idées, cela a fait un choc. Le public pensait manifestement : « Ce n'est pas de la blague. Ils y croient vraiment. »

Tout à coup, *Finding a better way every day* a cessé d'être un slogan pour devenir l'essence même du comportement que nous attendions de nos collaborateurs. Nous venions de passer des années à travailler aux structures matérielles de GE – au moyen de restructurations, d'acquisitions et de cessions – la libre circulation des idées allait être le cœur de ce que nous appellerions plus tard l'architecture sociale de la compagnie.

Telles étaient les valeurs centrales de GE, celles qui nous différentiaient : nous insisterions toujours sur l'excellence, opposerions systématiquement une tolérance zéro à la bureaucratie. Nous rechercherions et appliquerions les meilleures idées, où qu'elles aient germé. Nous attacherions le plus grand prix à notre capital intellectuel et aux personnes qui nous l'apportent, dans quelque pays qu'elles se trouvent. Nous serions passionnément attachés à réussir auprès du client.

Plus de 5 000 cadres de direction ont travaillé à la mise en forme de nos valeurs à Crotonville, sur une période de trois ans. Nous les considérons comme tellement importantes que nous les avons fait imprimer sur des petites cartes de plastique et distribuer à l'ensemble du personnel, afin que tout le monde les ait toujours en poche.

**Les valeurs de GE**

***Nous tous… toujours avec une intégrité sans faille…***

- sommes passionnément attachés à réussir auprès du client ;
- vivons la qualité Six Sigma, nous assurant que le client en est toujours le premier bénéficiaire, et l'utilisons pour accélérer la croissance ;
- exigeons l'excellence et luttons contre la bureaucratie ;
- pratiquons le libre-échange des idées, recherchant sans relâche les meilleures, d'où qu'elles viennent, afin de les mettre en pratique ;
- attachons le plus grand prix au capital intellectuel et aux personnes qui le fournissent, quelles que soient leur nationalité ou leur race, et composons des équipes diverses pour le maximiser ;
- apprécions le changement pour les opportunités de croissance qu'il apporte, par exemple la numérisation ;
- créons une vision claire, simple, centrée sur le client… et repensons constamment son exécution ;
- créons un environnement tel que chacun se dépasse en s'amusant dans un climat de confiance et de simplicité… récompensons les améliorations et fêtons les bons résultats ;
- démontrons, toujours avec un enthousiasme contagieux pour le client, les quatre priorités du leadership GE : l'énergie, pour faire face à la vitesse du changement, l'aptitude à communiquer cette énergie… le mordant nécessaire pour prendre les décisions difficiles… et l'aptitude à exécuter.

Bref, nous voulions créer une culture privilégiant l'apprentissage, qui ferait de GE beaucoup plus que la somme de ses parties – incomparablement plus qu'un conglomérat. Depuis le premier jour de ma présidence, j'ai eu conscience que GE était autre chose qu'un portefeuille d'activités distinctes. J'avais d'ailleurs assez rapidement trouvé une formule pour illustrer l'avantage que GE retirerait du partage des idées d'une entité, d'un service à l'autre – je parlais « d'intégrer la diversité ». Mais ce n'était pas assez humain ni personnel. C'est incroyable ce qu'un mot ou deux peuvent faire ou ne pas faire.

Bien entendu, nous ne pouvions pas nous contenter d'un mot ou d'une phrase. Il fallait les adosser sur un système conçu de manière à provoquer ce libre-échange des idées. Pour commencer, il fallait changer la façon dont nous rémunérions nos meilleurs éléments. Dans le système antérieur, le bonus annuel était la grande récompense. Il reposait sur les performances de l'usine ou du service où travaillait la personne. Si elles étaient bonnes

– même si le reste de GE avait des résultats médiocres – les collaborateurs de ce service ou de cette usine touchaient leur bonus.

Je ne supportais pas cette idée que la compagnie puisse couler tandis que, dans certaines de ses entités, les gens encaissaient des primes grassouillettes. En outre, ce système n'encourageait pas le type de comportement que je souhaitais généraliser. Si nous voulions que toutes nos activités se transforment en laboratoires à idées, il nous fallait payer les gens de façon à renforcer ce concept.

Notre système de rémunération travaillait contre nous. Le jour où l'on a annoncé que je serais le prochain président de GE, j'avais des options sur 17000 actions de GE et j'avais réalisé des gains de moins de 80000 dollars – je recevais pourtant des stock options depuis douze ans. Imaginez le peu qu'avaient les autres dirigeants! En revanche, si monsieur X touchait un salaire annuel de 200000 dollars et que son centre de profits faisait une année exceptionnelle, il touchait un bonus qui pouvait aller jusqu'à 25 % de son salaire de base, soit 50000 dollars. Le bonus individuel dépassait donc largement la valeur des attributions de stock options. Je voulais que les résultats de l'ensemble de la compagnie et le cours du titre comptent plus aux yeux de nos salariés que les résultats de leur centre de profits.

En septembre 1982, j'ai proposé au Conseil d'augmenter le montant et la fréquence des attributions de stock options. Comme le marché s'est montré très coopérant, au début des années 1980, les gens ont vu les gains réalisés en Bourse dépasser de très loin tous les bonus qu'ils avaient jamais reçus en fonction des performances financières de leur affaire. Les cinq cents premiers cadres dirigeants à en profiter ont constaté que le partage des idées payait.

J'aurais dû faire plus et plus vite. J'ai attendu 1989 pour élargir le plan. Cette année-là, ce sont nos trois mille, et non plus nos cinq cents meilleurs collaborateurs, qui ont reçu des stock options. Aujourd'hui, 15000 de nos salariés en touchent tous les ans – et plus du double en possèdent déjà.

Ces modifications du plan d'attribution d'options et la bonne santé de la Bourse ont encouragé le partage des idées. En 1981, la valeur des options exercées pour l'ensemble du personnel de GE n'était que de 6 millions de dollars. Quatre ans plus tard, cette somme était passée à 52 millions de dollars. En 1997, 10000 salariés de GE ont exercé leurs options pour une valeur totale d'un milliard de dollars. En 1999, environ 15000 salariés en ont tiré 2,1 milliards de dollars. En 2000, environ 32000 salariés GE détenaient pour plus de 12 milliards de dollars d'options.

Les actions attribuées dans le cadre des plans d'épargne destinés aux salariés et par le biais des stock options font du personnel de GE son plus gros actionnaire.

Tous les vendredis, je recevais un listing des salariés ayant exercé leurs options et la taille des gains réalisés à cette occasion. C'était fantastique! Les options leur changeaient littéralement la vie, les aidant par exemple à financer les études supérieures de leurs enfants, à veiller au bien-être de leurs parents âgés ou à s'acheter une résidence secondaire.

Ce qui m'amusait le plus, c'était de repérer des noms que je ne connaissais pas. Il n'y avait pas que les gros poissons qui y gagnaient. La libre circulation des idées profitait à tout le monde.

L'actionnariat modifie les comportements – et, dans les années 1990, la modification de notre système de rémunération a imprimé un élan remarquable au lancement de la libre circulation. Mais ce n'était encore qu'un morceau du puzzle. Il fallait aller plus loin, faire remonter les meilleures idées et les diffuser rapidement au sein de l'organisation.

Nous avons fini par élaborer un véritable système d'exploitation des idées.

Comme toutes les entreprises, nous avions toujours eu une série de réunions – de stratégie, d'évaluation ou de suivi – à date plus ou moins fixe, tout au long de l'année. La libre circulation a fait figure de fil rouge entre toutes ces réunions, créant ainsi un système assurant un flux constant d'idées au sein de GE.

C'était un peu comme un jeu de construction dont chaque cube aurait été une idée : à chaque réunion, on partait de l'une pour la perfectionner, elle en faisait naître une autre, l'ensemble ne cessant de grandir en s'améliorant. Grâce à cette nouvelle dimension, on ne s'ennuyait plus, on n'avait plus l'impression de perdre son temps en salle de conférence. Les personnes récemment recrutées nous disent souvent que ce qui rend GE différente des autres sociétés, c'est ce déferlement constant d'idées venant se renforcer les unes les autres, réunion après réunion, sans relâche.

Le cycle démarre début janvier, à Boca, par la réunion des cinq cents cadres dirigeants les plus gradés de la compagnie. Nous y fêtons les meilleurs collaborateurs et les meilleures idées. Deux jours durant, des individus de tout niveau prennent la parole et, en dix minutes, nous exposent les progrès réalisés dans leur division sur telle ou telle de nos grandes initiatives. Pas de discours longs et ennuyeux, pas de récits de voyages, mais juste, et tout simplement, le transfert d'idées géniales. (On trouvera le programme 2001 en annexe.)

Vient ensuite le premier de nos comités trimestriels de direction (CEC, pour *Corporate Executive Council*) en mars, à Crotonville, dans une salle baptisée la « caverne ». Les patrons de chacune de nos divisions y font le point sur leurs opérations respectives et décrivent leurs réflexions les plus récentes concernant nos grandes initiatives. Chacun a le devoir tacite d'apporter une idée résolument novatrice et applicable aux autres unités.

En avril et en mai, la direction générale et Bill Conaty, notre directeur des ressources humaines, se rendent sur le terrain pour les Sessions C. Nous profitons de ces réunions d'évaluation au top niveau, souvent agressives, toujours d'une honnêteté brutale, pour voir où en est l'entité concernée par rapport à nos initiatives et vérifier le calibre des collaborateurs chargés de leur mise en œuvre.

Cela nous donne l'occasion de faire connaissance avec les plus brillants de nos jeunes collaborateurs. Pour eux aussi, c'est une occasion à ne pas manquer. Comme je le conseille toujours aux stagiaires de Crotonville : « Sautez sur les initiatives. C'est la meilleure façon de vous faire remarquer. »

Au mois de juillet, nous avons nos vidéoconférences de deux heures pour assurer le suivi des Sessions C. Il s'agit de voir si les changements de personnel dont nous sommes convenus en avril ont été faits. Si nous avions conclu que l'équipe chargée de la mise en place d'une initiative avait besoin d'être étoffée, cela doit avoir été fait avant la vidéoconférence de juillet.

En juin et juillet, les responsables de division viennent à Fairfield pour les réunions de stratégie, baptisées Session 1. Nous concentrons notre attention sur nos concurrents, en essayant d'anticiper leurs décisions et de nous en défendre à l'avance. C'est un jeu d'échecs, et nous partons du principe que nos rivaux sont des maîtres russes.

En octobre, les cent soixante-dix directeurs de la compagnie se retrouvent à Crotonville à l'occasion de leur réunion annuelle. Les meilleures idées découvertes à l'occasion des réunions d'évaluation et de stratégie y sont présentées au cours d'un exposé de dix minutes.

En novembre, nous avons les Sessions 2, où les responsables de division présentent leur plan d'action de l'année suivante. La moitié de la journée est consacrée aux plans spécifiques à chacune de nos grandes initiatives. C'est l'occasion d'une nouvelle moisson d'idées intéressantes.

Puis nous nous retrouvons à Boca. Pour établir l'ordre du jour, nous piochons dans le trésor des idées les meilleures ayant germé au cours de l'année qui vient de se terminer. C'est l'occasion de lancer celle qui commence sur des projets passionnants et de repartir sur un nouveau cycle riche de nouveautés dont tout le monde peut faire son miel.

Pour soutenir ce partage incessant des meilleures idées, nous avons mis en place une structure chargée du suivi des grandes initiatives, seule et unique équipe dont j'ai toléré le développement au siège. En 1991, j'avais recruté Gary Reiner, qui venait du Boston Consulting Group, pour prendre la direction du développement chez nous. S'il s'agissait, au départ, essentiellement de préparer nos acquisitions, sa mission a rapidement consisté à rassembler des idées susceptibles de faciliter la mise en œuvre des grands projets au sein de GE. Gary dirigeait une vingtaine de MBA qui, après trois à cinq ans dans des cabinets de consultants, souhaitaient entrer dans la vraie vie.

Ils arrivaient chez nous avec la promesse que s'ils faisaient leurs preuves, les diverses branches de GE les « voleraient » dans les deux ans. Si cela ne se produisait pas, c'était l'échec. De sorte qu'ils ne se contentaient pas de brasser et de transférer des idées, mais aidaient effectivement les responsables de division à les mettre en pratique. Pas question de jouer les espions venus du siège. S'ils n'étaient pas capables de faire passer les idées et d'aider les opérationnels, ils n'avaient pas leur place parmi nous ! Ces dix dernières années, nos diverses entités ont recruté neuf sur dix des jeunes recrues de Gary. Soixante-cinq d'entre eux sont encore dans la maison, dont plusieurs avec le titre de directeur.

Les stock options avaient lancé le processus. Ensuite, notre système d'exploitation des idées a transformé nos réunions de travail en cycle d'apprentissage. La libre circulation une fois confirmée parmi nos critères d'évaluation, le partage des idées est entré dans les mœurs. Enfin, Gary et son groupe ont accéléré ces changements.

Et c'est ainsi, étape après étape, que l'idée qu'avait fait jaillir le Père Noël sortant des flots s'est transformée en réalité.

Laissez-moi vous en donner quelques exemples concrets.

Quatre petits mois après mon discours de Boca, je participais à une réunion de Session C avec Lloyd Trotter, alors directeur de la production des produits électriques. Il nous a parlé d'une « matrice » qu'il avait créée et qui l'aidait à identifier les meilleures pratiques de chacune de ses quarante usines. Il était parti de douze indicateurs et process communs à toutes ses usines. Il avait ensuite demandé à chacun de ses directeurs d'usine de se noter eux-mêmes pour chacun de ces critères, de la rotation des stocks à l'exécution des commandes.

Sur un axe de la matrice, il y avait leur autoévaluation, de 1 à 5. Sur l'autre axe, le process ou la procédure. Puis il avait rassemblé ses directeurs et avait demandé à tous ceux qui s'étaient attribué des 5 d'expliquer comment ils y étaient parvenus.

Les explications données étant souvent assez vaseuses, il s'était dit que son premier essai d'identifier les meilleures pratiques n'avait pas été pris très au sérieux. En outre, ses collègues avaient dû être gênés par cette approche. C'est pendant la phase suivante que l'apprentissage avait réellement commencé. Par exemple, l'usine de Salisbury, en Caroline du Nord, faisait tourner ses stocks plus de cinquante fois par an, la moyenne étant de douze pour les autres usines. Tout le monde s'était donc précipité à Salisbury pour repérer ce que ce site faisait mieux que les autres. Les autoévaluations avaient alors rapidement laissé place aux mesures quantitatives.

Lloyd avait l'habitude d'entourer les meilleures pratiques d'un cercle et les moins bonnes d'un rectangle. Très vite, ces marques furent surnommées les « halos » et les « cercueils » – ce qui reflétait admirablement l'idée que Lloyd s'en faisait lui-même.

La matrice de Lloyd, hautement visible, n'a pas manqué d'attirer l'attention. Personne ne veut jamais être le dernier. Les gens se précipitaient pour visiter les meilleures usines afin de voir comment améliorer les leurs. Comment savons-nous que cela a marché ?

Eh bien ! Dans un marché à croissance lente, les marges d'exploitation de Lloyd sont passées de 1,2 % en 1994 à 5,9 % en 1996. En 2000, elles ont atteint 13,8 %.

Je me suis chargé personnellement de faire la publicité de la matrice de Lloyd. C'est désormais un outil privilégié dans l'ensemble de la compagnie. Je n'ai jamais vu un seul cas – de la comparaison des régions de vente à l'analyse des économies réalisées grâce aux achats en ligne – où son emploi n'a pas réussi à entraîner une amélioration significative de la performance.

Cette mise au pot commun des meilleures idées a peut-être l'air évident, mais je me suis aperçu que cela ne se fait pas partout. Nous constatons souvent, à l'occasion d'acquisitions par exemple, que les gens travaillent chacun pour soi, dans son pré carré. En 2001, au cours d'une réunion avec Honeywell, j'ai rencontré le directeur d'une usine produisant des senseurs dans l'Illinois. Les performances de qualité étaient du niveau Six Sigma.

Franchement, j'étais ébloui. Je n'avais jamais vu une usine opérer avec une telle efficacité : pas un seul défaut dans les plus de 11 millions de pièces expédiées en 2000 ! J'ai demandé aux 20 représentants de Honeywell présents dans la pièce s'ils étaient allés voir cette usine. Pas un seul n'a levé la main. Chez GE, ce pauvre directeur d'usine aurait été submergé par un flot incessant de visiteurs. Et comme Lloyd en 1991, il aurait figuré à l'ordre du jour de notre réunion annuelle de Boca.

Chaque fois que nous entendons parler d'une idée, nous l'étudions sous toutes les coutures. Certaines ont été sorties trop tôt. Une ou deux n'ont rien donné. Les plus séduisantes ont eu droit aux honneurs de Boca. Il m'est arrivé de « craquer » trop vite. Mais si les idées qui m'avaient tant plu ne marchaient pas, je m'en désintéressais tout aussi vite.

Au début des années 1990, les idées nous arrivaient à toute allure et de toute part, même de l'extérieur de GE. J'en ai repéré une excellente au cours d'une visite à Sam Walton, le fondateur de Wal-Mart. En octobre 1991, il m'avait demandé de venir partager le podium au cours d'une réunion de direction. Je l'avais rencontré en 1987 à une réunion de ses directeurs régionaux au cours de laquelle il avait accepté de communiquer les données récoltées sur le ruban de ses caisses enregistreuses à notre division Éclairage. De sorte que nous pouvions regarnir très rapidement les rayons de Wal-Mart en ampoules électriques avec un minimum de paperasse.

Sam, visiblement malade – il était sous chimiothérapie – est venu me chercher à l'aéroport. Après m'avoir fait raconter le mal que nous avions eu à extirper les pratiques bureaucratiques, il m'a succédé au micro, demandant à ses dirigeants de ne jamais laisser cette plaie s'infiltrer au sein de Wal-Mart. Nous avons passé deux heures merveilleuses à échanger avec son équipe des histoires d'horreur sur les ravages de la bureaucratie.

En me ramenant à l'aéroport, Sam m'a emmené visiter un magasin Wal-Mart. Nous parcourions les rayons quand, sans prévenir, il a saisi un micro pour annoncer notre présence. « Jack Welch, le président de General Electric, est dans notre magasin, expliqua-t-il. Si vous avez des ennuis avec ses produits, n'hésitez pas à venir lui en parler ! » Heureusement, personne ne l'a pris au mot. Hélas, six mois plus tard, Sam est mort après avoir veillé jusqu'à la fin aux destinées de la compagnie qu'il avait créée.

Au cours de cette journée à ses côtés, j'ai été séduit par une idée appliquée chez Wal-Mart. Tous les lundis, les directeurs régionaux se rendaient chacun sur leur territoire. Ils y passaient les quatre jours suivants à visiter leurs magasins et ceux de la concurrence et revenaient le jeudi soir au siège pour la réunion hebdomadaire du comité de direction, le vendredi matin. Ils y rapportaient ce qu'ils avaient constaté sur le terrain. Et l'on prenait immédiatement les décisions adéquates.

Il s'agissait donc de prendre le pouls du consommateur au niveau le plus élémentaire, dans les rayons des magasins, semaine après semaine.

Wal-Mart avait des systèmes informatisés très élaborés de contrôle des stocks. Aux réunions du vendredi, les directeurs régionaux prenaient place face à la salle. Chacun à leur tour, ils racontaient ce qu'ils avaient vu sur le terrain. L'équipe responsable des systèmes informatiques était également présente afin de pouvoir réagir immédiatement à leurs besoins.

Le jour de ma visite, ces derniers avaient expliqué qu'il avait fait chaud dans le Middle West et plus froid sur la côte Est. On avait donc un excédent d'antigel dans une région et des ruptures de stocks ailleurs. Le problème avait été immédiatement résolu en prenant dans les stocks pléthoriques des uns pour regarnir les rayons vides des autres. Ce mélange de haute proximité avec le terrain et de haute technologie au siège, c'est l'une des choses qui ont permis à Sam et au président David Glass de conserver à Wal-Mart la réactivité d'une petite entreprise alors que la chaîne grandissait à pas de géant.

Cette technique m'a énormément intéressé. En revenant, je me suis tout de suite demandé comment nous pourrions l'adapter à notre culture. Sam m'a autorisé à envoyer plusieurs équipes de collaborateurs GE assister aux réunions Wal-Mart du vendredi matin.

Leur réaction a été enthousiaste. Ils ont commencé par téléphoner une fois par semaine à leurs équipes commerciales sur le terrain. Outre le patron de la société concernée, le directeur marketing, le directeur commercial et le directeur de la production étaient en ligne afin de pouvoir réagir immédiatement à tout problème, qu'il s'agisse d'un retard de livraison, d'une question de prix ou de la qualité du produit.

Nous suivions les progrès de ces conférences téléphoniques à toutes les réunions trimestrielles du comité de direction. Elles ont débouché sur des résultats très positifs, en particulier parce qu'elles rapprochaient la direction du client. Nous étions désormais en mesure de résoudre instantanément les problèmes de disponibilité de produits et de découvrir des problèmes de qualité qui auraient pu n'apparaître que beaucoup plus tard.

Nos responsables de division ont, eux aussi, apporté de bonnes idées au comité de direction. En 1995, Bob Nardelli, le PDG de GE Transportation, nous y a raconté qu'il avait découvert une nouvelle source de collaborateurs de talent. Sa société, dont le siège est à Erié, en Pennsylvanie, peinait depuis des années à attirer les gros potentiels. Bob nous a expliqué qu'il venait de trouver une réserve inépuisable de talents parmi les *Junior Military Officers* (JMO). La plupart avaient fait des études supérieures dans les académies militaires, puis passé quatre ou cinq ans dans l'armée. Ils étaient travailleurs, intelligents et avaient l'expérience du leadership ; en outre, ayant été en mission dans des endroits très difficiles, ils étaient tous doués d'un sens de l'adaptation remarquable.

L'idée de Nardelli a fait tache d'huile. Quand nous avons eu dans nos rangs quatre-vingts anciens JMO, nous les avons invités à passer une journée à Fairfield. Nous avons été tellement impressionnés par leur qualité que nous avons mis en place un plan permettant d'en recruter deux cents par an. Et nous avons utilisé les réunions de Session C pour mesurer le succès avec lequel chacune de nos entités en recrutait et leur accordait des promotions.

Aujourd'hui, nous en avons plus de mille quatre cents. Bob en a eu l'idée, la libre communication des idées a permis à tous nos groupes opérationnels de sauter sur l'occasion.

Le but de l'opération consiste à apprendre non pas pour le plaisir d'apprendre, mais pour améliorer les performances. Notre système, itératif, permet de modifier les idées et de les réintégrer ensuite dans le circuit. Ainsi, en 1999, au cours d'une réunion de nos directeurs des achats, il est apparu que la division Générateurs réalisait des économies considérables parce qu'elle avait organisé des enchères en ligne avec ses fournisseurs. La division s'était procuré le logiciel nécessaire auprès d'une firme extérieure au groupe à laquelle elle avait versé 100 000 dollars au départ, plus des commissions proportionnelles à l'utilisation. Jack Fish, le directeur des achats de notre division Transports, trouvait l'idée intéressante, mais se refusait à dépenser plus de 100 000 dollars pour pouvoir la mettre en pratique.

Il est donc rentré à son bureau et a demandé à Pat McNamee, le directeur informatique des transports, s'il pouvait lui procurer un logiciel équivalent à moindres frais. En trois semaines, avec deux étudiants de l'université de Pennsylvanie et l'aide de nos spécialistes en logiciels en Inde, McNamee a construit un prototype pour un coût total de 17 000 dollars. Deux semaines plus tard, ils organisaient leurs premières enchères en ligne – il s'agissait d'acheter des gants professionnels. Ayant appris la chose de la bouche de Jack Fish pendant une réunion de Session 2, en novembre, j'ai immédiatement inscrit McNamee à l'ordre du jour de la réunion de Boca, en janvier 2000.

Les autres entités GE ont très vite adopté son logiciel et nous avons abandonné définitivement tous ceux que proposaient des firmes extérieures.

J'ai revu Jack Fish quatre mois plus tard, à la Session C de la division Transports. Il nous a mis au courant des derniers développements de son activité d'enchères en ligne. Son objectif était de réaliser en ligne 50 millions de dollars d'achats cette année-là. Ayant déjà participé à un certain nombre de Sessions C d'autres divisions, j'avais constaté que leurs objectifs d'achats en ligne étaient beaucoup plus élevés. Les générateurs, par exemple, voulaient passer la barre du milliard de dollars. Une autre division s'était fixé le chiffre de 300 millions de dollars, et une autre encore 500 millions de dollars. Tous mentionnaient des économies réellement substantielles. Chaque fois que nous mettions 100 millions de dollars d'achats en ligne, nous réduisions nos coûts de 5 à 10 millions de dollars.

Je lui ai dit en plaisantant à moitié : « Jack, je sais que ce que je vais vous dire donne un peu l'impression que les bonnes actions ne restent jamais impunies. Mais c'est vous qui avez lancé tout le monde dans les achats en ligne, c'est vous qui en avez bel et bien inventé le principe. Et voilà que vous nous présentez les objectifs les plus frileux de tout GE ! »

Une semaine plus tard, après en avoir parlé avec ses pairs, il m'annonçait par e-mail un nouvel objectif de 200 millions de dollars, précisant qu'il pensait pouvoir le dépasser. Ce qu'il a fait. Quand on est le premier à proposer une idée nouvelle, ce n'est pas trop difficile. Les objectifs que l'on se donne placent la barre pour les autres – et le cycle repart.

Non seulement le groupe de Gary Reiner contribuait à propager les idées des autres au sein du groupe, mais il avait les siennes. Gary avait conclu notre réunion de stratégie, en juin 1992, en faisant remarquer que nos prix de vente diminuaient de 1 % par an, tandis que les coûts des produits achetés continuaient à augmenter. Il avait illustré cette tendance par un diagramme simple baptisé « la courbe monstrueuse ». Monstrueuse parce qu'elle révélait clairement que l'écart entre nos prix de vente et le coût de nos achats se réduisait. Et nos profits en faisaient autant. Si nous ne tordions pas le cou à ce monstre, il nous dévorerait tout crus.

Au mois de septembre, Gary avait partagé son analyse avec le comité de direction. Un mois plus tard, puis à nouveau à la réunion annuelle de Boca en janvier 1993, les deux meilleurs directeurs des achats de la compagnie étaient venus expliquer comment ils parvenaient à abaisser les coûts de leurs propres achats. À l'occasion des Sessions C de 1993, nous avons étudié en détail l'organisation des achats de chacune de nos entités.

Les quatre années suivantes, les responsables des achats sont venus à Fairfield une fois par trimestre afin de partager les meilleures idées avec un président adjoint ou avec moi. Leur patron savait qu'il avait intérêt à nous envoyer des types valables. Sinon, nous aurions vu de nouvelles têtes la fois suivante.

À ce régime, la qualité des équipes n'a pas tardé à s'améliorer et, par voie de conséquence, elles ont eu de meilleures idées. Nos efforts ont eu raison du monstre – et de la courbe.

De toutes les idées qui sont passées par notre système, année après année, l'une des meilleures a germé au cours d'un stage BMC à Crotonville. Le cas illustre de façon exemplaire le fait que Crotonville était réellement en prise directe avec l'ensemble du processus d'apprentissage. En 1994, Bob Nelson et son équipe de financiers nous avaient sorti une analyse montrant ce que GE devait faire pour réaliser 100 milliards de dollars de chiffre d'affaires et 10 milliards de dollars de résultats avant la fin du siècle. À l'époque, notre chiffre d'affaires était de 60 milliards de dollars et notre résultat après impôts de 5,4 milliards de dollars.

Trouvant séduisant l'objectif proposé par Nelson, en février 1995, j'ai mis un groupe de stagiaires de Crotonville au défi de nous proposer des idées nouvelles susceptibles de nous aider à atteindre cette barre des 100 milliards de dollars. Les stagiaires ont alors décidé de se scinder en trois groupes. Le premier a entrepris de recenser nos points forts en allant interroger les patrons de dix pôles d'activités. Le second est allé voir les clients pour leur demander ce qu'ils pensaient de nos perspectives de croissance. Le troisième est allé interwiever les patrons de sociétés extérieures à forte croissance pour voir ce qu'elles avaient à nous apprendre.

Le plus drôle, c'est que la meilleure idée n'est pas venue d'une société, ni même du monde des affaires, mais de l'école de guerre de Carlisle, en

Pennsylvanie. Tim Richards, responsable de l'organisation de ce stage BMC de quatre semaines, avait prévu d'inviter un groupe de colonels qui y étaient en formation à venir travailler quelques jours avec notre propre groupe. Il avait en effet lu que l'armée américaine était en train d'essayer de modifier radicalement sa mission, tournant le dos au modèle de la guerre froide pour passer à un nouveau modèle qui lui donnerait la flexibilité de monter des dizaines de petites opérations aux quatre coins du monde. Il s'était dit immédiatement que cet objectif devait coïncider avec les nôtres. « Il arrive, de temps en temps, qu'une idée toute simple fonctionne », explique-t-il.

Au cours de la visite de quatre jours que nous ont rendue les militaires, l'un de ces colonels a fait remarquer que notre stratégie d'être uniquement le numéro un ou le numéro deux dans chacun de nos marchés nous empêchait peut-être de saisir des opportunités de croissance. Ajoutant que GE avait des tas de leaders suffisamment malins pour définir leur marché de façon tellement étroite qu'ils en resteraient toujours le numéro un ou le numéro deux.

En temps normal, ce groupe de stagiaires aurait présenté son rapport à la réunion de juin 1995 de notre comité de direction. Étant à l'époque en train de me remettre d'une opération à cœur ouvert, je n'ai entendu leur présentation qu'au mois de septembre, à Fairfield.

La réflexion du colonel sur la façon de redéfinir nos marchés était reprise sur l'un des huit tableaux. L'équipe recommandait un « changement de mentalité ». À les croire, il nous fallait redéfinir tous nos marchés actuels, de façon à ne jamais y détenir plus de 10 % de parts de marché. Cela obligerait tout le monde à voir les choses sous un angle complètement nouveau. Pour élargir les perspectives, on ne pouvait rêver meilleur exercice ; en même temps, cela promettait une grande percée sur les marchés.

Près de quinze ans durant, je n'avais cessé de répéter qu'il était indispensable d'être le numéro un ou le numéro deux sur tous nos marchés. Ce groupe de stagiaires venait me dire que l'une de mes idées les plus fondamentales nous empêchait d'aller de l'avant.

Je leur ai dit que leur idée me plaisait beaucoup. Très franchement, j'aimais beaucoup aussi la confiance tranquille dont ils faisaient preuve en me la jetant à la figure. Comme libre circulation des idées, il n'y avait pas mieux.

Il était peut-être agréable de posséder une part élevée d'un marché étroitement défini, cela faisait très bien sur les tableaux, mais ces stagiaires avaient raison : nous étions en train de nous enfermer dans notre stratégie existante. Quinze jours plus tard, je reprenais l'idée au comité de direction du mois d'octobre.

« Le simple fait de redéfinir nos marchés va nous obliger à rechercher d'autres opportunités de croissance. Il est possible qu'à force de mettre l'accent sur la nécessité d'être le numéro un ou le numéro deux, faute de quoi on restructure, on vend ou on ferme, limite maintenant notre réflexion et nous empêche d'avoir la mentalité d'une société de croissance. »

En conclusion, je demandais à chacune de nos divisions de redéfinir ses marchés et de nous présenter une ou deux pages d'idées nouvelles à ce sujet au cours des Sessions 2 du mois de novembre.

Effectivement, cette vision plus large de nos marchés a donné un coup de fouet à nos taux de croissance. Cela a également renforcé notre détermination de forcer sur nos activités de services. Nous sommes passés d'une « définition de marché » de 115 milliards de dollars environ en 1981 à plus de mille milliards de dollars aujourd'hui, ce qui laisse énormément de marge de croissance. Pour donner un exemple, dans notre activité Imagerie médicale, nous sommes passés de la mesure de notre part du marché de l'imagerie de diagnostic à celle de notre part dans l'ensemble des diagnostics médicaux, y compris les services liés au matériel, les technologies radiologiques et les systèmes d'information en milieu hospitalier.

La division Générateurs avait toujours considéré son activité Services comme consistant à fournir des pièces de rechange et à effectuer des réparations sur des appareils GE. Le marché ainsi défini s'élevait à 2,7 milliards de dollars et nous en possédions 63 %. Cela faisait vraiment bon effet, très bon effet. Mais en redéfnissant le marché de façon à y inclure la maintenance totale des centrales électriques, nous n'avions plus que 10 % d'un marché de 17 milliards de dollars.

Si l'on avait continué à élargir cette définition en incluant les combustibles, l'électricité, les stocks, la gestion des actifs et les services financiers, le marché potentiel pouvait aller jusqu'à 170 milliards de dollars. Dont nous ne détenions que 1 à 5 %.

Une fois encore, cet exercice nous a ouvert les yeux et a stimulé nos ambitions.

Au cours des cinq années suivantes, nous avons doublé la croissance de notre chiffre d'affaires avec le même portefeuille de métiers, chacun débordant cependant d'une énergie nouvelle. Notre chiffre d'affaires est

Before Getting to Quality I'd like you to reflect on the recent BMC Challenge to all the business leaders

--- How Can you define Your MKT in such a way that your present product offering represents <<10% share of this NEWLY DEFINED MKT

-- Doing this just has to Open Your eyes to Growth Opportunities

--- Perhaps our Stress on #1 & #2 or Fix, Close or Sell now limits our thinking & ~~stops our Growth~~ hurts our Growth MINDSET.

We are going to ask you and your teams in S-II to Come up with Some fresh thinking --- ~~on~~ on this

-- and Give us a page or two on ~~how you can define your current~~ ~~how~~ what you would add to ~~[illegible]~~ ~~[illegible]~~ Your MKTS to define your Market Share as Less than 10%..

passé de 70 milliards de dollars en 1995 à 130 milliards de dollars en 2000. Beaucoup de facteurs ont contribué à ce bond en avant, mais celui du changement de mentalité a joué un grand rôle. Ce qui me plaît le plus, dans cette affaire, c'est d'avoir proposé un défi à un groupe de stagiaires de Crotonville et que celui-ci ait trouvé l'idée salvatrice dans la tête d'un colonel.

Manifestement, ce comportement était la fine fleur de la libre circulation des idées. Celle-ci permettait vraiment de trouver des approches meilleures et cela faisait la différence entre GE et le reste du monde des affaires. En outre, les résultats donnaient la mesure des progrès accomplis. Notre marge d'exploitation est passée de 11,5 % en 1992 au niveau record de 18,9 % en 2000. Dans nos activités industrielles, la rotation du capital a bondi de 4,4 au chiffre remarquable de 24 en 2000. Notre chiffre d'affaires a atteint 130 milliards de dollars, avec près de 13 milliards de dollars de résultat net.

La libre circulation des idées a aidé un grand nombre d'individus ordinaires à faire des choses extraordinaires.

# 14

# Je prends mon pied

Cela comporte des avantages d'être le président de sa société. J'ai vécu des moments de bonheur intense en pratiquant ce que j'appelais « le grand plongeon ». Il s'agissait de repérer un défi, un problème apparemment intéressant, à la résolution duquel je pensais pouvoir faire la différence – puis de jeter tout mon poids dans la balance. Certains auraient pu dire, non sans raison, qu'il s'agissait surtout de me mêler de ce qui ne me regardait pas.

Je l'ai fait souvent, et pratiquement dans tous les coins et recoins de GE. Je me suis impliqué partout où j'ai flairé que ce serait intéressant, de la qualité de nos tubes à rayons X à la mise sur le marché de diamants d'une qualité semblable aux pierres de joaillerie. Je choisissais mes coups et j'y allais. Je l'ai fait jusqu'à mes derniers jours chez GE – l'un de mes derniers grands plongeons ayant été pour une émission de CNBC, en mai 2001.

Après une absence de deux ans, Lou Dobbs se préparait à revenir présenter l'émission *Moneyline* sur CNN. Son retour menaçait notre propre émission *Business Center*, sur la chaîne CNBC, entre dix-huit heures trente et dix-neuf heures trente. Nos présentateurs Ron Insana et Sue Herera avaient balayé l'audience de *Moneyline* depuis le départ de Dobbs. À la fin du mois d'avril, Sue m'avait passé un coup de fil pour me demander d'adresser un e-mail à son équipe afin de lui remonter le moral au moment où elle se préparait à affronter le retour de Dobbs, prévu le 14 mai.

CNBC a toujours été l'un de mes projets chouchous, et Sue y a joué un rôle essentiel dès les premiers jours. Elle a toujours également joué un rôle utile au sein du groupe GE, tenant sa place dans notre réseau féminin. Je la considérais comme une amie. Voyant que CNN montait toute une campagne pour orchestrer le retour de Dobbs, elle avait décidé d'annuler des vacances en famille pour relever le défi.

Je lui ai proposé de venir en personne rencontrer son équipe, au lieu de lui envoyer un e-mail. La semaine n'était pas écoulée que je me retrouvais dans le studio de CNBC à brasser des tas d'idées avec Ron, Sue et la quinzaine d'autres personnes de leur équipe. Cela me rappelait tout à fait les premières sessions de Work-Out, une dizaine d'années auparavant. L'équipe a proposé de commencer l'émission à 18 heures, pour prendre une demi-heure d'avance sur *Moneyline*. Cette idée m'a beaucoup plu, ainsi que plusieurs autres.

En repartant, je leur ai promis une rallonge de 2 millions de dollars pour la promotion de leur émission. En rentrant, j'ai appelé de ma voiture Andy Lack, qui avait été nommé président de NBC le jour même. Je lui ai demandé de faire passer Sue et Ron à l'émission phare *Today*, le matin du retour de Dobbs. Ensuite, j'ai appelé Dick Ebersol, le président de NBC Sports, qui a accepté de diffuser des clips de *Business Center* pendant les grandes rencontres sportives du week-end.

À la fin de la semaine, des collègues de tous les horizons de NBC, du graphiste au décorateur, s'étaient jetés dans la bagarre. De toute évidence, le retour de Dobbs attirerait des téléspectateurs. Mais nous étions bien décidés à ne pas lui faciliter les choses. La guerre s'annonçait longue – nous tenions à gagner la première bataille.

Quand mon successeur, Jeff Immelt, m'a appelé le soir pour prendre le vent, j'ai dû passer à confesse. Je lui ai raconté que je m'étais rendu aux studios CNBC et que j'y avais joué les chefs de projet. Ayant travaillé aux plastiques et au matériel médical, il savait de quoi j'étais capable.

« Jeff, je te jure que c'est la seule fois de la journée que je me suis mêlé de ce qui ne me regardait pas. Écoute, dans deux ou trois mois, je n'embêterai plus personne. »

Grâce à Dieu, ce bouquin m'a obligé à laisser Jeff tranquille pendant la majeure partie de la période de transition. Nous partions tous deux à Tokyo le dimanche, aussi n'ai-je pas pu voir la confrontation du premier soir. Mais j'avais tous les jours un e-mail de CNBC me tenant au courant des résultats. *Business Center* a fait égalité avec Dobbs, même le lundi, jour de son retour. Le jeudi, l'Audimat de *Business Center* était nettement meilleur que celui de l'émission rivale. Heureusement, je suis rentré de Tokyo à environ cinq heures et demie le vendredi, juste à temps pour regarder en direct la dernière émission de la semaine.

Ron et Sue avaient fait des merveilles, instillant une nouvelle vie à leur émission. J'étais heureux pour l'équipe. Ils avaient gagné la première bataille. C'était génial !

Au fil des années, j'en ai fait des centaines, de ces grands plongeons. Ça n'a pas toujours marché, nombre de mes idées ont fait long feu. Mais ce qui m'amusait, c'était de rentrer dans la bagarre, de secouer le cocotier afin de mettre un peu d'ambiance et de lancer le débat sur la direction que devait prendre tel ou tel projet.

À part mon titre, je crois qu'on me laissait faire parce que les gens voyaient bien que j'essayais de me rendre utile. Nous étions toujours d'accord sur le but à atteindre, si ce n'est sur la manière d'y parvenir. Tout le monde savait que je ne me vexais pas si l'on ne retenait pas mes idées. (*Note de l'éditeur :* Tu parles, Jack !)

J'ai surtout énormément mis mon nez dans les affaires de GE Medical. D'une manière ou d'une autre, je me suis impliqué dans cette affaire vingt-huit ans durant. J'en adorais la technologie, les gens et les clients. Je ressentais comme un privilège le fait de travailler sur des produits médicaux. Dans les années 1970 et au début des années 1980, j'ai été le « chef de projet virtuel » des scanners et des IRM.

Au début des années 1990, je suis tombé amoureux d'un autre projet, l'imagerie par ultrasons. GE n'avait joué qu'un rôle secondaire dans cette technologie non invasive, sans radiations. J'étais certain que nous pouvions mieux faire. À partir de 1992, j'en suis devenu le très officieux « chef de projet ». Après avoir envisagé une acquisition coûteuse destinée à améliorer notre position concurrentielle, nous avons décidé de développer notre propre matériel. J'ai demandé à John Trani, le PDG de GE Medical, de prendre l'équipe sous sa responsabilité directe. John adorait les résultats et les obtenait parce qu'il excellait à constituer des équipes loyales, ne reculant devant aucun obstacle.

Nous avons installé nos chercheurs dans une usine désaffectée que nous avons fait entièrement rénover pour leur donner le sentiment qu'ils avaient déjà décroché le gros lot. Le laboratoire de recherches central de GE a fait de ce projet l'une de ses propres priorités. Le chef de projet venant de prendre sa retraite, nous avons décidé de recruter à l'extérieur un spécialiste des ultrasons. J'ai participé personnellement aux entretiens, répétant inlassablement aux candidats que nous croyions dur comme fer aux ultrasons et étions vraiment décidés à mettre le paquet, ce dont on commençait à douter dans le métier, en raison de nos faux départ.

Nous avons tous trouvé qu'Omar Ishrak avait les ultrasons dans le sang, cela sautait aux yeux. Il avait travaillé pour l'un de nos grands concurrents. Nous l'avons donc recruté.

C'était parti. J'ai veillé à ce qu'il ne manque ni de capitaux ni d'attention. Chaque fois que j'allais à Milwaukee visiter la division Imagerie médicale, je faisais grand cas d'Omar et des ultrasons, qui n'étaient pourtant qu'une toute petite partie de l'affaire.

Je suis devenu son supporter numéro un. Il a recruté des collaborateurs exceptionnels, dont beaucoup étaient déjà spécialisés dans les ultrasons; la suite tient en quelques chiffres. Partis de rien du tout en 1996, nous étions leader en 2000, créant au passage un courant d'affaires extrêmement rentable, avec une croissance de 20 % à 30 % par an. Aujourd'hui, le chiffre d'affaires s'élève à 500 millions de dollars et Omar est directeur chez GE – mais moralement, j'ai autant profité de sa réussite que lui.

Un autre plongeon, toujours dans le domaine du médical, a porté sur la qualité des tubes entrant dans la fabrication de nos appareils à rayons X et de nos scanners. Cela a commencé en 1993. Je venais juste de faire une grande tournée auprès des clients de GE dans plusieurs villes américaines. Ceux de GE Medical estimaient que notre technologie scanner était la meilleure, mais se plaignaient haut et fort de devoir remplacer trop fréquemment les tubes. En rentrant, j'ai mené mon enquête et constaté que nos tubes permettaient en moyenne de réaliser 25 000 images, ils ne duraient donc même pas à moitié aussi longtemps que ceux de nos concurrents.

Les performances de notre matériel faisaient presque passer inaperçu un défaut qui risquait de devenir son talon d'Achille, le tube. Je suis allé à Milwaukee et j'ai étudié la question avec John Trani et son équipe. Dans un secteur d'activité *high tech* comme l'imagerie médicale, les composants sont parfois la dernière roue du carrosse. John m'a fait visiter les ateliers où étaient produits les tubes. Curieusement, c'était sous le même toit que les ultrasons, le bâtiment étant divisé par une simple cloison. D'un côté, tout était rutilant, de l'autre, plutôt miteux.

Pour montrer que nous prenions réellement le problème très à cœur, nous avons demandé au directeur de la production de l'ensemble des matériels médicaux de prendre les tubes sous sa responsabilité personnelle et de rapporter directement à John en ce qui les concernait. Il nous a ri au nez. Technicien traditionnel, il ne voyait pas pourquoi il accepterait cette offre alors qu'il dirigeait déjà l'ensemble de la production, y compris celle des tubes, dont le patron lui rapportait. Aucune offre financière, aucune « promesse de gloire » ne pouvait le convaincre que cette affaire de tubes pouvait apporter quoi que ce soit à sa propre carrière.

Nous avons eu de la chance. Nous avons fini par trouver le profil idéal, Marc Onetto, un Français volubile, alors directeur général du SAV des matériels médicaux en Europe. Je l'ai invité à Fairfield pour insister sur l'importance de la mission qui lui était confiée et de la nécessité de passer de 25 000 images sans défaillance à 100 000. Et je lui ai promis toutes les ressources qu'il lui faudrait pour atteindre son but.

Nous avons donné à Marc le financement nécessaire pour moderniser l'usine et l'avons aidé à recruter des collaborateurs de grand talent, dont Mike Idelchik, grand ingénieur devant l'Éternel, qui ne vivait que pour dessiner des moteurs d'avion. Mike a donc quitté notre division Moteurs d'avion pour prendre la direction technique du projet. Au beau milieu de toute cette affaire, il a reçu une offre très séduisante d'un concurrent. Marc m'ayant demandé d'intervenir, j'ai passé un dimanche soir à convaincre Mike de rester. Je ne pense pas qu'il ait regretté de le faire, puisqu'il est devenu par la suite directeur technique adjoint des produits d'éclairage et qu'il a devant lui un bel avenir à un poste de direction.

Marc nous a trouvé un slogan : « Le tube, c'est le cœur du système » qu'il a affiché dans tous les coins afin d'attirer l'attention générale sur l'importance de ce composant précédemment ignoré.

Les quatre années suivantes, il m'a faxé des rapports toutes les semaines, m'informant par le menu des progrès de son équipe. Il affirme avoir reçu un jour la réponse suivante : « Trop lent, trop français, mets la gomme, sinon... » Quand il recevait ce genre de réponses, il les fourrait dans le tiroir de son bureau. Mais il m'arrivait aussi de lui écrire pour le féliciter. Ces notes-là, il les affichait aux murs.

En cinq ans, l'équipe a fait passer la durée de vie des tubes de 25 000 à près de 200 000 images. En 2000, grâce à la technologie Six Sigma, elle a même réussi à produire un nouveau tube dont la performance moyenne est 500 000 et qui est considéré dans le métier comme le modèle de référence. À partir du moment où nous avons eu le composant clé parfait, nous avons pu mettre au point le scanner GE Lightspeed, qui a connu un succès commercial sans précédent.

Faire du tube le cœur du système a changé la mentalité de l'industrie des composants. Tout le monde a bénéficié de sa réussite. Marc a poursuivi sur sa lancée, prenant la direction de la mise en œuvre de Six Sigma pour GE Medical ; aujourd'hui directeur GE, il pilote la chaîne d'approvisionnement mondiale des produits et services médicaux.

Autre grand plongeon, les diamants industriels (en l'occurrence, je ne suis pas encore remonté à la surface !). GE en produit depuis les années 1950. On les fabrique à partir de carbone, que l'on traite à très haute température sous des pressions très élevées. Ces diamants n'ont pas la qualité des diamants de joaillerie ; on les utilise pour les outils coupants et les meules dans l'industrie lourde.

En 1998, Gary Rogers, le PDG de GE Plastics, et Bill Woodburn, patron des diamants industriels, m'ont demandé s'ils pouvaient me rencontrer à Fairfield « sans que cela s'ébruite ». Je me demandais vraiment ce qu'ils mijotaient. Ils sont arrivés munis d'un sac de pierres naturelles brunâtres et d'une demi-douzaine d'écrins de daim bleu contenant des diamants magnifiques, qualité joaillerie. En temps normal, ces deux hommes parlent déjà très doucement. Cette fois, c'est pratiquement en chuchotant qu'ils m'ont dit que nos chercheurs avaient trouvé une méthode capable de terminer le processus de conversion naturelle qui transforme les diamants brunâtres, extraits de la mine, en pierres précieuses limpides. En un mot, ce nouveau procédé recréerait les conditions qui forment en des milliers d'années les diamants dans la croûte terrestre, il achèverait le travail commencé par la Nature.

J'étais à la fois abasourdi et très excité à l'idée de l'immense opportunité que ce nouveau procédé pouvait faire naître. J'avais hâte d'en découdre. Il faut dire que le projet était amusant : le produit était tout de même exceptionnel, les pierres faisant jusqu'à 28 carats, mais il faudrait entrer dans un métier que nous ne connaissions absolument pas ; enfin la technologie transformerait sans doute radicalement le secteur d'activité concerné.

Je suis instantanément devenu le supporter numéro un de Bill. Je l'ai aidé à dégager les ressources nécessaires et, au cours des trois années suivantes, j'ai participé à d'innombrables réunions, donnant mon avis sur tout, du futur nom du produit au prix auquel nous le vendrions.

Cela semble facile, vous ne trouvez pas ? En fait, il est sans doute plus facile de pénétrer par effraction dans Fort Knox que de s'introduire dans la vénérable corporation des diamantaires. Craignant que nous ne

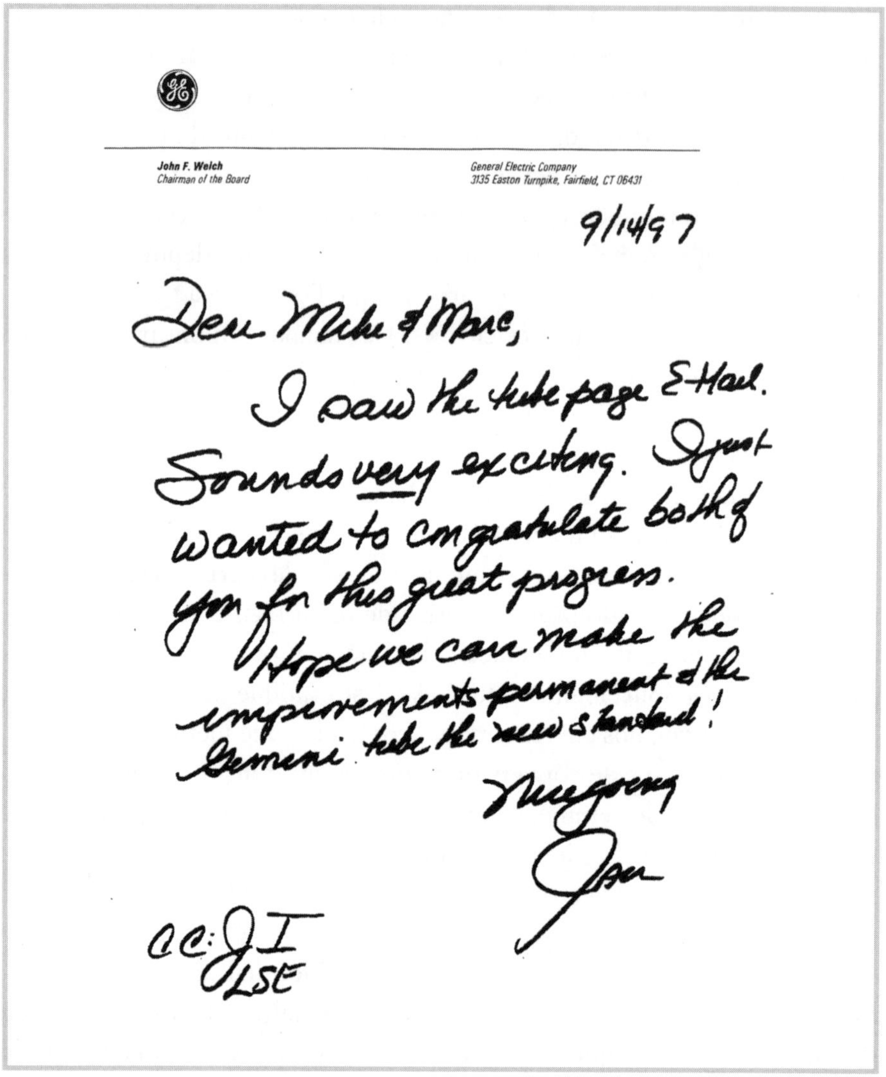
John F. Welch
Chairman of the Board

General Electric Company
3135 Easton Turnpike, Fairfield, CT 06431

9/14/97

Dear Mike & Marc,

I saw the tube page E-Mail. Sounds very exciting. I just wanted to congratulate both of you for this great progress.

Hope we can make the improvements permanent & the Gemini tube the new standard!

Jack

cc: JI
LSE

cassions les prix des diamants de joaillerie, le réseau anversois de négociants et de grossistes a tout fait pour nous éliminer. Sans hésiter à malmener la vérité, ils ont clamé partout que nos diamants étaient artificiels et donc moins beaux. Ils ont organisé un boycott qui nous a contraints à passer d'une stratégie consistant à vendre nos produits en gros, par 50 ou 100 unités, à la stratégie inverse : les vendre à des joailliers de renom, un ou deux à la fois.

Pour donner un coup de fouet initial à nos ventes, nous avons proposé un prix d'ami à nos salariés, qui en achètent aujourd'hui pour une valeur de

100 000 dollars par mois. J'ai proposé la même ristourne à nos administrateurs, espérant que lorsque cet avantage apparaîtrait dans notre rapport annuel, avec le montant de leurs jetons de présence, cela nous ferait de la publicité.

Plusieurs administrateurs en ont acheté à des prix échelonnés entre 26 000 dollars et 410 000 dollars. Croyez-le ou non, cela a totalement échappé aux journalistes. Pour une fois que nous avions envie qu'ils parlent de nous, ils dormaient.

Le chiffre d'affaires de notre second exercice avoisinera les 30 millions de dollars, moins du tiers de nos prévisions initiales. Pour une percée dans un secteur d'activité de plusieurs milliards de dollars, c'est évidemment un peu maigre. Notre équipe ne cesse de me rappeler qu'il faut se montrer patient. Ce projet est encore en chantier – encore un que je laisserai à mon successeur. Il le faudra bien.

Je lui laisserai aussi une idée qui m'est venue au cours d'un voyage au Japon, à l'automne 2000. Moi qui allais régulièrement dans ce pays depuis des années, j'avais toujours eu du mal à convaincre les meilleurs diplômés japonais du sexe masculin à rejoindre nos rangs. Nous y parvenions de mieux en mieux, mais ce n'était pas encore ça.

Finalement, j'ai compris ce qu'il fallait faire. Il suffisait de miser sur les femmes. Les employeurs japonais ne leur donnent pas la préférence et rares sont celles qui grimpent très haut dans leur hiérarchie.

Une fois encore, je me suis emballé. Nous avions la chance d'avoir parmi nous Anne Abaya, américaine parlant japonais qui avait un poste de direction chez GE Capital. Elle a accepté d'aller s'installer à Tokyo et d'y prendre la direction des ressources humaines de GE Japan. Je lui ai donné un million de dollars pour monter une campagne publicitaire destinée à positionner GE comme « l'employeur de référence pour les femmes ».

Ce que je ne savais pas, c'était que nous avions déjà nombre de Japonaises remarquables dans nos équipes. En mai 2001, quand je me suis rendu au Japon avec Jeff, nous avons dîné avec quatorze des femmes de fort potentiel de GE Japan. Il y avait la directrice financière de GE Plastics Japan, la directrice commerciale et marketing de GE Medical Systems Japan, la directrice marketing de GE Consumer Finance Japan et les DRH de GE-Toshiba Silicones et GE Medical Systems.

Jeff et moi n'avions jamais vu un groupe aussi impressionnant de jeunes cadres dirigeants. Cela m'a confirmé que l'opportunité était immense.

Ce plongeon-là est tout récent, mais je sais que Jeff prendra le relais et ira sans doute plus loin que je ne l'aurais fait.

J'adorais m'impliquer à fond dans ces aventures passionnantes – peut-être plus que les personnes qui me voyaient débouler dans leur bureau.

Je suis prêt à parier que Jeff, lui aussi, se laissera tenter par le grand plongeon et prendra autant de plaisir que je l'ai fait à se mêler de ce qui ne le regarde pas.

SECTION III

# DES HAUTS ET DES BAS

15

# Je pèche par orgueil

« Alors, Jack, qu'est-ce que tu nous mijotes, maintenant ? Tu pourrais peut-être acheter McDonald's ? »

La question m'a été posée sur un terrain de golf, en avril 1986. Quatre mois après l'annonce de l'accord RCA, je venais d'acheter l'une des banques d'investissement les plus vénérables de Wall Street, Kidder Peabody. Si les quatre golfeurs qui me l'avaient posée me faisaient simplement marcher, la décision n'avait pas fait l'unanimité. Au moins trois de nos administrateurs, dont deux des plus expérimentés en matière financière, à savoir Walt Wriston, le président de Citibank, et Lew Preston, PDG de J.P. Morgan, avaient exprimé leur réticence. Ils avaient joint leur voix à celle d'Andy Sigler, alors président de Champion International, pour me prévenir que nous nous aventurions dans un métier réellement très différent de ceux que nous connaissions.

« Les meilleurs collaborateurs te fileront entre les doigts avant même que tu n'aies le temps de dire ouf ! me dit Wriston. Ne te fais pas d'illusion, tu n'achètes que les meubles ! »

J'avais défendu le dossier au cours d'une réunion du Conseil en avril 1986 et obtenu son accord unanime. C'était le péché d'orgueil dans toute sa splendeur. Tout heureux de la réussite de deux acquisitions récentes, RCA en 1985 et Employee Reinsurance en 1984, je croyais que le monde m'appartenait. Très franchement, j'étais vraiment très content de moi, et même un peu trop. Si, dans mon for intérieur, je savais que tout n'était pas encore parfait en interne, sur le front des acquisitions je me sentais invincible. C'est certainement pour cette raison que je suis allé trop loin, comme je n'allais pas tarder à le comprendre.

La logique qui avait présidé à l'acquisition de Kidder était simple. Dans les années 1980, les LBO (*leverage buy-out*, rachat d'une société par son personnel avec emprunt à la clé) faisaient fureur. GE Capital était déjà un acteur notable en la matière, puisqu'il avait aidé à financer l'acquisition de plus de soixante-quinze sociétés au cours des trois années précédentes, dont une réussite notoire, le rachat de Gibson Playing Cards par Bill Simon et Ray Chambers.

Nous commencions à en avoir assez de mettre tout l'argent sur la table et de porter la totalité du risque, alors que les banques d'investissement empochaient des honoraires vertigineux. Nous avons donc pensé que Kidder nous permettrait d'être les premiers alertés de certains LBO en préparation et nous donnerait accès à un nouveau circuit de distribution tout en nous évitant de payer ces honoraires gigantesques à d'autres intermédiaires de Wall Street.

Huit mois après avoir bouclé l'accord, nous nous sommes trouvés pris dans l'un des plus grands scandales à avoir jamais ébranlé Wall Street. Marty Siegel, l'une des vedettes de Kidder, avouait en effet avoir divulgué à Ivan Boesky des informations confidentielles concernant certains titres en échange de valises bourrées de billets de banque. Il reconnaissait également que Kidder avait réalisé des opérations sur titres en se basant sur des informations venant prétendument de Richard Freeman, de chez Goldman Sachs. Il avait plaidé coupable pour ces deux délits d'initié et coopéré avec Rudy Giuliani, qui menait l'instruction.

Total, le 12 février 1987, des agents fédéraux armés avaient fait irruption dans les bureaux de Kidder, puis fouillé, menotté et embarqué le chef de l'arbitrage, Richard Wigton. Ils avaient également arrêté Tim Tabor, un autre arbitre qui avait travaillé chez Kidder, pour présomption de délit d'initié, ainsi que Freeman, de chez Goldmann Sachs. Wigton et Tabor avaient fini par obtenir un non-lieu. Freeman, lui, avait été condamné à quatre mois de prison et à verser une amende d'un million de dollars.

Les opérations illégales avaient certes eu lieu avant l'acquisition mais, en tant que nouveaux propriétaires, nous en encourions la responsabilité juridique. Après les arrestations, nous avons commencé notre propre enquête en coopérant totalement avec le SEC et avec Giuliani. Elle révéla un grand nombre de faiblesses dans les systèmes de contrôle de la firme.

Ralph DeNunzio, le président de Kidder, n'était absolument pas impliqué dans le scandale, mais il était clair que Siegel avait bénéficié d'une très grande latitude d'action.

Il dirigeait en effet la totalité du trading, et quand il demandait aux arbitres risque de négocier à telles ou telles conditions, rares étaient ceux qui avaient l'audace de poser des questions. Il avait aussi une habitude étonnante, qui allait contribuer à sa perte. Il conservait dans des tiroirs tous les petits bouts de papier rose portant les messages téléphoniques qu'il recevait. En rapprochant ces messages des relevés téléphoniques détaillés de Kidder, il n'a pas été très difficile de voir comment Siegel montait ses opérations.

Giuliani, qui aurait pu nous obliger à cesser nos activités, s'est contenté de nous demander de renvoyer la plus grande partie des dirigeants. Larry Bossidy, alors président adjoint de GE, a passé deux samedis matin à négocier un accord avec Giuliani. Nous avons fini par payer une amende de 26 millions de dollars, fermer le département d'arbitrage de Kidder, et nous engager à mettre en place des procédures de contrôle plus strictes. Pendant ce temps, Ralph DeNunzio et plusieurs de ses collaborateurs clés ont décidé de donner leur démission.

En ce qui concernait l'équipe de direction, nous nous retrouvions, comme l'avait prédit Wriston, avec les meubles. Il nous fallait trouver un homme susceptible de restaurer la confiance. J'ai pensé à Si Cathcart. Il était fort d'une grande expérience, honnête, et j'avais en lui une confiance totale. Ancien PDG d'Illinois Tool Works, il siégeait à notre Conseil depuis quinze ans.

Quand je l'ai appelé à Chicago pour lui parler de ma petite idée, sa première réaction n'a pas été particulièrement encourageante. Mais quelques jours plus tard, au mois de mars, Larry Bossidy et moi l'avons rencontré dans un petit restaurant italien de New York. Si y est arrivé avec une feuille A4 sur laquelle il avait noté quinze raisons pour ne pas accepter le poste. Suivaient les noms d'une douzaine de personnes qui, à son avis, étaient plus qualifiées que lui. Quand il a relevé le nez, après avoir lu ses notes, il en a fait une boule de papier.

« Si, nous avons un problème grave et tu es le seul à pouvoir nous aider, lui ai-je dit. Il faut stabiliser la situation et ramener Kidder sur la bonne voie. Il y en a pour deux ans, pas plus. Corky et toi, vous allez adorer New York. Tu es bien trop jeune pour partir à la retraite. »

Je lui en ai sans doute dit beaucoup plus. Larry et moi, nous avions réellement besoin de lui. Il a fini par accepter d'en parler à son épouse.

Heureusement, l'idée d'aller à New York plaisait à cette dernière et Si voulait nous rendre service. Deux jours plus tard, il m'a rappelé pour me dire qu'il acceptait le poste.

Le 14 mai, le lendemain du jour où Giuliani a prononcé le non-lieu de Wigton et de Tabor, Si a pris la présidence direction générale de Kidder. Larry Bossidy a annoncé sa nomination à dix heures du matin précises. En interne, la nouvelle n'a pas suscité un enthousiasme général. Le *Wall Street Journal* du lendemain citait la confidence d'un cadre anonyme de la firme : « C'est exactement ce dont nous avions besoin ! Un bon outil, qui passera ensuite l'arme à gauche ! »

L'un des problèmes, c'est que Marty Siegel n'était pas seulement un trader indélicat parmi d'autres, l'homme par qui le scandale était arrivé. C'était vraiment une star. Il était bel homme, il parlait bien, il touchait le plus gros salaire de la maison, c'était l'une des grandes figures de la banque d'investissement à Wall Street.

Beaucoup des traders qui travaillaient sous ses ordres lui vouaient un véritable culte. Comme il avait plaidé coupable, il s'en est tiré avec une amende de 9 millions de dollars et deux mois de liberté conditionnelle. Pourquoi, avec une situation aussi brillante, il était allé s'aboucher avec Boesky, cela dépassait l'entendement.

Nombre de traders de Kidder vivaient de la libéralité de Siegel, dont la perte portait un coup très dur au moral du reste de la firme. En creusant un peu, Si a constaté que tout n'était pas au cordeau, chez Kidder. Quand il a demandé qui s'occupait des achats – question normale pour un industriel – personne n'a été capable de lui dire qui dirigeait ce département ni où il se trouvait. Le système d'attribution des primes était *ad hoc*. Ralph convoquait ses proches collaborateurs et négociait avec eux, individuellement, leur bonus de fin d'année.

Très franchement, le montant de ces primes nous a fait sauter en l'air, quand nous les avons vus. À l'époque, le total des primes versées par GE n'atteignait pas tout à fait les 100 millions de dollars, mais nous faisions un bénéfice de 4 milliards de dollars. L'enveloppe globale de Kidder dépassait la nôtre – elle s'élevait à 140 millions de dollars – mais son bénéfice n'était que le vingtième du nôtre.

Si m'a raconté que le jour où les gens touchaient leur prime, la banque se vidait en une heure. « On aurait pu tirer le canon sans toucher personne. » La plupart des traders menaient grande vie et dépendaient donc de ces primes annuelles. Ce monde-là n'avait rien à voir avec celui que nous connaissions, Si et moi.

Quand Si a procédé à sa première attribution de primes, il a demandé à tout le monde de lui remettre la liste de ses réalisations au cours de l'année. Inévitablement, il s'est retrouvé avec six personnes affirmant avoir joué le rôle clé dans la même affaire, chacun étant convaincu que c'était grâce à lui que l'opération s'était conclue. Cette attitude était symptomatique : la culture de Kidder reposait sur les droits acquis et tout le monde se surévaluait.

Le point précis où le Bon Dieu vous parachute est une question de chance. Nulle part cette vérité n'est plus vraie qu'à Wall Street. Plus de médiocres y gagnent plus d'argent que nulle part ailleurs sur terre. Bien sûr, certains y gagnent leur vie grâce à leur talent et à la sueur de leur front. Mais la foule qu'ils traînent derrière eux, c'est autre chose. Wall Street est sans doute le seul endroit de la planète où l'on reçoive une augmentation de 100 000 dollars comme on recevrait un pourboire.

Quand vous y tendiez un chèque de 10 millions de dollars à quelqu'un, il vous regardait dans les yeux en disant : « Dix ? Untel vient juste de m'en offrir douze ! » Et le mot « merci » ne faisait pratiquement pas partie du vocabulaire chez Kidder.

Je trouvais déjà scandaleux que les traders touchent des sommes aussi fantastiques les bonnes années. Mais les années de vaches maigres, cela me rendait fou. On m'expliquait alors : « C'est vrai, l'exercice a été décevant, mais il faut leur donner au moins autant que l'année dernière, sinon ils iront bosser en face ! » Les dés étaient pipés, c'était toujours les mêmes qui gagnaient.

La situation était certainement plus saine quand les sociétés n'étaient pas cotées et que les partenaires des maisons de courtage jouaient avec leur propre argent et non avec celui des autres. Quant au concept du partage des idées et du travail en équipe, il était totalement étranger à Wall Street. Dans les banques d'investissement et chez les grands courtiers, quand on faisait une bonne année, on se fichait éperdument des performances de la firme. On jouait chacun pour soi. Le *Titanic* pouvait couler, les bateaux de sauvetage ramenaient toujours leurs millionnaires à bon port.

Le passage de Si chez Kidder n'a pas été de tout repos. Il a mis en place des contrôles plus efficaces et recruté des hommes et des femmes de valeur. Mais cinq mois après son arrivée, en octobre 1987, Wall Street s'est effondré. Les profits de Kidder sur le trading se sont volatilisés. Cette année-là, les pertes se sont élevées à 72 millions de dollars et nous avons dû licencier 1 000 personnes sur 5 000.

La mentalité qui régnait chez Kidder était inconciliable avec notre propre culture d'entreprise, cela sautait aux yeux. J'aurais beaucoup mieux fait d'écouter Wriston, Preston et Sigler. Je voulais jeter l'éponge, mais encore fallait-il trouver le moyen de le faire sans perdre notre chemise. J'espérais donc avoir quelques résultats à montrer avant de vendre.

Si voulait jeter l'éponge, lui aussi. Son influence était stabilisante, mais il avait le sentiment que Kidder avait besoin d'un patron susceptible d'établir son autorité sur la durée. Nous avons fait appel à un chasseur de têtes. Sans succès.

Larry et moi avons alors offert le poste à un vieil ami, Mike Carpenter, alors directeur général de GE Capital. Larry, Dennis et moi l'avions rencontré fin 1980 alors que nous tentions d'acheter TransUnion, un spécialiste de la location de wagons de chemin de fer basé à Chicago. Cette négociation manquée nous avait permis de faire la connaissance de Mike, alors au Boston Consulting Group, qui venait de réaliser une analyse stratégique de TransUnion.

Je l'avais recruté en 1983 comme directeur du développement de GE. Il avait joué un grand rôle dans la négociation RCA et avait fait du très bon boulot chez GE Capital, où il était responsable des LBO. Mais il avait envie de voler de ses propres ailes, aussi, en février 1989, accepta-t-il de prendre les commandes de Kidder, tout en sachant parfaitement que la mission serait difficile.

Si resta plusieurs mois pour aider Mike pendant la période de transition. Mike poursuivit les efforts de Si pour faire de l'intégrité une valeur clé de la maison. Il développa aussi une stratégie bien définie pour chacune des activités de Kidder. Les résultats se sont améliorés, Kidder passant d'une perte de 32 millions de dollars en 1990 à un bénéfice de 40 millions en 1991 et 170 millions en 1992.

Souhaitant tout de même nous retirer, nous avons engagé des conversations avec Sandy Weill, de Primerica. Et nous avons été à deux doigts de signer un accord qui nous aurait permis de nous désengager sans y laisser de plumes. À la veille du pont de Memorial Day, en 1993, Sandy et moi avions trouvé un accord de principe. Tout le monde savait qu'à Wall Street, il fallait aller vite en matière d'acquisitions et négocier le week-end si possible, de façon à éviter les fuites, faute de quoi on perdait très vite les traders et on se faisait assassiner. Je suis parti à Nantucket, laissant Dennis Dammerman, notre directeur financier, négocier les détails pendant le week-end, ce qu'il fit en me tenant au courant par téléphone.

Je pensais conclure avec Sandy en rentrant le jour de Memorial Day. Hélas, ça ne s'est pas passé conformément à ce scénario. Sandy est un grand monsieur, qui a construit son entreprise à coups d'acquisitions remarquables. Je fais partie de son fan club. Mais négocier avec lui, c'est l'horreur. En deux jours, l'accord avait été remanié, repris, torturé au point d'être rendu méconnaissable.

J'ai passé quelques heures à tenter de le ramener à son état initial. Mais j'ai assez vite compris que c'était peine perdue, aussi ai-je dit à Sandy que cet accord n'était pas pour nous. Il a souri. Nous nous sommes serré la main et sommes restés amis.

Mike s'est remis au travail et nous sommes restés quelque temps loin des feux des projecteurs. En 1993, les résultats atteignaient 240 millions de dollars et la situation semblait stabilisée – je l'espérais du moins.

Le vendredi 14 avril 1994, je me préparais à quitter le bureau avant un pont quand Mike m'a passé le genre de coup de fil que l'on préférerait ne jamais avoir. « Il y a un problème, Jack. Nous avons un trou apparemment inexplicable de 350 millions de dollars dans les comptes d'un trader, et il a disparu. »

Je ne savais pas encore qui était Joseph Jett, mais j'allais en apprendre plus sur lui au cours des quelques jours suivants que je n'avais envie d'en savoir. Mike m'a expliqué que Jett, qui était responsable des transactions sur les bons du Trésor pour Kidder, avait monté une série d'opérations fictives pour gonfler sa prime de fin d'année. Cela avait augmenté artificiellement le chiffre officiel de nos rentrées. Nous allions apparemment devoir passer 350 millions de dollars de provisions sur le premier trimestre pour apurer la situation.

Cette nouvelle m'a rendu physiquement malade : 350 millions, je n'en revenais pas. Jane m'attendait déjà à l'aéroport, je l'ai appelée pour lui dire ce que je savais et lui demander de rentrer à la maison. Ce soir-là, j'ai téléphoné à Dennis Dammerman, qui dirigeait un stage à Crotonville. Je lui ai dit que son pire cauchemar s'était réalisé.

En fait, c'était surtout le mien. J'avais commis une lourde erreur en achetant Kidder. Nous n'en avions tiré que des ennuis – et cela ne s'arrangeait pas.

Dennis, accompagné d'une équipe de huit personnes, est allé dans les bureaux de Kidder et s'est mis à y travailler jour et nuit, tout le week-end. Je ne pouvais guère les aider, car il s'agissait de vérifier tous les comptes les uns après les autres. Je suis resté rivé à mon téléphone, à attendre des nouvelles d'eux. Si j'étais venu les rejoindre, je les aurais fait tourner en bourrique.

Le dimanche après-midi, il a bien fallu que j'aille voir moi-même. Dennis et Mike étaient certains que les recettes comptabilisées étaient fausses. Nous ne savions pas encore tout, mais nous devions annoncer notre bénéfice du premier trimestre deux jours plus tard, et nous étions convaincus que nous avions un trou de 350 millions de dollars à apurer.

J'ai passé des heures à me demander comment, exactement, des centaines de millions de dollars pouvaient disparaître du jour au lendemain. Cela ne me semblait pas possible. Manifestement, nous ne connaissions pas assez bien ce métier. Nous devions découvrir plus tard que Jett avait profité d'un défaut des systèmes informatiques de Kidder.

Ce dimanche soir, j'ai appelé les quatorze chefs de division de GE pour leur annoncer la mauvaise nouvelle et leur présenter mes excuses. J'étais dans tous mes états, car cette surprise ne pouvait manquer de faire baisser notre titre, ce dont pâtiraient tous nos salariés, et je me considérais comme responsable de ce désastre.

L'année précédente, en 1993, les opérations fantômes de Jett avaient représenté près du quart des profits réalisés par le département des titres à revenu fixe de Kidder, et le personnage avait été nommé l'« homme de l'année » de la firme. Mike nous avait demandé de lui accorder un bonus de 9 millions de dollars, ce qui était énorme même pour Kidder, et nous avions donné le feu vert. Normalement, j'aurais dû regarder l'affaire à la loupe, creuser pour savoir comment un seul homme pouvait remporter des succès pareils, demander à le rencontrer. Mais je ne l'avais pas fait.

C'était donc ma faute. Je n'avais pas demandé : « pourquoi ? » aussi souvent qu'à mon habitude. Il s'avérait que Kidder était aussi différent de nous, au plan de la culture d'entreprise, que GE l'apparaissait aux yeux des salariés de Kidder.

La réaction de nos chefs de division, face à la crise, a été typique de la mentalité GE. Bien que les comptes du trimestre fussent clos, beaucoup d'entre eux ont immédiatement proposé de monter au créneau pour combler le trou. Certains ont dit pouvoir trouver une rallonge de 10 millions de dollars, d'autres 20, certains même 30 millions de dollars pour contrebalancer la mauvaise surprise. Il était certes trop tard, mais leur bonne volonté s'inscrivait en contraste complet par rapport aux excuses que m'avaient présentées les gens de chez Kidder. Loin de se mobiliser, ils se plaignaient, car la catastrophe affecterait leurs revenus personnels. « Nous allons tous nous retrouver sur la paille ! gémit l'un d'entre eux. Notre bonus est à l'eau. Tout le monde va ficher le camp. » Les deux mentalités et leurs différences ne m'étaient jamais apparues plus clairement. J'entendais indéfiniment le même refrain : « Je n'ai rien fait, je n'ai rien vu, je ne le connaissais même pas, je ne lui avais jamais adressé la parole. » Apparemment, personne ne connaissait personne ni ne travaillait avec personne. C'était à vomir.

Ce soir-là, nous avons licencié Jett et muté six de ses collaborateurs. Plus tard, en rentrant à la maison, j'ai dit à Jane de se préparer au pire. Nous allions au devant d'une période très difficile, qui durerait longtemps.

« Les médias vont me tomber dessus. Ça ne va pas traîner. »

Effectivement, on ne m'a pas fait de cadeau. Une fois encore, je passais de prince à cochon. En l'espace d'un an, nous avons fait de nombreuses fois la colonne de droite de la une du *Wall Street Journal*. Le magazine *Time* m'a trouvé un nouveau surnom, « Jack in the Box ». Et un journaliste de *Newsweek* a écrit que l'on entendait craquer le piédestal.

Quant à *Fortune*, il terminait un long article sur la conclusion ridicule que les scandales de Kidder étaient la conséquence de la piètre gestion de GE. C'était une contre vérité aberrante. Le problème de Kidder était confiné à Kidder, dont les systèmes de contrôle n'avaient pas suffi à détecter une pomme pourrie afin de l'éliminer à temps pour éviter les dégâts.

L'enquête interne destinée à identifier les dysfonctionnements a été menée sous la houlette de Gary Lynch, ancien chargé de mission de la SEC. Très aidé par l'équipe d'audit interne de GE, il est parvenu à la conclusion que Jett avait vraiment eu les coudées beaucoup trop franches. À plusieurs reprises, affirmait Lynch dans son rapport, les questions soulevées par la taille inhabituelle des profits de trading « avaient été ignorées, avaient reçu des réponses incorrectes, quand on n'avait pas refusé de se les poser. Quand il s'est mis à gagner des sommes colossales, le scepticisme que suscitaient ses activités a souvent été balayé d'un revers de manche, voire non exprimé. »

Chez Kidder, le département des revenus fixes était désormais la vedette, il gagnait plus d'argent à lui tout seul que l'ensemble de la firme. Quand il parlait, tout le monde écoutait, et rares étaient ceux qui émettaient des doutes sur la base de sa réussite. Un trader qui gagnait beaucoup d'argent faisait la loi. Nous n'avons été pas les seuls, à Wall Street, à en faire les frais. Michael Milken et Drexel Burnham nous avaient précédés, et même des patrons extraordinaires comme Frank Zarb et Pete Peterson devaient se battre contre la domination des traders de Lehman Brothers. La leçon ne demandait qu'à être entendue. Nous ne l'avions pas écoutée.

Plus tard, le juge Carol Fox Foelak déclara Jett coupable d'avoir commis une faute «énorme» à l'encontre de Kidder. Elle estima qu'il avait volontairement trompé la direction, les auditeurs et d'autres, à coups de dénégations fausses et d'explications fallacieuses et contradictoires. Elle lui interdit de s'associer avec d'autres brokers et le condamna à verser une amende de 8,4 millions de dollars.

Kidder nous a coûté des années d'ennuis et certains de nos meilleurs collaborateurs. En juin 1994, j'ai été contraint de demander à mon ami Mike Carpenter de quitter son poste. C'est l'une des décisions les plus difficiles qu'il m'ait été donné de prendre. Mike était un dirigeant de grand talent et il s'était attaqué au problème Jett – qu'il n'avait pas créé.

La première victime du scandale, ce fut lui. Les médias voulaient sa peau et il était évident que nous aurions une presse épouvantable tant qu'ils ne l'auraient pas. Nous avons eu une longue conversation que j'ai conclue en lui disant : «Cela ne cessera que lorsque tu partiras.» Il a compris et a fait preuve d'une classe remarquable. Le patron immédiat de Jett, Ed Cerullo, chef du département des titres à revenus fixes de Kidder, est parti quelques semaines plus tard. Dennis Dammerman, secondé par Denis Nayden, un autre vétéran de GE Capital, a provisoirement remplacé Mike.

Quatre mois plus tard, en octobre 1994, nous avons fini par signer un accord de vente : nous cédions Kidder contre une somme de 670 millions de dollars plus une participation de 24 % au capital de l'acquéreur, PaineWebber.

Une fois encore, Pete Peterson a joué un rôle important dans la préparation de cette transaction. Les négociations entre GE Capital et Don Marron, le PDG de PaineWebber, avaient en effet achoppé un week-end du début du mois d'octobre. J'avais alors appelé Don pour voir si nous pouvions recoller les morceaux. Et Don, à son tour, avait appelé Pete, l'un de ses vieux amis, pour lui demander de le conseiller. Don et moi ne nous connaissions que vaguement, aussi Pete devint-il l'acteur clé de la négociation. Pete, Don, Dennis et moi-même sommes rapidement parvenus à un accord général, puis nous nous sommes serré la main. Je suis alors parti une dizaine de jours en Asie, laissant à Dennis le soin de terminer la négociation. Pete m'a appelé deux fois, dont l'une, je me souviens, à trois heures du matin, en Thaïlande, pour résoudre deux points délicats. L'accord a été trouvé en une dizaine de jours, et l'amitié entre nous quatre n'a jamais failli.

Cette histoire se termine relativement bien. Un vendredi soir, au début de l'été 2000, Pete m'a appelé assez tard – j'allais quitter le bureau.

« Jack, je suis désolé de te déranger, me dit-il, mais j'ai une nouvelle qui devrait te faire passer un bon week-end. »

Lui et Don venaient de parvenir à un accord avec la banque suisse UBS, qui se préparait à racheter PaineWebber 10,8 milliards de dollars.

« Nous venons de te faire gagner 2 milliards de dollars, ça te va ?

– Me faire passer un bon week-end ? Tu veux dire que c'est la nouvelle de l'année ! » ai-je hurlé dans l'écouteur.

Don, son équipe et plusieurs collaborateurs clés de Kidder ont fait en sorte que la fusion soit une grande réussite. Au total, nous avons engrangé un retour sur investissement, après impôts, de 10 % par an sur la période de quatorze ans entre l'acquisition de Kidder et sa vente à PaineWebber. Ce n'était certainement pas un record, mais on a vu pire.

Je dois dire, cependant, que je ne revivrais pas cette affaire pour tout l'or du monde.

Je n'ai jamais oublié l'épisode Kidder. La culture d'entreprise, ça compte énormément, vraiment énormément. Pendant la folie dotcom, à la fin des années 1990, plusieurs collaborateurs du groupe de capital risque de GE Capital ont réalisé des opérations extraordinairement rentables – un peu comme le faisaient dans le même temps certains particuliers qui jouaient sur les valeurs du Nasdaq. Ils s'étaient mis en tête de ne rester chez nous que si nous les intéressions, au moyen d'une participation au capital, aux affaires dans lesquelles ils investissaient de l'argent de GE.

Je leur ai dit d'aller se faire voir. Certains l'ont fait, et les médias en ont profité pour affirmer que nous n'étions « plus dans le coup ». Nous ne comprenions pas la nouvelle économie. « Absolument ! »

Cela m'a donné une nouvelle occasion de dire devant tous nos dirigeants qu'en dehors du billet vert, GE pratique la monnaie unique : nos propres actions. Les quantités attribuées varient selon le niveau de performance, mais toutes les bouées de sauvetage sont liées au même bateau. Une seule culture, un ensemble commun de valeurs, une monnaie unique, cela ne veut cependant pas dire que nous ne voulons voir qu'une seule tête : chacune de nos divisions a sa propre personnalité.

Pour la même raison – une énorme différence entre les cultures – j'ai laissé volontairement passer des opportunités d'acquérir des entreprises *high tech* de Silicon Valley qui semblaient pourtant bien correspondre à notre stratégie. Je ne voulais pas polluer GE avec les cultures qui s'y développaient à la fin des années 1990. La culture et les valeurs, cela compte trop.

Il n'y a qu'un cheveu entre la confiance en soi et l'orgueil. Cette fois, le dernier l'avait emporté – mais cela m'a appris une leçon que je n'oublierai jamais.

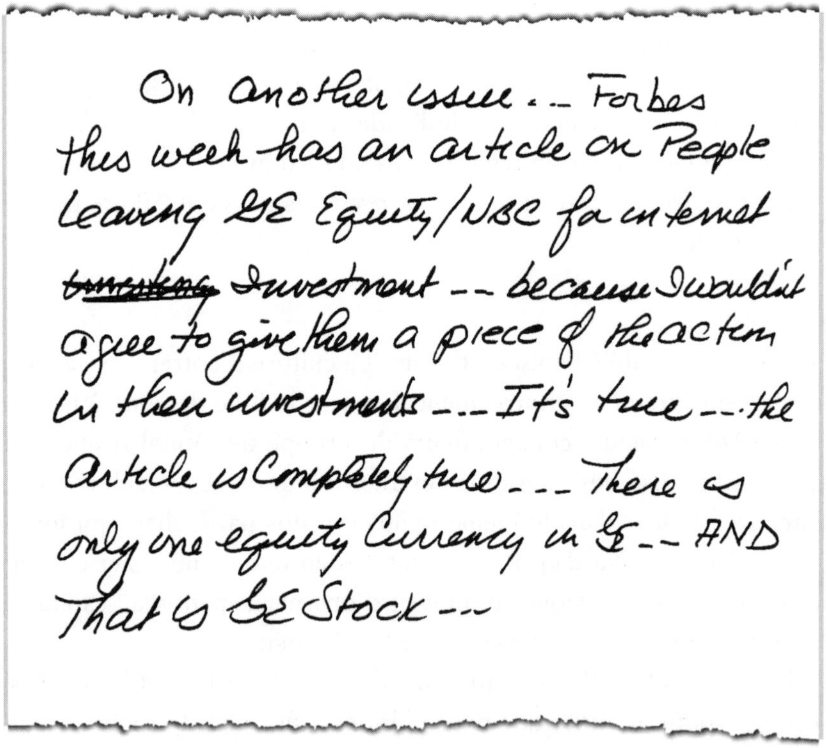
On another issue... Forbes this week has an article on People leaving GE Equity/NBC for internet ~~investing~~ Investment -- because I wouldn't agree to give them a piece of the action in their investments --- It's true --- the article is completely true --- There is only one equity currency in GE -- AND That is GE Stock ---

16

# GE Capital, la machine à croissance

Un soir, en juin 1998, je feuilletais à la maison le dossier préparatoire de la réunion du Conseil de GE Capital du lendemain. L'une des idées soumises à son approbation m'a paru condamnée d'avance ; c'était certainement l'une des plus folles que j'aie vues en vingt ans de bons et loyaux services.

Il s'agissait de racheter un milliard de dollars d'encours de crédit automobile à un groupe d'établissements financiers thaïlandais en faillite dont les actifs avaient été saisis par l'administration. Je savais que le pays traversait l'une des crises les plus sévères de son histoire et que nous étions la seule compagnie survivante de prêt automobile.

J'ai rapidement expliqué l'affaire à Jane.

« Le type qui va présenter ça ne pourra même pas se rasseoir, lui ai-je dit. Il se fera éjecter en moins de cinq minutes. »

Nous finançons tous les ans des opérations qui se chiffrent en milliards de dollars, et les transactions envisagées passent par une salle de torture – le conseil d'administration, ni plus ni moins. Les réunions mensuelles prévues à cet effet sont des discussions terre à terre, sans le moindre interdit, entre vingt collaborateurs de GE totalisant plus de quatre cents ans d'expériences très diverses dans le monde des affaires.

Au fil des années, cette fine équipe a décortiqué des milliers de dossiers, littéralement, avant de rendre son verdict. Toutes les propositions font l'objet d'un examen rigoureux avant d'être présentées au Conseil – 90 % d'entre elles en obtiennent le feu vert – mais nous en renvoyons tout de même une sur cinq au service d'origine pour qu'il revoie sa copie.

En lisant les détails du dossier thaïlandais, j'ai appris qu'il s'agissait d'un projet de partenariat 50/50 avec Goldman Sachs qui nous rendrait propriétaires d'une voiture thaïlandaise sur neuf. Mais l'opération supposait de recruter mille personnes sur place afin de souscrire les emprunts, encaisser les traites et gérer la revente des voitures récupérées en cas de pépin. Si notre offre était acceptée, nous reprendrions les encours à 45 % de leur valeur nominale. L'idée venait de Mark Norbom, le patron de GE Capital en Thaïlande.

Le lendemain matin, je suis entré dans la salle de Conseil le sourire aux lèvres.

« J'ai hâte d'arriver au dossier du crédit automobile en Thaïlande ! » ai-je dit en riant. Et quand j'ai tourné la page sur laquelle figurait la proposition de Mark, j'ai froncé les sourcils en faisant non de la tête.

« Comment veux-tu recruter et former mille personnes en quelques mois ? » lui ai-je demandé.

Sa réponse m'a impressionné. Il a précisé que son équipe avait déjà étudié 4000 candidatures, fait passer des entretiens à plus de 2000 personnes et préparé des contrats d'embauche suspendus à l'acceptation de notre offre. Il a poursuivi en nous expliquant que la voiture était l'un des objets les plus chers au cœur des Thaïs, qui préfèrent pratiquement tout abandonner, quitte à dormir dedans, plutôt que de la perdre pour n'avoir pas payé une traite.

Après quelques plaisanteries et une plaidoirie enflammée de Mark, nous avons décidé d'accepter. Comme quoi une bonne présentation et une dose massive de passion peuvent faire changer les gens d'avis. J'étais entré dans la pièce en me disant que ce garçon ne ferait pas long feu chez nous, j'en suis ressorti convaincu qu'il nous apportait une excellente affaire.

Mark avait effectivement raison. Au cours des trois exercices suivants, le crédit automobile en Thaïlande s'est développé régulièrement et dans des conditions de rentabilité satisfaisantes. La transaction nous a conduits à plusieurs autres achats d'actifs en difficultés en Asie et tout s'est toujours bien passé, tant de notre point de vue que pour les économies locales. Mark a bien réussi, lui aussi. Il est devenu président de GE Japan.

Cette petite affaire thaï (il y en a eu des milliers d'autres) montre comment le très modeste GE Capital est devenu l'un des fleurons de GE. En 1978, quand j'ai été nommé responsable de secteur et que je me suis, pour la première fois, penché sur les destinées de la firme, elle gagnait 67 millions de dollars avec des actifs de 5 milliards de dollars. En 2000, GE Capital a dégagé un bénéfice net de 5,2 milliards de dollars, 41 % du résultat total de GE, avec des actifs de plus de 370 milliards de dollars.

L'histoire de cette croissance phénoménale a été racontée de multiples fois et de multiples façons. Il y a cependant une chose que la plupart des personnes extérieures à GE ne peuvent pas imaginer, c'est l'incroyable intensité, la créativité et l'esprit d'entreprise qui sous-tendent cette réussite.

Ce que j'ai vu en 1978, c'est une opportunité extrêmement prometteuse – je ne parle pas seulement en termes de bénéfice au bas du bilan, mais du potentiel extraordinaire du mariage de deux ingrédients que nous possédions tous deux : l'argent et la matière grise.

Ayant fait toute ma carrière dans la production industrielle, j'étais ébloui par la facilité avec laquelle on pouvait, apparemment, gagner sa vie dans ce métier. Tel quel, GE Capital montrait déjà que l'on pouvait réaliser d'excellentes opérations, avec des contre-garanties sérieuses, permettant d'engranger des retours sur investissements remarquables. Je n'en donnerai qu'un seul exemple : le leasing d'avions générait une rentabilité de 30 %, voire plus.

Je suis tombé amoureux de l'idée qu'en conjuguant la discipline et les capitaux tirés de nos activités industrielles avec l'expertise financière, nous construirions un fantastique centre de profits. Bien entendu, pour que le rêve se concrétise, il nous faudrait rassembler des équipes de haut niveau.

Dennis Dammerman aimait à me rappeler l'adage de Benjamin Franklin : « Pour engranger les intérêts, il faut commencer par récupérer le principal. » Heureusement, la culture de GE Capital exigeait d'ores et déjà que les personnes qui lançaient une opération la prennent en charge du début à la fin. Quiconque proposait une acquisition avait donc réellement intérêt à s'assurer qu'elle était viable. Faute de quoi il devait assumer ses responsabilités, c'est-à-dire reprendre l'actif et redresser lui-même la situation.

J'étais certain qu'une immense opportunité était ouverte à GE Capital. Il suffisait de donner la priorité à ce qui n'était encore que subsidiaire. En confiant la société à des équipes plus performantes et en y injectant des ressources financières beaucoup plus importantes, on pouvait aboutir à des profits énormes.

Par bonheur, j'ai eu la chance de découvrir Larry Bossidy en jouant au ping-pong. John Stanger, le PDG de GE Capital, et Larry sont les artisans de l'aggiornamento. En 1978, GE Credit était, par rapport au reste du groupe, le canard dans la couvée de poules, son activité étant très différente de nos autres métiers. Larry en avait beaucoup souffert et je le comprenais, les plastiques étant dans la même situation au moment où j'y avais fait mes débuts. Larry souhaitait mettre GE Capital au centre de la scène. Ancien de l'audit interne de GE, il venait du cœur même de GE Capital, il savait ce qu'il fallait faire.

Ma première grande décision, en 1979, a été d'obtenir l'accord de Reg pour nommer Larry directeur général de GE Capital. Comme moi-même, Larry n'avait pas le profil type du directeur GE. Non seulement il n'était pas BCBG, mais on le reconnaissait de dos à ses pans de chemise qui flottaient à tout vent. Sa conception du costume d'été était simple : il prenait son costume d'hiver et l'agrémentait d'une ceinture et de chaussures blanches. (Le personnage éminent du monde des affaires qu'est désormais Larry pourrait poser pour *Vogue Hommes*.)

Larry a toujours eu le sens de la famille. Sa femme, Nancy, a remarquablement élevé leurs neuf enfants. Larry l'aidait quand il pouvait, car il travaillait souvent fort tard et le week-end. Trois de leurs enfants sont venus travailler chez GE, dont Paul, actuellement aux commandes de CEF, une division de GE Capital proposant du leasing aux entreprises, qui, avec 38 milliards de dollars d'actifs, est l'une de nos vingt premières activités.

Larry et moi avions la même façon de voir des tas de choses, mais nulle part autant que sur le front des ressources humaines. Non seulement nous regardions de près les performances et les attitudes en Session C, mais nous observions les comportements aux réunions mensuelles du Conseil. Nous y voyions des gens monter au feu, se faire cuisiner, présenter chaque mois un dossier différent – et, dans certains cas, expliquer comment ils s'en sortiraient en cas de difficultés.

Au fil des vingt-trois ans que j'ai passés à suivre GE Capital, j'ai vu la croissance se développer en quatre étapes distinctes : de 1977 à 1985, John Stanger et Larry Bossidy se sont attachés à attirer les meilleurs éléments de GE chez GE Capital. Dans la seconde moitié des années 1980, Larry

Bossidy (alors président adjoint de GE) et Gary Wendt, le nouveau PDG de GE Capital, ont commencé à activer vigoureusement la croissance en transformant leur société en machine à acquisitions.

Pendant les années 1990, Wendt et son directeur général Denis Nayden ont créé une entreprise planétaire de services financiers en faisant se succéder, dix ans durant, des acquisitions à un rythme sans précédent. L'équipe actuelle, composée de Denis à la présidence et de Mike Neal à la direction générale, s'attache à accroître encore l'extension mondiale et à apporter aux services financiers la rigueur du Six Sigma et de la numérisation.

Quand on regarde toutes ces années de croissance ininterrompue à deux chiffres, cela semble presque irréel. Je me souviens encore m'être torturé indéfiniment à peser le pour et le contre d'une opération de 90 millions de dollars. Par comparaison avec le crédit automobile en Thaïlande ou les milliards de dollars que nous engageons aujourd'hui en une seule séance du conseil d'administration, cela peut sembler insignifiant, mais ça ne l'était pas en 1982.

Cette année-là, Larry Bossidy, Dennis Dammerman et moi-même avons débattu, des heures durant, lors d'un comité de direction de GE Capital à Porto Rico, du bien-fondé de l'acquisition d'American Mortgage Insurance, que nous proposait Baldwin United. Cette transaction était la plus grosse jamais envisagée par GE Capital, et nous nous demandions jusqu'où nous pouvions aller dans notre offre, nous inquiétant de toutes les complications risquant de survenir – c'était mortel.

C'est une question de perspective. Avant notre décision d'acheter American Mortgage en 1983, Dennis devait pratiquement signer de sa main toutes les polices d'assurance que nous émettions car notre activité d'assurances était tellement réduite qu'elle ne justifiait pas l'achat d'une machine à signer. Après l'acquisition, non seulement il a pu en acheter une, mais nous sommes devenus un acteur important dans la profession.

Un an plus tard, en 1984, nous avons complété cette petite acquisition par celle d'Employers Reinsurance Corp. (ERC), l'une des trois premières compagnies de réassurance américaines. John Stanger et Dennis Dammerman avaient commencé à regarder le dossier en 1979, ERC nous ayant demandé de jouer les chevaliers blancs pour repousser une OPA hostile de Connecticut General Insurance. À l'époque, nos actifs dans le domaine de l'assurance étaient modestes et ERC préférait nous avoir comme société mère plutôt qu'une grande compagnie comme Connecticut General.

À la vérité, ERC voulait même le parfait chevalier blanc – autrement dit un partenaire ne connaissant absolument rien à l'assurance – et finit par trouver Getty Oil. Plus tard, et ce fut l'une des acquisitions les plus notables de la décennie, Getty s'est fait racheter par Texaco, qui ne voyait pas l'intérêt de posséder une compagnie de réassurance. Connaissant le dossier, nous avons pu agir rapidement afin de mettre la main sur ERC. J'ai négocié les derniers détails de cet accord de 1,1 milliard de dollars avec John McKinley, le PDG de Texaco.

Nous étions encore relativement petits joueurs, à l'époque. Quand les membres de l'équipe de ERC sont venus dîner à Fairfield le dimanche soir, après la signature de l'accord, ils nous ont dit qu'ils n'atteindraient pas le bénéfice annuel prévisionnel sur lequel nous avions fondé la transaction.

Immédiatement, je me suis mis en tête d'obtenir une réduction. C'est mon ami John Weinberg, de chez Goldman Sachs, qui nous avait représentés dans l'acquisition. Je lui ai téléphoné à Augusta, l'arrachant à une partie de golf, et me suis lancé dans une diatribe sur le manque à gagner qui nous attendait. En conclusion, je lui ai dit d'appeler McKinley et de lui demander d'ajuster le prix.

Par chance, nous avions affaire à un gentleman : McKinley nous a accordé une réduction de 25 millions de dollars. Au lieu du 1,1 milliard de dollars prévu, nous avons fini par payer 1,075 milliard de dollars. Je suis un peu gêné aujourd'hui d'avoir fait cela, mais j'étais assez novice et sans doute un peu trop accrocheur.

L'acquisition ERC a été un grand bond en avant. Nous avons fait passer le bénéfice net de cette compagnie de 100 millions de dollars en 1985 à un sommet de 790 millions de dollars en 1998, jusqu'à ce qu'une guerre des taux et une série de tempêtes en 1998 et 1999 nous fassent dérailler. En 2000, nous n'avons gagné que 500 millions de dollars.

Pour remettre ERC sur ses rails, nous avons nommé PDG Ron Pressman. Ayant commencé sa carrière dans l'audit interne de GE, Ron a monté une affaire immobilière hautement rentable – il a le parfait dosage de discipline et de potentiel intellectuel. Aujourd'hui, les primes s'améliorent, le Six Sigma se met en place et, si la météo coopère, tout repartira du bon pied sous la houlette de Ron Pressman.

La plupart des choses que nous avons accomplies dans les années 1980 ont été réalisées par petites étapes. GE Capital a toujours préféré « marcher avant de courir» vers tel ou tel marché. Pour prendre une autre métaphore, nous commencions par tâter l'eau du bout du pied avant de plonger. Nous n'avons jamais eu de vision stratégique fracassante.

Ce n'était même pas la peine de se battre pour être numéro un ou numéro deux sur ces énormes marchés. Il suffisait, pour croître et prospérer, de conjuguer les ressources financières et intellectuelles de GE.

Dans les années 1970, l'accent a porté sur le crédit à la consommation classique, comme le crédit immobilier et le leasing automobile, avec quelques investissements dans le transport et l'immobilier.

Dans les années 1980, nous avons privilégié l'accélération de la croissance, tout en continuant à encadrer strictement les risques. Nous n'avons donc pas changé le prudent profil de risque adopté au cours de la décennie précédente. En revanche, nous avons embauché des collaborateurs uniques, auxquels nous avons donné toute liberté pour avoir des idées et nous convaincre d'y investir, alimentant ainsi la croissance.

Cette dernière a été au rendez-vous, les affaires nous venant de tous les horizons. Ces vingt dernières années, GE Capital a explosé en une foule d'activités articulées autour de la gestion de matériels de toutes sortes, du camion à l'avion en passant par les wagons. Nous avons sauté sur l'opportunité offerte par les cartes privatives. Nous avons affirmé notre présence dans l'immobilier. GE Capital est passé de cinq à six niches financières en 1977 à vingt-huit métiers distincts en 2001.

Si un exemple démontre que ce sont les hommes qui font la différence, c'est bien celui de GE Capital. Au fil des années, nous avons vu défiler une extraordinaire brochette de talents – Larry Bossidy, Dennis Dammerman, Norm Blake, Bob Wright, Gary Wendt et Denis Nayden. Chacun d'entre eux allait ensuite prendre les commandes d'une société, chez nous ou ailleurs.

L'exemple parfait de la réussite en interne, c'est Denis Nayden, entré chez GE Capital dès sa sortie de l'université, en 1977, comme assistant marketing pour les financements air-rail. Au cours des deux décennies suivantes, il a grimpé les échelons de la hiérarchie, finissant par devenir le bras droit de Wendt, avant d'être nommé lui-même PDG en 1998.

Nous avons puisé dans la mine de talents de nos entreprises industrielles pour transformer un établissement financier pur et dur en une structure capable de monter des transactions financières complexes tout en possédant des savoir-faire opérationnels. La moitié de l'équipe dirigeante actuelle de GE Capital a été formée dans l'industrie.

Nos managers savent gérer une entreprise. Aussi, quand l'une de nos acquisitions se heurte à des problèmes graves, nous la barrons rarement d'un trait de plume. Nous n'aimons pas passer par pertes et profits. Nous préférons prendre l'affaire en mains. Nous avons les capacités opérationnelles de conserver un actif problématique.

En 1983, Tiger International s'est trouvé dans l'impossibilité d'honorer ses créances envers nous. Nous sommes intervenus, nous transformant du même coup en loueur de wagons. De la même manière, quand les contrats de leasing de certains de nos avions de passagers n'ont pas été renouvelés, le marché étant atone, nous avons converti les appareils concernés en avions de fret pour lancer Polar Air, ligne indépendante de transport de marchandises. Notre longue expérience du leasing d'avions nous a conduits à l'achat de Polaris, puis de la compagnie irlandaise Guinness Peat Aviation en 1993 et 1994. Aujourd'hui, GE Capital Aviation Services (GECAS) gère 18 milliards de dollars d'actifs.

Nous avons construit GE Capital acquisition après acquisition. Il y en a eu des grandes et des petites, mais la grande majorité des transactions devait obtenir le feu vert en réunion mensuelle du Conseil. Nous avons toujours fait preuve de prudence concernant les paris que nous prenions dans les services financiers. Je n'ai ajouté aucune discipline nouvelle au processus de gestion des risques des années 1970, mais je ne les ai pas assouplis non plus. Toute transaction sur capital portant sur plus de 10 millions de dollars et tout risque commercial dépassant les 100 millions de dollars par client doivent être soumis à l'approbation du Conseil. Malgré la croissance que nous avons enregistrée, nous n'avons jamais modifié ces seuils.

Je n'ai pratiquement manqué aucune de ces réunions mensuelles du Conseil, je partage donc le mérite des bonnes décisions et la responsabilité des mauvaises. Je reconnais que nous avons emboîté le pas à la folie des LBO dans les années 1980. À l'occasion de l'une de ces transactions, en 1989, nous avons financé le rachat de Patrick Media, agence publicitaire spécialisée dans l'affichage. L'affaire avait une trésorerie décente et un taux de croissance raisonnable. Une seule chose m'inquiétait : c'était John Kluge, le patron de Metromedia, qui vendait. Et il était célèbre pour sa perspicacité.

Je n'y connaissais pas grand-chose en publicité par affichage, mais je savais que lorsque John Kluge vendait, il ne fallait pas acheter. J'aurais dû suivre mon instinct. Quand l'affichage a touché le fond, vers la fin des années 1980, nous avons repris la propriété de la société pour éviter une ardoise de 650 millions de dollars. Nous avons redressé l'affaire et fini par réaliser un modeste gain sur sa vente en 1995.

Nous avons aussi participé à un LBO sur Montgomery Ward en 1988. Sur le papier, c'était presque trop beau. Notre partenaire à 50 %, Bernie Brennan, figurait sur la liste des quatre cents plus grosses fortunes du monde du magazine *Forbes* et la chaîne de magasins Wards était florissante. Pas pour longtemps, hélas. Malgré les vaillants efforts d'une nouvelle équipe de direction, Wards a fini par faire faillite en 2000 après avoir traversé un véritable enfer.

Les bonnes opérations l'ont cependant emporté sur les mauvaises, et de loin. Elles étaient d'une variété extraordinaire. Par exemple, nous avons fait une incursion dans la vente aux enchères d'automobiles. J'aimais bien cette activité, que j'avais vue lors d'une émission de Cox pendant les négociations malheureuses de 1980 (Cox était en effet propriétaire de Manheim, le leader de cette profession). C'était une activité de service pur, avec de faibles investissements et de fortes marges. Ed Stewart, qui dirigeait alors le leasing automobile, a commencé à acheter de petites sociétés de vente d'automobiles aux enchères au début des années 1980. Il a fini par en acquérir plus de 20 et par former une joint-venture 80/20 avec Ford.

Ces ventes aux enchères d'automobiles rappelaient un peu les marchés aux puces. Elles se pratiquaient sur un terrain équipé de tribunes de bois. Des marchands ambulants vendaient des hot-dogs et des ceintures de cuir Harley-Davidson. À la criée, les voitures d'occasion trouvaient preneur au rythme d'une à la minute. En fin de compte, c'est à cause de Manheim que nous avons vendu notre affaire. Beaucoup plus gros que nous, ils étaient bien placés pour consolider la profession. Nous avons encaissé notre bénéfice et vendu à Manheim au début des années 1990.

Les meilleures transactions à être étudiées en Conseil – et parfois les plus folles – venaient souvent de Gary Wendt, artisan de la forte croissance de GE Capital durant sa présidence, de 1986 à 1998. Il nous proposait des affaires imaginatives et créatives. Non seulement il excellait au montage et à la négociation de l'affaire, mais il avait aussi une capacité rare, celle de vous dire ce qu'il faudrait faire pour transformer une opération moyenne en une bonne opération.

Gary avait reçu une formation d'ingénieur, suivie d'un MBA à Harvard, et c'était un négociateur né. Il travaillait dans un fonds immobilier en Floride quand il a été recruté par GE Credit comme chef du crédit immobilier en 1975. Nommé directeur général en 1984, il était alors responsable de l'ensemble du crédit commercial. Deux ans plus tard, Bob Wright a quitté la présidence de GE Capital pour prendre celle de NBC. Larry Bossidy a alors confié les commandes à Gary Wendt. Ces deux hommes ont continué à travailler ensemble à la construction de GE Capital.

En 1991, Larry a décidé de voler de ses propres ailes. Il avait cinquante-cinq ans, c'était mon bras droit, mais il ne pouvait aller plus haut chez GE car j'avais encore dix ans devant moi. Il souhaitait prendre les commandes d'une grande entreprise, et il y est parvenu grâce à un chasseur de têtes.

Un lundi matin, à la fin du mois de juin, il est venu m'annoncer la nouvelle.

« Jack, me dit-il, tu sais qu'il était temps que j'aille voir ailleurs. Je ne veux pas rester ici jusqu'à la fin de ma carrière. Quelque chose s'est présenté, et je vais le prendre.

– Quand ?

– Ce sera annoncé demain !

– Ta décision est prise, alors ?

– Ouais. Il le fallait, tu sais. »

Émus aux larmes, nous avons évoqué de vieux souvenirs, remontant jusqu'à notre partie de ping-pong de 1978, quand je l'avais convaincu de rester chez GE. La gorge serrée, nous nous sommes embrassés.

Larry m'a ensuite dit qu'il prenait la présidence d'AlliedSignal, entreprise industrielle du New Jersey. Il m'a expliqué que le poste l'intéressait parce qu'il fallait redresser la société ; en outre, comme elle était implantée dans le Nord-Est, il n'aurait pas besoin de déménager sa nombreuse famille.

Quand le chasseur de têtes m'a appelé, plus tard, je lui ai expliqué que j'étais partagé entre les larmes et le sourire : d'une part, il me prenait mon meilleur ami et mon meilleur collaborateur, mais d'un autre côté, Larry était capable de diriger n'importe quelle entreprise américaine et il le méritait, j'en étais donc heureux pour lui.

Dans les années 1990, Gary Wendt plantait un drapeau partout où passait. Il disait à son équipe de ne pas s'inquiéter pour quelques égratignures.

« Nous allons gagner la guerre, expliquait-il. Mais il faut conquérir du territoire. »

Si toutes nos divisions travaillaient à acquérir une envergure mondiale, aucune n'excellait autant que GE Capital à cet exercice. L'Europe étant en crise, Gary y a conduit un effort considérable. En 1994, Gary et son équipe ont acheté 12 milliards d'actifs, dont plus de la moitié hors de nos frontières. En 1995, ils ont plus que doublé ce rythme, achetant pour 25 milliards de dollars d'actifs, dont 18 hors des États-Unis.

GE Capital était lancé sur son orbite planétaire, acquérant des établissements de crédit, des sociétés spécialisées dans la gestion des cartes privatives, et des entreprises de leasing de camions et de voitures ferroviaires.

Si je voulais raconter les tenants et aboutissants de toutes ces acquisitions, je remplirais des volumes et des volumes. Un été, Gary et son directeur du développement pour l'Europe, Christopher Mackenzie, ont passé leurs vacances à parcourir l'Europe de l'Est en camionnette. Véritable boîte à idées, Christopher était le découvreur d'affaires de Gary. Ils sont rentrés de ces vacances gonflés à bloc, prêts à monter des tas d'opérations dans cette partie du monde. Ils avaient déjà une proposition ferme – il s'agissait d'acheter une banque à Budapest. La Hongrie nous plaisait, nous y étions déjà l'un des plus gros employeurs du pays par le biais de GE Lighting, cette acquisition cadrait donc parfaitement avec notre stratégie.

Nous avons également acheté des banques en Pologne et en République Tchèque et elles nous ont servi de tremplin pour passer au crédit à la consommation dans ces marchés. La banque tchèque m'inquiétait un peu car son propriétaire possédait aussi une entreprise de distribution de matériel électroménager et un entrepôt bourré de téléviseurs russes. Nous avons accepté l'accord après nous être assurés que nous n'allions pas nous retrouver collés avec cette affaire d'électroménager tchèque.

Aujourd'hui, ces trois banques ont une rentabilité correcte, dégageant environ 36 millions de dollars de résultats nets par an. Le voyage de Gary paie encore.

Une autre histoire assez amusante, c'est la fois où Dave Nissen, qui dirige nos activités internationales en matière de crédit à la consommation, a entrepris de nous convaincre d'acheter Pet Protect, la seconde compagnie d'assurances britannique spécialisée dans l'assurance des animaux de compagnie. Ma réaction initiale a été à peu près aussi négative que lors de l'affaire du crédit automobile en Thaïlande.

Dave a commencé sa présentation sur ces paroles : « Il y a des chiens qui rapportent, vous savez ! »

Je connaissais fort mal le marché de l'assurance des animaux domestiques. Nous avons appris qu'il connaissait une croissance annuelle de 30 %, les primes annuelles s'élevant à 90 millions de dollars. Le marché britannique n'était dépassé que par le marché suédois en termes de pourcentage de chats et de chiens assurés : 5 % contre 17 %. Il y avait donc encore pas mal de marge !

Jim Bunt, trésorier et membre du Conseil de GE Capital, s'est bien amusé sur ce dossier. En faisant le point, il a noté en riant que le produit comportait la couverture des « coûts de gardiennage en chenil si le propriétaire du chien devait être hospitalisé », mais pas les « pertes catastrophiques à la suite de morsures ».

Nous avons donné le feu vert non parce que nous nous considérions comme spécialistes de l'assurance des toutous et des minous, mais parce que nous faisions confiance à ceux qui nous présentaient le dossier.

À 23 millions de dollars, c'était une petite opération. Il y en a eu beaucoup de grosses, qui soulevaient des questions sérieuses. Une fois, en 1997, Nissen nous a proposé de racheter Bank Aufina, le département crédit à la consommation d'une grande banque suisse. J'hésitais. La banque suisse domine le monde de la banque. Pourquoi aurait-elle envie de vendre quoi que ce soit de valable ? Cela ne collait pas. Nissen a expliqué que les banquiers suisses sont de vrais banquiers, qu'ils préfèrent les grosses opérations et s'intéressent surtout à la banque d'investissement au plan international. À leurs yeux, une affaire de crédit à la consommation et de financement automobile les écarte de leur métier de base. Nous avons fini par acheter deux sociétés en Suisse. En 2001, elles ont gagné 78 millions de dollars.

Ces acquisitions faisaient partie d'un vaste plan, Nissen désirant construire un pôle de crédit à la consommation d'envergure mondiale. Dans cette perspective, la première grande opération, qui permit à GE Capital de s'assurer une présence significative en Europe, fut l'acquisition, en 1990, des cartes privatives du groupe Burton, la première chaîne de distribution anglaise dans le secteur de l'habillement. L'année suivante, Dave y ajoutait celles de Harrods et de House of Fraser.

Pendant que Gary et Denis orchestraient notre croissance internationale, il se passait aussi beaucoup de choses aux États-Unis. Certaines des opérations les plus intéressantes nous y ont été apportées par Mike

Gaudino, le patron du crédit commercial. Tandis que, de mon côté, je regardais tous les jours les entreprises que j'avais *envie* d'acheter, Mike regardait celles qu'il pensait pouvoir *sauver*. À l'en croire, plus de la moitié des entreprises américaines ne méritent pas que l'on y investisse de l'argent. Six à sept fois par an, Mike arrive au Conseil avec un dossier d'entreprise en difficultés, voire au bord du dépôt de bilan. Il juge de la qualité des dirigeants, regarde s'il nous sera possible de récupérer des créances à court terme et le stock. Autrement dit, il regarde les choses par l'autre bout de la lorgnette, il prend le contre-pied de nos habitudes.

Un bon exemple de cette politique, c'est Eaton, grande chaîne de distribution canadienne qui était en grand péril en 1997. Ses autres créanciers lui refusant tout nouveau financement, Mike a demandé à notre Conseil d'approuver un crédit de 300 millions de dollars pour éviter le dépôt de bilan. Après une autre crise, cependant, il a fallu liquider la société. Mike s'est débrouillé pour récupérer notre investissement jusqu'au dernier dollar, ainsi que le retour sur investissement prévu à l'origine. À force d'optimiser la gestion de dilemmes comme celui d'Eaton, Mike a acquis une crédibilité énorme. Ces six dernières années, sur 200 acquisitions, une seule s'est soldée par une perte. Son approche inversée, conjuguée avec une souscription très rigoureuse, lui ont permis de faire passer son département du point mort en 1993 à près de 300 millions de dollars de résultat net en 2000.

Gary Wendt est le grand prêtre de la croissance de GE Capital. Il en a fait un élément essentiel de la culture d'entreprise de la firme. Plus de deux cents collaborateurs ont pour unique mission de rechercher les acquisitions possibles ; en outre, tous les dirigeants de GE Capital réfléchissent sans cesse à des accords potentiels. Cela fait partie de la mentalité que Gary a installée. La *Harvard Business Review* a pris GE Capital comme modèle de l'intégration réussie des acquisitions, racontant par le détail comme Gary et son équipe s'y prenaient – et il y avait du grain à moudre.

Dans les années 1990, Gary et Denis Nayden ont signé plus de quatre cents accords portant sur plus de 200 milliards de dollars d'actifs.

Gary ne pensait qu'à cela, il ne vivait que pour négocier. Denis Nayden m'a raconté s'être trouvé avec lui dans une boutique de Hong Kong où il voulait acheter une radio. Il avait passé un temps fou à marchander et était reparti heureux, ayant le sentiment d'avoir fait une bonne affaire. Un peu plus loin, dans la même rue, il avait failli faire une syncope en repérant dans une vitrine exactement la même radio, à un prix inférieur à celui qu'il avait obtenu avec tant de peine ! Il avait ressassé sa déconvenue tout le week-end.

Gary adorait aussi monter des coups pour faire passer les dossiers auxquels il tenait. Mike Neal raconte avoir répété avec lui sa première présentation au Conseil, en 1989. Mike voulait acheter Contel Credit, une affaire de leasing de matériel de télécommunications. Pendant toute la présentation de Mike, Gary avait eu l'air de s'ennuyer et n'avait pas desserré les dents – du moins jusqu'à ce que Neal ait complètement terminé.

Il lui avait alors expliqué que Contel Credit n'avait pas l'air d'être l'affaire du siècle, mais qu'il avait lui-même un autre gros dossier un peu sportif. Il s'agissait d'une affaire d'avion commercial à laquelle il tenait beaucoup. L'idée était de faire passer la présentation de Mike en premier, juste avant la sienne. « Jack refuse rarement deux dossiers de suite. Tu vas nous obtenir le feu vert. »

Mike était passé le premier, comme prévu. Il avait fait sa présentation. Nous avions accepté sa proposition. Et la transaction chère au cœur de Gary s'était fait étendre.

Nous nous battions comme des fous sur des tas de dossiers, mais Gary en faisait passer beaucoup.

Des années avant que le Japon accepte les investissements étrangers, Gary avait envoyé une petite équipe d'éclaireurs afin de repérer les opportunités potentielles. Quand l'économie japonaise a commencé à s'essouffler, au milieu des années 1990, les secteurs de la banque et de l'assurance se sont mis à crouler sous la masse de leurs créances douteuses. On nageait dans une mer d'impayés. Il fallait absolument que de nouveaux propriétaires injectent des capitaux frais.

Quand le Japon a commencé à s'ouvrir aux investissements étrangers, le travail de préparation anticipé de Gary nous a donné un temps d'avance.

Notre première acquisition, en 1994, a été celle de Minebea, établissement de crédit à la consommation pesant un milliard de dollars, filiale d'un producteur de roulements à billes. En coopération avec Jay Lapin, alors patron de GE Japan, Gary a réalisé plusieurs acquisitions novatrices dans le crédit à la consommation, l'assurance et le leasing de matériels d'équipement. Ancien juriste de notre division Électroménager, Jay était un parfait chef de zone. Il avait travaillé d'arrache-pied pour gagner la confiance des autorités de tutelle japonaises et de la communauté des affaires. Il adorait le

Japon et les Japonais. Ils le savaient et appréciaient. J'ai eu l'occasion de rencontrer, au cours de réceptions à son domicile, les PDG de nombreuses entreprises japonaises de tout premier plan, ainsi que plusieurs personnages extrêmement influents.

En 1998, nous avons réellement trouvé notre rythme de croisière. L'équipe de GE Capital a fait deux nouvelles transactions cette année-là, dans l'assurance vie, le crédit à la consommation et le leasing, qui nous ont permis de nous hisser parmi les grands acteurs des services financiers au Japon.

La première, au mois de février, était en fait une joint-venture de 575 millions de dollars avec Toho Mutual Life Insurance. C'est Mike Frazier qui a présenté le dossier au Conseil. Lui aussi avait commencé par être auditeur interne GE. Il avait travaillé pour moi à Fairfield, sa mission consistant à privilégier les échanges d'idées et de tactiques au sein des différentes activités de GE, et avait été président de GE Japan au début des années 1980. Mike avait ensuite bâti une puissante compagnie d'assurances américaine, intégrant treize acquisitions distinctes en un ensemble hautement performant. Et maintenant, avec le soutien actif de Gary, il revenait au Japon pour y planter un drapeau aux couleurs de sa compagnie.

Comme cette affaire me faisait très peur, j'ai freiné des quatre fers. Toho était en cessation de paiements, en outre cette acquisition me paraissait d'une taille écrasante. Nous entrerions, le cas échéant, en territoire inconnu. Je ne connaissais pas la législation japonaise, et je voulais être certain que Mike et son équipe avaient vraiment envisagé tous les risques. Le dossier a donc fait pas mal d'allers et retours. Au mois de décembre, Mike lui-même a fait la navette entre New York et Tokyo pour satisfaire tant nos préoccupations que celles du vendeur. L'accord a fini par être conclu quelques jours avant Noël.

La seconde acquisition, annoncée en juillet 1998, était celle de la société de crédit à la consommation Lake, numéro cinq sur le marché japonais, que nous avons payée 6 milliards de dollars. Lake faisait des prêts à court terme aux particuliers, que les clients obtenaient sur des distributeurs automatiques. Avec ses 600 succursales réparties sur le territoire japonais et près de 1,5 million de clients, il faisait de nous un acteur important dans le crédit à la consommation au pays du soleil levant. L'accord, extrêmement complexe, avec un établissement pratiquement en faillite, nous avait demandé trois ans de négociations.

C'est Dave Nissen qui avait fait la première ouverture, en 1996, mais elle avait été rejetée parce que nous avions refusé de reprendre les dettes. Une seconde offre, un an plus tard, n'était pas allée beaucoup plus loin. Finalement, en 1998, Nissen et son équipe avaient proposé un schéma inhabituel. Nous achèterions les opérations de crédit aux particuliers de Lake et nous contribuerions à la création d'une société séparée qui conserverait le reste des actifs, y compris des œuvres d'art d'une valeur d'environ 400 millions de dollars, que le propriétaire de Lake avait achetées. Nous acceptions en outre de mettre davantage d'argent sur la table, cette prime devant être partagée entre les actionnaires de Lake, si nous réussissions à atteindre un seuil de résultats défini à l'avance.

Avant de signer, il nous fallait convaincre vingt banques japonaises différentes d'accepter de réduire les créances qu'elles détenaient sur Lake. L'équipe de Nissen a aussi demandé à Christie's d'expertiser les Picasso et les Renoir qui ornaient les bureaux. Nous ne voulions pas acheter ces chef-d'œuvre, mais si Lake tirait plus d'argent que prévu de la vente de ces actifs et de certains autres, nous aurions moins à débourser pour honorer la promesse faite aux actionnaires en cas de réussite.

Avant de présenter le dossier au Conseil de GE Capital, Nissen et son équipe avaient peaufiné leur affaire au cours de huit réunions préparatoires successives avec Gary, Dennis Dammerman et leur directeur financier Jim Parke. Le concept ne me déplaisait pas. Le Conseil a donné son feu vert.

Gary Wendt était un original, c'est le moins que l'on puisse dire. On ne savait jamais d'où il venait ni de quelle humeur il serait. Une chose est certaine, c'est qu'il détestait travailler sous l'autorité de qui que ce soit. Qu'il s'agisse de Larry Bossidy, de Bob Wright ou de moi, le simple fait d'avoir un patron l'exaspérait. Quant à un patron qui disait non de temps à autre, cela le rendait fou furieux. Son départ, fin 1998, a été la conséquence inévitable du processus de ma succession.

Denis Nayden, président, et Mike Neal, directeur, souhaitaient rester dans l'équipe de direction de GE Capital. Denis, qui travaillait chez nous depuis vingt et un ans, est un individu plein d'allant, un assureur extraordinaire, qui, grâce à ses capacités intellectuelles, est capable de monter des transactions complexes portant sur des sommes considérables. Sa caractéristique la plus précieuse est sa ténacité. Il peut vous décortiquer un dossier jusqu'à l'os. Gary a toujours été monsieur Idées, Denis plutôt monsieur Exécution.

J'avais toujours considéré Mike Neal comme l'âme de GE Capital. Contrairement à la plupart des autres membres de l'équipe de direction, sa formation n'était pas financière. Ancien directeur commercial de GE Supply, il lui a fallu apprendre le métier – et il l'a fait. La plus grande force de Mike, c'est son contact humain. Il est drôle, toujours prêt à lancer une petite blague pour détendre l'atmosphère, et très aimé.

Jim Parke, directeur financier depuis 1989, a joué un rôle clé dans la croissance de GE Capital. Doté d'un excellent jugement, il connaît à fond son affaire.

Dennis Dammerman, qui avait déjà fait trois passages chez GE Capital au cours de sa carrière, était prêt à prendre la tête de cette nouvelle équipe de direction.

La succession étant ainsi assurée et Gary ne voulant pas travailler pour mon propre successeur, la conclusion s'imposait – nous en sommes tombés d'accord. Il avait gagné et méritait un traitement exceptionnel, ce qu'a reflété sa prime d'adieu. Nous y avons adjoint une clause de non-concurrence.

En juin 2000, Conseco, compagnie d'assurances et de services financiers, était en pleine mouise. Le cours du titre avait plongé de 33 % en 1998 et de 41 % en 1999, ils avaient besoin d'aide, et vite. Les principaux actionnaires, Irwin Jacobs et Thomas Lee & Associates, comptaient sur Gary pour les tirer d'affaire. De fait, nul ne pouvait mieux réussir cette mission de redressement. Et Gary pourrait enfin être son propre patron.

L'une des négociations les plus agréables de ma vie a consisté à recevoir des coups de fil de Jacobs, m'expliquant les raisons pour lesquelles il fallait délier Gary de sa clause de non-concurrence. Dès le premier coup de fil, il m'a demandé combien je voulais pour lui rendre sa liberté. Vingt millions de dollars me conviendraient-ils ?

«Pas question. Il est trop fort et trop précieux.»

Irwin a appelé plusieurs fois, en relevant son offre, mais il restait loin de ce que Gary valait à mes yeux. Peu après, c'est David Harkins, administrateur de Conseco et président par intérim, qui m'appelait à son tour. Comme Irwin, il était tout miel, tentant par tous les moyens de m'adoucir afin de parvenir à un accord et augmentant chaque fois modestement la mise. Après plusieurs autres coups de téléphone échelonnés sur deux jours, nous avons fini par trouver un terrain d'entente. J'acceptais d'annuler la clause de non-concurrence à la condition que Conseco reprenne à son compte toutes les obligations de GE envers Gary et émette 10,5 millions de dollars de warrants, de sorte que GE pourrait acheter des titres Conseco à 5,75 dollars, c'est-à-dire au cours du titre au moment de l'accord.

Ce qu'il y avait de bien, c'est que tout le monde était gagnant. Gary trouvait le point de chute idéal, il était désormais le patron et son intelligence lui permettrait de faire des merveilles. Conseco voyait le cours de son titre remonter, comme il le souhaitait. Quant à nous, nous étions autorisés à nous asseoir en touche et à continuer à encourager Gary dans ses exploits, tout en étant directement intéressés à sa réussite.

Quand Gary est parti, j'ai nommé Dennis Dammerman à la présidence du Conseil de GE Capital Services et il a été élu président adjoint de GE. Denis Nayden, le directeur général, a été promu PDG. J'avais le sentiment que ces deux hommes, impliqués depuis de longues années dans la réussite de GE Capital, nous donneraient le leadership dont nous avions besoin pour entrer dans le siècle nouveau. Ils ont laissé l'équipe de direction intacte, et GE Capital a continué à renforcer ses atouts. En 1999 et en 2000, la société a acquis 47 milliards de dollars d'actifs, dont 33 milliards en dehors des États-Unis. Le résultat net a augmenté de 17 % en 2000, nouvelle année de croissance record et à double chiffre, atteignant le chiffre de 5,2 milliards de dollars.

Mais les chiffres ne disent pas tout.

Le tableau que je préfère, c'est celui qu'a montré Jim Colica, patron de longue date de la gestion du risque, à une réunion du conseil d'administration de GE en juin 2001 (voir ci-dessous). Il résume admirablement la croissance et la diversité des activités de GE Capital Services, ainsi que la façon dont le risque y est encadré. Certaines acquisitions ont bien entendu entraîné quelques accrocs, mais la diversité de nos activités et notre philosophie du risque maîtrisé ont abouti à une croissance régulière. En 1980, GE Credit avait dix activités et 11 milliards de dollars d'actifs, basés exclusivement en Amérique du Nord. En 2001, GE Capital Services avait vingt-quatre activités et 370 milliards de dollars d'actifs dans quarante-huit pays différents.

GE Capital Services, c'est l'histoire du mariage de la finance et de l'industrie. La recette de sa réussite ? Combiner la créativité des hommes avec la discipline et l'argent de l'industrie. Ça marche vraiment.

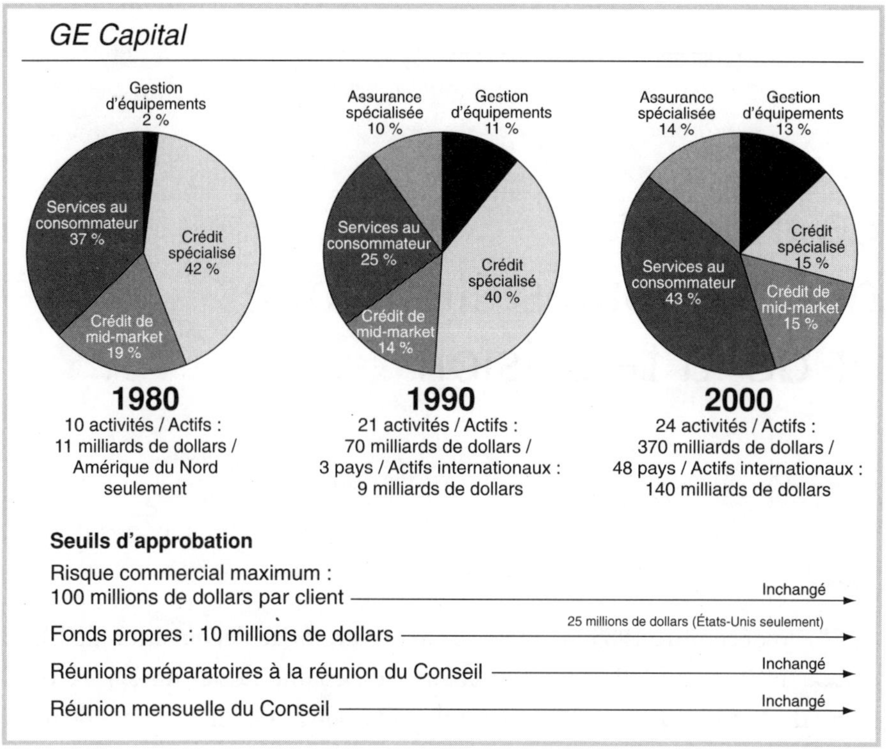

# 17

# Le mariage des ampoules électriques et de la télévision

En décembre 1985, quand nous avons annoncé l'acquisition de RCA, NBC avait l'air en pleine forme. La chaîne faisait un chiffre d'affaires de 3 milliards de dollars et employait 8 000 personnes pleines de peps. Elle était quasiment la première à l'Audimat des émissions de *prime time* et la première pour les programmes de fin de soirée ainsi que pour les émissions enfantines du dimanche matin. À commencer par *The Cosby Show*, nous avions neuf des vingt émissions les plus regardées, entre autres *Family Ties*, *Cheers* et *Night Court*.

Comment maintenir cette prospérité ? Telle était ma première préoccupation. Avant de boucler l'acquisition, en juin 1986, j'avais passé beaucoup de temps, au cours des réunions d'intégration, à comprendre le fonctionnement d'une chaîne de télévision.

Il n'y avait pas besoin d'être Einstein pour voir que la réussite de NBC reposait sur deux hommes : Grant Tinker, le PDG, et Brandon Tartikoff, le patron des programmes de divertissement. C'est à leur flair que NBC devait ses émissions phares.

Grant en avait assez de faire la navette entre New York et la Californie et m'avait dit le jour de l'acquisition qu'il ne resterait pas. Mais, selon lui, l'équipe de direction en place était parfaitement capable de maintenir NBC au tout premier rang des grandes chaînes américaines et il m'avait assuré que tout le monde, Brandon y compris, comptait rester fidèle au poste.

Heureusement, un ami de longue date, Don Ohlmeyer, producteur de télévision indépendant, a eu la gentillesse de m'appeler pour me prévenir que Brandon était tenté d'aller voir ailleurs.

À l'âge de trente ans, Brandon avait été le plus jeune responsable des programmes de divertissement d'une grande chaîne de télévision. Il avait largement contribué à la réussite d'un certain nombre d'émissions vedettes de NBC, entre autres *LA Law*, *Miami Vice*, *Cheers*, *The Cosby Show*, *Family Ties* et *Seinfeld*. Il ne fallait pas que je le perde.

Je l'ai invité à dîner le 12 mai dans un grand restaurant de New York. Nous nous sommes entendus à merveille. Comme moi, c'était un dingue de base-ball. Je l'ai assuré que nous le traiterions mieux qu'il ne l'avait jamais été. Un mois plus tard, il signait un nouveau contrat de quatre ans. Avec Brandon à la tête de notre équipe de divertissements, j'étais confiant : GE réussirait dans la télévision.

Restait à remplacer Grant. Cet été-là, j'ai reçu les candidats qui avaient travaillé avec lui. Ils étaient tous bien, sans plus. Grant me recommandait Larry Grossman, alors directeur de l'information. Mais, à mon sens, il n'avait ni la vision ni l'envergure nécessaires à ce poste.

J'ai dit à Grant qu'aucun de ses candidats ne me convenait, puis j'ai organisé un dîner afin de lui faire rencontrer Bob Wright, que je considérais depuis le premier jour comme le candidat idéal. Grant et Bob se sont bien entendus, mais rien ne pouvait dissuader le premier de donner la préférence à l'un de ses anciens collègues. Deux mois plus tard, en août, j'ai tout de même nommé Bob PDG de la NBC.

La réaction était prévisible. Les gens se sont demandés comment un « fabricant d'ampoules électriques » pourrait présider aux destinées d'une chaîne de télévision. Mais j'étais certain que Bob était l'homme de la situation. Nous avions travaillé ensemble aux plastiques, à l'électroménager et à GE Capital, dont il était PDG.

Bob avait beaucoup d'atouts. Grâce à son séjour de trois ans chez Cox Cable, il avait l'expérience nécessaire pour nous aider à sortir de la télévision traditionnelle. Ses compétences de management et sa créativité éblouissante lui permettaient de traiter avec les artistes. C'était aussi un homme généreux, doté d'un sens de l'amitié extraordinaire, qui se précipitait toujours aux côtés d'un collègue traversant une crise personnelle.

Bob et moi-même étions enchantés du succès des émissions phares de NBC, mais certains signes laissaient clairement prévoir des déconvenues. La chaîne semblait engluée dans le passé. Les émissions de divertissement marchaient très bien, mais le câble grignotait régulièrement leur audience. Le service de l'information était dans le rouge depuis des années; en 1985, il perdait environ 150 millions par an. En outre, comme il est de coutume dans le show-biz, on dépensait apparemment sans compter. La NBC ne regardait en face aucune de ces réalités.

Nous avons commencé par nous attaquer aux pertes des journaux télévisés. Cela nous a ramenés à Larry Grossman, qui dirigeait ce service. Nous lui avons demandé de réduire son déficit. Pourtant, à ma grande surprise, Larry est arrivé à la réunion budgétaire SII de novembre en proposant une augmentation de ses dépenses.

Nous n'étions pas sur la même planète. Larry détestait ce genre de réunions. Il trouvait dégradant de parler gros sous. Selon sa théorie personnelle, il était normal, au nom de l'intégrité des journalistes, que les chaînes de télévision perdent de l'argent pour informer leur public. Son attitude dédaigneuse n'a fait qu'aggraver le conflit. Je suis sorti excédé de cette réunion. J'y ai réfléchi la nuit suivante. Le matin, décidé à crever l'abcès, j'ai demandé à Bob de m'amener Larry à Fairfield en hélicoptère.

« Larry, je n'ai pas aimé la tournure qu'a prise la réunion d'hier.

– Qu'est-ce que vous n'avez pas aimé ?

– Votre manque de coopération. Il est clair que vous ne ferez rien pour diminuer les coûts. »

Au bout de deux heures, Larry a regardé sa montre et a dit : « Jack, il faut que nous nous arrêtions là. Je dois rentrer à New York, je déjeune avec le juge Burger.

– Larry, si vous aimez déjeuner avec les juges Burger de ce monde, vous avez intérêt à mettre les finances de votre service en bon ordre et vite. Vous travaillez pour Bob Wright. Vous travaillez pour GE. Ou bien vous apurez votre déficit, ou bien vous allez voir ailleurs. »

Nous avons composé avec Larry jusqu'à son départ, en juillet 1988.

Les dernières semaines, comme tant d'autres, il a bénéficié de l'écoute et des bons conseils d'Ed Scanlon. Ce dernier, DRH de RCA, gérait donc aussi les ressources humaines de NBC, même si la chaîne se considérait comme très indépendante. Je l'avais rencontré pendant les réunions d'intégration. Je l'appréciais beaucoup : il était direct et terre à terre. Il nous a énormément aidés à marier les cultures de RCA et de GE.

Je voulais garder Scanlon, qui était à mon avis le meilleur spécialiste des ressources humaines de RCA : je pensais qu'il pouvait nous aider à trouver le contact avec NBC. Ed n'avait qu'à descendre une quarantaine d'étages pour prendre la direction des ressources humaines de NBC. L'ennui, c'est que ce poste n'était pas vraiment l'équivalent de la DRH de RCA. Par bonheur, il a accepté tout de même, sans doute grâce à la visibilité inhérente à une grande chaîne de télévision.

C'était une chance formidable pour nous. Ed savait prendre tout le monde, des responsables syndicaux aux vedettes des émissions et leurs agents. Il faisait le lien entre les créatifs et les gestionnaires. Bob et moi avons collaboré très intimement avec lui les quinze années suivantes.

La réussite de NBC ne nous facilitait pas les choses dans la mesure où elle empêchait beaucoup de responsables de prendre conscience des réalités qui les attendaient dans un avenir proche. Bob m'a demandé de venir leur parler au cours d'une réunion de direction organisée au Sheraton de Fort Lauderdale, en mars 1987. Comme à la première réunion Elfun, six ans plus tôt, j'étais bien décidé à leur dessiller les yeux, brutalement s'il le fallait. On ne peut pas toujours faire plaisir à tout le monde.

Il y avait là une centaine de dirigeants de NBC. Je leur ai dit que NBC devait changer parce que le monde changeait. « Le câble arrive, il va bouleverser le paysage. Trop de gens, dans cette pièce, vivent dans le passé. Trop de cadres dirigeants vivent des variétés et des autres émissions de divertissement, mais ce ne sera pas toujours le pactole. Chacun doit prendre son destin entre ses mains. Sinon, Bob le fera pour vous. »

Il y avait là une occasion unique pour les meilleurs d'entre eux.

« Mais les imbéciles se retrouveront sur la touche, dans le meilleur des cas ! » ai-je ajouté.

Moins de 20 % de mes auditeurs ont aimé ce que j'avais à dire. Les autres trouvaient qu'il faudrait m'arrêter ou me faire interner.

Nous avons cherché longuement un remplaçant pour Larry. Tom Brokaw, présentateur de l'émission vedette *Nightly News* et doyen de la NBC, nous recommandait chaudement Michael Gartner. Journaliste chevronné, il avait assumé la responsabilité de l'éditorial de première page du *Wall Street Journal* et été rédacteur en chef de deux quotidiens régionaux. Cet original avait cependant la réputation de faire un travail de très grande classe, tant au niveau de la rédaction que de la gestion financière. Apparemment, nous ne pouvions rêver profil plus adapté au poste, et cela s'est avéré exact à de multiples titres.

Gartner est arrivé à la NBC en juillet 1988. Sa première grande décision allait conduire à une réussite remarquable.

Larry Grossman avait pour adjoint Tim Russert. Gartner voulant un homme à lui, Bob a suggéré que Russert prenne un poste opérationnel. Michael Gartner lui a offert la direction du bureau NBC de Washington. Tim a commencé par résister. Cela l'ennuyait de s'éloigner du soleil, à New York, et d'aller s'exiler aux avant-postes. J'ai passé une heure avec lui, lui démontrant par A + B qu'il fallait absolument qu'il saute sur l'occasion : sur le terrain, aucun bureau ne se comparait ni de près ni de loin à Washington. C'était l'occasion de nous montrer qu'il était capable de diriger une équipe.

Tout le monde y a gagné. En 1989, Tim a recruté Katie Couric, qui allait faire chez nous une carrière fantastique. Au mois d'avril 1991, Katie est devenue coprésentatrice de l'émission quotidienne du matin *Today*. Dès le début, elle a trouvé le ton qu'il fallait pour ce public. L'Audimat a commencé à grimper. Katie a battu tous les records de longévité comme vedette de *Today*. Quand son mari, Jay Monahan, est mort d'un cancer du colon en 1998, toute l'Amérique a partagé son deuil.

Entre-temps, les téléconférences quotidiennes avec les chefs de bureau destinées à la préparation des *Nightly News* permettaient à Michael d'apprécier l'intelligence des remarques de Tim Russert. En 1990, il l'a fait entrer dans l'équipe de l'émission *Meet the Press*. Un an plus tard, Tim en devenait le présentateur, Garrick Utley partant à New York pour *Today* week-end.

Tim est extraordinaire, à plus d'un titre. Il a hissé *Meet the Press* à la première place de l'Audimat, devenant lui-même au passage sans doute le meilleur commentateur politique de la télévision. Sa célébrité ne lui a pas monté à la tête. Il est très populaire partout, en particulier chez GE. Il est toujours d'accord pour aller faire un exposé dans une de nos usines et bavarder avec le personnel.

Quand j'ai été prévenu qu'il n'avait pas levé ses stock options et que son plan de dix ans expirait trois mois plus tard, je me suis demandé s'il avait bien compris le système. Je l'ai appelé : « Tu sais, Tim, ce bout de papier que tu as sans doute au fond d'un tiroir, ça vaut beaucoup d'argent, mais dans 90 jours, il sera trop tard !

– Jack, j'ai confiance ! » me répondit-il. Il en avait plus, et plus de jugeote aussi, que la plupart d'entre nous et n'a eu qu'à se féliciter d'avoir conservé ses options jusqu'aux derniers jours.

Tim n'est pas le seul à avoir été placé sur l'orbite de la réussite par Mike Gartner. C'est lui aussi qui a nommé Jeff Zucker producteur exécutif de *Today*. À sa sortie de Harvard, Jeff avait commencé par être assistant de Dick Ebersol, le patron de NBC Sports, aux Jeux Olympiques de Séoul. Dick, l'ayant énormément apprécié, l'avait pris sous son aile et l'avait fait entrer à *Today*. Quelque temps plus tard, Gartner et Bob, encouragés par Ebersol, ont décidé de nommer Jeff, qui n'avait encore que vingt-six ans, producteur exécutif de l'émission. Ils ont été récompensés de leur confiance – sous la houlette de Jeff, *Today* a connu un regain de popularité fantastique. En 2001, Jeff a été nommé président de la division Divertissements de NBC. Nous comptons bien sur lui pour faire des miracles, là aussi.

Le fait que Michael ne soit pas, au départ, un homme de télévision d'une part, son style de management d'autre part, ne sont pas allés sans poser quelques problèmes. Nous avons beaucoup apprécié qu'il ait le courage de s'attaquer à la structure de coûts de NBC News, mais cela ne lui a pas fait que des amis sur place. Le coup le plus dur pour lui fut la controverse qui a éclaté à la suite d'un sujet diffusé le 17 novembre 1992 dans l'émission *Dateline*. Intitulé « *Waiting to explode ?* », il mettait en cause la sécurité des pick-up trucks de General Motors, que l'on voyait exploser à la suite d'un impact. Le 8 février 1993, GM avait attaqué NBC en justice, accusant la chaîne d'avoir truqué les crash tests.

Une enquête interne a montré que certains des faits étaient suspects. *Dateline* a présenté des excuses par la bouche de Jane Pauley et l'affaire s'est arrêtée là.

Michael Gartner n'était pas directement responsable de l'incident, mais il ne s'en est jamais remis. Avant de donner sa démission, le 2 mars, il avait entrepris de convaincre Neal Shapiro de quitter ABC pour devenir producteur exécutif de *Dateline*. Neal est créatif, authentique à tous points de vue ; c'est l'un des personnages les plus populaires de NBC et il le mérite bien. Non seulement il a rétabli la crédibilité de son émission, mais il lui a donné de l'extension, la diffusant trois à quatre fois par semaine aux heures de grande audience. *Dateline* est désormais l'un des fleurons de NBC. Quant à Neal, il a pris la présidence de NBC News en 2001.

Après l'incident de *Dateline*, Bob a pressenti et rencontré pratiquement tout le monde, dans le métier des informations, pour remplacer

Gartner. Une fois encore, Tom Brokaw a joué un rôle fort utile. Sa réputation faisait de lui l'image publique de NBC. En trente ans de carrière, il a servi de mentor à beaucoup de jeunes journalistes.

Infatigable, très exigeant envers lui-même, Tom a énormément aidé Bob, qui ne prenait pas une décision importante pour NBC News sans lui demander conseil. Bob ayant rencontré, sans succès, tous les candidats «évidents», ce fut Tom qui lui proposa d'approcher Andy Lack, alors producteur exécutif chez CBS.

Andy et Bob ont longuement dîné ensemble au Dorset. Très favorablement impressionné, Bob a souhaité que je rencontre moi aussi Andy, ce que j'ai fait deux jours plus tard.

Je crois n'avoir jamais été aussi passionné par un entretien d'embauche. Andy était totalement différent de tous les journalistes que je connaissais. Il avait de l'humour, il était spontané, débordant d'énergie et parfaitement bien dans sa peau – je suppose que le lecteur aura compris que j'apprécie particulièrement ces traits de caractère. J'étais totalement sous le charme.

Au bout de vingt minutes de conversation, je me suis tourné vers Bob : «Qu'est-ce que nous attendons ?

– Allons-y !», m'a-t-il répondu.

J'ai regardé Andy, et je lui ai demandé pourquoi il ne sautait pas de joie : c'était tout de même un poste énorme que nous lui offrions !

«Après tout ce que j'ai entendu dire de vous, je me demande si j'aurai les ressources nécessaires pour remettre les infos en selle.»

Nous l'avons tous deux assuré qu'il obtiendrait ce dont il aurait besoin pour redresser la situation. Andy a appelé Bob le dimanche. Il était preneur. Il a quitté CBS le lundi matin et est entré chez nous début avril 1993.

Dans le même temps, Bob faisait progresser le dossier du câble. Quand nous avons acheté NBC, la chaîne n'avait qu'un seul actif en la matière : une participation d'un tiers dans la chaîne Arts & Entertainment. Bob voulait à tout prix entrer dans le métier par la grande porte. Mais il était déjà presque un peu tard. Début 1987, il a embauché Tom Rogers, qu'il a chargé d'étendre la présence de NBC sur le câble. Il avait de précieux contacts dans la profession ; en outre, c'était un négociateur remarquable et un brillant stratège.

Tom et Bob ont commencé par s'adresser à Chuck Dolan, pionnier du câble. C'était le fondateur de Cablevision Systems, l'un des plus grands opérateurs de câble du pays. Chuck avait aussi lancé Bravo, cofondé HBO et développé un groupe d'autres intérêts dans le câble. Bob le connaissait personnellement ; il avait même failli quitter Cox, au début des années 1980, pour prendre la présidence de Cablevision.

Ils ont formé un partenariat en janvier 1989, NBC achetant la moitié de Rainbow Properties, la holding de Chuck, pour la somme de 140 millions de dollars. Cet accord nous donnait des intérêts dans Bravo, American Movie Classics, Sports Channel USA, ainsi que dans des services de sport régionaux répartis sur tout le territoire américain. Un peu plus tard, NBC compléterait ce portefeuille par des participations dans un certain nombre de chaînes câbles spécialisées, telles Court TV, The Independant Film Channel, The History Channel et Romance Classics.

L'accord signé entre Bob et Chuck prévoyait que chacun pouvait apporter au partenariat les nouvelles idées qu'il avait envie de développer à partir de zéro. La première fut la chaîne d'affaires CNBC. Dès le départ, j'avais adoré cette idée. J'avais le sentiment qu'il existait un marché pour ce type de chaîne ; en outre, contrairement au divertissement et au sport, les émissions portant sur la vie des affaires n'entraîneraient aucun paiement de droits ou de royalties.

À l'époque, il n'existait qu'un seul concurrent, Financial News Network (FNN), qui perdait de l'argent. Chuck a accepté de se lancer avec nous sur une base de 50/50 et CNBC a diffusé ses premiers programmes en avril 1989. En 1991, les pertes cumulées s'élevaient à près de 60 millions de dollars. Les informations spécialisées sur la vie des affaires ne décollaient pas. En janvier, FNN déposait son bilan. À l'époque, la chaîne avait accès à 32 millions de foyers américains. CNBC, pour sa part, avait 20 millions d'abonnés. Chuck en avait assez, il n'avait pas envie de reprendre FNN. Il a repris ses billes, nous laissant seuls propriétaires de CNBC.

Nous pensions pouvoir récupérer FNN pour 50 millions de dollars. Aussi avons-nous été surpris quand Westinghouse et Dow Jones ont placé le seuil minimum des offres à 60 millions de dollars. Nous en étions à 150 millions de dollars quand Bob et Tom Rogers nous ont annoncé qu'il leur fallait une rallonge de 5 millions de dollars. Cela peut paraître ridicule, mais les gens de GE, moi y compris, avons eu toutes les peines du monde à faire ce petit effort supplémentaire, car notre offre était déjà trois fois supérieure à notre évaluation préliminaire. Heureusement, nous souhaitions réellement disposer d'une chaîne d'informations sur le monde des affaires, et ces 5 millions nous ont permis de conclure.

Cette acquisition doublait notre distribution, et même un peu plus. Nous avons conservé les collaborateurs les plus talentueux de FNN, en particulier Ron Insana et Sue Herera, qui présentent aujourd'hui *Business Center*, émission leader de sa catégorie, et Bill Griffeth, qui présente *Power Lunch.*

Côté divertissements, les choses se présentaient plutôt moins bien. De 1988 à 1992, nous avons lancé des dizaines d'émissions dont aucune n'a marché. Dans ce domaine, j'étais nul. Après l'acquisition de NBC, je suis allé à Hollywood voir les bandes annonces de la nouvelle grille prévue pour les heures de grande écoute.

À en croire les studios, chaque émission avait quelque chose de génial : un producteur extraordinaire, des vedettes sensationnelles, un décor, une musique ou autre chose qui lui vaudrait un oscar. Dieu merci, il y a des optimistes, dans le métier !

À la vérité, la plupart des émissions font des bides. Sur dix en développement, une seule finira par être diffusée, et là-dessus, il faut s'estimer heureux si une sur cinq plaît au téléspectateur. Les chances de tomber sur la série qui fait vraiment un malheur, comme *Seinfeld*, *Friends* ou *Frasier* doivent tourner autour de une sur mille.

On venait souvent me dire : « Mais comment pouvez-vous être propriétaire de NBC ? Vous n'y connaissez rien en comédies ou en dramatiques ! »

Exact. Mais je ne saurais pas non plus fabriquer un moteur d'avion ou une turbine de centrale électrique. Mon boulot, c'est de gérer les ressources – les hommes et les dollars. J'apportais une aide aussi précieuse (ou aussi négligeable) aux ingénieurs qui dessinaient nos moteurs d'avion qu'aux gens qui choisissaient nos feuilletons à Hollywood.

Ça n'allait pas fort. La plupart de nos grands succès étaient à bout de souffle. En 1991, Brandon Tartikoff a quitté NBC pour prendre la direction de Paramount. Bob a nommé son adjoint, Warren Littlefield, à la tête des divertissements. Il héritait d'une situation difficile. Nous n'avions aucune émission nouvelle et, pour couronner le tout, le marché des publicités télévisées traversait la crise la plus grave des vingt dernières années. Le bénéfice de NBC tomba d'un sommet de 603 millions de dollars, en 1989, à 204 millions de dollars en 1992.

Cette année-là, nous avons eu une décision difficile à prendre : qui succéderait à Tony Carson pour présenter *Tonight Show* ? Nous étions à

Boca, à notre réunion annuelle des directeurs. C'était un dilemme terrible car deux de nos présentateurs, Jay Leno et David Letterman, étaient sur les rangs.

À près de minuit, Dennis Dammerman et moi-même sommes entrés dans une salle de conférence où la discussion battait son plein. La plupart des gens de la côte Est voulaient Letterman. Ceux de la côte Ouest, qui participaient au débat en vidéoconférence, préféraient Leno. Bob ne voulait perdre ni l'un ni l'autre et craignait que choisir l'un n'entraîne la défection de l'autre vers CBS, qui n'avait aucun bon programme en fin de soirée. Dennis et moi écoutions le débat du fond de la pièce quand Bob s'est tourné vers nous :

« Et vous, qu'est-ce que vous en pensez ?

– Tu sais que je ne suis pas qualifié pour choisir l'un ou l'autre, lui ai-je répondu. Mais si j'étais toi, je me demanderais lequel des deux se rapproche le plus des valeurs de GE. De ce point de vue, je crois que Leno l'emporte. C'est un type bien. Je crois que le public s'en rendra compte. »

Cette décision nous a valu une volée de bois vert. Letterman, conformément aux prévisions de Bob, est parti chez CBS où il s'est mis au travail immédiatement, nous prenant des parts de marché.

On nous critiquait de tous côtés. J'aimais bien Grant Tinker et croyais avoir une bonne relation avec lui. Pourtant, en 1994, il a sorti un bouquin dans lequel il nous rendait responsables, Bob et moi, du déclin de NBC. Il qualifiait ma décision de confier les commandes à Bob de « nomination kamikaze ». Il affirmait que remplacer Johnny Carson par Jay Leno était une erreur. Il ajoutait que nous avions payé FNN beaucoup trop cher ; enfin, il plaçait CNBC dans la catégorie des télévisions mort-nées.

« À part la bande déroulante où s'inscrivent les cours de Bourse, CNBC n'a réussi à développer aucune personnalité discernable, écrivait-il. Je me demande si Jack regarde de temps en temps et ce qu'il en pense. »

Le ton venimeux m'a surpris, jusqu'à ce que je découvre que le livre avait été corédigé par Bud Rukeyser. Cet ancien patron des relations publiques de NBC nous avait quittés dans de très mauvaises conditions en printemps 1988.

Au beau milieu de cette passe difficile, nous avons créé nous-mêmes un problème supplémentaire. Nous avons en effet monté un partenariat avec Chuck Dolan pour retransmettre sur le câble les Jeux Olympiques de Barcelone, en 1992. Pour un supplément de 125 dollars, nos abonnés pouvaient regarder plus de 1 000 heures de retransmission en direct et en différé, sans publicités, en choisissant entre trois chaînes du câble. Mais les téléspectateurs n'en ont pas voulu.

Nous avions espéré enregistrer 3 millions de demandes, sur les 40 millions d'abonnés qui pouvaient en bénéficier. Nous n'en avons eu que 250 000. Nous avons pris une sévère correction – dans les médias et financièrement. Il fallait compter sur une perte de 100 millions de dollars au moins. Bob était certain que Chuck honorerait ses engagements, mais nos comptables craignaient fort que le plus clair de l'ardoise reste à notre charge.

Chuck est un négociateur redoutable. Mais c'est un homme d'honneur. Au mois de novembre, nous avons reçu un chèque de 50 millions de dollars pour couvrir sa part des pertes.

Mais ce n'était qu'un problème parmi d'autres, dans une période difficile.

De 1992 à 1994, nous avons passé beaucoup de temps à nous battre et surtout à chercher une solution. Cela nous a conduits à engager des conversations avec de nombreux interlocuteurs, dont Paramount, Disney, Time Warner, Viacom et Sony. Ce n'était pas de l'argent que nous cherchions. Notre ambition était de faire entrer NBC dans la cour des très grands. C'est avec Disney et Paramount que les discussions ont été le plus près d'aboutir.

Au cours de l'été 1994, Dennis Dammerman, nos conseillers et moi-même avons participé à un dîner de travail avec Michael Eisner, le PDG de Disney, et quelques-uns de ses collaborateurs. Nous sommes parvenus à une ébauche d'accord : Disney achèterait 49 % de NBC mais en aurait le contrôle opérationnel, tandis que nous conserverions la majorité du capital. La condition principale que je mettais à signer, c'était que Bob Wright soit PDG du nouveau groupe formé par les studios de production TV Disney et la chaîne NBC. Michael Eisner était satisfait, Dennis et moi enchantés.

Le lendemain matin, Michael ne voulait plus entendre parler de cet accord. Nous avons eu d'autres discussions sérieuses, dont certaines avec Marty Davis, de Paramount, qui se sont terminées de la même manière. À force, la presse a fini par avoir vent de toutes ces discussions. Pendant toute l'année 1994, les journalistes n'ont cessé de spéculer sur les intentions de GE à l'égard de NBC.

Bob Nelson, Dennis et moi avons préparé une analyse expliquant les raisons pour lesquelles nous pensions qu'il était valable, à long terme, de rester dans la télévision. La valeur de NBC, à l'époque, se situait entre 4 et

5 milliards de dollars. Nous avions la certitude de pouvoir accroître largement ce chiffre en ne prenant que des risques très limités. Au mois d'octobre 1994, j'ai présenté cette analyse au Conseil en recommandant le *statu quo*.

C'est la seule et unique fois où j'ai fait campagne individuellement auprès de chaque administrateur, car je voulais obtenir un soutien franc et massif. Ils ont accepté unanimement de conserver NBC, et nous avons annoncé officiellement cet engagement dans la presse.

Pendant ce temps, Warren Littlefield développait avec succès de nouvelles émissions. Bob a décidé de lui donner davantage de soutien et, dans cette perspective, il a recruté mon vieil ami Don Ohlmeyer, celui qui m'avait prévenu que Brandon Tartikoff avait envie de partir, et lui a confié la direction des opérations sur la côte Ouest. Warren et Don se complétaient à merveille. Warren veillait de très près aux détails de la programmation. Don, géant insolent, avait le sens inné de la promotion. Nous avons acheté sa société de production, qui marchait très bien, pour avoir l'homme. Son aura a contribué à rendre sa fierté à notre studio de Burbank. *Seinfeld* et *Mad about You* – deux feuilletons commencés sous l'équipe précédente – commençaient à s'imposer.

En dix-huit mois de collaboration sous la direction de Don, les deux hommes ont lancé *Frasier*, *Friends* et *ER*. Le département divertissements était désormais sur une trajectoire ascendante.

Tout se passait fort bien aussi aux informations sous la houlette d'Andy Lack. À son arrivée, en avril 1993, nous étions troisième sur trois, loin des deux autres grandes chaînes nationales. Aucune de nos émissions d'informations – pas plus *Today* que *Nightly News* ou *Dateline* – n'avait la première place à l'Audimat. Certains chuchotaient même que nous devrions supprimer la seconde heure de *Today*, le taux d'audience étant trop bas.

Moins de deux mois après son arrivée à la présidence des informations, Andy nous présentait une idée que certains de ses collègues considéraient comme totalement loufoque. Il voulait faire sortir *Today* de son vieux studio, au troisième étage du building GE, et l'installer dans un studio neuf, au niveau de la rue, au Rockfeller Center. Il pensait que cela pouvait vraiment changer la donne.

« Ce sera beaucoup plus vivant, les téléspectateurs se sentiront beaucoup plus proches de nos animateurs, Katie Couric et Bryant Gumbel, nous expliqua Andy. Mais ça va coûter cher, il y en a pour 15 millions de dollars. Si on se plante, ce sera un plantage magistral.

– Non, non, non! ai-je crié. On ne se plantera pas! C'est une idée géniale! Allons-y! Dennis, tu peux sûrement nous trouver 15 millions de dollars!»

Dix-huit mois plus tard, à l'automne 1994, *Today* a commencé à décoller. Les immenses baies vitrées permettaient aux passants de voir ce qui se passait dans le studio. La situation de celui-ci, en plein cœur de Manhattan, en faisait une attraction touristique. Le vendredi matin, les concerts en direct de *Today*, sur la piazza, attirent souvent des milliers de badauds.

D'un autre côté, Bryant Gumbel – qui faisait l'émission depuis quinze ans – commençait à se lasser de cet exercice matinal. Lui et son agent ont fait comprendre à Andy qu'il souhaitait s'essayer à une émission nouvelle, avec une tranche horaire moins fatigante. Andy et Bob ont commencé à lui chercher un remplaçant. Nous avions une solution sous la main.

Bill Bolster, président de WNBC, la station new-yorkaise de la NBC, se souvenait des recherches qu'il avait entreprises quelques années plus tôt pour monter une émission diffusée de cinq à sept heures du matin, avant *Today*. Il avait alors remarqué Matt Lauer dans une émission où il interviewait les personnalités sur Channel 9, à New York.

Depuis, la carrière de Matt s'était enlisée. En fait, un matin, il avait repéré une offre d'emploi apposée sur un arbre par une entreprise d'élagage et avait répondu par téléphone. Quand Bill Bolster l'a appelé, le lendemain matin, il a cru que c'était cela. Mais Bolster avait une offre plus intéressante. Incomparablement plus intéressante!

Bill engagea Matt pour présenter les informations du petit matin sur WNBC avec un autre journaliste. Peu après, fin 1992, je l'ai regardé sur WNBC à six heures et demie du matin. Comme Bill, j'ai trouvé qu'il crevait l'écran. Sans être prétentieux, il avait du charisme. Manifestement, il devait pouvoir remplacer Bryant.

Quelques mois plus tard, je me suis mis en campagne. Je ne cessais de harceler Andy au téléphone, agissant en tout point comme si j'étais l'agent de Matt. Bolster avait un allié.

«Qu'est-ce que tu penses de Matt Lauer?

– Il est très bien, répondait Andy.

– Quand est-ce que tu lui donnes la place de Bryant?

– Il faut encore qu'il prenne un peu de bouteille.»

Jeff Zucker, le producteur exécutif, a commencé à essayer Matt en 1994, en lui faisant lire les informations puis remplacer Bryant chaque fois que celui-ci partait en vacances. Il passait bien, tout le monde aimait son style.

C'est CBS qui a finalement arraché Bryant à son émission matinale en lui offrant sa propre émission à une heure de grande écoute. Nous avons tous été ravis pour lui.

Matt a pris sa succession début 1997. Katie Couric et Matt forment un couple fantastique, ils ont instantanément séduit leur public.

*Today*, devenu numéro un des émissions matinales en 1996, a creusé l'écart avec le numéro deux, *Good Morning America*, de la chaîne ABC. L'année suivante, Tom Brokaw hissait *Nightly News* en première place des émissions de sa catégorie, position qu'elle tient encore. Neal Shapiro, le producteur exécutif de *Dateline*, aidé des présentateurs Jane Pauley et Stone Phillips, a remonté notre magazine de *prime time* après la débâcle GM.

Décidément, sous la houlette d'Andy, tout allait vraiment bien pour NBC News.

C'est Roger Ailes qui a fait démarrer CNBC. Bob l'avait découvert et recruté en août 1993. Je me suis tout de suite inscrit à son fan club. Roger, nerveux et passionné, avait des opinions sur tout. Il a créé un ton distinctif pour CNBC, élaboré avec soin la programmation des heures de grande écoute, et donné de la promotion à des personnalités comme Chris Matthews, qui couvre avec brio les potins de Washington. Roger a également créé, en partant de zéro, un réseau de « têtes parlantes » baptisé America's Talking.

Il a fait passer la marge d'exploitation de CNBC de 9 millions de dollars en 1993 à 50 millions de dollars en 1995. La création de MSNBC, notre joint-venture avec Microsoft, a indirectement poussé Roger à nous quitter. Il n'aimait pas notre décision de placer son bébé, America's Talking, au sein de MSNBC. J'ai énormément regretté de perdre Roger, parti en 1996 pour lancer Fox News Channel, dont il a fait une grande réussite.

Pour le remplacer, nous avons fait appel à Bill Bolster, qui avait hissé WNBC au premier rang des stations new-yorkaises. Bill a installé un téléscripteur en temps réel qui permet à nos téléspectateurs de suivre à tout moment les cours de la Bourse et traité la couverture du monde des affaires à un rythme haletant, comme celle d'un événement sportif. Avant l'ouverture des marchés, il a créé *Squawk Box*, un bloc de trois heures.

*Squawk Box* a développé ses propres vedettes : Mark Haines, Joe Kernen et David Faber. Leurs plaisanteries spontanées et leurs remarques acérées réveillent le monde des affaires avant l'ouverture de Wall Street. L'émission, très populaire, est regardée par pratiquement tous les PDG d'Amérique.

Ensuite, c'est le match, autrement dit la séance de Wall Street, couverte par la première vraie célébrité de CNBC, Maria Bartiromo, qui s'est fait, grâce à plusieurs scoops, la réputation d'être l'une des meilleures journalistes financières du pays.

Après la Bourse, *Business Center*, présenté par Ron Insana et Sue Herera, ressemble à Sports Center, de la chaîne ESPN. Ils en ont fait l'émission financière de référence de la télévision.

Quand Bill élaborait la programmation quotidienne, je n'arrêtais pas de le harceler. Je lui envoyais des coupures de presse des mêmes informations, l'une couverte par le *Wall Street Journal*, l'autre par le *New York Post*, en le pressant d'adopter le ton plus incisif et plus amusant du second. Après tout, les affaires, c'est un sport collectif. Bill et son équipe l'ont admirablement compris.

Au cours des cinq années suivantes, les profits de CNBC ont augmenté jusqu'à atteindre 290 millions de dollars en 2000, ce qui en fait l'un des actifs les plus rentables de la télévision par câble.

En 1996, NBC avait retrouvé la forme. Pour la première fois, le résultat d'exploitation passait la barre du milliard de dollars. *ER* était désormais le feuilleton dramatique numéro un. *Seinfeld*, pour sa part, était premier dans la catégorie des sit-coms. CNBC était rentable et connaissait une croissance rapide. L'Amérique tombait d'accord avec moi que Jay Leno était le meilleur présentateur, en fin de soirée, puisque son émission *Tonight Show* l'emportait sur sa rivale nocturne de CBS, présentée par David Letterman.

Vers la fin de 1995, Bob Wright, qui avait entendu dire que Microsoft envisageait de prendre une participation dans CNN, a entamé des négociations avec la firme de Seattle afin d'envisager l'éventualité d'un rapprochement. Nous avions toujours souhaité développer une chaîne d'informations sur le câble, mais l'opération était très coûteuse si l'on partait de zéro. En octobre

1995, au cours d'une réunion de stratégie de NBC, Bob a décrit les négociations en cours avec Microsoft.

Nous avions quelque mal à définir le type de relations que nous voulions nouer avec Microsoft. Il y avait la possibilité d'un accord de licence. Je me suis précipité vers un tableau blanc et j'ai recensé, en les proposant à la discussion, les autres possibilités. Nous avons fini par aboutir au schéma d'une structure similaire à celle de plusieurs opérations antérieures de GE. Il s'agissait de mettre en place deux joint-ventures 50/50 : l'une, côté câble, serait contrôlée par NBC, l'autre, sur Internet, par Microsoft.

Tom Rogers et Bob ont alors commencé à négocier ce concept avec l'équipe Microsoft. Microsoft souhaitait essentiellement pouvoir utiliser le travail de nos journalistes afin de développer ultérieurement un service d'informations en ligne. Le câble était tout à fait secondaire à leurs yeux, ce qui compliquait la négociation. La veille du soir de décembre 1995 où nous devions annoncer le partenariat au cours d'une conférence de presse, il restait encore un certain nombre de problèmes en suspens.

Tom et son équipe ont passé une nuit blanche à les régler les uns après les autres. Mais Bill Gates restait préoccupé par l'avenir du câble.

À 7 heures du matin, deux heures avant la conférence de presse, l'accord n'était toujours pas bouclé.

Nous avions prévu une annonce en grande fanfare, avec un multiplex permettant de faire intervenir Bill Gates d'un studio de Hong Kong et Tom Brokaw d'Allemagne. Il fallait conclure. Bob m'a demandé d'appeler Bill Gates.

Ce dernier m'a expliqué qu'il avait peur de se retrouver « collé » avec de grosses pertes dans le câble. Il m'a demandé si, personnellement, je croyais aux prévisions du dossier. Je lui avais répondu qu'à mon avis, le câble ne posait pas l'ombre d'un problème, mais que c'était lui qui risquait d'en avoir avec son service d'informations en ligne. Je lui ai donné des garanties pour protéger Microsoft au cas où nous ne parviendrions pas à augmenter le nombre de nos abonnés.

« OK, ça me va ! » me répondit-il.

Environ 40 minutes avant la conférence de presse, Bill Gates et moi étions tombés d'accord. MSNBC a équilibré ses comptes en 2000 et MSN est devenu le numéro un des sites d'informations Internet.

MSNBC a également permis à NBC de mettre Brian Williams en vedette. Brian était entré chez nous en 1993, il assurait tous les remplacements de Tom Brokaw dans *Nightly News*, qu'il présentait le week-end.

Andy Lack lui a donné une émission sur mesure : *The News with Brian Williams*.

On ne s'en rend pas compte pour le moment, puisqu'il ne présente que des informations, mais Brian peut être d'une drôlerie irrésistible. De fait, je trouve que son talent lui permettrait d'orchestrer une émission de fin de soirée.

Bob et Tom Rogers ont continué à chercher des opportunités Internet et ont pris des participations dans plusieurs start-up, fusionnant plus tard la plupart d'entre elles dans une nouvelle société cotée en Bourse, appelée NBCi. Comme tant d'autres dotcoms à l'époque, NBCi comptait trop sur le revenu des bandeaux publicitaires. Quand ce marché s'est effondré au premier trimestre 2000, le *business model* s'est trouvé totalement inadapté. En 2001, nous avons racheté NBCi, qui nous sert désormais de portail pour promouvoir le reste de NBC.

Vers la fin de 1997, Bob et moi avons appris une mauvaise nouvelle : Jerry Seinfeld, la vedette de notre sit-com le plus populaire, voulait arrêter. Jerry n'était pas seulement le comique préféré de l'Amérique, c'était aussi le mien.

Nous avons tenté de le convaincre, allant jusqu'à lui proposer 100 millions de dollars en actions GE, lui expliquant que jamais, dans l'histoire de la télévision, on n'avait arrêté un sit-com dont l'audience continuait à grandir, et j'ai cru un moment que nous avions réussi. J'y ai cru une dizaine de jours.

Mais la veille de Noël, il m'a téléphoné. J'étais en Floride, lui au studio de Burbank. « Jack, me dit-il, j'ai eu beaucoup de mal à prendre ma décision, et je suis vraiment navré de vous décevoir… » J'ai compris que nous l'avions perdu.

« Jack, nous sommes le 24 décembre et je suis au bureau, dans mon box. Tout le monde est en famille, mais moi il faut que j'écrive le scénario du prochain épisode. Je ne peux pas faire cela une année de plus, Jack. Je n'en peux plus.

– J'aurais préféré que vous preniez une autre décision », lui ai-je dit avant de le remercier pour tout ce qu'il avait fait pour nous. Je respectais son choix. Il voulait partir en pleine gloire, et c'est ce qu'il a fait.

Non seulement nous avons perdu Jerry, mais nous avons aussi perdu le National Football League (NFL), début 1998, alors que nous diffusions les matches de football professionnel depuis 1965.

La décision n'a pas été difficile à prendre. Personne chez NBC, même au sport, ne voulait mettre sur la table la somme vertigineuse que l'on nous demandait pour avoir les droits.

Bien entendu, mon journal préféré, le *New York Post*, ne rate jamais une occasion aussi belle. Ils m'ont fait l'honneur de mettre ma photo en première page : sur le cliché, j'étais en train de laisser tomber un ballon.

Mais si nous laissions tomber NFL, ce n'était nullement par maladresse. Nous avons refusé de payer 4 milliards de dollars le contrat de huit ans que l'on nous proposait, parce que ce chiffre était ridicule.

La perte de NFL nous a poussés à l'aventure XFL, pour « *Extreme Football* », qui s'est terminée par un fiasco total, et j'ai été dedans jusqu'au cou. Quand on se plante dans une activité classique, on peut généralement dissimuler la chose, mais à la télévision, il ne faut pas y compter. Tout le monde vous regarde, surtout les critiques.

J'étais à fond pour XFL, comme tout le monde chez NBC, d'ailleurs. Nous n'avions rien pour le samedi soir. Le problème, c'est que nous n'avons jamais réussi à décider s'il s'agissait d'un sport ou d'un spectacle. Le dilemme a commencé lorsque les bookmakers de Las Vegas sont arrivés sur les terrains où nos équipes s'entraînaient. Ils n'ont jamais voulu entendre parler des règles dingues que proposait le XFL, car cela leur compliquait trop la tâche. D'un autre côté, notre division Sports estimait que nous ne pouvions pas nous passer d'eux : les paris assuraient à la fois crédibilité et publicité. Le problème, c'est que leur attitude nous empêchait de faire des choses qui auraient rendu les matches beaucoup plus amusants.

Le premier a commencé sur un bon Audimat, mais nous avons perdu des spectateurs en cours de match. Le lendemain, les journalistes sportifs nous ont mis en pièces. La seule couverture médiatique que nous ayons eue, c'est une poignée d'éditoriaux affirmant que XFL menaçait les règles sacro-saintes du football professionnel.

Le public a trouvé que ce n'était ni un bon divertissement, ni du bon foot. La veillée mortuaire a commencé. Personne ne voyait les matches, car personne ne les regardait, mais tout le monde voyait que nous étions en train de prendre une veste.

Après une unique saison de douze semaines, nous avons décidé de jeter l'éponge. Le XFL nous a coûté 60 millions de dollars, l'équivalent de deux sit-coms ratés – il faut savoir que huit sit-coms sur dix sont des fours. Ça n'a pas été particulièrement agréable, mais ce n'était pas non plus une catastrophe financière. C'est l'un des avantages d'être une très grande société comme GE : on peut se permettre de ne pas tout réussir.

Si XFL a été un échec, presque tous les autres projets dont Dick Ebersol s'est occupé ont réussi brillamment. Dick, entré chez nous en 1989, était le protégé de Roone Arledge, le pionnier de *Monday Night Football* et de la couverture télévisée des Jeux Olympiques. Et Dick a pris la succession de Roone comme grand maître des sports télévisés.

En 1995, il a réussi un véritable exploit. Pour la première fois en vingt ans, le CIO a accepté d'accorder des droits de diffusion sans procéder à un appel d'offres. Et c'est NBC qui a bénéficié de cette faveur exceptionnelle. Il faut dire que nous avions acquis la confiance du CIO à l'occasion des jeux d'été de Séoul en 1988, de Barcelone en 1992 et d'Atlanta en 1996, que nous avions tous retransmis.

Vers la fin du mois de juillet 1995, Bob et Dick m'ont appelé pour me faire part d'une proposition novatrice. Dick et son équipe voulaient faire une offre sans précédent au CIO : il s'agissait d'acquérir les droits à la fois des jeux de Sydney en 2000, et de Salt Lake City en 2002. Dick pensait qu'en demandant les deux à la fois, nous pourrions non seulement les obtenir, mais aussi court-circuiter le processus d'appel d'offres.

Mais ils avaient besoin d'une réponse très rapide. Dick a donc organisé une téléconférence, Bob étant sur un bateau quelque part entre Nantucket et la côte, Dennis dans un chalet au fin fond du Maine, et moi dans ma villa de Nantucket.

Le prix était élevé : 1,2 milliard de dollars.

« Dick, dans le pire des cas, on perd combien ? ai-je demandé.

– Jusqu'à 100 millions de dollars, à mon avis ! »

Nous avons tous été d'accord pour tenter notre chance. Dick a immédiatement pris le jet privé de GE pour aller rencontrer Juan Antonio Samaranch, président du CIO, puis à Montréal où se trouvait Dick Pound, responsable des droits télévisés du CIO. En 72 heures, Dick avait bouclé l'affaire.

Quelques jours après, il s'est dit qu'il pouvait peut-être aller plus loin sur cette voie. Début décembre 1995, quatre mois plus tard, il s'était assuré les droits de diffusion de trois autres JO : Athènes, Turin et ceux de 2008. Le tout pour 2,3 milliards de dollars.

Le fait de diffuser les JO a été un très gros atout pour NBC et surtout pour ses filiales du câble. Cela a permis à David Zaslav, le patron de la distribution du câble, d'augmenter de façon significative la durée d'écoute et la pénétration de CNBC et de MSNBC dans des millions de foyers. Aujourd'hui, CNBC en dessert plus de 80 millions et MSNBC, qui avait moins de 25 millions d'abonnés en 1995, dépassera la barre de 70 millions en 2002.

Au fil des années, NBC a énormément apporté à GE. Nous avons profité de ses résultats financiers ainsi que de l'effet « paillettes », qui fait que la plupart de nos salariés sont fiers d'arborer un ti-shirt orné du logo NBC. La vision de Bob, qui consistait à en faire davantage qu'une chaîne classique, a été gagnante. L'audience de la chaîne traditionnelle a continué à s'éroder, les paris pris par Bob sur le câble apparaissent donc d'autant plus avisés. CNBC est leader des informations financières et MSNBC a le meilleur Audimat de toutes les chaînes d'informations par câble, sur une base de 24 heures et parmi les téléspectateurs de 25 à 54 ans. NBC est certes tombée à la troisième place des chaînes généralistes au moment où j'écris ces lignes, mais elle reste la première parmi les 18 à 49 ans, le groupe démographique le plus important pour les annonceurs.

Et Bob a pratiquement battu tous les records de longévité pour un patron de chaîne de télévision. Comme quoi un type qui fabrique des ampoules électriques peut faire un malheur à la télé.

18

# Se battre et battre sa coulpe

L'un de mes souvenirs d'enfance les plus marquants est d'avoir trouvé ma mère en larmes, à Salem, en rentrant un jour à la maison. C'était en 1945, je n'avais que neuf ans et je n'avais encore jamais vu pleurer ma mère. Quand je suis entré dans la cuisine, elle sanglotait en repassant les chemises de mon père. Elle a réussi à articuler que Franklin Roosevelt était mort.

J'étais abasourdi. Je ne voyais pas pourquoi la mort du président pouvait faire tant de peine à ma mère. Je ne comprenais pas du tout. Pourtant, dix-huit ans plus tard, quand Kennedy a été assassiné, j'ai réagi un peu comme elle, me retrouvant scotché à l'écran de la télévision.

L'émotion de ma mère tenait à sa profonde conviction que Roosevelt avait sauvé le pays et la démocratie. Elle avait foi en lui et en son gouvernement. Mon père aussi. Ils étaient tous deux intimement persuadés que l'État servait la volonté du peuple, protégeait les citoyens et faisait toujours le bien.

De nombreuses années durant, je l'ai cru moi aussi, mais cette foi a été ébranlée en plusieurs occasions. J'ai vu le gouvernement de près, je l'ai vu avoir raison ou se tromper, faire le bien et presque délibérément le mal ; j'ai vu des fonctionnaires honnêtes, travailleurs, mais aussi des politicards retors se préoccupant surtout de leurs propres intérêts.

J'avais souvent vu le gouvernement commettre de petites erreurs – ce n'est qu'en 1992 que j'ai été confronté au premier cas grave et important.

Nous étions en réunion du conseil d'administration à Florence, en Caroline du Sud, quand Ben Heineman, notre directeur juridique, m'a pris à l'écart. Il voulait m'informer que le *Wall Street Journal* publierait le lendemain, 22 avril, un article sur le procès que nous intentait Ed Russell, un directeur général que nous avions licencié au mois de novembre précédent.

Ce n'était pas un procès en licenciement abusif classique. Russell, qui avait dirigé notre affaire de diamants industriels dans l'Ohio, nous accusait de conspirer avec De Beers pour fixer les prix du diamant. Il affirmait avoir été licencié pour avoir dénoncé son patron, Glen Hiner, qui d'après lui avait rencontré De Beers dans cette perspective.

Ce jour-là, j'ai quitté la séance du Conseil pour travailler avec Ben et Joyce Hergenhan, notre directrice des relations publiques. Je savais que Russell ne disait pas la vérité. Pour commencer, Glen Hiner, le patron de GE plastics, est d'une intégrité irréprochable. Par ailleurs, Russell avait été licencié pour des raisons professionnelles : ses performances n'étaient pas à la hauteur. Je le savais car, à un moment, j'avais écrit personnellement à son patron pour lui dire que Russell n'avait plus sa place parmi nous – ce que l'intéressé lui-même ignorait.

Je l'avais rencontré peu après son arrivée à la planification stratégique de GE en 1974. Il avait fait son chemin dans la branche Éclairage et, en 1985, avait été nommé directeur général de GE Superabrasives, notre affaire de diamants industriels, que je connaissais bien car elle était sous ma responsabilité au début des années 1970 lorsque j'étais à Pittsfield. Au départ, il s'était bien débrouillé à ce poste, le chiffre d'affaires et les résultats augmentant gentiment sous sa direction. Mais en 1990, il s'était heurté à des difficultés. Les résultats étaient tombés à 57 millions de dollars, venant de 70 millions de dollars l'année précédente.

En 1991, ses problèmes avaient continué. Les chiffres ne s'étaient pas améliorés et il n'était pas parvenu pas à expliquer la situation au cours d'une série de réunions avec son patron, Glen Hiner. Cela m'ennuyait. J'avais soutenu Russell plusieurs années durant et j'avais approuvé sa promotion à la direction générale des superabrasifs.

En septembre, Hiner et moi avons eu ce qui devait être notre dernière réunion de travail avec Russell à Pittsfield. Il était absolument incapable de répondre à mes questions. À un moment, il a dit qu'il ne voulait pas discuter certains dossiers pourtant très simples, car il estimait que ce n'était pas l'objet de la réunion. Bob Nelson, mon analyste financier, qui assistait à la réunion, avait été aussi étonné que moi de cette réaction.

Le lendemain, j'ai adressé une petite note manuscrite à Glen Hiner, dans laquelle je résumais la réunion. J'y écrivais entre autres que Russell s'était « ridiculisé » en juillet et que la veille, il était apparu complètement à côté de ses pompes. Il n'avait plus sa place chez nous.

Un mois plus tard, Hiner l'avait à nouveau convoqué à Pittsfield. Il l'avait licencié le 11 novembre. Et voilà que Russell se lançait dans un procès, accumulant les affirmations abracadabrantes et accusant Hiner d'une faute grave. Avant de commencer à élaborer notre stratégie de défense, je me suis souvenu de ma petite note et je me la suis fait faxer à Florence. Par bonheur, ce document montrait on ne peut plus clairement que Russell avait été licencié pour des raisons professionnelles et que c'était moi qui avais pris la décision et non Hiner, la victime des accusations mensongères de Russell.

Ben, Joyce et moi avons rédigé un communiqué à l'intention du *Wall Street Journal* et d'autres journalistes. Nous y expliquions que Russell avait été remercié pour « manquements professionnels » et qu'il avait essayé à plusieurs reprises d'obtenir une prime de licenciement plus importante. Au cours des nombreuses conversations qu'il avait eues à cette occasion, il n'avait jamais évoqué cette affaire d'entente. Il avait rencontré des difficultés, acceptait mal de n'avoir pas su les résoudre et s'était fait mettre dehors. C'était aussi simple que cela.

Le lendemain, les journaux contenaient une nouvelle pire encore : Russell avait obtenu que le Département de la Justice ouvre une enquête

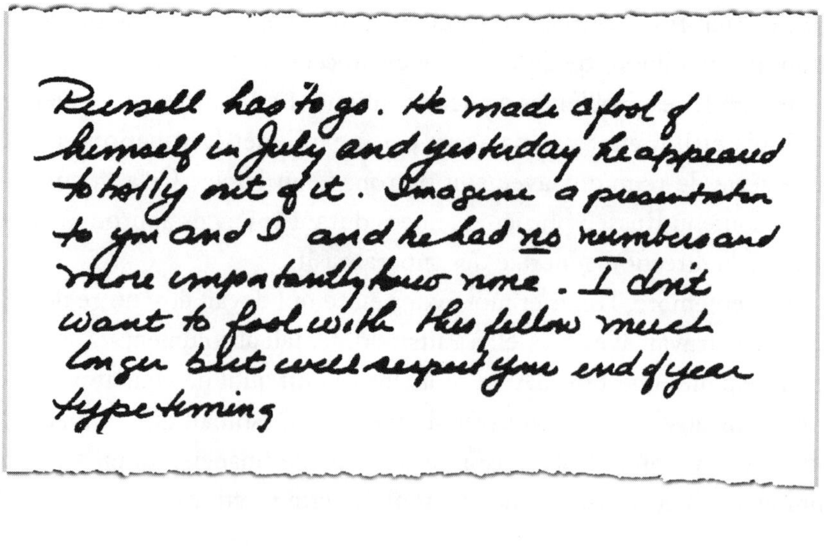
Russell has to go. He made a fool of himself in July and yesterday he appeared totally out of it. Imagine a presentation to you and I and he had no numbers and more importantly knew none. I don't want to fool with this fellow much longer but will respect your end of year type timing

criminelle afin de vérifier ses allégations Quand un journaliste du *Wall Street Journal* m'a demandé ce que j'en pensais, je lui ai répondu que c'était « complètement absurde ». Et nous avons commencé notre propre enquête. Nous avons fait appel à des avocats de chez Arnold & Porter, ainsi qu'à Dan Webb de chez Winston & Straw, pour étudier les accusations portées contre nous.

En moins de six semaines, les avocats extérieurs étaient parvenus à la conclusion que Russell ne disait pas la vérité. Restait à en convaincre le Département de la Justice. Nous lui avons fait part des résultats de notre enquête et élaboré un « papier blanc » qui rassemblait les preuves de douze cas où Russell avait déformé la vérité dans sa déposition.

Peine perdue. En février 1994, Ben Heineman et moi sommes allés à Washington afin de rencontrer une adjointe du ministre de la Justice pour expliquer notre position. Nos arguments ne l'ont pas intéressée le moins du monde. Elle voulait une inculpation, rien ne pourrait l'arrêter. Elle nous proposait cependant de plaider coupable et de verser une amende, ce qui nous éviterait l'inculpation pour entente illicite.

Il n'en était pas question, je m'y refusais absolument. Nous n'avions absolument rien fait de mal. Le dossier du ministère public reposait sur un tissu de mensonges. Nous n'avions pas le choix, il allait falloir se battre.

Quand le ministère public la réclame, le jury d'accusation accorde presque automatiquement l'inculpation. Trois jours après notre rencontre à Washington, nous et De Beers étions donc inculpés d'avoir prétendument conspiré pour fixer les prix. Comme elle ne faisait pas confiance à ses propres lieutenants, le procureur général a fait appel aux services d'un avocat extérieur, aux frais du gouvernement.

Huit mois plus tard, le 25 octobre, le procès a commencé dans une cour fédérale, à Columbus, dans l'Ohio. Dan Webb conduisait la défense avec le soutien très actif de Bill Baer, du cabinet Arnold & Porter, et de Jeff Kindler, notre propre responsable du contentieux.

Cette équipe a si bien démoli le dossier du ministère public que nous n'avons même pas dû présenter nos propres preuves.

Le 5 décembre, après avoir écouté le ministère public, le juge George Smith a renvoyé l'affaire. « La théorie de conspiration présentée par le ministère public ne tient absolument pas, dit-il. Les arguments présentés ne reposent sur aucune preuve sérieuse... Même si l'on regarde les faits sous l'éclairage le plus favorable au ministère public, rien ne permet d'établir la culpabilité de GE ».

Nous avions donc eu raison de nous battre pour ce que nous savions être notre droit. Le ministère public n'avait rien dans son dossier, rien d'autre qu'un réflexe d'antipathie contre les grandes sociétés. Les juges ne renvoient pratiquement jamais une affaire antitrust en plein procès, avant même que la défense n'ait plaidé, comme c'est arrivé dans notre cas. Nous avons dû nous battre trois ans, trois ans de publicité négative dans la presse chaque fois que l'affaire était mentionnée. Mais nous savions que les faits étaient dans notre camp.

Nous avons été confrontés, dans cette affaire, au gouvernement dans ce qu'il a de pire. Pendant l'instruction, le Département de la Justice a demandé au FBI de mettre un de nos anciens salariés sur écoute, en pure perte. Il a passé un temps phénoménal à poursuivre du vent. Il a fait appel aux très coûteux services d'un avocat extérieur, aux frais du contribuable.

Bien sûr, nous ne sommes pas parfaits. Un an plus tôt, dans un cas totalement différent, c'était le gouvernement qui avait raison.

Là aussi, l'affaire avait commencé avec Ben, qui m'avait téléphoné à mon domicile un samedi de décembre 1990.

« Vous n'allez pas croire ce que je vais vous dire, mais je vais vous le dire quand même : un de nos salariés a un compte joint dans une banque suisse avec un général de l'aviation israélienne. »

Je n'en croyais effectivement pas mes oreilles. S'il y avait une chose que je prêchais tous les jours chez GE, c'était l'intégrité. C'était la pierre angulaire de nos valeurs. Je ne concluais pas une réunion sans en rappeler l'importance.

Quand Ben m'a appelé, ce samedi-là, tout ce que nous savions, c'est ce qu'un employé de GE en poste en Israël avait lu dans le journal. D'après la presse locale, Herbert Steindler, employé à la division Moteurs d'avions, avait conspiré avec le général d'aviation Rami Dotan pour détourner des fonds à l'occasion des contrats de fourniture de moteurs GE pour les F-16 israéliens.

J'ai failli m'étrangler quand j'ai entendu ce que me racontait Ben. Vous imaginez ce que c'est que de découvrir tout à coup que vous avez un escroc au sein de votre personnel ? Steindler a été immédiatement suspendu et, quand il a refusé de coopérer avec notre enquête interne, nous l'avons licencié, au mois de mars. Nous avons engagé un groupe d'avocats du cabinet Wilmer, Cutler & Pickering pour aider une équipe d'audit interne à mener l'enquête. La majeure partie de l'année suivante, ils ont pratiquement vécu à Cincinnati, où se trouve notre division Moteurs d'avion. En coopération avec notre équipe d'audit, ils ont remonté tous les processus des contrats et parlé à tous les participants. En neuf mois, ils ont passé au peigne fin 350 000 pages de documents et interrogé plus de cent témoins.

Pour constater que Dotan avait, avec l'aide de Steindler, mis en place une fausse société de sous-traitance dans le New Jersey. Celle-ci était au nom d'un ami intime de Steindler et, grâce à elle, ils avaient détourné environ 11 millions de dollars, crédités aux comptes joints que Dotan et Steindler possédaient en Suisse.

Dotan était un client exigeant et intimidant. Dès 1987, certains de nos collaborateurs avaient commencé à s'interroger sur certains aspects de ses transactions. Mais le général d'aviation se présentait comme un grand patriote israélien qui cherchait simplement à court-circuiter une administration tatillonne, et Steindler avait convaincu ses supérieurs qu'il n'y avait pas matière à inquiétude.

Un seul de nos salariés avait sciemment violé nos principes en vue d'un enrichissement personnel : Steindler. Il était facile de le renvoyer. Le problème, c'était vingt autres personnes qui n'avaient pas gagné un seul cent, certes, mais qui n'avaient rien dit alors qu'ils subodoraient l'affaire. Ils avaient travaillé pour GE un total cumulé de 325 ans. Certains d'entre eux avaient fait la totalité de leur carrière chez nous, y passant jusqu'à trente-sept ans. Nombre d'entre eux étaient remarquablement notés. Les deux cadres dirigeants étaient de bons amis de Brian Rowe, le patron de notre division Moteurs d'avions.

Brian était un personnage, dans le métier ; ce pionnier prenait encore plaisir à dessiner des moteurs d'avions. Il aimait ses gars. Il ne savait pas quoi faire et son indécision était compréhensible. À l'exception de Steindler, qui s'est retrouvé en prison, la plupart des autres individus pris dans cette affaire n'étaient coupables que par omission. Aucun d'entre eux n'avait bénéficié personnellement de cette combine. Soit ils n'avaient pas compris ce qui se passait, soit ils avaient fait preuve de négligence, soit encore ils avaient fermé les yeux sur certains signes révélateurs.

Si l'implication de Steindler était parfaitement claire, celle de tous les autres l'était beaucoup moins. Cela rendait les mesures disciplinaires nécessaires très difficiles pour tout le monde, mais surtout pour Brian.

La seule chose positive qui soit sortie de cette sombre affaire, c'est qu'elle m'a permis de découvrir Bill Conaty, qui devait devenir ultérieurement directeur des ressources humaines de l'ensemble du groupe. Il venait juste, à l'époque, de prendre la DRH des moteurs d'avions. C'est lui qui a dû assumer l'action disciplinaire en s'assurant que tout le monde était traité aussi justement que possible. Tous les salariés impliqués ont reçu une lettre détaillée décrivant notre « inquiétude » ou des « allégations » découlant de notre enquête interne. Ils étaient invités, s'ils le souhaitaient, à nous donner leur version des faits, en se faisant assister d'un avocat de leur choix, à nos frais. À l'issue de ce processus, Bill avait une recommandation pour chacun des individus concernés.

Deux mois durant, à cette époque, Bill, Brian, Ben et moi nous sommes téléphoné pratiquement tous les jours.

Très franchement, il était plus facile pour Ben et pour moi, qui étions à Fairfield, de prendre des mesures de discipline strictes que pour ce pauvre Brian, dont des amis de longue date étaient impliqués. Heureusement, nous avions tous trois beaucoup de respect pour Bill, qui a réussi à combler les différences d'appréciation.

Nous avons fini par licencier ou demander la démission de onze des vingt et une personnes impliquées. Six autres personnes ont été rétrogradées, les quatre dernières réprimandées. Quant aux cadres dirigeants, l'un a été rétrogradé et l'autre a donné sa démission.

Cela faisait passer un message clair dans l'ensemble de la compagnie : il n'était pas question de fusiller les sergents pendant que les généraux et les colonels continuaient comme si de rien n'était. Nous voulions que nos cadres sachent que si une violation de l'intégrité survenait dans leur service, ils en assumeraient la responsabilité. Des chefs qui tombaient pour avoir été indifférents à l'éthique, ce fut un immense événement chez GE.

Cette expérience m'a appris beaucoup de choses – tant en interne, en termes de discipline, qu'en externe, avec Washington et les médias. À l'extérieur de GE, l'idée commençait à se faire jour que la pression de la concurrence et la recherche des profits poussaient les gens à tricher. Certains refusaient de voir l'incident tel qu'il était, c'est-à-dire une violation isolée dans une compagnie dotée de médiateurs et privilégiant la révélation spontanée, éventuellement sur une ligne directe, une compagnie dont la direction ne cessait d'insister sur l'importance de l'éthique.

Je suis allé témoigner à Washington, en juillet 1992, devant une sous-commission du Congrès dirigée par John Dingle. J'ai trouvé ce dernier sévère, mais honnête et juste. Je ne pouvais pas en demander plus. La semaine précédente, nous avions signé une transaction avec le Département de la Justice, aux termes de laquelle nous acceptions de payer une amende de 69 millions de dollars.

Ce témoignage n'a pas été la chose la plus agréable de ma vie. Mais je tenais comme à la prunelle de mes yeux au message que je voulais faire passer – et je tenais aussi à l'exprimer en personne. J'ai dit à la commission que « l'excellence et la compétitivité ne sont pas incompatibles avec l'honnêteté et l'intégrité ».

J'ai ajouté : « Monsieur le Président, nous avons une population de salariés équivalente en nombre aux villes de St-Paul ou de Tampa. Nous n'avons ni police, ni prison. Nous devons donc compter sur l'intégrité de notre personnel, c'est notre première défense. Ce système n'a hélas pas suffi dans le cas présent. Mais je suis très fier que 99,99 % de nos 275 000 salariés se lèvent tous les matins pour livrer bataille à la concurrence avec une intégrité absolue. Ils n'ont besoin ni de policier ni de juge. Ils n'ont besoin que de leur conscience quand ils se regardent dans la glace, le matin en se rasant. »

Ce jour-là, on m'a écouté avec une totale impartialité. Certes, la raison de ma présence était détestable, mais j'étais très heureux d'avoir dit ce que j'avais à dire et je suis encore plus convaincu aujourd'hui que l'intégrité doit être la base même de la concurrence.

Vingt-cinq ans durant – dont vingt en tant que PDG – je me suis débattu avec un véritable serpent de mer, le problème des PCB, les biphenyls polychlorurés. Ce produit chimique liquide était utilisé avant 1977 comme fluide d'isolation électrique afin de prévenir les incendies.

En décembre 2000, l'agence pour la protection de l'environnement (EPA) proposait une immense opération de dragage de l'Hudson pour en retirer les PCB. L'agence a présenté ce plan dans les derniers jours de la présidence Clinton. En l'occurrence, la science et le bon sens ont été noyés dans les vociférations et les opinions extrêmes – poussant le gouvernement à punir une grande entreprise mondiale. Au fil des années, le débat était passé des PCB à proprement parler à une croisade plus fondamentale. Les extrémistes ont exploité des problèmes comme les PCB pour remettre en cause le rôle essentiel de l'entreprise. Ces gens-là la considèrent souvent comme un objet inanimé, aussi incapable d'avoir des valeurs que de ressentir des émotions.

GE n'est pas une collection d'usines et de bâtiments. GE, c'est la chair et le sang de ceux qui les font vivre, et ce n'est rien d'autre. GE est fait d'hommes et de femmes qui vivent dans les mêmes communautés, dont les enfants fréquentent les mêmes écoles que ceux qui critiquent les grandes entreprises. Ils ont les mêmes espoirs et les mêmes rêves, les mêmes souffrances, les mêmes tristesses.

Les entreprises sont humaines. Quand elles sont grandes, elles constituent des cibles faciles. Et quand elles gagnent beaucoup d'argent, ce sont des cibles encore plus faciles.

En réalité, GE est l'une de celles qui sont allées le plus loin dans la prise en compte des problèmes d'environnement et de sécurité. Avec plus de trois cents sites de production ou de montage, elle n'a pratiquement aucun contentieux avec les collectivités locales sur le respect des réglementations. Près de soixante de nos sites de production aux États-Unis ont reçu le label STAR, décerné par les autorités fédérales de tutelle pour le respect des règlements de santé et de sécurité.

Au cours de la dernière décennie, nous avons réduit de plus de 90 % nos émissions de 17 produits chimiques susceptibles de réduire la couche d'ozone et de plus de 60 % la totalité de nos émissions, chiffres mesurés par l'EPA.

Ça ne s'est pas fait tout seul. Nos directeurs d'usine suivent tous une formation rigoureuse et rapportent tous les ans à leur directeur de division et à un directeur adjoint chargé des programmes d'amélioration de l'environnement. Tous les trois mois, je recevais de chacune de nos divisions un bilan à jour de sa performance en termes d'environnement et de sécurité.

Bref, nous avons approché la question de l'environnement et de la sécurité du personnel comme tout le reste : nous avons placé la barre très haut, puis mesuré les performances. Nous ne sommes pas parfaits, personne ne l'est, mais nous avons toujours essayé d'être les meilleurs. Ce n'est jamais une question d'argent. GE dispose des ressources nécessaires pour faire ce qu'il faut et nous savons qu'à long terme, on finit toujours par y gagner.

Si je rappelle ce contexte, c'est que c'est la seule façon de comprendre la position très ferme que nous avons adoptée sur les PCB.

Pour moi, l'affaire PCB a commencé accidentellement, quinze jours avant Noël 1975, alors que j'étais directeur de groupe à Pittsfield. Je visitais une usine de semi-conducteurs à Syracuse, et le directeur de division a mentionné en passant que le Département de la Conservation de l'environnement de l'État de New York (DEC) se préparait à organiser une audition de témoins. Il s'agissait de vérifier si deux de ses usines, situées au nord de l'État, qui rejetaient des PCB dans l'Hudson, respectaient la réglementation en vigueur.

Je n'avais encore jamais eu affaire aux PCB, mais en ma qualité d'ingénieur chimiste, je connaissais bien les questions de rejets d'effluents dans les fleuves et j'étais curieux de savoir ce qui se passerait à cette audience. Deux jours plus tard, ma journée n'étant pas trop chargée, j'ai décidé de prendre ma voiture et d'aller assister à la séance. Je me suis assis au fond de la salle, incognito.

L'expert de GE était à la barre des témoins, en train d'expliquer que ses tests montraient des niveaux négligeables de PCB dans les poissons de l'Hudson. Notre expert n'avait pas l'air très expert; il ne semblait pas très sûr de son propre travail et avait du mal à donner des réponses claires. Plus je l'écoutais, plus j'étais mal à l'aise. S'il ne me convainquait pas, moi, de toute évidence, il convaincrait encore moins le président d'audience.

À peine sorti de la séance, j'ai appelé Art Puccini, mon directeur juridique, pour lui demander de venir de Pittsfield. L'affaire me semblait suffisamment importante pour que je reste jusqu'au lendemain. Art et moi, nous avons fait venir « l'expert GE » dans ma chambre de motel. Nous lui avons demandé de nous expliquer tous les détails des feuilles de contrôle écrites de sa main pendant son étude. Après l'avoir interrogé jusqu'à deux heures et demie du matin, nous sommes tous deux parvenus à la conclusion qu'il n'avait pas fait un travail approfondi. Les données qu'il avait rassemblées n'étaient pas utilisables, il fallait même empêcher le président de l'audition de les exploiter. Je l'aurais étranglé avec plaisir.

Le lendemain, j'ai dit à nos avocats de ne pas s'appuyer sur ces données et de dire la même chose au président. Deux mois plus tard, celui-ci rendait un jugement provisoire, affirmant que la « contamination aux PCB » résultait à la fois d'un « abus de l'entreprise et de l'absence de réglementation adéquate », puisque notre emploi des PCB était légal et que l'État de New York nous avait officiellement autorisés à les déverser dans le fleuve.

J'étais maintenant en plein dans l'affaire. Art et moi avons négocié avec Paul Berle, commissaire du DEC, qui devint plus tard président de la National Audubon Society. Abe Sofaer, professeur de droit de l'université Columbia qui avait présidé l'audition de témoins a contribué à faciliter l'accord. Aux termes de la transaction, nous acceptions de verser 3,5 millions de dollars à un fonds destiné à nettoyer le fleuve, de financer la recherche sur les PCB et de cesser d'utiliser ce produit chimique. Le DEC de New York acceptait pour sa part de faire une contribution égale à la nôtre et de nous dégager de toute autre responsabilité concernant les eaux de l'Hudson.

Berle et moi-même avons signé la transaction le 8 septembre 1976. Le *New York Times* a publié une photo de la signature, chapeautant un article selon lequel cet accord devrait servir de modèle dans d'autres cas de pollution. L'article citait Abe Sofaer, qui déclarait que cette transaction créait « un précédent pour traiter des situations de culpabilité partagée ». Enfin, le gouverneur Hugh Carey a proposé de boire un verre d'eau de l'Hudson, pour montrer sa conviction que l'eau de ce fleuve n'était pas dangereuse.

Notre transaction prévoyait même que l'État de New York devait se tourner vers le gouvernement fédéral pour réclamer des fonds si d'autres interventions s'avéraient nécessaires pour protéger la santé publique et la nature. Cette clause figure clairement sur la page 3 de la transaction : « Au cas où les fonds prévus ici pour entreprendre une action réparatrice concernant les PCB présents dans l'Hudson ne suffiraient pas à assurer la protection de la santé humaine et des ressources naturelles, le Département fera tous les efforts nécessaires pour obtenir des fonds supplémentaires, de sources autres que General Electric, afin d'assurer cette protection. Ces efforts comporteront la préparation d'un plan d'action par le Département, afin d'obtenir les fonds, en particulier il s'adressera aux agences fédérales ou à d'autres sources avec toute la diligence possible. »

L'affaire ne s'est pourtant pas arrêtée là. Nous avions négocié la transaction sur la base d'études réalisées à partir d'expériences animales. Mais je voulais savoir si les PCB augmentaient le risque de cancer chez les êtres humains et si nos ouvriers couraient un danger. Si nous voulions qu'une étude financée par une entreprise ait une crédibilité, il fallait la faire réaliser par un scientifique universellement respecté. Je suis donc allé trouver le docteur Irwin Selikoff, qui jouissait d'un rayonnement exceptionnel car c'était lui qui avait découvert que l'amiante pouvait provoquer des cancers du poumon. Il m'a écouté attentivement. Je lui ai demandé s'il pourrait se rendre dans nos usines pour étudier les salariés GE ayant été le plus exposés aux PCB. Des années durant, ils en avaient eu jusqu'aux coudes.

Il a rassemblé une équipe de chercheurs et installé un laboratoire à l'usine Fort Edward. Jouissant d'un accès totalement libre à notre personnel, il a commencé par examiner plus de trois cents volontaires venant des

*THE NEW YORK TIMES, THURSDAY, SEPTEMBER 9, 1976*

Associated Press

**Peter A. A. Berle, left, Commissioner of Environmental Conservation, and John F. Welch, a vice president of the General Electric Company, sign an agreement in Albany settling the case of the PCB's dumped into the Hudson.**

# G.E.-State Pact on PCB Is Praised As Guide in Other Pollution Cases

Special to The New York Times

ALBANY, Sept. 8—The Columbia University law professor who conducted hearings on state pollution charges against the General Electric Company said here today that yesterday's agreement to stop the company's chemical contamination of the Hudson River was "an effective precedent for dealing with situations of joint culpability."

The comment, by Prof. Abraham T. Sofaer, came after Commissioner Peter A. A. Berle of the State Department of Environmental Conservation and John F. Welch, a G.E. vice president, signed a quasi-legal agreement under which the company pledged to stop dumping toxic PCB's (polychlorinated biphenyls) by July 1, 1977.

G.E. uses PCB's to make capacitors—an electronic device for storing a charge—at plants employing about 1,200 workers in Hudson Falls and Fort Edward, north of Albany. After the manufacturing process, the PCB's have been routinely discharged into the Hudson for about 25 years.

In recommending the agreement, Professor Sofaer, whose hearings earlier this year covered 11 days of testimony, noted that G.E. had "requested and obtained" Federal and state permits to dump PCB's into the Hudson.

Until exactly a year ago, Professor Sofaer noted, when former State Environmental Commissioner Ogden R. Reid began an action against the company, "no one had ever claimed that G.E.'s PCB discharges violated state water quality standards." Governor Carey joined Commissioner Berle in saying that the agreement emphasized the "shared responsibility of the state and G.E. in PCB pollution of the Hudson."

That is why, Mr. Berle said, both the state and G.E. will cooperate in attempts to cleanse a 50-mile stretch of the Hudson, from Fort Edward to Albany, of PCB's now encrusted in the earth as sludge beneath the river.

From what is described as "reclamation" of the river, G.E. and the state will each pay \$3 million. The company has agreed to put up \$1 million more for state-directed research into toxic chemicals.

deux usines. Son étude, publiée en 1982, m'a convaincu que les PCB n'étaient pas cancérigènes. Plus que tout autre argument.

Trente ans après qu'ils aient commencé à travailler au contact des PCB, on ne relevait parmi les ouvriers concernés aucun décès par cancer ni d'effets secondaires sérieux. Normalement, dans une population de la taille de l'échantillon étudié par Sélikoff – sans exposition importante à ce type de produits chimiques – on aurait relevé au moins huit décès par cancer.

D'autres scientifiques ont étudié des ouvriers travaillant dans des compagnies de distribution d'électricité et chez Westinghouse, les deux groupes ayant été fortement exposés aux PCB. Alexander Smith, du National Institute for Occupational Safety and Health (NIOSH), a résumé très succinctement ces recherches en 1982. Il écrivait alors : « Si l'exposition aux PCB entraîne des effets nuisibles à la santé humaine, on pourrait s'attendre à ce qu'ils soient plus facilement identifiables dans les groupes ayant subi l'exposition la plus intense et la plus prolongée. Aucune des études épidémiologiques ou des maladies professionnelles publiées à ce jour ne montre cependant d'association entre le fait d'avoir travaillé au contact de ces produits et des conséquences préjudiciables à la santé. »

Le problème avait été soulevé beaucoup plus tôt, à l'occasion de deux fausses alarmes. La première remonte aux années 1930. À cette époque, un mélange chimique contenant du PCB et connu sous le nom de Halowax avait provoqué une maladie de peau ressemblant à l'acné et, dans certains cas, une maladie de foie mortelle. Un chercheur de Harvard avait alors étudié l'incident et il avait commencé par dire que les PCB étaient le composant le plus dangereux de ce mélange.

Après avoir poursuivi ses recherches, il s'était cependant corrigé luimême en 1939, affirmant alors que les PCB n'étaient « pratiquement pas toxiques ». Sa correction n'avait hélas pas éveillé l'attention. Près de quarante ans plus tard, en 1977, un rapport du NIOSH signalait que les expériences réalisées sur le Halowax continuaient à être « citées de façon erronée ».

Aujourd'hui encore, il nous arrive de recevoir un coup de fil d'un journaliste convaincu d'avoir découvert de « nouvelles preuves explosives » alors qu'il s'agit de ces incidents anciens causés par Halowax et discrédités tant par les scientifiques que par le gouvernement.

L'autre fausse alarme, c'est l'incident Yusho, survenu au Japon en 1968. Un millier de personnes utilisant une huile végétale extraite du son de riz avaient développé une forme sévère d'acné et d'autres symptômes. La présence de PCB ayant été détectée dans l'huile, on s'était mis à parler de la « maladie de l'huile au PCB ».

Cependant, des analyses ultérieures réalisées par des scientifiques japonais avaient trouvé que cette huile contenait aussi de hauts niveaux de deux autres produits chimiques chlorés, tous deux dérivés des PCB quand ceux-ci étaient portés à haute température. Ils ont aussi examiné des ouvriers électriciens japonais et constaté qu'ils avaient des taux de PCB dans le sang plus élevés que les patients de Yusho. Mais les ouvriers n'étaient pas malades. Ils avaient ensuite administré à des singes des PCB et ces différents dérivés, et en avaient conclu que c'étaient ces derniers, et non les PCB, qui avaient provoqué l'incident de Yusho.

Ces deux fausses alarmes avaient poussé une chercheuse américaine, le docteur Renate Kimbrough, à entreprendre l'une des premières expérimentations de PCB sur des rats pour le compte du gouvernement américain. Elle avait trouvé que les rats ayant ingéré de fortes doses de PCB avaient davantage de tumeurs du foie. Mais cette étude remontait au milieu des années 1970. En avril 1992, cherchant à nouveau un scientifique reconnu à l'intégrité inattaquable, nous avons demandé une nouvelle étude à Renate Kimbrough.

En interne, nos efforts étaient menés par Steve Ramsey, ancien responsable de l'application de la législation sur l'environnement du département de la justice, qui dirige maintenant les opérations environnement et sécurité de GE. Lui et Steve Hamilton, un scientifique GE, savaient que toute recherche financée par GE laisserait les critiques sceptiques. Ils ont alors mis en place un panel consultatif chargé d'étudier l'étude Kimbrough, ainsi qu'un certain nombre d'autres études. Ce panel, dirigé par le docteur Arthur Upton, ancien patron du Cancer Institute, était constitué de chercheurs du secteur public et d'universitaires.

Renate Kimbrough a étudié pratiquement tous les individus ayant travaillé dans nos deux usines de Hudson Falls et de Fort Edward entre 1946 et 1977. Nous avions même fait appel à des détectives privés pour en retrouver un certain nombre grâce à d'anciens doubles de leurs fiches de salaire et à de vieux annuaires de téléphone. On a examiné les certificats de décès. Sept mille soixante-quinze de nos salariés actuels et passés furent impliqués dans la recherche.

Renate Kimbrough a publié son rapport en 1999. Il est très frappant. Le pourcentage de décès par cancer, quel qu'en soit le type, des employés de nos usines était soit au même niveau que celui de la population générale ou régionale, soit nettement inférieur.

Avant de prendre une décision définitive, l'EPA a demandé l'opinion d'un épidémiologiste du Norris Comprehensive Cancer Center, de l'université de Californie du Sud. Voici un extrait de la réponse du docteur Thomas Mack : « J'ai trouvé que le rapport était bien conçu, correctement analysé et interprété. Les études de suivi étaient exhaustives. Je dirai en conclusion que les affirmations résumées à la fin de l'étude sont appropriées. Je pense qu'il serait bon de réduire la priorité donnée aux PCB. »

Nous ne connaissons l'opinion du docteur Mack que parce que nous nous sommes fait communiquer sa lettre par l'EPA, grâce à la législation sur la liberté de l'information. Sa dernière phrase est révélatrice : « Je suis sûr que ceci ne vous sera pas particulièrement utile, mais je ne peux pas faire mieux. » Ce document n'aurait sans doute jamais revu la lumière du jour si nous ne nous étions pas servis de la loi pour le faire sortir des archives de l'EPA.

Durant cette interminable controverse, GE a été montrée du doigt comme la grande entreprise indifférente, qui déversait dans l'Hudson les PCB de ses usines de Hudson Falls et de Fort Edward. La vérité, c'est que nous n'avons jamais « déversé » de PCB et que nous n'en avons jamais fabriqué. Leur emploi était imposé par les codes de la construction et la réglementation anti-incendie, car ils permettaient de résoudre un problème qui se posait de longue date dans l'équipement électrique. Les matériaux isolants employés précédemment prenaient feu et risquaient d'exploser. Les PCB pouvaient sauver des vies humaines. L'État de New York approuvait nos émissions et nous avait accordé des autorisations.

Que disent les critiques qui nous attaquent par PCB interposé ? D'abord, ils disent que GE a davantage d'usines Superfund que toute autre entreprise. (En 1980, le Congrès a voté une loi destinée à réhabiliter les sites où par le passé, on avait entreposé des déchets industriels, loi connue sous le nom de Superfund Act.) Cette affirmation impliquait que nous faisions quelque chose de mal. Il est vrai que nous possédons un grand nombre de sites de ce type, 85, pour être précis. Mais leur nombre tient essentiellement à notre ancienneté et à notre taille. GE a été fondée en 1892 et a eu davantage d'usines, dans davantage de villes, que toute autre société au monde. Comme la plupart des autres entreprises, nous avons traité nos déchets en respectant la législation, avec des autorisations administratives lorsque c'était nécessaire.

Dans la majorité des sites Superfund, GE est responsable de moins de 5 % des produits qui y sont stockés. Le reste de la responsabilité se partage entre de dizaines d'autres parties en présence, dont les municipalités, les autres entreprises et les transporteurs de déchets. Nous avons pris au sérieux notre responsabilité pour ces sites. Nous avons dépensé près de un milliard de dollars, ces dix dernières années, pour les nettoyer.

Nous critiquer à cause de ces sites, c'est comme critiquer une personne parce qu'elle a les cheveux blancs. Cela ne dit rien de son caractère, cela révèle son âge, c'est tout.

On se plaint beaucoup également que nous mettions en cause la loi Superfund de façon à nous libérer de nos obligations de nettoyage. C'est exact, nous avons effectivement remis en cause une partie des dispositions de cette loi. Les Américains ont facilement recours à la justice, et c'est vrai pour tout, des infractions au code de la route et au meurtre.

Mais quand l'EPA édicte un ordre dans le cadre de la législation Superfund, la loi est telle que vous n'avez qu'une seule possibilité : faire ce que l'agence vous dit de faire, sinon vous paierez trois fois plus cher sous forme de dommages et d'amendes quotidiennes. La loi donne à l'EPA le pouvoir d'émettre des commandements d'une portée illimitée. Vous ne bénéficiez d'aucune audition de témoins avant de recevoir l'ordre de faire le travail. Vous ne serez entendu que de nombreuses années plus tard, et seulement quand l'EPA décidera de vous dire que vous avez mené à bien votre tâche. Cette loi est bâtie sur le modèle tirez d'abord, vous poserez les questions ensuite.

Nous considérons que ce n'est pas normal. Je suis ingénieur chimiste, pas juriste, mais je ne comprends pas comment ceci peut être en harmonie avec notre constitution. Cette législation prive les citoyens du droit fondamental de se défendre. Si j'y attache autant d'importance, c'est que l'EPA s'est appuyé sur cette loi pour proposer, en décembre 2000, son opération de dragage de l'Hudson.

Aujourd'hui, l'EPA affirme que le fleuve ne présente de danger ni pour la baignade, ni pour la navigation de plaisance, ni même comme source d'eau potable. Les aigles d'Amérique et d'autres espèces sauvages peuplent la vallée de l'Hudson. La proposition gouvernementale de draguer le fleuve repose sur une évaluation du risque totalement aberrante. Voici : *Si une personne mange 250 grammes de poisson une fois par semaine pendant quarante ans, le risque que cette personne ait un cancer peut augmenter d'un pour mille. Autrement dit, il faut manger 52 fois par an du poisson pêché dans l'Hudson quarante ans durant avant que l'augmentation de risque se manifeste, encore ne sera-t-elle que d'un pour mille. Pourquoi un esprit rationnel n'arrive-t-il pas à la conclusion que ce risque est pratiquement plus faible que celui que nous prenons à chaque instant en respirant ?*

Oublions qu'il est interdit, depuis vingt ans, de consommer le poisson pêché dans l'Hudson. Oublions que le niveau de PCB contenu dans l'eau et dans le poisson a diminué de 90 % depuis 1977. Plus de vingt études – pour la plupart complètement indépendantes de GE – montrent qu'il n'existe aucun lien entre les PCB et le cancer. Il apparaît, en fin de compte, que ce qui arrive aux rats n'arrive pas aux hommes quand les uns et les autres sont exposés aux PCB. Les niveaux de PCB dans le poisson sont aujourd'hui tombés à trois à huit parts par million, deux étant le niveau considéré comme acceptable à la vente par la FDA.

Réfléchissons plutôt au caractère pharaonique de la proposition de l'EPA. Il s'agirait de retirer 4 millions de tonnes de sédiments du lit de l'Hudson pour en extraire quelque chose comme 50 tonnes de PCB. Cela supposerait de draguer 24 heures sur 24, six jours sur sept, six mois par an. Cela supposerait de disposer de 50 bateaux et barges à plein temps, ainsi que des kilomètres de pipelines pour transporter les PCB.

L'EPA propose de construire des usines le long du fleuve pour faire sécher la boue qui serait ensuite transportée dans des dizaines de milliers de camions ou de wagons de chemins de fer. Une fois les sédiments sortis du fleuve, l'EPA propose d'y remettre un million de tonnes de sable et de gravier. Des plongeurs devraient également remplacer une à une près d'un million de plantes aquatiques détruites par le dragage.

À supposer que ce travail de Titan soit accompli, les PCB n'auront toujours pas disparu de l'Hudson. Au contraire, le dragage remettra en suspension des PCB enlisés qui descendront alors au fil du courant.

Imaginez que quelqu'un vous fasse une proposition commerciale d'extraire je ne sais quoi de l'Hudson par dragage. Cela esquinterait les berges. Détruirait les écosystèmes. Abattrait des arbres pour élargir les routes. Ce serait un désastre pour l'environnement.

Pourquoi quiconque s'attaquerait-il à l'Hudson ? L'EPA elle-même a rejeté la solution du dragage en 1984, affirmant à l'époque que l'opération nuirait trop aux écosystèmes. Rein n'a changé depuis, sauf les considérations politiques, et le taux de PCB contenu dans le poisson a diminué de 90 %.

GE a dépensé plus de 200 millions de dollars en recherche, en enquêtes et en nettoyage. Nous avons réduit la quantité de PCB suintant du socle rocheux sur lequel reposaient nos anciennes usines de 2,5 kilos à trois onces par jour. Nous pensons avoir maintenant la technologie nécessaire pour réduire à zéro les infiltrations quotidiennes. Ce contrôle de la source, joint à la sédimentation naturelle du fleuve, pourrait réduire les quantités de PCB dans le poisson au même niveau que le ferait peut-être le dragage, mais en évitant de provoquer une resuspension – et surtout sans détruire le fleuve lui-même.

L'une des choses les plus étonnantes, concernant cette proposition EPA, c'est que l'agence n'a pas cherché à savoir s'il y avait d'autres possibilités moins destructives et moins perturbatrices.

Ce n'est pas une question d'argent. Nous dépenserons ce qu'il faudra pour faire le travail correctement. Nous avons consacré plus de 10 millions de dollars à une campagne visant à expliquer les tenants et aboutissants de cette affaire et les raisons pour lesquelles nous étions opposés au dragage aux habitants de la haute vallée de l'Hudson. Cela aussi a suscité une controverse. Mais les informations que nous avions données dans notre campagne ont rarement été contredites. Les activistes estiment que nous n'avons qu'à faire ce qu'on nous dit et nous taire.

Nous avons fait progresser le dossier en publiant les faits. Les sondages montrent qu'à plus de trois contre un, les habitants de la région sont désormais contre le dragage. Plus de 60 collectivités et organisations locales s'y opposent également. La décision finale de l'EPA devrait tout de même tenir compte de l'avis des personnes les plus affectées par sa proposition.

Le problème n'a hélas plus grand-chose à voir avec les PCB, la santé ou la science, pas plus qu'avec la recherche de la meilleure solution pour l'Hudson. C'est devenu une affaire politique, il faut punir une entreprise qui gagne beaucoup d'argent.

Croyez-vous un instant que moi ou mes associés adopterions ces positions si nous pensions que les PCB peuvent faire du mal à qui que ce soit ? C'est absolument impensable, voyons !

Rien n'est plus fondamental que l'intégrité d'une entreprise. C'est la première et la plus importante valeur de toute organisation. Cela ne veut pas seulement dire que les gens doivent respecter la lettre et l'esprit de la loi, cela veut dire, aussi, qu'il faut faire ce que l'on considère comme son devoir, se battre pour promouvoir ce que l'on considère comme éthiquement correct.

Concernant les PCB, nous nous sommes assurés qu'ils ne peuvent faire de mal ni à nos salariés ni à nos voisins. Nous avons dépensé des centaines de millions de dollars, fait appel aux meilleurs procédés scientifiques pour nettoyer nos sites et l'Hudson de la façon écologiquement la plus fine – et nous continuerons à investir autant qu'il le faudra.

J'ai vu beaucoup de choses depuis le jour où j'ai surpris ma mère en train de pleurer la mort du président Roosevelt. Oui, c'est vrai, je suis devenu sceptique – mais, j'espère, pas cynique – à l'endroit des hommes qui nous gouvernent. Seule une compagnie dotée d'une grande intégrité et des ressources nécessaires pour lutter pour ce qu'elle considère comme le bien peut se permettre d'affronter le gouvernement.

Par bonheur, nous avons les deux.

SECTION IV

# CHANGER LES RÈGLES DU JEU

19

# La mondialisation

Quand on aime travailler, on ne peut qu'aimer GE. Quand on aime les idées, on ne peut qu'adorer GE. Dans le groupe, elles circulent librement, d'où qu'elles viennent, entre plus de 300 000 salariés et plus de 20 métiers différents. Cette liberté, nous l'organisons cependant par le biais d'une série de réunions de travail qui s'enchaînent et se chevauchent. Par exemple, nous sommes en train d'évaluer les membres de l'équipe de direction de la division Générateurs en Session C et quelqu'un évoque une idée nouvelle concernant les achats en Hongrie.

Le lendemain, en réunion à l'imagerie médicale, nous racontons fièrement ce que les gens des générateurs viennent de faire en Hongrie. En moins de temps qu'il n'en faut pour le dire, le médical emboîte le pas aux générateurs en Europe de l'Est. C'est fou, parfois drôle, jamais guindé, d'une efficacité redoutable. Les meilleures pratiques et les meilleurs collaborateurs ne cessent d'aller d'une entité à l'autre, les tirant ainsi de l'avant. De fait, la libre circulation des idées a fini par construire une « architecture sociale » reposant exclusivement sur l'apprentissage mutuel.

Dans les années 1990, nous avons poursuivi quatre grandes initiatives : l'internationalisation, les services, le Six Sigma et l'e-business. Chacune est partie d'une petite graine, une petite idée, qui a pu croître et prospérer grâce au système. Non seulement elles se sont épanouies toutes les quatre, mais elles ont joué un rôle essentiel dans la croissance accélérée que nous avons connue ces dix dernières années.

Ce ne sont pas des gadgets, bien au contraire. Une initiative, telle que nous la définissons, est quelque chose qui nous touche absolument tous. Il faut que ce soit suffisamment grand, suffisamment ouvert et suffisamment générique pour avoir un impact majeur sur l'ensemble du groupe. Cela en change même la nature, au bout d'un certain temps. Quelle qu'en soit la source, je m'en suis toujours fait le champion. Je les ai toutes suivies avec une passion obsessionnelle, parfois à la limite de la folie furieuse.

Leur genèse est éminemment variable. La mondialisation, nous la devons à Paolo Fresco, dont c'est le dada. Les services ont décollé à la suite de la recommandation d'un groupe de stagiaires, à Crotonville, de définir plus largement nos marchés afin d'accélérer notre croissance. Le Six Sigma est sorti d'une enquête auprès des salariés en 1995 : selon eux, notre qualité était bonne, mais encore largement perfectible. Et l'e-business est venu, un peu tardivement sans doute, parce qu'il n'était pas possible de l'ignorer. Nous avons pris en marche un train menant à une révolution que nous ne comprenions pas. Mais nous comptions sur notre système pour nous servir de professeur.

La réussite de ces initiatives a exigé une implication enthousiaste et infatigable de la direction générale, mais aussi beaucoup de rigueur. Non seulement nous en avons chargé nos meilleurs collaborateurs, mais nous les avons formés, nous avons mesuré leur performance, publié les résultats obtenus. Au final, chaque initiative devait à la fois développer les hommes et accroître notre rentabilité.

Les patrons de toutes nos branches et filiales devaient s'en faire les champions – et il ne suffisait pas d'en expliquer timidement et rationnellement les avantages. Ils veillaient à confier la mise en œuvre à leur élite, les fameux « A ». Et nous veillions à donner autant de visibilité que possible aux récompenses – augmentations de salaire, attributions de stock options, mise en vedette au sein de la société.

Toute entreprise juge de l'importance d'une initiative de la direction à l'importance des personnes à qui elle en confie la responsabilité. Cet élément a été particulièrement déterminant dans le cas de Six Sigma. Si nous n'avions pas confié l'affaire aux meilleurs et aux plus brillants de nos hommes, elle aurait été perçue comme un « programme qualité » de plus, après tant d'autres.

Nous martelions inlassablement toutes nos initiatives en janvier, à Boca, aux réunions trimestrielles des directeurs, aux réunions d'évaluation du mois d'avril, de planification en juillet, à la réunion des directeurs du mois d'octobre et aux réunions définissant les plans d'action en novembre. Il y avait toujours un suivi assidu.

Nous utilisions les enquêtes annuelles auprès du personnel pour voir à quel point cela « prenait ». Nous avons inauguré cette pratique de façon anonyme auprès de 1 500 salariés en 1995, nous en interrogeons aujourd'hui 16 000. Cela nous aide à affiner l'orientation, cela sert aussi de détecteur de mensonge mais, surtout, cela nous permet de savoir si le message passe ou non.

Par exemple, en 1995, quand nous avons lancé Six Sigma, nous avons demandé à des salariés s'ils étaient d'accord ou non avec la phrase suivante : « Cette entreprise montre clairement, par ses actes, que la qualité est à ses yeux une priorité essentielle. » Dix-neuf pour cent de nos sept cents cadres dirigeants les plus gradés avaient répondu par la négative. En 2000, le « non » ne faisait plus que 8 %. En 1995, sur une population de 3 000 cadres supérieurs, un quart avait répondu par la négative. Cinq ans plus tard, ce chiffre était tombé à 9 %.

Pour qu'une initiative réussisse, il faut s'y impliquer à fond, se polariser sur l'objectif poursuivi, faire du battage, inlassablement. Toutes les actions de la direction doivent démontrer son engagement total.

L'impact de nos initiatives a porté là où il fallait, c'est-à-dire au niveau de nos résultats d'exploitation. La croissance du chiffre d'affaires a doublé au cours des cinq dernières années et nos marges d'exploitation sont passées de 14,4 % en 1995 à 18,9 % en 2000.

GE a toujours travaillé à l'international. À la fin du 19e siècle, Thomas Edison installait déjà un système de 3 000 ampoules électriques pour éclairer le viaduc Holborn de Londres. Au début du 20e, GE construisait la plus grande centrale électrique du Japon. Certains de ses premiers PDG n'hésitaient pas à passer un mois ou deux sur un paquebot pour aller chercher des contrats en Europe et en Asie.

J'ai moi-même débuté assez tôt dans ma carrière, en la matière. Au milieu des années 1960, Reuben Gutoff et moi avions formé deux joint-ventures dans les plastiques, respectivement avec le japonais Mitsui Petrochemical et avec Aku, société hollandaise spécialisée dans les fibres artificielles et la chimie. Ces deux partenaires étaient de grandes entreprises chimistes, aussi notre petit projet de plastiques spécialisés s'avérat-il trop petit pour retenir leur attention. Nous nous étions enfermés dans des accords à long terme. Il fallait en sortir.

Je n'oublierai jamais ma dernière négociation avec Mitsui. Elle s'est terminée au cours d'un déjeuner avec les représentants de la société dans un hôtel de Tokyo. Tom Fitzgerald, directeur commercial de GE Plastics, et moi étions assis par terre, en chaussettes. Nous avions déjà négocié un ou deux jours et j'avais rédigé deux brouillons de lettres d'intention destinées à modifier nettement la nature de nos relations. Dans l'une, nous nous séparions après le versement d'une somme négligeable, dans l'autre, Mitsui conservait sa participation au capital, mais celle-ci était diluée.

Ce jour-là, les Japonais nous ont fait comprendre qu'ils avaient aussi envie de se retirer que nous avions envie de les voir partir. J'étais d'autant plus content que je m'attendais à devoir négocier longuement. Je leur ai tendu l'un de mes brouillons. Et ce n'est qu'en regardant ma propre copie que je me suis rendu compte que ce n'était pas le bon.

Je me suis écrié qu'il y avait une erreur de frappe, ai repris le document, et ai sorti de ma serviette la lettre d'intention qui mettait fin à l'accord. Ils l'ont signée, et nous nous sommes retrouvés libres de chercher un nouveau partenaire au Japon. Je suis sûr que Tom a raconté cette histoire mille fois pour que nul n'ignore que son patron était un crétin.

Nous sommes également sortis de notre accord avec Aku – cette fois sans que je me prenne les pieds dans le tapis. Aku avait construit une usine pilote pour produire du PPO, dépensant à cette occasion 20 à 30 millions de dollars. Le produit les intéressait essentiellement en tant que fibre. Il s'avéra que ce polymère ne s'y prêtait pas – dès lors, notre filiale commune n'avait plus aucun intérêt à leurs yeux.

Quand j'ai rencontré le président adjoint à Arnheim, il m'a expliqué qu'il voulait deux millions de dollars pour clore le dossier, de façon à couvrir une partie des pertes. Je lui ai répondu que si je transmettais cette demande par la voie hiérarchique, nous attendrions des mois avant d'avoir le feu vert, que je n'étais d'ailleurs pas certain d'obtenir. Ajoutant que j'étais en revanche libre de dépenser jusqu'à 500 000 dollars sur ma propre signature et que je pouvais lui remettre cette somme immédiatement. Il a accepté et nous avons créé notre propre filiale à 100 % en Europe.

Au Japon, nous cherchions un distributeur et souhaitions travailler avec un partenaire relativement petit. Après en avoir envisagé plusieurs, nous avons fixé notre choix sur Nagase & Co qui, à l'époque, distribuait essentiellement les films Kodak. J'ai négocié l'accord avec le patriarche de la famille. Nous apportions au partenariat la technologie et les produits. Eux, leur connaissance des arcanes de la distribution au Japon. Nous avons investi ensemble dans des usines locales destinées à produire des matières plastiques pour le marché japonais. Aujourd'hui, elles sont au cœur de notre activité Plastiques en Asie. Vers la fin des années 1970, nous avons repris cette même forme de partenariat avec la société Yokogawa, pour les équipements médicaux.

Ces relations, et les accords sur lesquelles elles reposent, ont duré plus de vingt-cinq ans et sont restées excellentes, tout en évoluant. GE peut paraître gros, mais ce n'est en réalité qu'une collection de petits morceaux. Comme en témoigne la réussite de nos accords avec Nagase et Yokogawa, nos partenariats les plus fructueux sont ceux qui nous associent avec des entreprises de petite taille, car le projet commun est critique à leurs propres opérations. Si un problème survient, nos collaborateurs peuvent le résoudre au sommet au lieu de devoir passer par une lourde bureaucratie.

Je me souviens avoir eu du mal à m'habituer à la lenteur avec laquelle les Japonais prennent leurs décisions. Mais quand elles sont prises, ils ne reviennent pas dessus. En plus de trente-cinq ans, presque toutes les relations d'affaires que j'ai nouées au Japon se sont transformées en amitiés personnelles et durables.

Les premières années de ma présidence, je n'ai signé que quelques accords isolés en dehors des États-Unis; je n'allais en Europe et en Asie qu'une fois par an, pour faire le point sur nos opérations existantes. L'un des premiers de ces accords, une joint-venture avec la société japonaise Fanuc, ressemblait beaucoup aux partenariats avec Yokogawa et Nagase. J'avais toujours admiré Fanuc et son patron, Seiuemon Inaba. La société était clairement leader du marché des contrôles numériques pour machines-outils et, à l'époque, nous cherchions à lancer une activité d'automation industrielle. Notre concept, « l'usine du futur » ne débouchait pas. Malgré des slogans comme « Automatisez, délocalisez ou disparaissez », nous ne faisions pas un gros chiffre d'affaires. Tout ce que nous avions, c'était la distribution aux États-Unis et deux puissantes niches de produits.

J'ai demandé à Chuck Pieper, alors patron de GE Japan, de m'organiser un rendez-vous avec Inaba pour voir si nos deux sociétés pouvaient se compléter. Chuck est allé plusieurs fois chez Fanuc pour préparer le terrain et j'ai rencontré Inaba à New York en novembre 1985.

Le courant a passé immédiatement. Notre distribution et la technologie des produits Fanuc feraient un mariage remarquable. Deux réunions de travail plus tard, nous mettions en place un accord mondial de 200 millions de dollars, le plus important que nous ayons signé dans les années 1980. Comme Nagase et Yokogawa, Fanuc et Inaba ont été d'excellents partenaires et notre filiale commune 50/50 a prospéré et sauvé notre « usine du futur ».

À la vérité, dans la première moitié des années 1980, je ne faisais pas une priorité du développement à l'étranger. Mais, dès cette époque, j'ai précisé que notre stratégie excluait le développement d'un secteur international séparé – il appartenait à chaque division de développer ses activités dans le reste du monde.

Je n'ai jamais cru en l'existence d'entreprises « globales » – en revanche, une *activité* peut s'exercer à l'échelle internationale, dans de nombreux pays. Je l'ai répété des milliers de fois pour bien faire comprendre que c'était aux patrons de chacun de nos métiers qu'il appartenait de mondialiser leur activité.

Au début des années 1980, les seules branches réellement internationales de GE étaient le plastique et l'imagerie médicale. GE Capital n'avait encore investi que dans des actifs américains. Nos autres pôles d'activités réalisaient à l'international des chiffres d'affaires plus ou moins importants ; deux d'entre eux – les moteurs d'avions et les générateurs électriques – avaient une activité internationale très importante. Mais c'était essentiellement de l'exportation, les sites de production étant exclusivement situés aux États-Unis. Dans les années 1970, GE avait formé avec la société française Snecma une joint-venture qui devait construire le moteur de l'avion de ligne le plus populaire de tous les temps, le Boeing 737.

C'est Paolo Fresco qui nous a réellement mis sur une orbite planétaire. En 1986, il a été nommé directeur général senior en charge de l'international. Ce poste, basé à Londres, le mettait sur un pied d'égalité avec les autres patrons de division, mais sans responsabilité opérationnelle. Grand, bel homme, charmant et policé, Paolo était connu un peu partout dans le monde. Ce juriste, né en Italie, était entré chez GE en 1962 et dominait depuis longtemps notre ancienne organisation internationale. Désormais responsable de l'Europe, du Moyen Orient et de l'Afrique, c'était aussi l'un de nos meilleurs négociateurs.

Paolo est dès lors devenu Monsieur Mondialisation, le père de notre activité internationale. Il se levait tous les matins en réfléchissant à l'expansion de notre groupe hors des frontières américaines. Chaque fois qu'il assistait à une réunion, il pressait ses collègues de présenter leur plan d'expansion mondiale. Il était parfois assommant, passant sa vie à réclamer aux responsables de division des détails sur leurs opérations internationales, les poussant à conclure des accords de façon à nous faire acquérir une envergure réellement mondiale. Globe-trotter infatigable, il changeait de fuseau horaire sans même s'en apercevoir, toujours à l'étranger au moins une fois par mois.

Quinze ans durant, nous avons sillonné le monde ensemble. Nous partions trois fois par an pour une ou deux semaines. Nous emmenions presque toujours nos épouses qui, par bonheur, s'entendaient à merveille. Pendant que nous tissions des relations et négocions des accords, elles exploraient les sites et les cultures des pays où nous étions. À nous quatre, nous formions presque une famille.

Si une année est à marquer d'une pierre blanche du point de vue de la mondialisation, c'est 1989. Cela a commencé par un coup de fil de Lord Arnold Weinstock, président de General Electric Co. Limited au Royaume Uni. (GEC avait exactement le même nom que nous, alors qu'il n'y avait jamais eu de lien entre les deux entreprises. Ce n'est qu'en 2000, lorsque GEC a changé de nom et adopté celui de Marconi, que nous avons pu acheter le droit de nous appeler GE dans le monde entier.)

Weinstock m'appelait parce que sa société était menacée par une OPA hostile. Paolo, Dennis Dammerman, Ben Heineman et moi-même sommes partis pour Londres. La tentative d'OPA faisait les gros titres de la presse financière, dont les journalistes nous suivaient à la trace. Quand nous avons été proches de l'accord, nous nous sommes séparés pour laisser GEC réfléchir à notre offre. Weinstock et moi sommes convenus avant de nous quitter qu'il me contacterait en utilisant un nom de code – celui de Ed Hood, notre président adjoint.

À deux reprises, il s'est entendu répondre par une secrétaire que nous étions en réunion et le rappellerions plus tard. La troisième fois, il a eu Lin, la secrétaire de Paolo, au bout du fil. Elle connaissait Ed Hood, mais est tout de même venue dans la salle de conférences en disant : « Je crois que j'ai un journaliste en ligne. Il essaie de se faire passer pour Ed Hood, mais il a un accent britannique très marqué. » J'avais oublié de prévenir que Weinstock devait appeler en se servant du nom de Hood !

Il a dû croire que c'était une ruse. Il en aurait fallu plus pour le déstabiliser : il était astucieux, perspicace, très intelligent. Curieusement, il se dédoublait en deux personnages totalement différents. Hors du bureau, il était charmant, affable, c'était un conteur remarquable, un hôte généreux et amusant. Ses chevaux de course partageaient les écuries de ceux de la reine, ses domiciles étaient remplis d'objets d'art et il avait une femme ravissante.

En revanche, au bureau, c'était l'archétype du petit comptable aux manches de lustrine. Un sou était un sou, comme le montrait éloquemment le siège londonien de GEC, parcimonieusement éclairé et meublé, dont les couloirs étaient tellement étroits qu'il fallait marcher en crabe pour passer devant une porte ouverte. L'entrée des toilettes était située sur un palier exigu. Quand par hasard on attendait son tour, on risquait toujours de se faire blackbouler deux étages plus bas par la personne qui en sortait.

Trônant à son bureau, sous l'éclairage cru du plafonnier, Weinstock, en bretelles, était un personnage formidable. Il vous regardait souvent par au-dessus de ses lunettes, en levant le nez d'énormes registres comptables qu'il marquait au crayon de couleur, encerclant tous les chiffres inférieurs à ses attentes. Ce personnage complexe me fascinait.

Nos négociations ont fini par aboutir, en avril 1989, à une série de joint-ventures et d'acquisitions dans les équipements médicaux, l'électroménager, les générateurs et la distribution électrique. Ces accords nous donnaient un bon outil industriel et une participation de 50 % dans la filiale Électroménager de GEC ; en outre, ils nous assuraient une présence sur le marché européen des turbines à gaz.

Plus tard, cette même année, Paolo a négocié une prise de participation majoritaire dans Tunsgram, entreprise hongroise qui figure parmi les plus grandes et les plus anciennes de ce pays. Nous étions à la recherche d'un site en Autriche, près de la frontière hongroise, dans la perspective d'y construire une usine d'ampoules électriques, lorsque nous avons appris que Tungsram pourrait être à vendre. Même sous le régime communiste, la société avait conservé une excellente réputation et une très bonne technologie. C'était le plus grand fabricant d'ampoules électriques en dehors des trois leaders mondiaux : Philips, Siemens et nous.

Paolo s'est rendu en Hongrie avec une petite équipe et a commencé à négocier. Tous les soirs, il m'appelait du Hilton de Budapest pour me tenir au courant. Très vite, il a constaté avec étonnement que ses interlocuteurs avaient l'air de réagir à des choses qu'il m'avait dites au téléphone, mais n'avait révélées à personne d'autre.

Il m'a fait comprendre que nous étions sans doute sur écoute. Nous nous sommes donc mis à dire des énormités pour voir s'il y aurait une réaction à la table de négociation le lendemain. Cela n'a pas manqué. Dès cet instant, nous avons utilisé nos conversations téléphoniques pour préparer la négociation du lendemain. Par exemple, il me disait qu'ils voulaient vendre la participation majoritaire 300 millions de dollars. Et je lui répondais : « Écoute, demain, s'ils te demandent plus de 100 millions de dollars, tu claques la porte. »

Le lendemain, ils demandaient un prix plus réaliste. Quand nous voulions passer un coup de fil vraiment privé, un directeur de GE traversait la frontière en train et m'appelait de Vienne, ou utilisait la cabine téléphonique « sûre » de l'ambassade américaine. À part ça, nous continuions notre petit jeu avec le téléphone du Hilton. En fin de compte, cela ne nous a pas nui.

Nous avons finalement payé 150 millions de dollars une participation majoritaire de 51 % de Tungstran (nous avons acheté le reste cinq ans plus tard). Paolo a signé à minuit, puis arrosé cela à la vodka avec les communistes.

Le lendemain, le mur de Berlin tombait. Sans le savoir, nous avions conclu la première grande opération de la nouvelle Europe de l'Est. Nous fabriquions des ampoules électriques depuis que Thomas Edison avait fondé GE à cet effet, mais cette activité était toujours restée presque exclusivement américaine. Notre prise de participation dans Tungsram, suivie en 1991 par une opération similaire avec Thorn, en Grande-Bretagne, nous a hissé au premier rang mondial avec une part de marché de plus de 15 % en Europe de l'Ouest.

Un autre événement mémorable, du point de vue de la mondialisation de nos activités, a été mon voyage en Inde, en septembre 1989. C'était la première fois que Paolo m'y entraînait et, si je suis parti en traînant un peu les pieds, je dois dire que j'ai eu le coup de foudre. Paolo avait tissé d'excellentes relations avec K.P. Singh, promoteur immobilier de tout premier plan.

Cet homme servait réellement d'ambassadeur à son pays. De haute stature, aristocratique, il avait une allure folle – c'était le parfait gentleman. Il nous avait concocté un programme non stop de quatre jours de réunions la journée et de réceptions le soir.

Après nous avoir fait rencontrer des chefs d'entreprise et des hommes politiques, dont le premier ministre Rachiv Gandhi, il avait prévu une première soirée que je n'oublierai jamais. C'était une immense réception dans sa propriété, où il avait invité le tout Delhi. Des centaines de personnes allaient et venaient entre des bassins couverts de pétales de fleurs et des buffets offrant des mets de tous les pays du monde, au son de la musique de deux orchestres. Quel accueil !

Ensuite, il y avait encore deux jours de réunions. L'un des objectifs du voyage était de choisir un partenaire susceptible de nous aider à développer des matériels médicaux simples et peu coûteux. Chuck Pieper, qui avait initié l'accord avec le Japonais Fanuc, avait entre-temps été promu directeur des équipements médicaux GE en Asie. Il avait réduit la liste des candidats à deux finalistes, qu'il nous fit rencontrer dans un hôtel de Delhi.

Paolo et moi avons été emballés par la présentation du premier, qui nous parla de son plan avec flamme. Le second, Azim Premji, beaucoup plus réservé, nous fit un exposé très réfléchi sur les raisons qui faisaient de sa société, Wipro, le partenaire idéal de GE. Chuck était convaincu qu'il fallait lui donner la préférence. Singh, qui participait à toutes nos réunions, était neutre – selon lui, ces deux entrepreneurs étaient remarquables, comme en témoignait leur réussite.

Après notre départ, Chuck a repris ses arguments par écrit. Paolo et moi sommes tombés d'accord pour faire marche arrière et mettre en place une joint-venture 50/50 avec Premji. Celle-ci a très bien marché et Wipro a remarquablement étendu ses compétences en matière de logiciels, devenant au passage l'enfant chéri du *high tech* indien. Quant à Premji, désormais à la tête d'une fortune de plusieurs milliards de dollars, c'est l'un des hommes d'affaires les plus riches du monde.

Pour notre dernier jour, Singh avait prévu la visite du Taj Mahal. La veille au soir, nous avons pris l'avion pour Jaipur. Si nous avions cru que notre première soirée en Inde était extraordinaire, nous n'avions encore rien vu.

Singh s'était surpassé. Nous avons été accueillis à l'hôtel, installé dans l'ancien palais du maharaja, par un cortège chamarré de cavaliers et d'éléphants. La pelouse, devant l'hôtel, était entièrement recouverte de fleurs fraîches qui dessinaient un immense logo GE.

Le maharaja nous reçut à dîner dans son palais. Après le repas, l'un des plus grands feux d'artifices que j'aie jamais vus a été tiré en notre honneur. Pour l'admirer, on nous a fait monter sur le toit par un dédale d'escaliers et de grands couloirs, puis on nous a installés sur d'énormes coussins et de magnifiques tapis anciens.

C'était un rêve, littéralement un traitement royal. Ils voulaient vraiment que GE aime l'Inde et y investisse. C'était le grand jeu.

Le lendemain, j'ai été frappé par les contrastes. Il y avait des animaux plein les rues où notre voiture se faufilait tant bien que mal pour nous conduire au Taj Mahal. Ce dernier dépassait tout ce que j'avais imaginé.

Cette magnifique structure étincelait au soleil qui lui donnait une couleur presque rose. Derrière tant de beauté, juste de l'autre côté de la rivière, se dressait une énorme coupole de communications par satellite – le regard embrassait à la fois le passé et le présent, l'ancien et le moderne.

Les efforts de Singh et de ses amis n'ont pas été vains. Ils nous ont montré un pays et un peuple qui nous ont enthousiasmés, où nous avons vu toutes sortes d'opportunités. Je me suis fait le champion de l'Inde, dont j'ai longuement parlé un mois plus tard à la réunion annuelle des directeurs, expliquant que c'était l'occasion de faire un pari. Je pensais que l'on jouerait gagnant car le pays avait de puissants atouts, à commencer par une solide infrastructure juridique et un immense marché potentiel. Les classes moyennes, en croissance rapide, représentaient plus 100 millions de personnes sur une population totale de 800 millions. Les Indiens parlent anglais et bénéficient d'un excellent système scolaire et universitaire, formant de très nombreux techniciens compétents ainsi que des nombreux entrepreneurs qui tentent de briser le carcan d'une administration lourde et très bureaucratique.

Hautement développée du point de vue intellectuel, l'Inde, comme tant de pays du tiers-monde, manquait cruellement d'infrastructures. Je pensais que la bureaucratie réglerait ce problème et tenterait certainement aussi de lutter contre la paperasserie.

Je m'étais lourdement trompé. Nous avons essayé d'établir en Inde des sociétés de produits d'éclairage et d'électroménager. Elles n'ont pas débouché. La génération d'électricité a été une longue série de démarrages et d'arrêts complets. Les services financiers et les plastiques n'ont rencontré qu'un modeste succès. Seuls, les équipements médicaux ont prospéré.

Il y a un point sur lequel j'avais raison, cependant : le vrai bénéfice que nous a apporté l'Inde, en dernière analyse, c'est sa vaste capacité intellectuelle et l'enthousiasme de ses citoyens. Nous avons trouvé en Inde des scientifiques, des ingénieurs et des administratifs remarquables qui mettent aujourd'hui leur talent au service de pratiquement tous nos métiers.

Au début des années 1990, nous avons continué à pousser le développement de nos activités à l'international par le biais d'acquisitions et d'alliances. Parallèlement, nous envoyions nos meilleurs collaborateurs à l'étranger. Fin 1991, nous avons pris deux décisions importantes. La première a été de nommer Jim McNemey, l'un de nos meilleurs directeurs de division, président de GE Asie, poste créé pour lui. Jim n'y partait pas dans une optique opérationnelle, mais pour promouvoir la région et en démontrer le potentiel aux autres directeurs de division. Sa mission consistait à chercher des opportunités d'acquisitions ou d'accords, prendre des contacts et se faire le champion de l'Asie au sein de GE. Cet homme extraordinairement persuasif était taillé pour l'emploi.

Huit mois après le départ de Jim en Asie, nous envoyions à Hong Kong, avec le titre de directeur commercial international, Del Williamson, alors directeur commercial et marketing des générateurs à Schenectady. Étant donné que plus personne n'achetait de centrales électriques aux États-Unis, il était logique de déplacer notre centre de gravité vers l'Extrême Orient, où étaient les opportunités. Psychologiquement, voir un senior comme Del Williamson diriger nos ventes loin de «Mère Schenectady» a eu, en interne, un énorme impact.

La valeur symbolique de ces expatriations a permis de faire bouger les choses au sein du système. Tout à coup, les gens se sont mis à croire à l'internationalisation de notre activité. Les chiffres allaient bientôt prouver sa réalité. Nos ventes à l'étranger sont passées de 9 milliards de dollars, soit 19 % de notre chiffre d'affaires total, en 1987, l'année où Paolo a pris la tête du développement international, à 53 milliards de dollars de dollars aujourd'hui, c'est-à-dire plus de 40 % de notre chiffre d'affaires total.

Un autre élément essentiel de notre stratégie a été de refuser la pensée unique, sans hésiter à prendre le contre-pied de ce que faisaient les autres grandes entreprises. Par exemple, nous avons fait porter l'essentiel de notre attention sur des régions du monde en transition ou délaissées par les autres investisseurs, qui offraient à nos yeux le meilleur ratio rendement/risque.

Ainsi, dans la première moitié des années 1990, quand l'activité économique de l'Europe était morose, nous y avons vu nombre d'opportunités, surtout dans les services financiers. Au milieu des années 1990, quand le Mexique a traversé une grave crise et dévalué le peso, nous y avons fait plus de vingt acquisitions et joint-ventures, augmentant significativement notre base de production. À la fin des années 1990, c'est au Japon, qui avait longtemps interdit les investissements étrangers, que nous avons développé nos services financiers. Nous adoptions ainsi une attitude opportuniste, mais pas au sens traditionnel du mot : partout où nous nous sommes implantés, c'était dans une perspective de développement à long terme de nos activités.

Les acquisitions de CGR en France, de Tungsram en Hongrie et de Nuovo Pignone en Italie en 1994 avaient un point commun : il s'agissait à chaque fois de reprendre une entreprise nationalisée qui perdait de l'argent ou en gagnait à peine. Ces sociétés nous ont donné une nouvelle distribution ou une bonne technologie qui nous a aidés à étendre l'extension internationale de nos activités d'imagerie médicale, d'éclairage et de générateurs.

GE Capital a commencé son expansion internationale au début des années 1990, principalement en Europe, grâce à l'acquisition de compagnies d'assurances et d'établissements financiers. Son activité a progressé quand Gary Wendt a recruté Christopher MacKenzie à Londres en 1994. Avec le soutien très actif de Gary, Christopher a mené au pas de charge notre expansion européenne. Gary a lancé un effort similaire au Japon à la fin des années 1990. De 1994 à 2000, GE a réalisé un total de 161 milliards de dollars d'acquisitions, dont 89 en dehors des États-Unis. GE Capital a mis un certain temps à s'internationaliser, mais quand elle l'a fait, ça n'a pas été à moitié.

Nous n'avons connu aucune réussite du jour au lendemain. Nous avons mis dix ans à rendre rentable la filiale médicale rachetée à Thomson. Il en a été de même pour Tungsram. Pourtant, la reprise de ces sociétés nationalisées, dont l'une était gérée par des marxistes, leur transformation en entreprises dynamiques et rentables a été l'une des réalisations qui nous ont procuré le plus de satisfaction.

Certaines idées n'ont rien donné. Pour pénétrer le marché chinois, nous avons choisi le secteur de l'éclairage, pensant y retrouver nos concurrents habituels sur les marchés mondiaux. La situation était bien différente : en fait, beaucoup de municipalités faisaient construire des usines fabriquant des ampoules électriques. Aujourd'hui, le pays en compte plus de 2000.

Certains épisodes de notre politique de développement international nous ont laissé un goût amer. Je ne me souviens que d'un cas, peut-être deux, où la confiance et l'intégrité ont fait défaut. Le pire exemple remonte à 1988, année où Paolo et moi étions allés à Eindhoven, en Hollande, rencontrer le PDG de Philips car nous avions entendu dire qu'il souhaitait vendre Whirlpool, sa division Électroménager. Cette acquisition nous aurait donné une position solide sur le marché européen.

Nommé président de Philips au milieu des années 1980, il avait des idées audacieuses sur la façon de transformer son entreprise. Pendant le dîner, il nous a confié qu'il voulait vendre le gros électroménager, où il détenait la seconde place en Europe, ajoutant qu'il envisagerait éventuellement de vendre aussi ses activités médicales. Il n'était même pas certain, à dire vrai, de continuer à produire des ampoules électriques – domaine dans lequel Philips était notre plus gros concurrent.

Ce qu'il aimait, c'était les semi-conducteurs et l'électronique grand public. Après le dîner, dans la voiture qui nous ramenait à l'aéroport, je me suis tourné vers Paolo : « As-tu déjà entendu deux personnes, dans la même pièce, exprimer des points de vue aussi diamétralement opposés sur les mêmes produits ? Nous ne pouvons pas avoir raison tous les deux. L'un de nous deux sautera tôt ou tard. »

Notre rencontre marquait le point de départ d'une négociation en vue de l'acquisition éventuelle du département électroménager de Philips. Le PDG de Philips s'était organisé pour que son président négocie avec Paolo. Nous nous sommes mis d'accord sur le prix et avons passé des semaines à étudier l'affaire dans le cadre du processus de *due diligence*. Nous pensions que la signature ne saurait tarder. C'est alors que vint le choc.

Paolo et le président s'étaient serré la main quand ce dernier est revenu pour annoncer une surprise particulièrement désagréable. « Navré, Paolo, finalement nous gardons Whirlpool. »

J'ai appelé le PDG et lui ai expliqué que je trouvais le procédé déloyal. Il l'a reconnu et m'a dit de lui envoyer Paolo, promettant de régler le problème au cours de la semaine. Paolo, qui était en vacances à Cortina, y a laissé son épouse et a pris le premier avion pour Eindhoven. Il a passé le jeudi entier à négocier un nouvel accord, à un prix supérieur. Le vendredi à midi, les détails étaient réglés. L'équipe Philips a dit à Paolo de rentrer à son hôtel : « Nous allons mettre tout cela au propre et nous vous apporterons les papiers à quatre heures, il n'y aura plus qu'à les signer, dit le président. Et nous sabrerons le champagne. »

Quand il est arrivé à l'hôtel, avec une heure de retard, c'était pour lancer une nouvelle bombe : « Je suis désolé. Ça ne marche pas pour Whirlpool. Ils sont revenus, ils ont surenchéri sur votre offre. »

Paolo n'en croyait pas ses oreilles. Quand il m'a appelé, à près de minuit, cela m'a choqué. J'avais déjà trouvé assez incroyable que Philips revienne une première fois sur sa parole. Mais cette seconde négociation battait de très loin tout ce que j'avais jamais vu, surtout entre deux grandes entreprises et au top niveau.

En plus de vingt ans aux commandes de GE, au cours desquelles j'ai eu l'occasion de signer littéralement des milliers d'acquisitions, nous avons rarement eu de telles mésaventures, il ne nous est arrivé qu'une seule fois d'être confrontés à autant de mauvaise foi qu'à Eindhoven.

Comme pour nos autres initiatives, la petite graine de l'internationalisation s'est transformée en un véritable jardin. Au début, nous pensions en termes de marchés, puis en termes d'approvisionnements, tant pour les produits que pour les composants – l'étape finale étant de faire appel au capital intellectuel des autres pays.

Prenez l'Inde, par exemple. J'étais optimiste quant à la puissance intellectuelle de ce pays, mais ce qu'il nous a apporté de ce point de vue a dépassé mes rêves les plus fous. Le talent scientifique et technique en matière de développement de logiciels, de design et de recherche fondamentale est réellement fantastique. En 2000, nous avons ouvert un centre de recherche développement central de 30 millions de dollars et l'investissement total sera plus du triple quand tout sera achevé en 2002. Ce sera le plus grand laboratoire multidisciplinaire GE du monde, avec plus de 3000 ingénieurs et chercheurs. Ils sont déjà plus de 1000, dont 250 docteurs ès sciences.

L'Inde est un véritable réservoir de personnel ayant reçu une solide formation intellectuelle et excellant dans de nombreux domaines. GE Capital a transféré à Delhi ses centres de service clients ; les résultats ont été sensationnels. Les centres indiens se sont avérés plus performants que leurs équivalents américains ou européens en termes de qualité, de coûts, de recouvrement des créances et d'acceptation par le client. Nos pôles d'activité industrielle ont tous emboîté le pas à GE Capital. Nous avons suivi les conseils de Peter Drucker : nous avons transféré en Inde tout ce qui faisait figure, ici aux États-Unis, de service auxiliaire – les Indiens en ont fait une activité à part entière.

La différence essentielle, c'est que nous pouvons recruter là-bas des collaborateurs d'un très bon niveau pour le service client et le recouvrement des impayés. Il nous serait impossible d'attirer ce type de calibre aux États-Unis pour ce genre de poste. Ici, les centres d'appel que les entreprises mettent à la disposition des clients souffrent d'une rotation du personnel terriblement élevée. En Inde, ce sont des postes recherchés. Certains affirment que la mondialisation nuit aux pays en voie de développement et à leurs habitants. Ce n'est pas mon avis. Quand je vois le visage rayonnant des hommes et des femmes dont la vie quotidienne a été améliorée de façon mesurable grâce aux emplois que nous leur avons procurés, je ne peux pas m'empêcher de penser que la mondialisation leur a été favorable.

Au cours des années récentes, c'est notre propre visage qui a changé grâce à l'internationalisation, car de plus en plus de nationaux ont accédé à des postes de direction. Dans les premiers temps, nous devions faire appel à des Américains que nous envoyions à l'étranger. Ils ont joué un rôle essentiel, ce sont eux qui ont lancé le mouvement, mais nous avons eu du mal à nous passer de cette «béquille».

Nous avons accéléré le changement en imposant à tous nos services une réduction rigoureuse du nombre des expatriés, que nous mesurions tous les mois dans toutes nos divisions. Nous en avons tiré un double avantage : en premier lieu, cela nous a obligés à promouvoir plus rapidement davantage de collaborateurs locaux à des postes clés. En second lieu, d'un point de vue purement financier, cela a réduit nos frais de plus de 200 millions de dollars. Quand nous envoyons un Américain au Japon avec un salaire de 150000 dollars, cela nous en coûte plus de 500000. Je demandais toujours en riant aux patrons de nos divisions et filiales si GE Japan avait intérêt à avoir trois ou quatre diplômés de l'université de Tokyo, connaissant bien le pays et la langue, ou un seul «expat».

Notre internationalisation a fait un grand pas en avant lors d'une nomination intéressante, qui montre que nos efforts finissent par payer. Yoshiaki Fujimori, diplômé de l'université de Tokyo recruté en 1986 par le service du développement, a été promu en mai 2001 de la direction des équipements médicaux Asie à celle de GE Plastics à Pittsfield.

C'est le premier citoyen japonais à diriger une activité GE à l'échelle mondiale – et laissez-moi vous dire que GE Plastics a énormément changé par rapport au petit département Plastiques que j'ai lancé il y a quarante ans.

# 20

# Coup d'accélérateur sur les services

Comme pratiquement tout ce qui touche à GE, le développement des services au sein du groupe a essentiellement tenu aux hommes.

À l'exception de l'imagerie médicale, la plupart de nos activités industrielles les considéraient comme l'« après-vente » – autrement dit la fourniture de composants et de pièces de rechange pour les moteurs d'avion, les locomotives et les équipements destinés aux centrales électriques que nous vendions. Le terme lui-même montre bien que cette activité passait *après* le reste.

Dans nos métiers de matériels d'équipement lourd, les ingénieurs aimaient consacrer leur temps à ce qui est nouveau, plus rapide et plus puissant. L'après-vente ne revêtait guère d'intérêt à leurs yeux. Ils n'étaient pas les seuls à réagir ainsi : nos commerciaux, eux aussi, s'attachaient en priorité aux besoins du client en équipements neufs.

Nos premiers efforts pour promouvoir les services n'avaient rencontré qu'un succès mitigé. Lorsque l'accident de Three Mile Island a contraint notre division nucléaire à cesser de construire des réacteurs neufs, il a bien fallu, pour survivre, qu'elle se transforme en prestataire de services. Elle a si bien réussi sa mutation qu'elle s'est mise à engranger des résultats dont la croissance était à deux chiffres, dans un marché qui n'en connaissait aucune.

L'imagerie médicale, quant à elle, a toujours été fortement axée sur le service. Les radiologues en étaient à la fois les acheteurs et les utilisateurs. Depuis l'introduction de notre premier scanner CT en 1976, nous leur vendons nos appareils sous la bannière du « continuum ». Ce slogan vise à leur faire comprendre qu'il leur suffira de faire mettre à jour le logiciel pour passer d'une génération à l'autre, évitant ainsi de mettre à la casse un appareil d'un million de dollars et de repartir à zéro. Le concept du continuum a contribué à augmenter à la fois le chiffre d'affaires des services et notre part de marché, puisque les clients allongeaient la durée de vie de leur investissement.

John Trani a pris la direction du pôle médical en 1986 et s'est appuyé sur ces premières bases pour développer les services qui, à ses yeux, promettaient une opportunité extraordinaire. C'était un leader vigoureux, dont l'idée fixe était d'atteindre ses objectifs chiffrés. Sous sa houlette, l'imagerie médicale a été la première à introduire des contrats de service à long terme. C'est aussi notre seule division à pratiquer le diagnostic à distance, ce qu'elle est maintenant en mesure de réaliser sept jours sur sept et vingt-quatre heures sur vingt-quatre.

De tous les pays du monde, en cas de problème, les clients peuvent obtenir des réponses et souvent, le problème est réglé directement en ligne par un technicien basé à Paris, Tokyo ou Milwaukee, en fonction de la zone horaire. Le matériel médical attache désormais autant d'importance au service qu'à l'équipement d'origine et cette approche s'est avérée fructueuse : son chiffre d'affaires global s'est multiplié par douze entre 1980 et 2000. Les services ont largement contribué à cette croissance, puisqu'ils sont passés de 18 % du chiffre d'affaires total en 1980, à 41 % d'un chiffre d'affaires de plus de 7 milliards de dollars en 2000.

En dehors du nucléaire et du médical, les services n'ont guère progressé jusqu'à ce fameux stage de Crotonville qui, en 1995, nous a poussés à redéfinir nos marchés. C'est en se livrant à cette réflexion que les autres pôles d'activités ont découvert l'importance potentielle des services, évidente dès l'instant où l'on élargissait l'idée que l'on se faisait de son marché.

À Boca, en janvier 1996, j'ai expliqué qu'il y avait là un gisement extraordinaire de création de valeur, jusqu'ici totalement méconnu. Et l'on se trompait souvent de combat : des dizaines de dirigeants débattaient sans doute de savoir si nous allions vendre 50 ou 58 turbines à gaz, 500 ou 600 moteurs d'avion par an, alors que les opportunités de service concernaient une base installée de 10 000 turbines et de 9 000 moteurs d'avions existants. Il fallait que cela change.

En novembre 1995, après les recommandations du groupe de Crotonville, nous avons organisé une Session C spéciale afin de cerner l'aspect humain du développement des services. Et, en janvier 1996, nous avons pris notre première décision non conventionnelle à la division Moteurs d'avions : nous y avons créé un nouveau poste, celui de directeur des services, désormais considérés comme un centre de profits distinct. Et nous l'avons confié à un authentique éléphant dans la boutique de porcelaine, Bill Vareschi, jusque-là directeur financier de la division.

Opiniâtre et exigeant, Bill ne mâchait pas ses mots – qualités essentielles, à mes yeux, pour faire démarrer l'initiative services. Il a recruté Jeff Bornstein, jeune star de l'équipe d'audit interne qui, à l'instar de son patron, n'hésitait jamais à donner des coups de pied dans les taupinières. Bill et Jeff ont consacré le plus clair de l'année 1996 à la mise en place des divers éléments de la branche services aéronautiques.

Il fallait s'organiser. Nos ateliers de réparation de moteurs d'avions étaient disséminés un peu partout dans le monde. En 1991, dans le cadre de l'accord de vente de nos nouveaux moteurs GE-90, nous avions racheté à British Airways un grand atelier au pays de Galles. Il ne gagnait pas d'argent, c'est la raison pour laquelle BA voulait s'en défaire. Mais il assurait l'entretien et la réparation des moteurs Rolls-Royce – ce qui nous permettait une première incursion dans l'entretien et la réparation des moteurs des autres constructeurs. Puis, en 1996, Bill fit l'acquisition (avec l'aide de Dennis Dammerman) de Celma, atelier brésilien récemment privatisé. Nous acquérions ainsi la capacité de réparer les moteurs Pratt & Whitney. Deux ans plus tard, nous achèterions l'atelier de la compagnie aérienne Varig, qui nous permettrait d'entretenir nos propres moteurs à moindres frais.

Fin 1996, la branche Services de la division Moteurs d'avions réalisait un chiffre d'affaires de 3 milliards de dollars, contre 2,2 milliards de dollars en 1994 – elle était sur une bonne trajectoire. C'est alors que la profession s'est consolidée. En 1996, Greenwich Air Services, entreprise de Miami, rachetait Aviall, une affaire de réparation de moteurs d'avions. J'ai demandé à Bill et à d'autres pourquoi nous nous l'étions fait souffler. En février 1997, Greenwich remettait ça, annonçant son intention d'acheter UNC, une autre entreprise de services.

J'ai à nouveau appelé Bill : je considérais qu'il s'agissait de regarder de près Greenwich, dont cette nouvelle acquisition faisait un acteur important.

Dix jours plus tard, nous en parlions au cours d'une vidéoconférence avec Gene Murphy, le PDG des moteurs d'avions, et Bill pour voir combien il faudrait mettre sur la table pour racheter Greenwich. Bill n'était pas très favorable : il en était encore à digérer Celma et pensait que nous avions suffisamment d'ateliers et que nous pouvions désormais nous développer sans nouvelles acquisitions.

Mais plus j'y réfléchissais, plus je m'énervais. Je ne voulais pas courir le risque que quelqu'un d'autre rachète Greenwich avant nous. J'ai demandé à Gene et à Bill d'y réfléchir et ai pris rendez-vous pour une nouvelle vidéoconférence le lendemain. Cette fois, ils ont été d'accord pour que nous tentions notre chance. Bill, qui connaissait depuis un certain temps Gene Conese, le président fondateur, a promis de l'appeler et d'organiser une réunion un dimanche matin. Quand je suis sorti de la vidéoconférence avec Dennis Dammerman, je l'ai attrapé par la manche en lui disant : « Il nous le faut, ce truc ! » Il partageait mon enthousiasme.

Le 2 mars, j'ai pris l'avion pour Miami et, avec Bill, nous sommes allés rencontrer Gene Conese à son domicile. Ce géant sympathique, entrepreneur de talent, avait bâti son affaire en partant de zéro. Quand nous nous sommes assis dans son salon autour d'une tasse de café, nous avons compris qu'il avait envie de vendre. Il ne l'a pas dit carrément, mais j'ai eu le sentiment que, quand il avait mis en place son réseau de services, il s'était demandé pourquoi nous l'avions laissé faire.

Ce matin-là, nous avons commencé à discuter. L'action Greenwich étant cotée 23 dollars, j'ai fait une offre d'achat à 27 dollars. Gene a contré à 35 et, comme vous l'imaginez, deux heures plus tard, nous tombions d'accord sur 31. La semaine suivante, nos équipes réalisaient l'audit de *due diligence*. Dennis vint les voir en milieu de semaine.

Le week-end suivant, je suis à nouveau descendu à Miami et nous avons procédé aux discussions habituelles des détails de dernière minute. L'acquisition s'élevait à 1,5 milliard de dollars. Gene voulait un échange d'actions. Je lui ai dit qu'il était astucieux, et ce n'était pas pour lui faire plaisir : le cours du titre GE a triplé depuis. Cet accord nous donnait une présence significative dans les services aéronautiques et augmentait notre chiffre d'affaires de 60 %, du jour au lendemain, dans ce métier.

Grâce à Greenwich, les services aéronautiques devenaient une activité à part entière, avec plus de 5 milliards de dollars de chiffre d'affaires. Il fallait maintenant que Bill la fasse passer à l'étape suivante, c'est-à-dire qu'il repense toute son organisation. Il devait en particulier changer les mentalités, faire en sorte que les ingénieurs cessent de s'intéresser exclusivement à la conception de nouveaux moteurs pour se consacrer à l'amélioration du parc existant. Nous avons confié la direction du bureau d'études services à Vic Simon, l'un des meilleurs concepteurs de moteurs. Nous avons aussi donné à Bill un nouveau « gros potentiel », Ted Torbeck, qui venait de GE Transportation : il serait désormais directeur de la production services.

Ces deux nominations renforçaient le message, à savoir que la direction attachait la plus haute importance au développement des services. En termes de chiffre d'affaires, ils sont passés de moins de 40 % du total des moteurs d'avions en 1994 à plus de 60 % en 2000.

Nous avons repris ce modèle et obtenu les mêmes résultats pour l'électricité et les transports. Il ne restait plus qu'à élargir notre base d'action.

Pour favoriser la diffusion de ce que nous apprenions à mesure que nous développions les services, nous avons créé en 1996 un comité réunissant à Fairfield, une fois par trimestre, les patrons de tous nos centres de services. Paolo Fresco ou moi assistions à toutes ses réunions. Une fois encore, nous avons tout de suite vu qui donnait des résultats et qui n'en donnait aucun – ce que la réunion suivante corrigeait en général. Notre bonne habitude de partager les idées nous a bien aidés à stimuler l'intérêt pour telle ou telle acquisition et à structurer des contrats de service à long terme.

Les acquisitions ont joué un grand rôle dans la croissance des services. Entre 1997 et 2000, le médical a racheté 40 sociétés de service, les générateurs 31 et les moteurs d'avions 17. Même le transport s'y est mis en 2000, payant 400 millions de dollars Harmon Industries, société de signalisation et de services ferroviaires basée à Kansas City.

Exemple particulièrement frappant du partage des idées, les divisions Transports, Générateurs et Moteurs d'avion ont toutes les trois créé une joint-venture 50/50 avec Harris Corp., compagnie aérospatiale de pointe. Ces joint-ventures permettaient par exemple à nos compagnies de chemin de fer de savoir où se trouvait tel ou tel train à un moment donné ou à une entreprise de distribution d'électricité de localiser les problèmes survenant sur le réseau. En 2001, nous avons racheté à l'amiable les 50 % de Harris dans l'électricité et dans le transport.

Nous ne manquions pas une occasion de rappeler qu'il fallait investir dans l'amélioration de la technologie du service à toutes les étapes du système opérationnel. Et nous avons été écoutés puisque, dans la plupart des cas, ce type d'investissements a triplé, l'ensemble passant à une enveloppe annuelle de 500 millions de dollars en 2000.

Ces investissements ont modifié les fondamentaux de notre activité de services, car ils ont rendu possible les contrats à long terme. Pour être en mesure d'en proposer, il faut en effet pouvoir s'appuyer sur des modèles sophistiqués, capables de prévoir les coûts de fiabilité sur des périodes de plus de dix à quinze ans. Comme chaque division doit porter seule le poids de tout écart entre le fonctionnement effectif de l'équipement concerné et le fonctionnement prévu, ces contrats ont, à leur tour, renforcé la tendance à affecter davantage de capitaux à la technologie des services.

Ces investissements technologiques nous ont énormément rapprochés de nos clients. Les interventions d'actualisation que nous effectuons aujourd'hui dans le cadre de nos services permettent à nos clients d'améliorer la productivité et la durée de vie de leur équipement installé.

Ce faisant, nous avons énormément appris. Au début, nos interventions étaient parfois trop sophistiquées. Les clients ne rentraient dans leur argent qu'en trois à cinq ans, alors qu'ils devaient pouvoir le faire en un an ou deux pour justifier l'investissement. Nous maîtrisons désormais cet aspect du problème et nous attachons à proposer des solutions permettant au client de rentrer rapidement dans son argent, dans tous nos métiers, qu'il s'agisse de prolonger la durée de vie d'un moteur d'avion, d'améliorer la productivité d'une centrale électrique ou d'augmenter le nombre de patients examinés par les scanners. Par exemple, Southwest Airlines nous a passé en 2001 une commande de 300 kits, valant un million de dollars pièce, qui permettent d'améliorer la durée de vie et le rendement carburant des moteurs de plusieurs versions anciennes de ses Boeing 737.

Rien ne démontre plus éloquemment la valeur de la haute technologie dans une industrie traditionnelle que la figure illustrant l'évolution de notre département locomotives. La construction diminue, le sommet de la courbe se situant à 905 unités en 1999, pour atteindre le chiffre de 490 unités en 2001, niveau le plus bas de ces huit dernières années. En 1993, la division Transports avait livré 440 locomotives et n'avait dégagé que 144 millions de marge d'exploitation. Cette année, en raison de la croissance des services *high tech*, le résultat d'exploitation sera, en gros, égal au sommet atteint en 1999, avec une marge trois fois plus importante qu'en 1993, sur un nombre équivalent de locomotives vendues.

*Services = croissance durable*

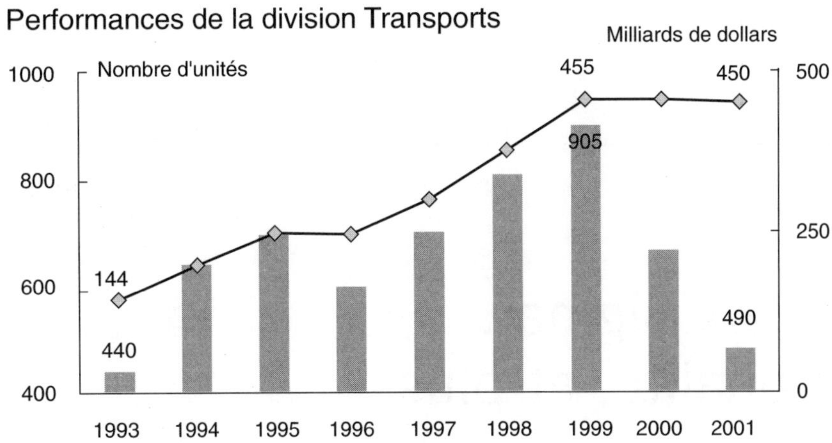


★ *Croissance des services : 20 %*
- *Élargir le périmètre d'action*
- *Lisser les effets de cycle*
- *Améliorer la productivité des clients*

Comme toujours, ce sont les chiffres qui permettent de dire si une initiative fonctionne ou non. Nos activités de services sont passées de 8 milliards de dollars en 1995 à 19 milliards de dollars en 2001 ; elles devraient atteindre les 80 milliards de dollars vers 2010. Nos contrats de services à long terme ont décuplé en volume, passant de 6 milliards de dollars en 1995 à 62 milliards de dollars en 2001.

Aujourd'hui, nous passons autant de temps à nous assurer que nos produits installés sont de plus en plus productifs qu'à en chercher de nouveaux. Je crois que c'est le bon combat.

# 21

# Le Six Sigma : la qualité, et plus

En vingt ans de présidence, je n'ai manqué qu'un seul comité de direction. C'était en juin 1995, et c'était surtout l'un des plus importants pour l'avenir de GE. J'avais invité mon ami et ex-collègue Larry Bossidy, alors PDG d'Allied Signal, à venir nous parler de la qualité Six Sigma.

J'avais une bonne excuse : j'étais alité, me remettant d'une opération à cœur ouvert.

Fin janvier, après le retour de notre voyage en Inde, je me suis mis à souffrir d'une fatigue constante. Je pensais avoir attrapé je ne sais quel microbe : moi qui n'avais jamais fait la sieste de ma vie, je m'allongeais désormais l'après-midi sur le canapé du bureau. J'ai consulté un nombre incroyable de médecins à New York et subi tous les examens et analyses possibles et imaginables, mais les résultats étaient toujours négatifs.

Comme je continuais à me plaindre, Jane est allée trouver mon médecin, lui a décrit les symptômes et est sortie de chez lui munie d'une ordonnance de comprimés de nitroglycérine, au cas où.

Un samedi soir, fin avril, nous sommes allés dîner dans un restaurant italien de Fairfield avec nos amis, les LoFrisco. Nous avons mangé beaucoup de pizza et bu beaucoup de chianti. Nous sommes rentrés tard et sommes montés immédiatement. En me lavant les dents, j'ai eu l'impression qu'une bombe me frappait en pleine poitrine. J'avais déjà ressenti des douleurs thoraciques et, compte tenu des antécédents familiaux, j'avais déjà eu l'impression de faire une crise cardiaque au moins vingt fois. Mais l'intensité de la douleur dépassait tout ce que j'avais ressenti jusque-là.

Nous n'en étions plus à une petite crise d'angine de poitrine, une douleur au bras. C'était le grand jeu. J'avais l'impression d'avoir la cage thoracique écrasée par un énorme rocher.

J'ai hurlé. Jane est arrivée avec une surprise : sa petite boîte de pilules. J'en ai mis une sous ma langue et, relativement vite, j'ai été soulagé. Ensuite, mon impatience habituelle a pris le dessus. Au lieu d'appeler les urgences, j'ai dit à Jane de sortir la voiture : nous irions ainsi directement au Bridgeport Hospital, dont elle était administrateur. En fonçant sur l'autoroute, j'ai repéré un panneau indiquant la proximité d'un hôpital et j'ai dit à Jane de prendre la première sortie.

Il y avait bien un hôpital, mais c'était le Centre Saint Vincent de Bridgeport et non Bridgeport Hospital. À ce moment-là, Jane a grillé un feu rouge et nous nous sommes fait arrêter par un policier. Quand nous lui avons expliqué la situation, non seulement il n'a pas verbalisé, mais il nous a escortés en mettant son gyrophare et sa sirène.

À une heure du matin, quand Jane s'est arrêtée devant les urgences, je me suis précipité hors de la voiture, ai traversé en courant la salle d'attente bondée et me suis jeté sur un brancard vide en hurlant : « Je suis en train de mourir, je suis en train de mourir ! »

Je dois dire que cela a attiré l'attention des infirmières, qui m'ont très vite mis sous perfusion. Cela a calmé la douleur. Les tests ont confirmé que je venais de faire un infarctus. Le mardi 2 mai, le docteur Robert Caserta a pratiqué une angioplastie pour déboucher mon artère principale. Passionné de sport, il était supporter des Yankees. Comme j'étais fan des Red Sox, nous ne manquions pas de sujets de conversation. Peu après son intervention, je suis revenu dans ma chambre et le rocher m'est à nouveau tombé sur la poitrine. Mon artère s'était rebouchée. J'étais en train de faire une nouvelle crise cardiaque. On m'a emmené à toute vitesse en salle de coronarographie pour renouveler l'intervention, un prêtre nous courant après pour essayer de m'administrer les derniers sacrements.

En regardant l'écran de contrôle, j'ai vu que le docteur Caserta avait du mal à désobstruer l'artère. Le chirurgien attendait à côté, prêt à faire le pontage que je redoutais.

« N'abandonnez pas ! Continuez ! »

Je recommençais à embêter tout le monde et à donner des ordres, mais heureusement, Caserta a réussi et je n'ai pas eu besoin de passer sur le billard cette fois-là.

Quand j'ai quitté l'hôpital, trois ou quatre jours plus tard, j'ai appelé un certain nombre de personnes pour leur demander conseil, en particulier Henry Kissinger et Michael Eisner, le patron de Disney, qui avaient tous deux eu des pontages. Michael s'est montré très encourageant, me disant que l'opération n'était pas une épreuve si terrible que cela. Henry, lui, m'a poussé fortement à la subir au Massachusetts General Hospital. Saul Miller, directeur médical de GE, partageait ce point de vue. Il a pris l'avion pour Boston afin de montrer le film de mon angioplastie à l'équipe du Massachusetts.

Saul était à la fois un saint et un remarquable médecin. Des années durant, je l'avais ennuyé avec mes histoires de douleurs thoraciques et mes crises cardiaques imaginaires. Il avait sur le dos trois des plus grands hypocondriaques du monde : Larry Bossidy, Paolo Fresco et moi. Aucun de nous ne se déplaçait jamais sans sa pharmacopée et nous étions toujours prêts à appeler le toubib au moindre bobo. À nous trois, je suis sûr que nous avons fait plus pour alourdir les coûts médicaux de GE qu'une centaine d'autres salariés réunis.

Le 10 mai 1995, nous étions en réunion chez moi avec Paolo et Bill Conaty quand Saul est arrivé porteur de nouvelles à moitié rassurantes. Les films confirmaient que je devais subir l'opération à cœur ouvert. Il avait pris rendez-vous pour le lendemain, l'opération étant prévue pour le surlendemain. Compte tenu de mes antécédents familiaux et de l'angine de poitrine dont je souffrais depuis quinze ans, je redoutais ce moment depuis longtemps, mais je n'avais plus le temps de couper les cheveux en quatre ou d'angoisser, ce qui n'était pas plus mal.

Le mercredi soir, j'ai prévenu mes enfants par téléphone. Le jeudi, j'étais à Boston avec Saul et Jane. Nous avions rendez-vous avec mon chirurgien, le docteur Cary Akins. Jane a davantage de souvenirs de la nuit suivante que moi. À l'en croire, vers quatre heures du matin, je me serais tourné vers elle pour lui dire ceci : « Si ça tourne mal, ne les laisse pas débrancher. Sache que même s'ils ne s'en rendent pas compte, je serai en train de me battre comme un lion ! »

Ça n'a pas tourné mal. Ça a même très bien tourné. J'ai eu la chance d'être opéré par un très grand chirurgien, qui a réalisé un quintuple pontage en trois heures. Nous sommes maintenant très amis. Nous nous voyons une ou deux fois par an – en dehors de l'hôpital, je veux dire. Au début, cette intervention vous laisse complètement KO. On a mal partout, très mal. Heureusement, chaque jour qui passe, on se sent beaucoup mieux. Je suis retourné au bureau le 5 juillet et au golf à la fin du mois.

Pendant ma convalescence, Larry m'a appelé : il avait réfléchi qu'il valait peut-être mieux qu'il n'aille pas au comité de direction du mois de juin. Il se disait qu'il aurait peut-être l'air de revenir à GE dès l'instant où j'étais sur la touche. J'ai apprécié sa délicatesse, mais je lui ai dit de ne pas s'inquiéter : « Déballe-leur tout ce que tu sais sur Six Sigma ! »

Je sentais que ce serait sans doute un moment crucial. Et j'étais convaincu que Larry était la personne idéale pour nous aider. Des années durant, quand nous étions collègues, ni lui ni moi n'avions été tellement chauds pour le mouvement de la qualité. Nous trouvions, l'un comme l'autre, que les premiers programmes étaient un peu lourds en matière de slogans et un peu légers en matière de résultats.

Au début des années 1990, nous avions flirté avec l'idée de mettre en place un programme Deming à la construction de moteurs d'avions. Mais, trouvant cette approche trop théorique, je n'étais pas convaincu de son utilité à l'échelle de l'ensemble du groupe.

Comme en témoigna l'enquête réalisée auprès d'une partie du personnel en avril 1995, de nombreux collaborateurs commençaient cependant à trouver que la qualité posait problème chez GE. D'après le « nouveau Larry », désormais fervent adepte du Six Sigma, dans la plupart des entreprises, on enregistrait en moyenne 35 000 défauts par million d'opérations. Passer au Six Sigma, cela voulait dire se hisser à un niveau de qualité tel que l'on avait *moins de 3,4 défauts par million d'opérations* dans un processus de production ou de service. C'est la perfection à 99,99966 %.

Dans l'industrie, en général, tout se passe bien 97 fois sur 100. Cela fait entre 3 et 4 Sigma. Pour prendre quelques exemples, ce niveau de qualité se traduit par 5 000 opérations chirurgicales ratées par semaine, 20 000 lettres ou paquets perdus à l'heure par les services postaux, et des centaines de milliers d'ordonnances médicales prescrivant des médicaments ne convenant pas au malade. Ce n'est pas très drôle, quand on y réfléchit.

Larry a, de l'avis général, fait une présentation remarquable à nos troupes. Il a démontré qu'Allied avait réalisé des économies de coûts réelles – et non pas uniquement des bénéfices « moraux ». Notre équipe a beaucoup apprécié ce qu'il a dit, et j'ai reçu des coups de fil positifs de plusieurs des personnes présentes.

En revenant au bureau, je n'avais plus qu'à tirer les conclusions : Larry adorait Six Sigma, l'équipe de direction pensait qu'il fallait le faire, et l'enquête auprès du personnel révélait que la qualité était un problème chez GE. Pas de doute, il fallait y aller, aussi ai-je lancé l'initiative.

Nous avons confié le dossier à deux très gros calibres : Gary Reiner, directeur des initiatives groupe, et Bob Nelson, mon analyste financier depuis de longues années. Ils ont réalisé une analyse coût/bénéfice qui a révélé que si GE était actuellement au niveau 3 ou 4 Sigma, hisser ce niveau de qualité à Six Sigma nous ferait réaliser une économie qui se situerait entre 7 et 10 milliards de dollars. Ce chiffre énorme représentait environ 10 à 15 % de notre chiffre d'affaires. Il n'y avait pas besoin d'être un génie pour voir qu'il fallait miser très, très gros sur Six Sigma.

Effectivement, comme pour toutes nos autres initiatives, quand nous avons décidé d'y aller, nous avons mis le paquet. Notre première décision a été de nommer Gary Reiner directeur permanent de l'opération Six Sigma. Il avait l'esprit extraordinairement clair, il aimait se polariser sur son but : c'était l'homme qu'il nous fallait.

Ensuite, nous avons recruté Mikel Harry, ancien manager de Motorola qui assumait désormais la responsabilité de l'enseignement du Six Sigma à l'université de Scottsdale, dans l'Arizona. C'est un fanatique du Six Sigma. Nous l'avons invité à notre réunion annuelle des cadres dirigeants à Crotonville, au mois d'octobre. J'avais annulé la demi-journée habituelle de golf – geste symbolique entre tous – pour que 170 personnes puissent écouter Harry parler de son programme.

Pendant quatre heures d'horloge, il a sauté d'un tableau blanc à l'autre, notant toutes sortes de formules statistiques. Avions-nous affaire à un fou ou à un visionnaire ? Je me le demandais. La majorité de l'assistance ne comprenait pas grand-chose à ce langage statistique, moi pas plus que les autres.

La présentation de Harry a cependant réussi à nous faire rêver. Les nombreux exemples pratiques qu'il nous avait donnés montraient que ce n'était pas du vent. La plupart des participants sont repartis frustrés de leur manque de compréhension statistique, mais fascinés par les possibilités du programme. La discipline qu'impliquait la démarche avait particulièrement plu aux ingénieurs présents dans la pièce.

J'avais le sentiment qu'il y avait là beaucoup plus que des statistiques pour les ingénieurs, mais je n'avais pas la moindre idée de l'ampleur que cette initiative finirait par prendre. Il ne faut pas croire, comme le veut le mythe, que le Six Sigma soit uniquement une question de contrôle qualité et de statistiques. C'est cela – mais c'est incroyablement plus. En fin de compte, le Six Sigma entraîne la direction à s'améliorer car elle lui donne des outils permettant de réfléchir à des problèmes difficiles. Au cœur du Six Sigma, il y a une idée qui peut retourner complètement une entreprise, puisqu'il s'agit de la contraindre à s'orienter vers l'extérieur, sur le client.

Nous avons lancé le programme Six Sigma à Boca, en janvier 1996.

« Nous ne pouvons plus nous permettre d'attendre, ai-je dit dans mon discours. Tout le monde, dans cette pièce, doit mener la charge qualité. Personne ne peut se permettre de jouer les spectateurs. Ce qui a demandé dix ans à Motorola, nous devons le faire en cinq – non pas parce que nous sauterons des étapes, mais parce que nous avons appris à apprendre les uns des autres. »

Je pensais que l'impact financier à court terme justifiait le programme à lui tout seul. À plus long terme, il serait encore plus important.

Dans ma conclusion, j'ai dit que Six Sigma était l'entreprise la plus ambitieuse que GE ait jamais tentée. « La qualité peut réellement changer GE, nous faire passer du statut de l'une des meilleures entreprises du monde des affaires à celui de la meilleure, sans conteste. » (Une fois encore, je me suis peut-être laissé emporter par mon enthousiasme…)

Cette année-là, nous avons quitté Boca décidés à faire de Six Sigma une grande réussite. Nous avons demandé aux directeurs de division de confier le programme à leurs meilleurs collaborateurs. Cela voulait dire les enlever de leur poste actuel et leur faire suivre une formation de deux ans, avec un projet à la clé, afin de leur donner ce qui s'appelle en jargon Six Sigma le niveau « ceinture noire ».

Les quatre premiers mois étaient consacrés à des cours théoriques et à la découverte des outils Six Sigma. Les stagiaires devaient ensuite élaborer un projet susceptible d'aider leur division à atteindre ses objectifs et d'accroître sa rentabilité. On vit fleurir des projets Ceinture Noire dans tous nos pôles d'activités, les uns visant à améliorer le taux de réponse des centres d'appel, d'autres à améliorer la capacité de production de nos usines, à réduire les erreurs de facturation ou à diminuer les stocks. Les résultats obtenus devaient impérativement être mesurables et nous les faisions certifier par un analyste financier.

Nous avons également formé des milliers de Ceintures Vertes Six Sigma. Ces derniers suivaient une formation de dix jours, au cours desquels ils découvraient les concepts Six Sigma et suffisamment d'instruments pour résoudre les problèmes de leur environnement de travail. Sans quitter leur poste, ils acquéraient une méthodologie leur permettant d'améliorer leur performance quotidienne.

Dans les cours destinés à la direction générale, que j'avais baptisés *Le Six Sigma raconté aux enfants*, nous nous livrions à toutes sortes d'expériences pour mieux appréhender le concept. Nous fabriquions des petits avions que nous lancions à travers la pièce, puis nous mesurions la distance parcourue (j'ai dit au professeur que j'espérais que le personnel ne nous surveillait pas par la fenêtre). Ils atterrissaient un peu partout, observation qui nous a fait mettre le doigt sur la notion de variance.

Nous avons associé cette initiative, comme toutes les autres, à notre système d'évaluation : 60 % des primes seraient désormais liés à la performance financière, 40 % aux résultats Six Sigma. Au mois de février, les stock options ont été attribuées en priorité aux futurs Ceintures Noires, ce qui était logique puisqu'ils étaient censés être nos meilleurs éléments.

Quand l'époque des recommandations est arrivée, j'ai commencé à être harcelé de coups de fil.

« Jack, je n'ai pas assez d'options. Il me faut absolument une rallonge.

– Qu'est-ce que tu me racontes ? Vous en avez eu assez pour que toutes vos Ceintures Noires puissent en recevoir !

– D'accord, mais nous ne pouvions tout de même pas les leur donner toutes ! Ils ne sont pas les seuls à en mériter !

– Je croyais que les Ceintures Noires étaient vos meilleurs collaborateurs ?

– Mais oui, ce sont les meilleurs, enfin, ils font partie de nos meilleurs éléments, mais nous en avons d'autres ! »

Je refusais systématiquement de céder. J'ai toujours tenu à ce que les incitations financières soient conçues en sorte que nous ayons bien les meilleurs éléments à la tête de chaque initiative. Et personne ne veut jamais laisser filer la fine fleur de ses équipes, tout le monde a des objectifs difficiles à atteindre. Nous avons donc rencontré une certaine résistance à ce niveau, pour l'initiative Six Sigma. Au départ, un quart ou peut-être la moitié seulement des candidats à la Ceinture Noire étaient réellement les meilleurs et les plus brillants. On tentait de nous faire passer les autres pour tels.

Je me souviens, en particulier, d'un incident en réunion de stratégie S-I, en 1996, avec la branche Financement des petites entreprises de GE Capital, dirigée par Mike Gaudino. Il s'agit d'un métier de transactions, qui traite essentiellement avec des entreprises qui n'attirent pas les gros investisseurs. Il n'était évidemment pas facile de trouver un patron Six

Sigma parmi ces négociateurs. Nous avions demandé à tous les directeurs de division de nous amener leur responsable Six Sigma, celui-ci devant nous expliquer où il en était.

Mike avait cru pouvoir s'en sortir en nommant un second couteau responsable Six Sigma. Et maintenant, il n'avait plus qu'à le regarder faire une présentation bidon. Tout le monde avait parfaitement compris que le Six Sigma n'avait pas avancé d'un poil dans son département. La grosse blague qui courait, c'était que le responsable Six Sigma avait « décidé de partir » avant que l'ascenseur, au siège, n'atteigne le rez-de-chaussée.

Mike a évidemment fait le nécessaire pour que cette mésaventure ne se renouvelle pas : il a confié le Six Sigma à l'une de ses stars, Steve Sargent. Celui-ci a fait un boulot tellement remarquable qu'il s'est plus tard vu confier la direction de Six Sigma pour l'ensemble de GE Capital puis, en 2000, celle de notre pôle européen de financement des biens d'équipement. Le processus de S-I avait prouvé son efficacité.

Nous avons également utilisé les Ceintures Noires pour détecter les maillons faibles. Si nous voulions que telle ou telle initiative marche, elle devait commencer avec les meilleurs. À partir de fin 1998, j'ai exigé que personne ne puisse être envisagé comme candidat à un poste de direction sans avoir bénéficié au minimum d'une formation Ceinture Verte. Malgré mes efforts constants et tout le battage fait au cours de nos sessions C et partout ailleurs, nous avons mis trois ans à obtenir que tous nos meilleurs collaborateurs soient impliqués dans la mise en œuvre du Six Sigma.

Au cours d'une réunion, le nucléaire nous avait donné le nom d'un candidat, Mark Savoff, pressenti pour diriger son pôle Services. Mais, à lire la recommandation, il n'était pas évident que Mark avait reçu la formation Six Sigma désormais exigée. Bill Conaty, notre DRH, a demandé qu'il vienne nous parler de ses qualifications Six Sigma. Il est effectivement venu de Californie et nous a convaincus qu'il était profondément impliqué dans le mouvement. Non seulement sa nomination a été entérinée, mais il est depuis devenu patron de l'ensemble de la division nucléaire.

Aujourd'hui, avant même de recommander qui que ce soit pour quoi que ce soit, on précise les qualifications Six Sigma du candidat.

La première année complète, nous avons formé 30 000 personnes, ce qui nous a coûté environ 200 millions de dollars – et nous avons réalisé quelque chose comme 150 millions de dollars d'économies.

Nous avons enregistré plusieurs victoires précoces. GE Capital, par exemple, recevait environ 300 000 appels par an de clients en crédit immobilier; 24 % d'entre eux étaient obligés d'utiliser la boîte vocale ou de nous rappeler parce que les opératrices étaient occupées ou non disponibles. Une équipe Six Sigma s'est aperçue qu'une de nos 42 branches avait un pourcentage quasiment parfait de réponse aux appels clients. L'équipe a analysé le système, les processus, l'équipement utilisé, l'agencement physique du centre d'appel et la composition des équipes. L'ensemble a ensuite été cloné dans nos 41 autres branches. Les clients qui, auparavant, ne parvenaient pas à nous joindre près d'une fois sur quatre avaient désormais 99,9 % de chances d'avoir un employé GE au bout du fil dès le premier essai.

GE Plastics nous a donné un autre exemple remarquable. Malgré ses normes de pureté très élevées, le Lexan ne satisfaisait pas les exigences de Sony pour ses nouveaux CD-ROM haute densité et ses CD. Deux fournisseurs asiatiques se partageaient les commandes Sony, dont nous étions exclus. Une équipe Ceinture Noire a résolu les problèmes et imaginé une modification des processus de production qui nous a permis d'obtenir la couleur et les qualités statiques requises tout en passant de 3,8 à 5,7 Sigma. Nous sommes maintenant fournisseur de Sony.

La première année, nous avons utilisé Six Sigma partout, pour attaquer les coûts, améliorer la productivité et trouver des solutions quand les processus s'avéraient dysfonctionnels. L'un de nos établissements a réussi à augmenter ainsi la capacité de ses usines, éliminant du coup dix ans de besoin d'investissements en nouvelles capacités. C'est un cas extrême, je le reconnais.

La phase suivante a consisté à utiliser les outils statistiques de Six Sigma pour concevoir de nouveaux produits ou en éliminer les défauts. C'est dans les générateurs que cela s'est avéré le plus utile. Au milieu des années 1990, période où la demande de nouvelles centrales électriques était modeste, nous avons eu un problème avec un nouveau modèle de turbines à gaz qui nous a contraints à en démonter beaucoup : les hélices cassaient à cause des vibrations. En 1995, nous avions dû enlever le tiers des 37 unités installées.

Fin 1996, grâce à l'utilisation des processus Six Sigma, nous avions réduit les vibrations de 300 %, résolvant ainsi le problème. Depuis, avec un parc de plus de 210 unités, nous n'avons plus eu une seule fois à procéder à un enlèvement non prévu – c'est encore mieux que Six Sigma ! Ayant résolu ce problème, nous avons pu nous assurer le leadership du marché des turbines à gaz de nouvelle technologie juste au bon moment, quand la demande a repris à la fin des années 1990. GE s'est ainsi arrogé la plus grande part du marché mondial de nouvelles centrales.

Pour l'application de Six Sigma à la conception des nouveaux produits, c'est notre pôle médical qui a pris la tête. Le premier lancement important d'un produit conçu ainsi a été celui d'un nouveau scanner CT baptisé LightSpeed, sorti en 1998. Un examen du thorax, qui prenait trois minutes avec un scanner conventionnel, ne demandait plus que 17 secondes avec ce nouvel appareil. Mieux encore, un radiologue m'a écrit pour me dire son émerveillement de voir qu'il suffisait de brancher cette machine d'un million de dollars pour qu'elle se mette à fonctionner immédiatement. C'était le Six Sigma dans ce qu'il pouvait donner de meilleur. Ces trois dernières années, GE Medical a lancé 22 nouveaux produits conçus sous Six Sigma. Aujourd'hui, ils le sont tous et en 2001, 51 % du chiffre d'affaires global de la division proviendront de produits Six Sigma. Nos autres divisions cherchent toutes à en faire autant.

Nous sommes passés de 3000 projets Six Sigma en 1996 à 6000 dès l'année suivante, réalisant du même coup 320 millions de dollars de gains de productivité ou d'amélioration directe de nos résultats, plus du double de notre objectif initial de 150 millions de dollars. Les bénéfices apparaissaient dans nos résultats financiers. En 1998, les économies réalisées grâce à Six Sigma dépassaient de 750 millions de dollars l'investissement nécessité par sa mise en œuvre. L'année suivante, elles s'élèveraient à 1,5 milliard de dollars.

Notre marge d'exploitation est passée de 14,8 % en 1996 à 18,9 % en 2000. Le Six Sigma portait ses fruits.

Très satisfaits des résultats, nous entendions encore trop souvent dire que les clients ne percevaient pas la différence de qualité. Nous pensions que c'était dû au fait que nombre de produits alors sur le marché avaient été développés bien avant la mise en place de Six Sigma. C'est un voyage en Espagne qui nous a permis de trouver la solution.

En juin 1998, j'envisageais de recruter un directeur Six Sigma à plein temps au niveau groupe (de toute ma présidence, c'est le premier et unique poste que j'ai créé au siège). Je m'étais rendu à la nouvelle usine de GE Plastics à Cartagène, en Espagne, pour faire le point sur un projet mené par Piet van Abeleen et son équipe. Piet était directeur mondial de la production des plastiques et avait démontré l'efficacité de Six Sigma dans l'une de ses usines, à Bergen op Zoom, aux Pays-Bas. Sa mise en œuvre lui avait permis de doubler la production de Lexan sans investissement additionnel significatif. Piet avait une remarquable expérience pratique de Six Sigma ; en outre, il excellait à expliquer la méthode en termes très simples.

Je lui ai demandé si cela l'intéresserait de venir à Fairfield prendre un nouveau poste de direction que j'envisageais de créer. Je ne lui ai pas caché qu'il ne disposerait que d'un tout petit groupe – deux ou trois personnes – dont la mission serait d'enseigner et de transférer les savoir-faire Six Sigma dans l'ensemble du groupe. Il y a un professeur en Piet (qui a même une véritable vocation d'enseignant), c'est pourquoi le poste l'a séduit, même s'il dirigeait alors une énorme machine de production, à l'échelle mondiale, avec des milliers de salariés.

Nous avons eu beaucoup de chance qu'il accepte, car c'est lui qui nous a permis de comprendre pourquoi les clients n'avaient pas conscience des améliorations dues à Six Sigma. La raison en était simple : ce concept s'articule essentiellement autour de la variance. Nous l'avions tous étudiée, certains d'entre nous avec des petits avions. Mais personne ne l'avait jamais envisagée sous le même angle que Piete, qui établissait un lien entre les moyennes et la variance. C'était lumineux.

Cessant de nous concentrer sur les moyennes, nous nous sommes attachés à la variance pour tenter de resserrer l'écart. Nous nous battions désormais pour que le client obtienne ce qu'il voulait quand il le voulait. L'écart mesure la variation, en jours d'avance ou de retard, par rapport à la date précise où le client souhaite son produit. Le réduire à zéro, cela veut dire livrer le client systématiquement au moment précis où il le veut.

Le problème, c'est qu'en interne nous mesurions nos progrès en nous fondant sur les moyennes – chiffre qui tenait uniquement compte de notre cycle de produit ou de service et ignorait par conséquent le client. Par exemple, si nous ramenions de 16 à 8 jours le délai de livraison, nous en tirions comme conclusion que nous avions réalisé un progrès de 50 %. Et, comme des imbéciles, nous criions victoire.

Nos clients, eux, n'y voyaient que du feu – ou plutôt, ils ne voyaient que la variance et l'imprévisibilité. Certains d'entre eux étaient livrés avec 9 jours de retard, d'autres avec 6 jours d'avance. Nous avons utilisé Six Sigma et nous sommes laissés guider par une perspective à la fois orientée sur le client et fondée sur la notion d'écart. Nous avons ainsi ramené de 15 à 2 jours l'écart de livraison. Là, les clients ont remarqué quelque chose : leurs commandes leur étaient livrées beaucoup plus près de la date souhaitée.

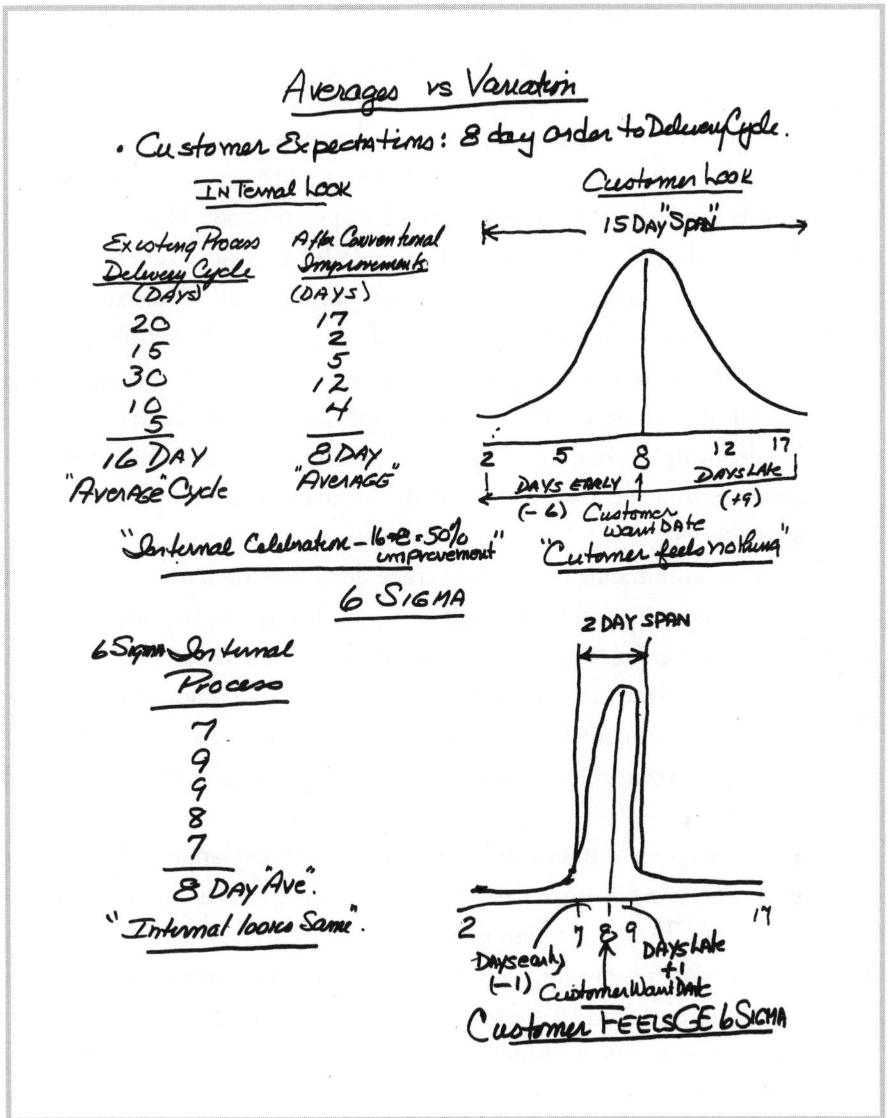


Cela a l'air simple – et ça l'a été – enfin, une fois que nous avons pigé le truc. Mais il nous avait fallu trois ans de Six Sigma pour le piger. La réduction des écarts s'est avérée facile à comprendre pour tout le monde, c'est devenu un cri de ralliement à tous les niveaux de l'entreprise. Nous n'aurions pas pu rêver mieux pour éliminer l'aspect complexe de Six Sigma. Notre division Plastiques a réduit son écart de 50 à 5 jours; les moteurs d'avion, de 80 à 5; l'assurance sur emprunts immobiliers de 54 jours à 1.

Désormais, nos clients remarquaient qu'il se passait quelque chose ! La notion d'écart nous a aussi aidés à affiner ce que nous mesurions. Dans la plupart des cas, nous utilisions la date de livraison promise, telle qu'elle avait été négociée entre le commercial, le client et l'usine. Ce que nous ne mesurions pas, c'est ce que le client voulait en réalité et quand il le voulait.

Aujourd'hui, nous sommes passés à l'étape suivante. Nous mesurons l'écart entre la date de livraison demandée et les premiers revenus que le produit permet au client de réaliser : pour un scanner, par exemple, le nombre de jours entre la date de livraison demandée par le radiologue et le premier examen réalisé sur un patient. S'il s'agit d'un atelier de réparation de moteurs d'avions, nous mesurons le temps qui s'écoule entre le moment où on les démonte de l'aile de l'appareil et celui où il redécolle avec ; s'il s'agit d'une centrale électrique ou de turbines, le cycle commande-premiers kilowatts produits.

Toutes les commandes portent la trace de la date de livraison du client et, dans tous nos ateliers, il y a des tableaux où s'inscrivent les variations. La visibilité est claire pour tout le monde. L'emploi de ces mesures donne vie à la notion de variation. Les clients voient et sentent ce que nous faisons.

Le Six Sigma est un langage universel. Les notions de variation et d'écart sont aussi compréhensibles à Bangkok et à Shanghai qu'à Cleveland et à Louisville.

Nous avons poussé plus loin l'initiative en la transplantant directement chez nos clients. C'est ce que nous appelons « *Six Sigma : at the customer, for the customer* » (ACFC). Cela veut dire que vous prenez les Ceintures Noires et les Ceintures Vertes et que vous les amenez dans les usines, les ateliers et les magasins du client pour l'aider à améliorer sa propre performance.

Si ce dernier est réceptif, cela marche réellement. En 2000, la division Moteurs d'avions a géré 1 500 projets dans plus de cinquante compagnies aériennes, augmentant ainsi leurs marges d'exploitation de 230 millions de dollars. GE Medical, pour sa part, a monté près de 1 000 projets dans des hôpitaux, générant ainsi plus de 100 millions de dollars de marge d'exploitation supplémentaire.

En faisant coïncider ce que nous mesurons en interne avec les besoins de nos clients, le Six Sigma nous a permis de nous rapprocher d'eux et d'établir un climat de confiance.

Au passage, nous avons découvert que le Six Sigma n'est absolument pas réservé aux ingénieurs. Les gens croient souvent, à tort, que les programmes qualité sont l'apanage des esprits techniques. Le Six Sigma est applicable dans toutes les fonctions.

Les directeurs d'usine peuvent l'utiliser pour réduire le gaspillage, améliorer la régularité des produits, résoudre les problèmes d'équipement ou créer de la capacité ; les DRH pour réduire la durée du processus d'embauche ; les directeurs régionaux pour améliorer la fiabilité des prévisions, les stratégies tarifaires ou les variations de prix. Je dirais même que les plombiers, les garagistes et les jardiniers peuvent l'utiliser pour mieux comprendre les besoins de leurs clients et y adapter leur offre.

Pour NBC, cela a marché dans de nombreuses fonctions, mais je dois dire que ça n'a pas amélioré le pourcentage de réussite dans notre choix des sit-coms. J'avoue aussi que je n'ai pas trouvé d'exemples pour les avocats et les consultants. Je suppose qu'ils auraient du mal à appliquer cette méthodologie, puisqu'ils gagnent leur vie grâce à la variance.

Dans l'ensemble, Six Sigma modifie la culture de base de notre entreprise et la façon dont nous développons nos collaborateurs – surtout les forts potentiels. Nous avons déjà eu d'excellents programmes de formation fonctionnelle par le passé, surtout en finance. Mais, compte tenu de la diversité de GE, il était difficile de mettre en place un programme universel de formation. L'un des grands avantages de Six Sigma, c'est justement qu'il nous dote d'un outil générique de formation au management, puisqu'il s'applique aussi bien dans un service clients que dans un environnement industriel.

En 2000, 15 % des dirigeants de GE avaient reçu une formation Ceinture Noire. En 2003, nous devrions atteindre les 40 %. Il y a une très forte probabilité pour que le successeur de Jeff Immelt soit Ceinture Noire au Six Sigma.

Ces deux dernières années, quand j'allais rencontrer des stagiaires à Crotonville, je leur disais en riant que si nous avions été si lents à nous mettre à l'e-business, c'est parce que nous tenions à perfectionner d'abord notre Six Sigma.

« Quand j'écrirai mon bouquin, je noterai que nous savions qu'il nous fallait adopter l'initiative Six Sigma avant de nous attaquer à l'e-business. Ce dernier suppose rapidité et fiabilité parfaite de l'exécution. C'est exactement ce que nous a donné le Six Sigma. »

Ils se tordaient de rire. Plus jeunes et mieux informés que moi, ils savaient parfaitement que j'avais été lent à comprendre l'impact de l'Internet. Cette transformation-là serait la suivante.

# 22

# L'e-business

La révolution Internet a failli passer à côté de moi sans me toucher – du moins jusqu'à ce que Jane ne me familiarise avec l'outil sur lequel elle repose. Cela faisait des années qu'elle correspondait avec des amis par e-mail. Souvent, le soir, je regardais des papiers rapportés du bureau tandis que, devant son écran, en face de moi, elle tapait son courrier.

En 1997, elle a commencé à suivre son portefeuille, acheter et vendre des actions en ligne. Elle se débrouillait tellement bien que je lui ai demandé de s'occuper aussi du mien. Partout où nous allions, son ordinateur portable nous suivait. Mais chaque fois qu'elle essayait de me convaincre de l'utiliser, je résistais, pensant que cela ne valait pas la peine puisque je ne savais pas taper.

Elle protestait que même les singes sont capables d'apprendre à le faire. Fin 1998, j'ai entendu dire que certaines personnes, au bureau, faisaient leurs achats de Noël en ligne. Prenant enfin la chose au sérieux, j'ai préparé mon intervention de Boca en insistant sur l'importance d'Internet. Mon discours a lancé l'initiative e-business, mais ce n'est que trois mois plus tard que j'ai vraiment été mordu moi-même.

En avril 1999, Jane et moi sommes allés au Maroc fêter nos dix ans de mariage. Elle ne s'y est pas montrée plus romantique que moi à la Barbade. Elle passait pas mal de temps sur son portable. Une après-midi, elle m'a raconté que des internautes discutaient en ligne de l'éventualité d'une division des titres GE et de mon plan de succession. Elle m'a appelé pour me montrer les messages échangés sur Yahoo! et j'ai été sidéré de ce que les gens disaient de notre société.

« Tu regardes, c'est bien, me dit-elle, mais tu ne pourras jamais répondre ! »

Elle m'a persuadée d'écrire quelques e-mails et m'a fait visiter quelques sites. Les jours suivants, j'ai commencé à avoir envie d'aller en ligne voir les nouvelles et ce que les internautes disaient de GE. Une fois, j'ai même abandonné Jane au bord de la piscine, je suis retourné dans notre chambre et j'ai allumé son ordinateur.

Quand elle est revenue, vingt minutes plus tard, elle m'a trouvé penché sur l'écran. Elle a compris que j'étais devenu accro. Nous étions prêts à rejouer le scénario de la Barbade. Je suis arrivé tard à l'Internet, mais quand j'ai été mordu, c'était pour de bon. Je voyais enfin l'impact que cette nouvelle technologie pouvait avoir sur GE. Je n'étais pas tout à fait sûr du quoi, du quand et du comment faire, mais je savais que nous devions nous lancer, à fond.

À la fin des années 1990, il n'y en avait que pour les start-up Internet et leurs très jeunes entrepreneurs – pour un peu, on aurait enterré les grandes entreprises établies de longue date. Je n'ai jamais cru en l'opposition alors très en vogue entre la « nouvelle » et la « vieille » économie. Les gens achetaient et vendaient des choses sur Internet, comme ils le faisaient sur une charrette de marché il y a cent ans. La seule différence, c'était la technologie.

Ces nouvelles façons d'acheter et de vendre étaient plus rapides et plus ouvertes sur le reste du monde, elles avaient de profondes ramifications sur les affaires. La grande découverte, pour nous, a été de nous rendre compte que créer un site Internet ne demandait pas les compétences d'un prix Nobel. Nous l'avons bien vu quand la division Transports nous a montré à tous avec quelle facilité on pouvait développer un site d'enchères sans investir des fortunes.

Sachant que la numérisation était facile, il paraissait évident que les grandes entreprises qui voudraient s'y mettre n'avaient pas grand-chose à craindre ; au contraire, cela n'offrait pour elles que des avantages.

J'ai fait un croquis qui m'a aidé à comprendre Internet et ses implications pour GE. À l'époque, tout le monde était fou de tout ce qui était dot-com. Ce croquis, je l'ai utilisé dans tout GE et montré aux investisseurs. Il suscitait toujours des réactions et se révélait très utile pour calmer ceux de nos collaborateurs qui croyaient que nous avions pris une année-lumière de

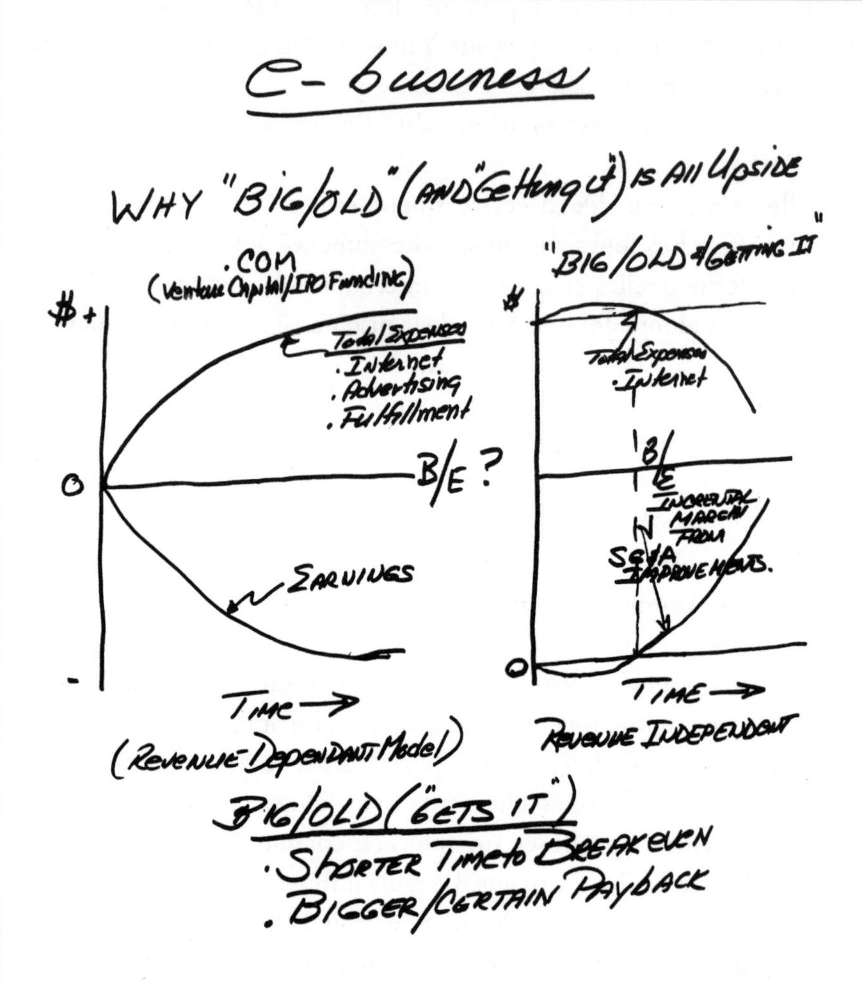


retard. Il rassurait également les investisseurs : GE avait un plan de jeu, GE partait gagnant.

Dans le modèle des start-up, les dépenses augmentent rapidement pour couvrir les coûts de développement Internet, la publicité indispensable pour créer une marque et une infrastructure permettant de traiter les commandes. Les pertes sont directement proportionnelles à ces dépenses. Le point mort est incertain et dépend presque toujours du chiffre d'affaires réalisé.

Dans la catégorie des « grosses vieilles accro Internet », la seule dépense supplémentaire est celle qui correspond au développement de l'Internet. Une société de ce type a déjà des marques puissantes et des systèmes permettant de traiter les commandes. Très rapidement, elle engrange les économies de coûts résultant du gain de productivité dû à l'Internet. Elle atteint plus rapidement le point mort; son retour sur investissement est à la fois plus important et plus sûr, tandis que les bénéfices sont généralement indépendants du chiffre d'affaires réalisé.

Mon croquis illustrait les avantages de GE sur les start-up. Nous n'avions aucun besoin d'augmenter nos dépenses en publicité. Nous possédions des marques établies. Nous n'avions ni à créer une organisation permettant de traiter les commandes, ni à construire des entrepôts ou des centres d'expédition. Six Sigma était en place et améliorait nos opérations. Nous pouvions nous concentrer sur l'avantage essentiel de la numérisation, c'est-à-dire éliminer les tâches peu créatrices de valeur ajoutée : la numérisation permet en effet d'améliorer tous les processus et donc la productivité. Pour une grande entreprise, les économies potentielles sont énormes.

L'e-business nous a permis d'élargir nos marchés et de trouver de nouveaux clients. Notre base de fournisseurs s'est ouverte au reste du monde. Grâce à notre taille, nos investissements technologiques ont bénéficié d'un effet de levier; en réalité, être gros, c'était un avantage. Pour moi, en dernière analyse, dans le monde Internet, les gains de productivité et l'accroissement des parts de marchés qu'Internet apporte aux entreprises de la « vieille économie » sont tels que, par comparaison, les opportunités de croissance des start-up de la « nouvelle économie » paraissent toutes petites.

Les sceptiques, convaincus qu'il était impossible d'améliorer encore la productivité de GE, me demandaient si nous n'avions pas déjà pressé le citron jusqu'à la dernière goutte. Le Net nous a donné un citron tout neuf, un pamplemousse, peut-être même un melon – le tout sur un plateau.

À nos yeux, Internet offrait une opportunité qui s'exercerait à un triple niveau : les achats, la production et la vente.

À eux seuls, les achats portaient sur 50 milliards de dollars de biens et services par an. Le transfert d'une partie de cette activité sur des enchères en ligne nous a ouvert l'accès à de nouveaux fournisseurs avec des coûts de transaction plus faibles. Même si le volume transféré était faible, les économies réalisées étaient significatives.

Au départ, on nous avait parlé d'économies se situant entre 10 % et 20 % de tout ce que nous achetions. En réalité, tous comptes faits, elles n'ont pas dépassé les 5 %. Traiter avec de nouveaux fournisseurs occasionnait souvent de nouveaux coûts – certification qualité, droits, taxes, frais de transport et autres charges. Nous avons cependant fait des économies énormes sur les 6 milliards de dollars d'achats réalisés par enchères en ligne en 2000 (en 2001, nous comptons faire en ligne 14 milliards de dollars d'achats).

Pour GE, la numérisation recelait une autre source (secrète) d'économies considérables : l'amélioration de nos procédures. Dans les grandes entreprises, les opérations administratives et comptables génèrent des montagnes de papier. La numérisation en élimine une bonne partie, ainsi que d'autres tâches fastidieuses, ce qui rejaillit sur la qualité de vie de très nombreux salariés. En 2000, les économies ainsi réalisées au niveau de l'exécution se sont chiffrées à 150 millions de dollars. En 2001, nous pensons qu'elles atteindront le milliard de dollars, et ce après 600 millions de dollars de coûts de mise en place.

Côté vente, le Net nous a permis d'améliorer le service : les commandes sont traitées plus vite ; nos clients, nouveaux et existants, peuvent voir où elles en sont sans même décrocher leur téléphone. Fini le temps où l'on pouvait les rassurer en leur disant que leur commande avait été expédiée alors que ce n'était pas le cas. Combiné à Six Sigma, Internet nous permet réellement d'offrir un meilleur service à nos clients. Nous avons fait 7 milliards de dollars de ventes en ligne en 2000, et ce chiffre sera au moins doublé en 2001.

La numérisation a démarré à partir du moment où elle est entrée dans notre système opératoire. À notre réunion annuelle de Boca, en janvier 1999, j'ai demandé aux directeurs de division de nous expliquer aux réunions de stratégie du mois de juin comment ils comptaient la mettre en œuvre. En mars, j'ai invité quatre intervenants extérieurs au comité de direction : Joe Liemandt, de Trilogy Systems, Lou Gerstner, de chez IBM, Rich McGinn, de Lucent Technologies, et John Chambers, de Cisco.

Joe nous a terrorisés en brandissant la menace des start-up. Lou nous a permis de redescendre sur terre ; il avait un point de vue plus pratique sur le Net et le rôle des start-up. Rich a montré que les nouvelles technologies étaient encore en enfance et décrit ce que l'Internet deviendrait peut-être un jour. Quant à John, il nous a expliqué que c'était en utilisant l'Internet pour rationaliser nos processus internes que nous ferions les plus grandes économies de coûts.

J'avais connu Joe Liemandt enfant, à Pittsfield. Son père, maintenant décédé, avait été mon directeur de la planification stratégique lorsque j'étais chez GE Plastics, au début de ma carrière. Joe nous a décrit la horde de jeunes entrepreneurs qui se préparaient à nous tailler des croupières. En fait, son message était simple : vous êtes gros, gras et innocents. Vous faites une proie facile.

Il fallait cela pour nous remuer. Nous avons constitué des équipes, les avons souvent installées dans des bâtiments séparés et leur avons demandé d'analyser les modèles Internet potentiels susceptibles de nous faire subir un sort comparable à celui qu'Amazon essayait d'infliger aux librairies du monde en dur.

Avec notre ferveur révolutionnaire habituelle, nous avons baptisé ces équipes « destroyyourbusiness.com » (DYB). Leur rôle était de définir un nouveau *business model* pour nos activités existantes sans subir l'influence de ceux qui étaient du métier et travaillaient « à l'ancienne » depuis des années.

L'étape suivante de ma propre éducation a eu lieu après un voyage à Londres, au printemps 1999. J'y ai rencontré le patron de notre pôle de crédit à la consommation, un homme de trente-six ans. Tout à fait par hasard, il a dit qu'il venait de voir son mentor. Surpris, je lui ai demandé comment il se faisait que ce n'était pas lui qui servait de mentor aux jeunes collaborateurs à gros potentiel.

« Non, là, c'est autre chose, m'a-t-il répondu. Un garçon de vingt-trois ans vient quatre heures par semaine me montrer comment utiliser Internet. C'est moi, l'élève ! »

Cette idée m'a immédiatement séduit, en particulier le fait qu'un homme de trente-six ans fasse appel à un mentor encore plus jeune. Le lendemain, je devais faire un speech au cours d'un déjeuner devant des entrepreneurs hongrois, à Budapest. Comme d'habitude, je croyais avoir exprimé toutes sortes de pensées plus profondes et plus sages les unes que les autres. Après mon intervention, comme il est d'usage, plusieurs auditeurs se sont précipités pour me féliciter. Après les politesses, la plupart me disaient qu'il y avait une chose qu'ils retiendraient à coup sûr. À ma discrète déception, mon éloquent discours avait été réduit à une seule idée : les mentors nouvelle formule, qui correspondaient apparemment à un besoin.

En rentrant à Fairfield, j'ai immédiatement demandé à nos cinq cents plus grands dirigeants de se choisir un mentor, de préférence de moins de trente ans. Ces derniers, qui avaient moins de la moitié de l'âge de leur élève, faisaient travailler ces hommes de Néanderthal (nous) trois ou quatre heures par semaine, voire plus. Personnellement, j'en ai même eu deux. Mon mentor officiel, c'était Pam Wickham, qui travaillait au département des relations publiques de GE. Elle adorait Internet et connaissait admirablement son affaire. Elle avait d'ailleurs joué un rôle clé lors de l'installation du premier site GE pour les plastiques et avait ensuite été promue au siège.

Mon assistante, Rosanne, me sauvait la vie au quotidien. Chaque fois que je me plantais, je l'appelais au secours et elle me sortait du mauvais pas où je m'étais fourré en essayant d'aller au-delà de ce que me permettaient mes compétences. Elle parvenait toujours à résoudre le problème.

Début 2000, nous avons étendu ce système de tutorat à 3000 cadres supérieurs. Cela s'est révélé une excellente façon d'inverser les schémas habituels. De jeunes managers brillants et débordants d'énergie rencontraient les patrons de GE. Ils leur donnaient des leçons d'Internet. Mais ces séances étaient aussi l'occasion de conversations à bâtons rompus, les patrons découvraient des talents nouveaux et comprenaient mieux ce qui se passait dans l'entreprise.

Nous avons même recruté un mentor pour le conseil d'administration. En octobre 1999, j'ai en effet demandé à Scott McNealy, PDG de Sun Microsystems, de devenir administrateur de GE. Son rôle consistait à nous pousser à penser autrement. En 1999, il a fait une présentation à Crotonville qui a retenu l'attention générale.

Nous apprenions beaucoup, mais la tentation était forte de copier le modèle achat-revente des start-up et de sauter sur des schémas contre-productifs. J'en donnerai pour exemple les échanges électroniques comportant une tierce personne. Comme d'autres, nous avons failli oublier une loi essentielle du monde des affaires : il ne faut jamais, absolument jamais, laisser qui que ce soit s'immiscer entre soi et ses clients ou ses fournisseurs. On ne peut pas se permettre de perdre des relations aussi longues à établir et aussi précieuses.

PlasticsNet est un bon exemple de ce que nous avons évité. Cet agrégateur en ligne, spécialisé sur les matières plastiques, n'avait comme produits que ceux qu'ils pouvaient se fournir sur le marché, mais prenait une commission sur tout ce qu'il vendait. Il jouait donc les intermédiaires, à un moment où le Net était censé éliminer tout ce qui s'interposait entre le producteur et l'acheteur.

De notre côté, nous avions Polymerland.com. Gary Rogers, alors PDG de GE Plastics (il a été élu président adjoint en juin 2001), était parmi les plus avancés pour le développement de l'e-business chez nous. Contrairement à PlasticsNet, il possédait deux atouts : les produits et l'information permettant de les vendre. À l'époque, Polymerland faisait moins de 10 000 dollars par semaine de chiffre d'affaires. Ce n'était pas grand-chose, mais c'était tout de même mieux que PlasticsNet.

Pour développer ses ventes en ligne, la division Plastiques a modifié ses plans marketing et nommé un spécialiste e-business à plein temps par région, avec mission de prendre les clients par la main, de façon à ce qu'ils n'aient aucune réticence à acheter en ligne. Je suis devenu fanatique de ce modèle, harcelant l'équipe de coups de téléphone et d'e-mails, me tenant au courant du chiffre d'affaires quotidien du site. J'apprenais des tas de choses et je m'amusais comme un fou. À force de m'en entendre parler, tout le monde est allé voir comment cela se passait à Polymerland. Les nouveaux savoir-faire se diffusaient.

Au départ, nous avions pensé que le plastique passerait peut-être la barre des 500 millions de dollars en 1999. Il passa celle du milliard de dollars. Nous avions sous-estimé l'opportunité, rêvé trop petit car nous croyions, à tort, qu'il était difficile de travailler en ligne. Aujourd'hui, Polymerland fait un chiffre d'affaires hebdomadaire de 50 millions de dollars ; le chiffre d'affaires annuel sera de 2,5 milliards de dollars en 2001.

GE Plastics n'a pas été le seul à se lancer. En 2000, nous avons fait 7 milliards de dollars de ventes en ligne pour l'ensemble de GE. Si la plus grande partie provenait de clients existants que nous avions transférés en ligne, nous avons aussi acquis de nouveaux clients et augmenté notre part sur les transactions réalisées par nos clients existants.

À l'époque où tout le monde ne jurait que par les dotcom, nous avons succombé à la folie de créer des sites – pour tout et pour rien. Cela reflétait certes notre enthousiasme et notre énergie mais, début 2000, nous nous sommes aperçus que cela dérapait. Le petit électroménager avait par exemple développé un nouveau site très sympa qui s'appelait MixingSpoon.com. On y trouvait des recettes, des groupes de discussion, des conseils d'achat, la possibilité de télécharger des bons de réduction – tout ce dont on a besoin quand on fait la cuisine. Même des appareils ménagers, je suppose. Le problème, c'est qu'il ne s'en vendait aucun.

C'est devenu l'emblème des sites que nous appelions de la « poussière de dotcom », créés pour faire bien, mais dont l'existence ne se justifiait pas financièrement. Nous avons appris que si l'on ne pouvait pas monétiser un site – soit directement avec des produits, soit indirectement, du fait de l'amélioration du service – autant ne pas le construire.

Nos équipes DYB sont très vite parvenues à la conclusion que l'Internet présentait davantage d'opportunités que de menaces. Nous avons redéfini leur mission et elles ont pris le nom de GYB, pour « growyourbusiness.com ». Et nous les avons réintégrées dans leur département d'origine et dans les *business models* existants.

En juin 1999, j'ai envoyé mon premier e-mail à l'ensemble de GE (mieux vaut tard que jamais, je sais !). Dans les 48 heures, je recevais dans un site séparé créé pour la circonstance près de 6000 réponses. Des salariés de tout niveau, de l'ouvrier au cadre de direction, de tous nos métiers et de tous les coins du monde, me répondaient par retour d'e-mail pour me livrer leurs réflexions, leurs impressions, leurs réactions, leurs sujets de mécontentement, d'inquiétude ou d'intérêt. Tout le monde s'y mettait.

Notre initiative e-business nous a fait découvrir de nouvelles façons de travailler. GE Plastics a installé des senseurs électroniques dans les silos de stockage de certains de ses plus gros clients. Ses entrepôts sont ainsi immédiatement alertés quand le niveau baisse, déclenchant du même coup une nouvelle commande en ligne. GE Capital utilise le Net pour suivre les entrées et les sorties quotidiennes d'argent sur le compte des clients ayant pris des crédits. On sait ainsi instantanément si leur situation devient précaire, ce qui réduit le potentiel de pertes. La plupart de nos directeurs de division ont maintenant sur leur ordinateur un poste de pilotage numérique qui tient à jour, en temps réel, toutes les données importantes. Cela facilite leur gestion.

Le vendredi, tous les membres de la direction générale reçoivent les performances chiffrées en termes d'achats, de fabrication et de vente des 22 branches les plus importantes de GE. Ces chiffres fournissent un instantané de ce que chacune a acheté en ligne, combien d'enchères elle a mené, de combien ces enchères ont fait baisser les prix d'achat, quel objectif elle se fixe pour l'année, de combien elle a progressé. Par leur visibilité même, ces chiffres hebdomadaires incitent tout le monde à en faire plus.

À mon sens, l'e-business est la seule activité où les objectifs établis un jour donné peuvent paraître ridicules un mois plus tard, tant la courbe d'apprentissage est raide. Nous étions toujours ébahis, rétrospectivement, de regarder ce que nous *croyions* savoir quelques semaines plus tôt.

John Chambers, le patron de Cisco, nous a appris une autre leçon très importante. Il nous a fortement conseillé d'éviter la coexistence de « voies parallèles» entre les processus de travail en ligne et hors ligne. Faute de quoi les gens continueraient à faire du papier, empêchant plus ou moins le passage à la numérisation indispensable pour accroître notre productivité. Quelques mois après la présentation de John, plus de 150 managers GE hantaient les couloirs de Cisco. Tout le monde voulait savoir comment la firme californienne s'y prenait pour numériser ses processus internes. Peu après leur retour, nous avons retiré de nos bureaux imprimantes et photocopieuses, mis en ligne toutes les notes de frais, l'information sur nos systèmes de protection sociale, ainsi que tous les rapports financiers internes.

Tout le monde s'est mis à acquérir le réflexe numérique. Aujourd'hui, il n'est pas rare que des chefs de branche GE interdisent totalement le papier. La numérisation a provoqué un énorme changement de mentalité dans l'ensemble du groupe.

Au printemps dernier, j'ai assisté à une présentation des activités e-business de notre branche assurance sur crédit immobilier. Le patron nous a décrit une stratégie destinée à supprimer ce qu'il appelait les «points de passage» – autrement dit les étapes du processus d'approbation où un employé était appelé à manipuler un papier. S'il y parvenait, il estimait pouvoir réduire ses frais généraux de 30 %.

C'était le début de notre stratégie de numérisation du travail, qui devrait nous permettre de réaliser des économies énormes : 10 milliards de dollars, 30 % de nos frais généraux. Il y avait là une opportunité fantastique. Nous nous étions toujours battus pour gagner en productivité. La numérisation, c'était la découverte du Saint-Graal de la réduction des frais généraux.

La numérisation améliorera la qualité de nombreux emplois. Prenez un commercial : aujourd'hui, il consacre entre 30 et 35 % de son temps au contact direct de ses clients. Le reste part en tâches administratives, rédaction des bordereaux de commande, enquêtes sur les paiements ou sur les retards de livraison. L'Internet peut faire tout cela beaucoup plus efficacement qu'eux; ils peuvent dès lors passer davantage de temps avec les clients, ce qui transforme leur rôle, les simples preneurs de commandes devenant de véritables conseillers.

Chez GE Medical, un médecin ou un radiologue de Denver peut maintenant appeler sa page personnelle et comparer l'évolution de ses patients à celle de milliers d'autres malades anonymes, dans le monde entier. Ces données de performance relative leur permettent de se comparer à d'autres hôpitaux. Nous leur proposons des offres en ligne leur permettant de remédier à toutes sortes de problèmes.

Quant aux générateurs, les ingénieurs travaillant dans des centrales peuvent aller consulter leur page personnelle et comparer leur rendement calorique et leur consommation en carburant à ceux de près de cent autres centrales dont le nom n'est pas précisé. Il leur suffit d'un autre clic pour nous commander un module de service, grâce auquel ils se hisseront à un excellent niveau de performance.

L'e-business et la base installée de produits GE sont faits l'un pour l'autre. Il fait maintenant partie de notre patrimoine génétique, car nous le considérons désormais comme une façon de réinventer et de transformer GE.

Quant à moi, je continue à me battre avec mon propre ordinateur.

« Rosanne ! Au secours ! »

SECTION V

# HIER, DEMAIN...

# 23

# « Go home, Mr Welch »

Le jeudi 7 juin 2001, j'étais en route pour Bruxelles, espérant y obtenir le feu vert de la Commission européenne à l'acquisition, pour 44 milliards de dollars, de Honeywell International. Mike Bonsignore, PDG de Honeywell, et moi-même avions annoncé l'accord huit longs mois plus tôt. Depuis, des milliers de personnes, dans nos deux entreprises, travaillaient fiévreusement à la mise en place des plans de fusion.

Quand Mike Smith, le patron du département avionique de Honeywell, et moi-même avons embarqué à New York, sur place, à Bruxelles, notre équipe avait déjà fait un grand pas pour répondre aux objections soulevées par les fonctionnaires de la Commission. En début de semaine, nous avions proposé de retrancher de la transaction certains actifs aéronautiques de Honeywell qui réalisaient environ 425 millions de dollars de chiffre d'affaires – c'était l'un des désengagements les plus importants jamais proposés pour faire accepter une fusion par la Commission européenne.

Ces concessions portaient sur le nouveau moteur Honeywell destiné aux jets régionaux et les démarreurs de moteurs d'avions (qui équipaient aussi bien nos propres moteurs que ceux de Rolls-Royce et de Pratt & Whitney, nos principaux concurrents). Nous les estimions significatives et suffisantes, les organismes antitrust officiels américains et ceux de onze autres pays ayant même estimé qu'elles ne s'imposaient ni l'une ni l'autre.

La veille au soir, avant de partir avec Mike Smith, j'avais eu la mauvaise surprise d'apprendre que le rendez-vous prévu pour le vendredi avec

Mario Monti, le commissaire chargé de la concurrence, avait été annulé. Ce n'était manifestement pas bon signe.

Néanmoins, tandis que nous traversions l'Atlantique, notre équipe était restée à la table de négociation, évaluant la réaction du groupe de travail de la Commission face à nos propositions. Ces négociations étaient difficiles, car nous étions censés proposer sans cesse de nouvelles solutions. En réalité, la Commission nous forçait à négocier contre nous-mêmes.

Malgré ces obstacles, j'espérais bien terminer les négociations et signer l'accord. Dans l'avion, nous avons réfléchi avec Mike Smith. Au cas probable où la Commission exigerait d'autres concessions, Mike m'a décrit en détail les implications stratégiques de chaque élément de son activité avionique. J'étais à la recherche de 30 à 50 millions de dollars d'activités à sacrifier de façon à satisfaire aux exigences de la Commission.

Envisager ce démantèlement était un exercice douloureux. Mike et son équipe avaient construit beaucoup de ces activités à partir de zéro. En évoquant la vente éventuelle de certaines lignes de produits, j'avais l'impression de lui arracher ses propres enfants. Si l'un de mes patrons avait décidé un jour de vendre un morceau de mon royaume Plastiques, cela m'aurait rendu malade.

Tout à coup, mon téléphone a sonné. C'étaient Dennis Dammerman et Ben Heineman qui m'appelaient de Bruxelles. On ne demandait pas des millions, mais des *milliards* de dollars de concessions supplémentaires. Mike et moi, nous avons refermé nos dossiers. Nous ne nous en sortirions pas avec quelques bricoles.

« La plus grande acquisition industrielle de l'histoire », comme l'appelaient les médias, avait pourtant commencé en toute innocence. Le 19 octobre 2000, j'étais à Wall Street avec un vieil ami, Azim Premji, l'entrepreneur que j'avais rencontré onze ans auparavant au cours de mon premier voyage en Inde. Sa société, Wipro, était introduite au NYSE ce jour-là.

Après la clôture, Bob Pisani, journaliste de CNBC, est venu interviewer Azim, puis m'a tendu le micro en me demandant ce que je pensais du bruit selon lequel United Technologies se préparerait à racheter Honeywell.

« C'est une idée intéressante ! ai-je réussi à lui répondre.

– Qu'est-ce que vous allez faire ? m'a-t-il alors demandé.

– Réfléchir ! »

En réalité, j'avais bien failli tomber à la renverse. Levant les yeux vers le téléscripteur, j'ai constaté que le cours du titre Honeywell avait monté de 10 dollars. La nouvelle que venait de m'assèner Pisani m'avait pris par surprise. J'étais incapable de penser à quoi que ce soit d'autre.

Nous avions en effet envisagé nous-mêmes, quelques mois plus tôt, l'acquisition de Honeywell. Il me semblait que le rapprochement de nos deux sociétés pouvait être harmonieux. Nos activités étaient complémentaires dans trois domaines clés – les moteurs d'avion, les systèmes industriels et les plastiques. Au niveau des produits, il n'y avait aucun chevauchement direct. Honeywell, par exemple, est leader dans le domaine des moteurs pour petits avions destinés aux entreprises, GE dans celui des moteurs de gros porteurs. Au total, la fusion ajouterait 25 milliards de dollars au chiffre d'affaires de GE et 120 000 personnes à ses effectifs.

Au début du mois de février 2000, ayant étudié de près la situation financière de Honeywell, nous sommes tous tombés d'accord qu'au prix auquel nous pensions alors que la société voudrait se vendre, cela ne nous intéressait pas. Le titre oscillait alors entre 50 et 60 dollars.

Depuis le mois de février, cependant, les choses avaient beaucoup changé. Larry Bossidy, qui avait fusionné AlliedSignal avec Honeywell fin 1999 et pris la présidence du nouveau groupe, était parti en retraite au mois d'avril. Le trimestre suivant, Honeywell avait annoncé qu'il ne réaliserait pas le bénéfice prévu et le cours du titre avait baissé. La veille de ma visite à Wall Street, il était tombé à 36 dollars.

Ce mauvais trimestre avait fait chuter la valeur sur le marché de la société de 50 à 35 milliards de dollars entre janvier et octobre 2000.

En sortant de Wall Street, je mourais d'envie d'en savoir plus. J'ai immédiatement passé quelques coups de fil. J'ai eu notre administrateur Si Cathcart et je lui ai rappelé que nous avions nous-mêmes envisagé l'acquisition de Honeywell. Au cours actuel, elle devenait intéressante. Entre autres, j'ai appelé Dennis Dammerman pour lui demander de venir à New York le lendemain matin avec une équipe, pour préparer une éventuelle acquisition.

Nous étions en train de choisir mon successeur, aussi ai-je appelé les finalistes pour les tenir au courant. Ils étaient tous les trois favorables au projet – surtout Jim McNerney, le patron de notre division Moteurs d'avions.

En fait, au cours des dernières semaines, McNerney et Dave Calhoun, son directeur d'exploitation, avaient regardé le dossier Honeywell avec une équipe de banquiers. Ils proposaient que nous en fassions l'acquisition. Je savais aussi que Lloyd Trotter, le patron de GE Industrial Systems, était tenté par les activités industrielles de Honeywell. À vrai dire, Lloyd était favorable à un rapprochement avant même la fusion Honeywell-AlliedSignal.

Le lendemain matin, un vendredi, Dennis et ses hommes se sont entassés dans deux hélicoptères et sont venus de Fairfield à New York en apportant les études réalisées auparavant en interne. J'ai appelé Bill Harrison, PDG de la Chase Manhattan, et je lui ai demandé si Geoff Boisi, président adjoint et patron de la branche banque d'investissements, pourrait nous servir de conseiller dans cette affaire. Il a tout de suite accepté et s'est précipité dans nos bureaux, à Rockefeller Center, pour regarder les chiffres avec notre équipe.

Nous avons fait participer Jim McNerney et Dave Calhoun par vidéoconférence. Ils étaient convaincus que l'activité avionique *high tech* de Honeywell complétait admirablement notre propre activité de construction de moteurs d'avions – il n'y avait aucun chevauchement. Honeywell construisait des moteurs pour petits avions, ce qui nous permettrait le cas échéant de nous introduire dans un marché où nous n'avions aucune offre à opposer à celles de Rolls-Royce et de Pratt & Whitney. L'analyse de Lloyd Trotter, concernant les activités industrielles, montrait la même chose – pratiquement aucun chevauchement avec les produits GE.

Vers la fin de la vidéoconférence, nous sommes parvenus à la conclusion que nous pouvions proposer une modeste augmentation de notre offre et présenter un dossier plus convaincant, en tant que repreneur, que celui d'United Technologies. Il y avait davantage de chevauchements de produits entre Honeywell et UT ; le rapprochement risquait donc de poser davantage de problèmes vis-à-vis de l'administration antitrust. Mais il fallait agir vite : le bruit courait que les conseils des deux sociétés étaient convoqués pour donner l'approbation finale à la fusion.

Nous disposions d'un avantage : il y avait eu des fuites, nous connaissions les termes de l'offre d'UT, qui se proposait de procéder à un échange d'actions. La transaction valorisait Honeywell à un peu plus de 50 dollars par titre, ce qui faisait un total de 40 milliards de dollars. Selon moi, ce n'était pas cher, je savais que nous pouvions offrir davantage.

Il y avait cependant un problème, dont j'ai discuté avec Dennis. J'avais prévu de prendre ma retraite le 30 avril 2001, cinq mois après mon 65e anniversaire. Si nous voulions faire cette acquisition, il faudrait que je reste un peu plus longtemps : je ne pouvais pas mettre un tel dossier sur les bras de mon successeur au moment même où il prenait les rênes.

D'un autre côté, je ne pouvais pas non plus laisser passer la plus grande fusion dans l'histoire de GE. Si nous parvenions à acheter Honeywell, je resterais un peu. Je ne retarderais pas pour autant la décision concernant le choix de mon successeur, qui serait « président élu » un peu plus longtemps que prévu, c'est tout.

Dennis pensait, comme moi, qu'il fallait faire une offre ; j'ai ensuite téléphoné aux administrateurs qui étaient également d'accord.

À dix heures et demie du matin, j'ai appelé le siège de Honeywell, à Morristown, dans le New Jersey, et j'ai demandé à parler au président, Mike Bonsignore. Il était déjà en réunion avec son conseil ; ils étaient en train de discuter de l'offre d'United Technologies. Son assistante ne voulait pas interrompre la réunion.

La chance a voulu que Rosanne Badowski, ma propre assistante, connaisse celle de Mike, qui avait travaillé pour Larry Bossidy. Elle l'a appelée et a réussi à la convaincre que c'était vraiment très, très urgent.

Mike Bonsignore est venu au téléphone pour me dire que le Conseil entérinerait la fusion Honeywell-UT dans les cinq minutes.

« Non, surtout pas, je vous en prie, je vais vous faire une meilleure offre ! »

Là-dessus, je lui ai demandé de m'attendre un peu, j'allais sauter dans un hélicoptère, je serais là dans moins d'une heure. Il m'a répondu que ce ne serait pas nécessaire, mais que si nous étions sérieux, il avait besoin d'un document écrit.

« Pas de problème. Je vous faxe quelque chose dans quelques minutes. »

J'ai griffonné sur une feuille de papier les points essentiels de notre offre et, dix minutes plus tard, à onze heures vingt, il l'avait entre les mains. Je proposais un échange d'actions sur la base d'une pour une.

Après mon fax et une nouvelle conversation téléphonique, le Conseil de Honeywell a suspendu sa séance, mettant l'offre UT en attente. De son côté, le Conseil d'United, ayant déjà approuvé l'accord, attendait des nouvelles de Honeywell. En obtenant que Mike repousse la décision, nous venions d'ouvrir la porte à une négociation.

Après la clôture, United Technologies a publié une déclaration selon laquelle la société mettait fin aux pourparlers de fusion entamés avec Honeywell. Le bruit a commencé à courir que nous nous intéressions à l'affaire.

Quand j'ai quitté le bureau, ce vendredi soir, nous avions apparemment de bonnes chances de réussir.

Le lendemain matin, les journaux annonçaient que nous étions en train de négocier avec Honeywell. L'après-midi, Dennis Dammerman, Ben Heineman, Keith Sherin, notre nouveau directeur financier (qui avait récemment remplacé Dammerman) et moi-même avons rencontré à New York Mike Bonsignore, Peter Kreindler et Richard Wallman, respectivement PDG, directeur juridique et directeur financier de Honeywell. Au bout de deux heures de négociations sur le prix de la cession, nous nous sommes trouvés dans une impasse. Notre offre, à peine inférieure à 45 milliards de dollars, dépassait de près de 5 milliards celle d'UT. Elle serait payée entièrement en titres GE. J'offrais un échange paritaire, une action GE pour une action Honeywell. Mike en voulait 1,1 et refusait de céder. J'ai fini par accepter 1,055 et cela a débloqué la situation. Nous nous sommes serré la main pour marquer notre accord.

Après avoir présenté notre offre à son Conseil, Mike m'a demandé de confirmer que je resterais pendant la période de transition, ce que j'ai fait.

Ensuite, je suis rentré à toute vitesse au bureau pour que nos avocats puissent passer les détails de l'accord au peigne fin. Il était dix-huit heures vingt. Pour fêter l'événement, je suis allé au Yankee Stadium où se jouait un match très important entre les Yankees et les Mets. Je suis arrivé à l'heure.

Le dimanche, les avocats et les banquiers ont mis la dernière main aux termes du contrat. Une personne extérieure aurait pu trouver que tout allait très vite. En réalité, cela faisait trois ans que nous nous penchions sur le dossier Honeywell. La récente baisse du titre nous avait ouvert de nouvelles possibilités.

L'offre d'United Technologies a fait paraître la nôtre spontanée.

La situation me rappelait énormément l'acquisition de RCA. En l'occurrence, le fleuron stratégique de la couronne était l'aéronautique. L'acquisition de Honeywell doublerait notre activité dans ce domaine ; en outre, elle nous permettrait de proposer une gamme de moteurs beaucoup plus étendue et d'acquérir une spécialité qui nous manquait totalement : l'avionique *high tech*, métier qui consiste à fabriquer le cerveau de l'avion.

L'acquisition doublerait également le volume d'affaires de nos métiers industriels. Nous aurions de nouvelles lignes de produits chimiques et notre département Plastiques s'enrichirait du Nylon. Comme RCA,

Honeywell avait des activités de niche, comme les turbochargeurs, que nous pourrions revendre plus tard.

Il y avait cependant une différence notable. Dans le cas de RCA, nous avions déboursé 19 % de la valeur sur le marché de GE pour acheter une société dont les bénéfices représentaient 14 % du nouvel ensemble. Dans le cas de Honeywell, les chiffres correspondants étaient respectivement de 8 % et de 16 %. En outre, je pensais qu'en appliquant à Honeywell les initiatives qui nous avaient si bien réussi (comme promouvoir plus vigoureusement les services, introduire le Six Sigma et l'e-business), nous irions beaucoup plus loin encore. Le potentiel d'économies dues à ces initiatives et à quelques autres mesures de productivité avoisinait, selon nos estimations, 1,5 milliard de dollars.

Ajoutons que l'opération se présentait à un moment où GE était particulièrement solide : nous avions terminé l'année 2000 avec un résultat record de 12,7 milliards de dollars, en hausse de 19 %, et un chiffre d'affaires également record, de 130 milliards de dollars, après avoir aligné cinq années consécutives de croissance à double chiffre, tant du chiffre d'affaires que du résultat.

Le dimanche, nous avons passé la journée à peaufiner les détails de la façon dont nous annoncerions l'accord, d'une part aux analystes de Wall Street, d'autre part aux journalistes.

Le dimanche matin, nous avions reçu pas mal de coups de fil de journalistes et préparé la conférence de presse au cours de laquelle nous annoncerions l'accord. Je savais que les médias ne manqueraient pas de gloser sur le fait que je restais PDG de GE plus longtemps que prévu et j'aurais bien aimé éviter que l'on dise que je m'accrochais à mon poste. Quoi qu'il en soit, le soir, tous les papiers étaient prêts et signés.

Le lendemain matin, Mike Bonsignore et moi avons rapidement pris le petit-déjeuner ensemble, avant d'enchaîner sur quatre heures non-stop d'interviews et de rencontres avec des analystes.

Nous avons expliqué la logique de l'accord. J'ai essayé de tordre le cou à l'idée que nous faisions cette acquisition pour que je puisse rester un peu plus longtemps aux commandes de GE, déclarant sur le ton de la plaisanterie : « Ne vous inquiétez pas, je ne vais ni vous jouer la grande scène du vieux c… qui refuse de quitter son siège, ni faire une autre acquisition de 50 milliards de dollars pour m'accrocher encore six mois de plus ! »

Quand on m'a demandé si nous avions l'accord des administrations antitrust, j'ai répondu qu'il n'y aurait aucun problème, allant jusqu'à prédire que l'accord serait signé officiellement au mois de février.

S'il y a une chose à laquelle je ne m'attendais pas, c'est la longue procédure antitrust à laquelle nous a soumis la Commission européenne. L'année précédente, elle avait donné le feu vert à la fusion Allied Signal-Honeywell, j'étais donc convaincu que nous n'aurions pas de problème. La Commission n'avait demandé à Honeywell que quelques changements et une concession mineure – d'environ 30 millions de dollars – à une société électronique française, Thales, pour donner son accord.

En revanche, elle avait fait achopper la fusion de deux grandes entreprises de télécommunications, WorldCom et Sprint, ainsi que celle de Time Warner et de EMI. Mais dans les deux cas, il y avait des chevauchements de produits.

C'est au mois de janvier que nous avons eu les premiers signes avant-coureurs de difficultés. Thales faisait paraît-il à nouveau du lobbying auprès de la Commission pour tenter d'obtenir que celle-ci oblige Honeywell à vendre des activités.

Le 11 janvier, je suis allé faire la connaissance du commissaire Monti et de son équipe à Bruxelles. John Vassallo, notre représentant auprès de l'Union européenne et nos avocats extérieurs m'ont accompagné à ce premier rendez-vous, au cours duquel je voulais demander à bénéficier d'une décision dite de « Phase 1 », celle-ci pouvant intervenir pour le 6 mars. Faute de quoi une longue procédure dite « Phase 2 » nous emmènerait jusqu'au mois de juillet.

Le commissaire Monti a ouvert la séance en soulignant que la coopération entre les équipes était excellente et très appréciée. Après avoir discuté quelques points de procédure, j'ai souligné l'importance que nous attachions à bénéficier d'une décision de Phase 1, comme le demandent toutes les entreprises qui se trouvent dans notre situation.

En l'occurrence, nous avions une raison puissante d'obtenir un accord de Phase 1 : Honeywell et AlliedSignal n'ayant fusionné que depuis un an, leur intégration n'était pas terminée et tout retard inopiné ne ferait qu'exacerber leurs problèmes. J'ai promis de tout mettre en œuvre pour satisfaire rapidement aux exigences de la Commission.

J'ai ajouté que j'avais entendu dire que certains de nos concurrents se préparaient à profiter du processus d'approbation pour tenter de mettre la main sur certains actifs de Honeywell.

Monsieur Monti m'a répondu que nos rivaux n'affecteraient en rien les travaux de la Commission. « Je peux vous assurer que ce genre de tentatives reste en dehors de notre investigation », a-t-il dit.

Quelques instants plus tard, j'ai demandé si les déclarations de nos clients et de nos concurrents auraient le même poids que les nôtres – le commissaire Monti et Enrique Gonzalez-Diaz, qui dirigeait le groupe de travail chargé d'étudier notre fusion, ont répondu que ces deux sources étaient importantes et nécessaires.

Gonzalez-Dias a précisé que les concurrents étaient certes une bonne source d'informations factuelles et qu'il devait tenir compte de leurs inquiétudes. « Mais, ajouta-t-il, je les prends le plus souvent avec une pincée de sel. » Je devais découvrir plus tard quel sens il donnait à cette expression.

J'ai ensuite demandé si nous devions changer quoi que ce soit à notre façon de présenter notre dossier, en expliquant que c'était la première fois que j'étais personnellement impliqué dans ce genre de procédure.

« Je crois que vous faites tout ce que l'on attend de vous, a répondu le commissaire Monti. Nous serons très francs et nous rechercherons toutes les façons d'améliorer et d'accélérer la procédure. Je m'en porte garant. »

Après la réunion, j'ai déjeuné en privé avec le commissaire Monti. Cela a duré deux heures et demie. Je l'ai trouvé intelligent et agréable, mais un peu collet monté.

La conversation a porté sur toutes sortes de sujets et j'ai eu le sentiment que le courant passait entre nous. Néanmoins, il semblait tenir absolument à m'appeler Mr Welch. Lorsque j'ai insisté pour qu'il m'appelle Jack, il m'a répondu qu'il attendrait pour cela que notre dossier serait réglé. Malgré tout, j'ai quitté le restaurant en espérant une décision rapide. Cependant, au milieu du mois de février, nous avons eu des échos défavorables. Apparemment, le groupe de travail voulait entreprendre une enquête approfondie – il y en avait pour quatre mois. J'ai décidé de retourner à Bruxelles dans l'espoir d'éviter ce délai.

Nous avons atterri à Bruxelles en tout début de matinée le lundi 25 février. Il neigeait légèrement. Ben Heineman et une équipe d'avocats sont montés à bord et nous avons tenu une réunion de stratégie avant de nous rendre tous ensemble au siège de la Commission européenne.

Le commissaire s'est immédiatement mis à lire des notes. Sa décision semblait prise : il repoussait la décision au mois de juillet. J'ai défendu mon point de vue près d'une heure durant et je pensais avoir fait un peu avancer les choses. J'avais organisé ma démonstration autour de la performance de GE en Europe, le remarquable succès avec lequel nous avions réussi à rendre leur dynamisme à des entreprises auparavant publiques, notre forte présence en Europe où nous avions 85 000 salariés, et enfin l'absence de chevauchements entre les produits Honeywell et les produits GE. À l'instar de ce qu'avaient fait Honeywell et AlliedSignal, nous avons offert des aménagements n'entraînant pas la vente d'activités. Une fois encore, j'ai souligné à quel point il était important que la décision intervienne rapidement.

Le commissaire Monti a semblé convaincu par ces arguments et nous a suggéré de rentrer à l'hôtel pendant qu'il réunissait son équipe pour y réfléchir. Vers 6 heures et demie, on nous a fait revenir pour nous informer que le groupe de travail et Monti n'avaient pas changé d'avis : nous allions en Phase 2.

Plus ennuyeux encore, ils soulevaient des objections inhabituelles, qui allaient bien au-delà des préoccupations traditionnelles d'une administration antitrust. Ils voulaient étudier « l'effet de gamme » que déterminerait la combinaison éventuelle des activités de GE et de Honeywell dans l'industrie aéronautique.

Je trouvais le commissaire Monti sympathique, mais je n'avais aucune prise sur lui. C'était décevant, mais normal, tout bien réfléchi. Il n'avait aucune raison d'approuver rapidement notre accord de fusion. Celui-ci avait suscité une levée de boucliers et, parmi ceux qui criaient le plus fort, il y avait les Européens Rolls-Royce et Thales, mais aussi nos concurrents américains United Technologies et Rockwell Collins.

Je croyais encore que tout finirait par s'arranger. Malgré les difficultés que nous rencontrions, des milliers de personnes, dans chacune de nos deux sociétés, tentaient de faire en sorte que toutes les grandes décisions d'intégration soient prises au moment où nous signerions l'accord.

Le 2 mai, nous avons appris une bonne nouvelle : le département de la justice américain nous donnait le feu vert. Pour l'obtenir, nous avions dû accepter de vendre l'unité de construction de moteurs d'hélicoptères militaires de Honeywell et d'ouvrir notre activité de maintenance aux moteurs de petits avions.

Six jours plus tard, la Commission européenne sortait une liste d'objections de 155 pages. Cela ressemblait trait pour trait, mais en beaucoup plus détaillé, aux arguments présentés pour justifier l'investigation approfondie de Phase 2.

La phase finale du processus de la Phase 2 comportait deux jours d'audience fin mai. C'est à ce moment-là que les choses ont vraiment commencé à se gâter. Pour la circonstance, le commissaire et le groupe de travail, après avoir agi plusieurs mois en procureur et en commission d'enquête, se sont transformés en juge et en jury. Et au final, ce sont eux qui allaient prendre la décision concernant leur propre proposition.

L'audience elle-même est, à certains égards, un morceau d'anthologie. Le premier jour, nous avons tenté de démontrer que les arguments de la Commission étaient erronés. Des économistes extérieurs, des clients et notre propre équipe de juristes les ont réduits en confettis. Pendant l'audience, Enrique Gonzalez-Diaz, qui était chargé de faire la recommandation finale au commissaire, est souvent entré et sorti de la salle, s'absentant parfois jusqu'à une demi-heure.

Le deuxième jour, nos concurrents étaient présents. J'ai noté deux incidents intéressants. United Technologies a fait une déclaration sous serment factuellement incorrecte. Quant à Rockwell Collins, qui était en train d'introduire en Bourse sa filiale Collins, les arguments qu'ils présentaient à l'audience différaient de ceux qu'il avait présentés aux investisseurs potentiels. Pendant cette séance, Gonzalez-Diaz n'a que rarement quitté son siège.

Après avoir écouté nos concurrents toute la journée, le président de séance nous a royalement accordé un quart d'heure pour réfuter leurs affirmations et accusations. Quelle justice ! Une audience où le procureur joue aussi le rôle du juge !

Le 7 juin, j'ai fait mon dernier voyage à Bruxelles. La décision était imminente. Je voyageais avec Mike Smith, et nous avons appris une mauvaise nouvelle pendant le vol : la Commission avait accru ses exigences. Nous sommes arrivés à Bruxelles à vingt heures trente et nous sommes immédiatement rendus à l'hôtel Conrad, où les équipes de Honeywell et de GE, ainsi que des avocats extérieurs, faisaient le point.

Nous nous sommes mis d'accord sur ce que nous proposerions à la réunion suivante, fixée au lendemain matin, le 8 juin. Nous avons travaillé jusqu'à minuit pour élaborer une liste des actifs Honeywell que nous accepterions de vendre si la fusion était entérinée par Bruxelles. Il y en avait pour 1,3 milliard de dollars, le triple de ce que nous avions accepté auparavant, et la liste comportait pour la première fois certains produits avioniques critiques.

Je ne suis pas allé à la réunion du vendredi matin avec monsieur Monti. Celui-ci estimait que compte tenu de l'éloignement des positions des parties en présence, il valait mieux que les équipes commencent par se rencontrer sans nous. C'est ce qu'elles ont fait, Honeywell et GE mettant sur la table notre nouvelle proposition de nous défaire de 1,3 milliard de dollars d'actifs.

Le vendredi soir, je quittais Bruxelles pour rejoindre mon épouse à Capri où nous devions passer le week-end avec les Fresco. Mon ancien partenaire et administrateur avait pris la présidence de Fiat et je comptais sur lui pour me donner, comme il l'avait toujours fait, des conseils avisés. Le lundi soir, je suis retourné à Bruxelles pour dîner avec les équipes GE. Dennis m'a raconté qu'au cours d'une réunion avec le groupe de travail, il avait constaté que la Commission réagissait défavorablement à notre dernière offre de vendre 1,3 milliard de dollars d'actifs Honeywell.

Il m'a également raconté une anecdote extraordinaire. Dans cette offre, que nous avions formulée le vendredi, nous avions fait des concessions significatives, dont certains éléments très intéressants de l'activité avionique de Honeywell. Or le lundi matin, un membre du groupe de travail demandait à notre équipe pourquoi nous en avions exclu un composant obscur fabriqué dans un bâtiment situé sur un terrain appartenant à Honeywell à Redmond, dans l'État de Washington.

Dennis n'en revenait pas. Personne, de notre côté, ne savait de quel composant ce type pouvait bien parler. Seul un concurrent connaissant dans le détail les activités de Honeywell et le site concerné pouvait avoir remarqué qu'il manquait un élément aussi minuscule. C'était sans doute ce que Gonzalez-Diaz voulait dire quand il parlait de «pincée de sel».

Nos équipes sont retournées s'asseoir autour de la table de négociation le jeudi 12 juin au matin, augmentant encore notre offre, qui portait désormais sur 1,9 milliard de dollars d'actifs. Peter Kreindler, le directeur juridique de Honeywell, qui nous avait donné de précieux conseils, fit la présentation de notre nouvelle proposition. Elle incluait les meilleures activités avioniques de Honeywell, ce qui selon lui ne pouvait manquer de satisfaire la commission. Les membres du groupe de travail ont paru très intéressés, posant de nombreuses questions.

Un peu plus tard, ce même mardi, Ben, Peter et moi avons réglé les détails de cette dernière offre, que nous présenterions le 14 juin, date limite pour soumettre une proposition. Peter a écrit à Ben une lettre dans laquelle il définissait le niveau financier et les désengagements prévus pour remplir nos obligations dans l'accord de fusion. Nous faisions un effort énorme, mais nous pensions pouvoir faire fonctionner l'acquisition à ce niveau.

La lettre de Peter prévoyait aussi une réserve de 340 millions de dollars que je pourrais offrir au commissaire Monti, le cas échéant, pour emporter la décision. Cela nous amènerait à un total de 2,2 milliards de dollars de concessions.

Une réunion était prévue le 13 juin, mais nous ne savions pas si Monti serait seul ou non. Dans le doute, tout le monde m'a conseillé d'y aller seul. À mon arrivée, rue de la Loi, j'ai été accueilli par son assistante, qui semblait surprise que je sois seul.

«Où sont vos collaborateurs? me demanda-t-elle.

– Je suis tout seul. Je suis venu écouter la réaction officielle à notre dernière offre.»

Monti est venu me chercher à l'accueil et m'a accompagné jusqu'à son bureau. Après un échange bref et cordial, nous sommes entrés dans une salle de conférences bondée : il y avait là les fonctionnaires du groupe de travail et leurs collaborateurs.

J'ai posé ma sacoche sur la table et je me suis assis. En face de moi, il y avait huit ou dix fonctionnaires de la commission : Monti lui-même, Enrique Gonzalez-Diaz, patron de l'équipe d'instruction du groupe de travail, Alexander Schaub, directeur général de la concurrence, et Götz Drauz, directeur du groupe de travail sur les fusions.

Le commissaire Monti a ouvert la séance par la lecture d'une déclaration dans laquelle il remerciait notre équipe du travail effectué. Pour enchaîner sur la conclusion : notre proposition était insuffisante. Ensuite, il a lu la liste des actifs de Honeywell que la Commission nous demandait de vendre. J'ai pris des notes : au total, il y en avait pour quelque chose comme 5 ou 6 milliards de dollars. Cela ôtait tout intérêt à une éventuelle fusion entre GE et Honeywell.

«Monsieur Monti, je suis à la fois stupéfié et consterné de ces exigences, lui ai-je dit. Je ne vois pas comment je pourrais envisager de les satisfaire. Si c'est votre position, je rentre chez moi ce soir. J'ai un livre à écrire.»

De l'autre côté de la table, Alexander Schaub, un Allemand trapu au visage rond, a éclaté de rire.

« Vous avez là un dernier chapitre tout trouvé, monsieur Welch, dit-il. Et *Go home, Mr Welch* ferait un titre parfait. »

Cette remarque a détendu l'atmosphère. Tout le monde s'est mis à rire. J'avais la gorge serrée. Il y a eu encore une brève discussion concernant la vente totale ou partielle de GE Capital Aviation Services (GECAS), notre société de financement et de leasing aéronautique, ainsi que d'autres activités significatives. Cela ne nous a menés nulle part.

Ce soir-là, j'ai à nouveau rencontré monsieur Monti. Cette fois, notre entretien n'a pas duré plus de vingt minutes. Je lui ai dit que nous étions allés pratiquement aussi loin que nous le pouvions et que Honeywell partageait ce point de vue. Et j'ai ajouté que nous présenterions notre toute dernière offre le lendemain.

Il a hoché la tête et je suis parti. Le lendemain, 14 juin, je lui ai parlé brièvement au téléphone. Pour lui dire que j'avais ajouté une nouvelle cession, celle de 340 millions de dollars, ce qui portait notre offre à 2,2 milliards de dollars de ventes d'actifs Honeywell.

« Je n'ai pas voulu en parler hier soir, parce qu'il y a des milliards de dollars d'écart entre ce que vous nous demandez et ce que nous pouvons raisonnablement faire, lui ai-je expliqué, mais cela figurera dans notre soumission finale. »

Il m'a remercié de l'avoir prévenu, mais cela ne l'intéressait manifestement pas. Nous sommes allés dans les bureaux de nos avocats, où les équipes de Honeywell et de GE se rencontraient depuis des semaines. Nous étions tous atterrés. Je n'avais rencontré les fonctionnaires du groupe de travail que cinq ou six fois, mais les autres avaient passé des heures à se battre avec eux.

La soumission officielle a été adressée en fin de journée à la Commission ; elle décrivait, élément par élément, les 2,2 milliards de dollars d'actifs Honeywell que nous acceptions de vendre.

Avant mon départ de Bruxelles, Monti m'a appelé pour me souhaiter bonne chance. Il m'a dit qu'il avait trouvé agréable de travailler avec moi, ajoutant : « Maintenant que l'affaire est terminée, je peux vous dire : *Good bye, Jack* ! ». C'était la première fois qu'il m'appelait par mon prénom. Je l'ai remercié et ai conclu :

« Eh bien, *Good bye, Mario.* »

Sur le coup, j'avais du mal à croire qu'ils tenaient pour nulles et non avenues toutes les concessions que nous avions faites. En incluant les activités que nous acceptions de vendre aux États-Unis, le total s'élevait à environ 2,5 milliards de dollars – environ 40 % des lignes de produits phares en aérospatial. J'espérais que le groupe de travail de fusion regarderait à deux fois ce que nous mettions sur la table.

La décision de Bruxelles a fait sensation. De nombreux journaux et magazines l'ont critiquée. À Washington, certains hommes politiques l'ont attaquée publiquement et ont demandé à la Commission de revoir sa copie.

Constatant que l'opinion publique faisait pression en notre faveur, nous avons décidé, en accord avec Honeywell, de faire une ultime tentative. Le lundi 25 juin, Dennis, Ben et moi-même avons donc rencontré Mike Bonsignore et Peter Kreindler à New York. Nous envisagions d'offrir de vendre 19,9 % de GECAS à un investisseur privé choisi par GE et d'inviter un administrateur indépendant sur les cinq qui siégeaient au Conseil de la société, en précisant que nous n'accepterions jamais de voir nos concurrents devenir actionnaires minoritaires de GECAS. Mike et Peter étaient d'accord.

Revenant sur les cessions envisagées dans le domaine de l'aérospatial, nous avons décidé de conjuguer la vente de 19,9 % de GECAS avec une offre de céder 1,1 milliard de dollars d'actifs Honeywell, la moitié de ce que nous avions proposé dans notre offre du 14 juin. Mike et Peter estimaient, comme nous, que cette nouvelle offre devait suffire.

Le lendemain matin, j'ai appelé monsieur Monti et lui ai demandé s'il accepterait de nous recevoir, Bonsignore et moi, à Bruxelles, car nous avions une dernière proposition à lui soumettre. Il préférait que nos avocats européens la lui présentent. À ma demande, il a dit la même chose à Mike Bonsignore. Celui-ci, comme moi, lui a répété que nous étions prêts à nous rendre à Bruxelles.

Nos avocats ont agi conformément à leurs instructions et Monti nous a très vite recontactés. L'après-midi du jeudi 28 juin, au cours d'une conférence téléphonique à trois, il a qualifié notre offre d'« insuffisante », précisant que même si nous l'avions soumise deux mois plus tôt, elle n'aurait pas suffi.

«Nous avons essayé de tenir le plus grand compte de ce que nous entendions. Avec tout ce que nous avons mis dans la balance, c'est réellement très décevant », lui ai-je fait remarquer.

Bonsignore a exprimé une réaction similaire.

Le soir, vers 17 heures 30, Bonsignore m'a appelé pour me dire qu'il allait envoyer le lendemain matin une dernière requête à Bruxelles. Selon moi, nous avions fait le maximum, nous ne ferions qu'irriter la Commission en insistant. Je le lui ai dit, mais cela ne l'a pas convaincu.

Le lendemain matin, je recevais une nouvelle proposition de Honeywell. Dans une lettre de deux pages qu'il avait déjà communiquée à la presse, Mike me demandait de revenir à notre offre du 14 juin, c'est-à-dire de proposer 2,2 milliards de dollars de cessions. Il me demandait aussi de modifier notre proposition concernant GECAS, en invitant la Commission européenne à approuver le choix de l'investisseur minoritaire et de l'administrateur indépendant. Bref, Honeywell reprenait toutes les cessions précédemment offertes, *plus* un concept GECAS onéreux.

En échange, il proposait une révision de l'accord de fusion. Il abaissait le prix de Honeywell en réduisant le ratio d'échange d'actions, qui passerait de 1,055 à 1,01 action GE par action Honeywell.

C'était inacceptable. Jeff Immelt, qui avait été impliqué dans toutes les décisions depuis qu'il avait été choisi pour me succéder au mois de décembre, était d'accord avec moi et nos présidents adjoints l'étaient également : cette proposition ne tenait pas debout. Nous étions tous très ennuyés pour les milliers de personnes qui travaillaient depuis des mois, dans nos deux groupes, aux détails des plans d'intégration. Mais nous ne pouvions pas souscrire à la proposition de Honeywell.

J'ai ensuite appelé nos administrateurs, expliqué notre position, et obtenu l'accord du Conseil pour refuser la révision de notre accord de fusion proposée par Honeywell. La décision n'a pas été difficile à prendre : la Commission avait réduit à néant l'intérêt stratégique de la fusion.

« Ce que la Commission exige de nous détruit le cœur même de la logique stratégique de notre accord, ai-je écrit à Mike. La nouvelle version que vous en proposez pour satisfaire la Commission n'offre aucun intérêt aux yeux de nos actionnaires, pour les mêmes raisons stratégiques. »

Le refus de la Commission d'entériner notre acquisition de Honeywell a porté un coup très dur à chacun de nos deux groupes. Nous en attendions tous beaucoup et nous nous étions donnés à fond pour que la fusion aboutisse.

Pour moi, si c'était arrivé en milieu de carrière, les choses auraient été différentes : ç'aurait été un coup manqué parmi d'autres. Mais survenant à l'extrême fin d'une carrière que j'avais prolongée légèrement à cause de cette affaire, cet échec prenait des proportions tout à fait différentes.

À aucun moment il n'y a eu d'affrontement personnel entre Monti et moi. Nos relations ont toujours été cordiales et nos équipes ont fait énormément d'efforts pour surmonter les différences de point de vue. Nous étions hélas soumis à un ensemble de règlements tels que la Commission fonctionnait à la fois comme l'équipe adverse de la nôtre et comme arbitre du match.

À partir du moment où le groupe de travail de la Commission avait fait voler en éclats la logique stratégique de la fusion, celle-ci ne servait plus les intérêts de nos actionnaires. C'était eux qui étaient en cause, pas moi – et nos salariés sont notre premier actionnaire.

Le week-end suivant, j'admirais avec quelques amis la vue splendide que l'on a du club-house du golf de Fairfield. Ils m'ont demandé ce qui avait fait achopper l'acquisition de Honeywell. En montrant du doigt le terrain, je leur ai expliqué : «Imaginez que vous achetiez ce superbe golf et que pour signer l'acte de vente, les autorités municipales exigent que vous rétrocédiez à un autre golf du voisinage les trous deux, trois, quatre, cinq et huit – les plus beaux, ceux dont on voit la mer. Imaginez que, pour couronner le tout, elles vous demandent de donner aussi, par dessus le marché, une partie de votre propre maison.»

Ils ont compris ce qui m'était arrivé à Bruxelles.

Nous vivons dans un monde extrêmement réglementé, où tout est matière à procédure, et où les grandes entreprises sont des proies faciles. Dans ces conditions, les dangers d'une bureaucratie toute puissante constituent une véritable épée de Damoclès sur la tête des chefs d'entreprise.

Les fonctionnaires de Bruxelles peuvent prendre les positions les plus extrêmes sans que rien ne les incite à accepter un compromis. Aux États-Unis, les autorités antitrust doivent obtenir une décision de justice si elles veulent faire obstacle à une acquisition. En Europe, non. J'estime que les entreprises devraient avoir droit à une audience publique, dans un délai raisonnable, devant un tribunal impartial. Seuls les gouvernements peuvent s'attaquer à cette iniquité.

À l'avenir, les entreprises devront se battre pour obtenir les mêmes droits qu'un automobiliste contestant une contravention, entre autres celui de se défendre dans des délais raisonnables.

# 24

# Mes petits trucs de PDG

Être PDG, c'est tout un programme! Des tas de mots me viennent à l'esprit : enthousiasme délirant. Fou. Amusant. Scandaleux. Passionnant. Mouvement perpétuel. Échanges. Réunions qui se prolongent tard dans la nuit. Amitiés incroyables. Vins remarquables. Fêtes. Terrains de golf. Grandes décisions. Crises. Tension. Prises de risque. Réussites éclatantes (quelques-unes). Triomphe savouré. Échec en pleine poitrine.

Au total, c'est génial! On est très bien payé, ce qui ne gâche rien. Mais surtout, surtout, cela n'engendre pas la mélancolie. Certes, il y a des avantages et des inconvénients, comme dans tous les métiers – mais, de toute évidence, les premiers l'emportent sur les seconds. On a un emploi du temps très tendu, parfois bloqué un an à l'avance, mais rares sont les jours où une situation de crise ne vient pas tout bouleverser. Les journées de travail sont interminables, mais on ne les voit pas passer. Et, quoi que l'on fasse, le boulot ne vous quitte jamais – ce que l'on a en tête est trop intéressant pour que l'on puisse penser à autre chose très longtemps.

Il y a toutes sortes de corvées de représentation à l'extérieur de l'entreprise, mais jamais en interne – du moins pas pour moi, puisque c'est moi qui établis l'ordre du jour. J'ai été invité à de nombreux dîners en smoking, réunions organisées par des associations professionnelles, etc. Mais l'on n'est tout de même pas obligé de s'y rendre. En revanche, certaines occasions, comme les dîners officiels de la Maison Blanche, sont réellement exceptionnelles, et il est clair que mes fonctions m'ont permis de rencontrer des individus hors du commun que j'ai trouvés intéressants et modestes, pour la plupart. Sans ces circonstances, je ne les aurais connus qu'à travers ce que les journaux disaient d'eux.

Un jour typique, cela n'existe pas, dans la vie du PDG d'une société de la taille de GE. Il n'y a pas non plus de recette pour être un bon PDG. Chacun s'y prend à sa manière; aucune n'est bonne ou mauvaise. Je n'ai évidemment aucune formule magique, mais puisque je suis suffisamment présomptueux pour écrire ce livre, je voudrais tenter de partager quelques idées qui m'ont réussi. Certaines d'entre elles seront peut-être utiles à d'autres, du moins je l'espère. Le lecteur y glanera celles qu'il préfère.

### *L'intégrité*

Un étudiant m'a demandé récemment, au cours d'un forum, comment je pouvais être en même temps catholique et homme d'affaires.

Je lui ai répondu sans hésiter une seconde que cela ne m'avait jamais semblé inconciliable. Pourquoi? La réponse, toute simple, passe par l'exigence de l'intégrité. Je n'ai jamais baissé la garde en la matière, et cela a sous-tendu tout ce que j'ai fait, dans les bonnes comme dans les mauvaises périodes. Tout le monde n'était pas toujours d'accord avec moi sur tout – je n'avais d'ailleurs pas forcément toujours raison – mais chacun savait que je ne pratiquais ni le mensonge, ni même la langue de bois. Cela a contribué à construire de meilleures relations avec les clients et les fournisseurs, les analystes, les concurrents et les gouvernements. Dans le même temps, cela donnait le ton à l'ensemble de l'entreprise.

Je n'ai jamais pratiqué le double langage. Il n'y a jamais eu qu'une seule voie, la plus directe.

### *L'entreprise et la collectivité*

Comme tout le monde, j'ai mon opinion sur le rôle de l'entreprise au sein de la société. Selon moi, pour l'assumer, elle doit commencer par être puissante et concurrentielle. Seule une entreprise en pleine santé peut améliorer et enrichir la vie des gens et des collectivités.

Quand une entreprise est florissante, ses impôts permettent de financer des services importants. Mais ce n'est pas tout : elle construit des installations qui respectent ou dépassent les normes de sécurité et d'environnement; réinvestit dans ses hommes et ses installations. Les entreprises en bonne santé offrent des emplois sûrs ; leurs salariés ont le temps, le courage et les ressources nécessaires pour rendre à la société mille fois ce qu'ils en ont reçu.

En revanche, les entreprises faibles ou en difficulté constituent souvent une charge pour la collectivité. Faisant peu de bénéfices, elles ne paient que peu ou pas d'impôts. Elles sont tentées de faire de mauvaises économies, par exemple en investissant peu dans le développement de leurs hommes et l'amélioration du lieu de travail. La menace constante de licenciements génère un sentiment d'insécurité et de peur chez leurs salariés. Ces derniers s'inquiètent pour leur avenir, ce qui affecte leur aptitude à donner de leur temps et de leur argent pour aider les autres.

J'ai vu cela de près à Pittsfield, dans le Massachusetts, où j'ai passé la quasi-totalité de mes dix-sept premières années de carrière. GE y avait deux entreprises : l'une était florissante, l'autre moribonde. La première était spécialisée dans la production et la commercialisation de matières plastiques. En pleine croissance, elle débordait de vitalité. Nous avons recruté des individus remarquables et construit un nouveau laboratoire central. Notre personnel s'impliquait à fond, mais cela ne l'empêchait pas de faire du bénévolat. Quelques centaines de mètres plus bas, la fabrique de transformateurs GE, en difficultés depuis une dizaine d'années, perdait de plus en plus d'argent – elle ne pouvait donc apporter aucune aide à long terme à la communauté. Elle n'était plus compétitive, nous avons été contraints de la fermer dans les années 1980.

À Pittsfield, cette fermeture a suscité des réactions de colère. Mais cela n'avait rien à voir avec GE, ni avec le fait que j'aie ou non préféré les matières plastiques aux transformateurs, telle ou telle ville à telle ou telle autre. La seule chose pertinente, dans le débat, c'est la santé de l'entreprise et les implications que sa faiblesse chronique entraîne pour la communauté.

C'est la raison pour laquelle la première responsabilité sociale d'un PDG, c'est d'assurer la réussite financière de son entreprise, faute de quoi elle n'est pas en mesure d'assumer son rôle vis-à-vis de la collectivité.

### *Donner le ton*

Tout groupe humain prend exemple sur l'individu qui le dirige. Je disais toujours à mes directeurs que le degré de leur propre enthousiasme déterminait celui de leur division tout entière. Qu'il le veuille ou non, un patron sert de modèle. S'il travaille énormément, s'il multiplie les contacts, des milliers de subordonnés en feront autant, voire plus. Le PDG donne le ton.

Tous les jours, j'essayais de me glisser dans la peau de tous mes collaborateurs. Je tenais à ce qu'ils sentent ma présence.

Quand je partais loin – en Europe, en Asie ou ailleurs, mes journées de travail duraient seize heures, ce qui me permettait d'entrer en contact avec des centaines, si ce n'est des milliers de personnes. Au fil des années, à Crotonville, j'ai échangé des idées avec plus de 18 000 managers. À toutes les réunions d'évaluation des ressources humaines, je rencontrais les responsables syndicaux de façon à comprendre leurs préoccupations et de leur faire comprendre les miennes. Je ne voulais pas me contenter d'être une photo dans le rapport annuel – je voulais être un individu bien réel, en chair et en os, que tout le monde connaissait chez GE.

### Maximiser les capacités intellectuelles de l'entreprise

L'une des missions les plus cruciales d'un PDG, c'est de faire en sorte que tous les cerveaux de l'entreprise lui apportent leur contribution. Le secret, c'est de prendre les meilleures idées, où qu'elles germent, et de les transférer à tout le monde, dans tous les services. Rien, absolument rien, ne revêt plus d'importance. J'essayais d'être une éponge, d'absorber toutes les bonnes idées, d'avoir l'esprit réellement ouvert, de poser des questions. La première étape, c'est d'avoir l'esprit ouvert à ce que tout le monde peut offrir de mieux, partout. La seconde, c'est de transférer ce que l'on a ainsi appris dans l'ensemble de l'entreprise. Peu à peu, nous avons appris à faciliter la diffusion et le transfert des idées nouvelles : nos séances de Work-Out ont créé l'état d'esprit indispensable pour faciliter leur circulation et leur développement. Nous poussions inlassablement à leur partage, dont nous faisons un critère décisif lors des évaluations. Toutes les réunions, quelle que soit leur nature, étaient l'occasion de les promouvoir et de les affiner. Enfin, Crotonville a beaucoup contribué au partage des connaissances et permis à chacun de donner le meilleur de lui-même.

C'est devenu un réflexe, chez GE, de chercher inlassablement comment mieux faire et de partager les connaissances nouvelles.

### Les hommes d'abord – la stratégie passe après

Il est beaucoup plus important d'avoir la bonne personne au bon endroit que de développer une stratégie. Cette vérité a une valeur quasiment générale. Des années durant, j'ai participé à des réunions, étudié des stratégies qui, toutes prometteuses qu'elles étaient, ne donnaient jamais de résultats. Dans le domaine de l'imagerie médicale, par exemple, nous avions des ambitions grandioses pour les ultrasons, mais elles n'ont débouché que lorsque nous avons trouvé l'homme idéal, un passionné qui ne pensait qu'aux ultrasons. De même, des années durant, nous avons souhaité développer les services pour les moteurs d'avions, l'électricité et le transport. Mais, pour les opérationnels, c'était toujours la dernière roue du carrosse – ce n'est devenu une vraie priorité que lorsque nous en avons confié le développement à des leaders qui avaient le courage de frapper de grands coups, même s'il devait y avoir de la casse.

Nous avons payé pour savoir que les meilleures stratégies du monde, tant qu'elles ne sont pas développées par un patron dont c'est vraiment la passion, qui y croit dur comme fer et se les approprie, ne débouchent jamais que sur des présentations soignées et des résultats médiocres.

### *Une atmosphère informelle et conviviale*

La bureaucratie étrangle l'entreprise. La convivialité la libère. Créer une atmosphère informelle, c'est se donner un avantage concurrentiel. Rien de tel que la bureaucratie pour couper les gens les uns des autres. Il ne suffit pas de s'appeler par son prénom, de cesser d'affecter les places de parking, de bannir costumes et cravates. C'est infiniment plus profond. Il s'agit de faire en sorte que tout le monde compte et s'en rende compte. Dans l'entreprise libérée telle que je la conçois, les titres n'ont aucune importance, il n'y a ni épaulettes ni «gradé», dans un bureau d'angle, prenant toutes les décisions – ce qui domine, c'est une immense ouverture d'esprit, chacun sachant qu'il peut dire ce qu'il a à dire. Chez nous, on ne se «couvre» pas – tout le monde vous rirait au nez. Ce qui compte, c'est qu'il y ait de l'enthousiasme, des atomes crochus, et que les idées circulent, quel que soit le niveau où le lieu où elles ont germé. Toutes sont les bienvenues et tout le monde doit en avoir.

### *La confiance en soi*

L'arrogance tuerait n'importe quelle carrière et une ambition trop affichée peut avoir le même effet. Mais on peut avoir confiance en soi sans être arrogant et, si elle est justifiée, cette confiance est un immense atout. On reconnaît ceux qui la possèdent au fait qu'ils ont le courage d'accepter le changement et les idées nouvelles, d'où qu'elles viennent. En outre, ils n'ont pas peur de la contestation et adorent les joutes intellectuelles, qui finissent toujours par enrichir l'idée de départ. Ce sont eux, en fin de compte, qui déterminent l'ouverture d'esprit de l'entreprise et son aptitude à apprendre. Comment les trouver? En recherchant des individus bien dans leur peau.

Personne ne devrait jamais accepter de compromis touchant à sa propre personnalité. Il vaut mieux rester soi-même que décrocher un poste.

### *La passion*

À Crotonville, quand je demandais à un groupe de stagiaires quelles qualités font un « A », rien ne me rendait plus heureux que lorsque le premier à lever la main disait : la passion. Pour moi, cette sorte d'intensité morale compense bien des manquements. S'il y a une caractéristique commune à tous les gagneurs, c'est qu'ils se prennent davantage au jeu que quiconque. Aucun détail n'est si petit qu'il échappe à leur attention, si grand qu'il échappe à leurs rêves. Au fil des années, j'ai toujours recherché cette caractéristique dans les leaders que nous avons choisis. Il ne faut pas confondre passion et esbroufe ou grande gueule. La première vient de l'intérieur.

### *Se dépasser*

Je prends toujours l'exemple des réunions budgétaires annuelles pour montrer ce que j'entends par la nécessité de se dépasser.

Vous connaissez l'exercice. Prenez une équipe de terrain : elle passe un mois à préparer la présentation qu'elle fera au siège devant la direction générale en s'arrangeant pour parvenir aux objectifs les plus bas qu'elle croit pouvoir faire passer. La direction, elle, arrive bien décidée à tirer ces mêmes objectifs aussi haut que possible. L'équipe de terrain la bombarde de toutes sortes de tableaux sur la faiblesse de la conjoncture, l'âpreté de la concurrence, etc. et finit par proposer de produire ou de vendre 10. En face, on en attendait 20.

En général, la présentation a lieu dans une pièce sans fenêtres. Et sans clients. Vous savez comme moi ce qui se passe : après des tonnes de Power Point et des heures de marchandage, on inscrit au budget un objectif de 15. En fin de compte, c'est une forme de malthusianisme. Regrettable.

L'équipe de terrain rentre en se frottant les mains : elle a réussi à obtenir des objectifs « tenables ». Pour sa part, la direction générale est convaincue de les avoir hissés vers de nouveaux sommets.

Pourquoi joue-t-on ce petit jeu? C'est qu'au fil des années, tout le monde a compris que si l'on tient ses objectifs, on se fait bien voir, et qu'a contrario cela peut coûter très cher de ne pas les atteindre. Il en va ainsi pratiquement dans toutes les entreprises.

En revanche, dans un environnement invitant tout le monde à « se dépasser », on demande à la même équipe de terrain de venir avec des « plans d'action » reflétant ses rêves – le chiffre le plus élevé qu'ils pensent pouvoir tenter. Au cours de la discussion, on envisage de nouvelles orientations, on ne parle que croissance, toujours dans une perspective dynamique.

Quand l'équipe de terrain repart, chacun, des deux côtés de la table, sait ce qu'elle va tenter. Le plan d'action qu'elle élabore alors reflète cette réalité. En sachant, c'est important, que ses performances seront jugées par comparaison avec celles de l'exercice précédent et avec celles de ses concurrents – et non par comparaison avec un chiffre établi en interne après négociation. Cette fois la démarche, réellement dynamique, appelle à se dépasser sans cesse.

Nous n'avons pas encore fait de plan d'action fondé sur ce principe. Mais il nous a permis de faire toujours beaucoup mieux que nous ne pensions – et mieux que les prévisions de Wall Street.

Il n'est pas facile d'acquérir la mentalité du dépassement ; elle est d'ailleurs loin d'être généralisée à l'ensemble de GE. À l'occasion, nous avons constaté que certains managers, à des niveaux inférieurs de responsabilité, confondaient ce type d'objectifs avec ceux, classiques, que l'on obtient dans le cadre de la procédure traditionnelle du budget annuel. Ils sanctionnaient ceux qui ne les atteignaient pas. Je ne crois pas que cela arrive encore, mais je n'en donnerais pas ma tête à couper. Néanmoins, nous ne cesserons jamais de tenter de nous dépasser.

### *Fêter les bonnes nouvelles*

L'activité professionnelle n'a aucune raison d'être ennuyeuse. J'ai toujours trouvé que savoir marquer le coup, faire la fête quand on a réussi quelque chose, était une excellente façon de donner du punch à une entreprise. Dès les tout premiers jours de ma carrière, aux plastiques, je cherchais à célébrer les plus petites victoires.

À Crotonville, je demandais toujours aux stagiaires s'ils avaient l'impression de le faire suffisamment. Soit ils se taisaient, soit ils répondaient timidement par la négative. Cela m'agaçait. J'aimais bien les pousser dans leurs retranchements.

« Ne me regardez pas comme ça ! Je ne peux pas arroser vos nouveaux contrats à votre place ! Nous n'allons pas nommer un directeur des pots. C'est à vous de vous considérer comme le maître des réjouissances. Vous n'avez d'autorisation à demander à personne. Quand vous rentrerez, créez l'événement. Il ne s'agit pas de distribuer des voitures de luxe ! On peut très bien fêter une bonne nouvelle en buvant une bière ou en organisant un petit dîner pour deux au restaurant.

« Vous devez vous arranger pour que votre équipe s'amuse – tout en étant productive. »

### *Aligner les récompenses et les critères d'évaluation*

Attention ! Dans ce domaine, vous n'avez pas le droit à l'erreur.

Un jour, j'ai eu la surprise de voir un chiffre d'affaires du quatrième trimestre fabuleux accompagné d'un résultat dérisoire. J'ai demandé ce qui avait bien pu se passer, et l'on m'a expliqué que l'on avait organisé un concours de ventes et que tout le monde s'était donné à fond.

« Mais où est la marge ?

– Nous n'en avions pas demandé ! »

C'est l'exemple le plus simple d'un problème universel. Ce que vous mesurez et évaluez, c'est cela que vous obtiendrez – puisque c'est sur les évaluations que sont calculées primes et augmentations.

Encore faut-il savoir évoluer : des critères d'évaluation statiques perdent progressivement leur efficacité. Les conditions du marché changent, de nouvelles activités se développent, de nouveaux concurrents apparaissent. Il y a une question que je ne me suis jamais lassé de poser : « Sommes-nous bien sûrs d'évaluer et de récompenser le comportement précis que nous cherchons à obtenir ? »

Le simple fait de *ne pas* aligner évaluations et récompenses sur ce que vous cherchez à obtenir aboutit souvent à ce que vous obteniez autre chose.

### *La différentiation, facteur d'amélioration de l'entreprise*

Personne ne joue avec plaisir le rôle du Bon Dieu au jour du jugement dernier – c'est particulièrement vrai quand il s'agit d'identifier les 10 % les moins performants de son équipe. Un dirigeant se doit pourtant de traiter différemment, en fonction de leur valeur, ceux qui travaillent sous son autorité – c'est même l'une des tâches les plus difficiles qui lui incombent. C'est la raison pour laquelle je revenais inlassablement sur cette nécessité, poussant tout le monde à jouer le jeu. Dès les premiers jours, elle m'est apparue essentielle si nous voulions construire une entreprise extraordinaire. La courbe de vitalité nous a aidés à faire fonctionner la différentiation. Nous l'utilisions sans relâche pour pousser les leaders à rehausser sans cesse le niveau de leurs équipes. Année après année, nous avons constaté que le fait de contraindre les dirigeants à éliminer leurs éléments les plus médiocres constituait le meilleur antidote contre la bureaucratie. Nos études montraient que plus nous descendions dans la hiérarchie, plus les gens se plaignaient de la présence éventuelle d'un piètre dirigeant : ce sont les jeunes cadres, plus que les grands patrons, qui en souffraient.

La différenciation est un exercice difficile. Ceux qui s'y résolvent sans problème ne devraient pas faire partie de votre personnel, mais ceux qui s'en montrent incapables relèvent de la même catégorie.

### *La libre circulation des meilleurs éléments*

Je disais toujours à mes directeurs de division : « Votre entreprise, elle est à vous. Mais le personnel, vous ne faites que l'emprunter. » Bill Conaty et moi-même nous considérions comme responsables des 750 premiers cadres dirigeants de GE. Nous veillions à leur développement, à leur rémunération et à leur avancement. Nous gérions l'usine à fabriquer des hommes pour lui faire produire des leaders extraordinaires.

Les directeurs de division savaient que leur propre promotion dépendait de leur aptitude à faire sortir du rang les gros potentiels. Notre culture de la libre circulation des idées a modifié les règles du jeu : au lieu de garder pour soi ses meilleurs éléments, on les partageait désormais.

Évidemment, lorsque je passais un coup de fil à un directeur de division pour l'informer que j'étais désolé, mais qu'il venait de perdre X ou Y, j'entendais parfois un gémissement au bout du fil.

Personne ne peut laisser partir ses meilleurs éléments de gaieté de cœur. Mais dans les minutes qui suivaient, nous comparions les mérites respectifs de plusieurs personnes susceptibles de combler le vide que je venais de créer. Grâce aux réserves de talent dont nous disposions, les remplaçants s'avéraient parfois supérieurs à ceux qu'ils remplaçaient.

### *L'évaluation permanente*

Évaluer, pour moi, c'est comme respirer. Dans une méritocratie, rien n'est plus important. Je le faisais sans cesse – bien entendu quand j'attribuais des stock options ou des augmentations, mais aussi quand je croisais quelqu'un dans le couloir.

J'ai toujours tenu à ce que les gens sachent où ils en étaient. Tous les ans, j'envoyais une note manuscrite accompagnant leur bonus annuel aux directeurs qui me rapportaient directement. J'écrivais deux ou trois pages, précisant rapidement ce que j'attendais d'eux pour l'exercice suivant. J'y agrafais la lettre de l'année précédente pour donner de la continuité au procédé.

Ces notes avaient un double rôle. Elles me donnaient l'occasion de réfléchir à chacune de nos activités et de préciser les priorités. En outre, les récipiendaires savaient que je reviendrais sur tout ce que je leur écrivais, que j'y tenais énormément. Leur rédaction me prenait un temps considérable et bien souvent, le dimanche soir, j'ai regretté d'en avoir fait une tradition, mais cette discipline m'était salutaire. (On trouvera en appendice quelques exemples de ces notes, celles que j'ai adressées à mon successeur, Jeff Immelt, ces quatre dernières années. Toutes n'étaient pas toujours aussi favorables.)

### La culture, ça n'a pas de prix

Ça, je l'ai appris à l'occasion de notre mésaventure avec Kidder-Peabody. Je l'ai à nouveau constaté en observant la fusion Honeywell-AlliedSignal. Un an plus tard, des factions se disputaient encore pour savoir laquelle des deux cultures devait dominer l'ensemble. Et quand Daimler et Chrysler se sont rapprochés en formant une « fusion entre égaux », cela a apparemment entraîné une certaine confusion.

Régler la question dès le premier jour permet de minimiser le problème. Les récalcitrants n'ont d'autre choix que de partir, et vite.

Une entreprise déterminée à maximiser son capital intellectuel ne peut avoir qu'une seule et unique culture. Pendant l'euphorie Internet de la fin des années 1990, certains de nos collaborateurs, dans un groupe de capital-risque de GE Capital, se sont tout à coup pris pour des génies. Ils s'étaient mis en tête de se faire attribuer une partie du capital des start-up dans lesquelles ils investissaient l'argent de GE.

Nous leur avons dit d'aller voir ailleurs. Dans notre boutique, nous pratiquons la monnaie unique : les titres de GE – et cela va de pair avec la culture unique, autrement dit les valeurs GE.

C'est parce que les cultures étaient trop différentes que nous sommes délibérément passés à côté d'une ou deux acquisitions *high tech* en Californie à la fin des années 1990. Je ne voulais pas polluer GE avec la folie ambiante à l'époque de l'engouement pour les dotcoms.

Cela ne veut pas dire que les collaborateurs de GE n'ont pas le droit d'être individualistes ou que nous hésitons à les payer royalement lorsque leurs performances le justifient. Notre culture se prête à une certaine souplesse en termes de style personnel et de rémunération, mais nous y tenons trop pour prendre le moindre risque de la détruire.

### *La stratégie*

La réussite, en affaires, est moins fonction de l'exactitude des prévisions que le résultat d'une aptitude à réagir rapidement aux vrais changements, à mesure qu'ils surviennent. C'est la raison pour laquelle la stratégie doit être dynamique et anticiper, toujours.

Bob Nelson, passionné d'histoire qui a longtemps été mon analyste financier, m'a fait lire un jour un article consacré au général prussien Helmut von Moltke. Les convictions de ce dernier nous ont conduits tous deux à formuler une série de questions qui m'ont été nettement plus utiles, au fil des années, que les plans stratégiques moulinant des montagnes de données.

Cinq questions toutes simples m'ont éveillé à la réflexion stratégique :

- Quelles positions détaillées, à l'échelle mondiale, détiennent respectivement votre entreprise et ses concurrents (parts de marché, points forts en termes de lignes de produits et d'implantations régionales) ?
- Quelles actions entreprises par vos concurrents ces deux dernières années ont modifié le paysage concurrentiel ?
- Qu'avez-vous fait ces deux dernières années pour le modifier vous aussi ?
- Que redoutez-vous le plus que vos concurrents fassent dans les deux années à venir pour modifier le paysage concurrentiel ?
- Que ferez-vous dans les deux prochaines années pour prendre un temps d'avance sur chacune de leurs décisions ?

### *Les concurrents*

Deux des « vérités » dont j'ai appris à douter touchaient à la concurrence.

Il y a d'abord l'éternel refrain qui consiste à dire : « Nous perdons des parts de marché parce que nos concurrents sont fous, ils font cadeau du produit. » J'ai bien dû entendre ça plus de cent fois dans ma carrière. En général, cela se révèle totalement faux. La vérité, c'est que l'un de nos concurrents était mieux placé en termes de coûts ou de logique stratégique.

J'ai mis un certain temps à comprendre qu'il fallait toujours essayer de comprendre ce qui ne tournait pas rond chez nous (et non pas chez eux).

Autre perle classique, dans le même genre : une équipe vient nous proposer une idée qui lui permettrait de se propulser au-delà de la position actuelle de son concurrent le mieux placé. L'hypothèse implicite, c'est que ce dernier dormira bien gentiment pendant que vous développerez votre nouveau produit. La réalité n'est en général pas conforme à ce scénario.

J'en prendrai pour exemple la mise au point du moteur GE-90. Les ingénieurs m'avaient convaincu que si nous développions ce moteur pour les nouveaux Boeing 777 court et moyen courriers, nous satisferions leurs spécifications pour un moteur développant une poussée de 90000 livres. À les croire, Pratt & Whitney et Rolls-Royce ne pouvaient pas atteindre cette puissance avec leur technologie actuelle. Non seulement ils y sont parvenus, mais ils ont trouvé le moyen de faire en sorte que leurs moteurs délivrent une poussée de 94000 livres.

Heureusement, cela s'est bien terminé tout de même. Notre nouveau moteur était capable de produire une poussée de 115000 livres, ce dont Boeing a eu besoin plus tard, quand il a sorti une version long courrier du 777. Nous avons alors décroché un très gros contrat.

C'était dur, mais nous tentions toujours de placer tout nouveau plan de produit dans le pire contexte, celui que créerait notre rival le plus astucieux pour nous coiffer sur le poteau.

Il ne faut jamais sous-estimer l'équipe adverse.

### *Le terrain*

Je n'ai jamais pensé que ma place soit au siège et le fait de devenir PDG n'a fait que renforcer ce point de vue. Dès mes premiers jours de jeune cadre, en février 1972, j'ai toujours voulu être sur le terrain, là où se font vraiment les choses, avec ceux qui les font. Durant ma présidence, j'ai passé au moins le tiers de mon temps dans les entreprises du groupe. Je ne sais pas si c'est ce que doit faire le PDG idéal, mais ce que je sais, c'est que je me bagarrais tous les jours pour sortir de mon propre bureau.

Je me répétais toujours, comme pour m'y encourager, que les sièges sociaux ne fabriquent ni ne vendent rien. C'est en allant me cogner aux réalités du terrain que je me donnais les meilleures chances de savoir ce qui se passait réellement.

### *Marchés et mentalités*

Les marchés ne sont pas matures. Les cerveaux le sont parfois. Cela s'est avéré particulièrement évident quand, après avoir poursuivi avec une ferveur quasi religieuse la stratégie du « numéro un ou numéro deux » accompagnée de son corollaire « redresser, vendre ou fermer », nous nous sommes mis à regarder la même activité sous un angle nouveau. Nous nous imposions ainsi un changement complet de mentalité. Quand nous avons demandé à chacune de nos entités de redéfinir son marché de façon à ne pas en posséder plus de 10 %, certains marchés apparemment matures se sont transformés en opportunités de croissance. Quelques chevaux de labour se sont même mis à prendre des airs de pur-sang. Avec le même portefeuille d'activités, notre taux de croissance a plus que doublé dans la seconde moitié des années 1990.

### *Initiatives et tactiques*

En vingt ans, nous avons mis en place quatre grandes initiatives : l'internationalisation, les services, le Six Sigma et l'e-business.

Les initiatives ont une durée de vie illimitée et modifient l'entreprise en profondeur. Chacune d'entre elles bénéficie des acquis de celles qui l'ont précédée. Tout, dans nos méthodes de travail, est conçu pour les renforcer.

D'un autre côté, il est souvent indispensable de prendre des décisions tactiques à court terme pour revitaliser et dynamiser une fonction ou une entreprise. En voici trois exemples. L'amélioration de nos méthodes d'achats et la mondialisation de nos approvisionnements nous ont permis d'économiser des millions de dollars. Le rapatriement de nos expatriés, remplacés par des salariés du pays concerné, nous a non seulement fait économiser des millions de dollars, mais a conféré à GE un visage réellement plus international. Enfin, Internet nous a permis de diminuer les déplacements en interne et d'économiser des millions de dollars, tout en permettant à nos collaborateurs de mieux équilibrer leur vie professionnelle et leur vie familiale (même s'ils accumulaient moins de kilomètres gratuits en avion !).

Bien comprendre la différence entre une initiative de fond et une amélioration ponctuelle permet de maintenir l'entreprise fermement sur les rails.

### *Communiquez, communiquez : il en restera toujours quelque chose*

Je me suis toujours fait le champion de tout ce que nous entreprenions – de la nécessité de regarder la réalité en face et de modifier notre culture, dans les premiers temps, jusqu'aux grandes initiatives qui ont modifié les contours de notre entreprise. Je n'ai jamais eu peur d'aller trop loin ni hésité à répéter à satiété une idée ou un message qui me tenait particulièrement à cœur, des années s'il le fallait, à toutes les réunions, chaque fois que j'avais l'occasion de prendre la parole, jusqu'à ce que les mots me ressortent presque par le nez.

J'étais convaincu que je devais faire preuve d'un enthousiasme extraordinaire pour les idées que je défendais si je voulais y faire adhérer des centaines de milliers de personnes.

Un coup d'œil sur les notes que j'ai prises, vingt et un ans de suite, pour préparer mes discours de Boca, n'a fait que me le confirmer : j'ai souvent dit la même chose, en me plaçant sous des angles différents et en insistant sur des aspects différents.

J'étais souvent excessif et confinais peut-être même à l'obsession. Je ne sais pas si l'on peut faire autrement, mais c'est ainsi que je fonctionne et je crois que le message passait.

### *Les enquêtes auprès du personnel*

Divers moyens nous permettaient de savoir ce que pensaient nos salariés : Crotonville, les Sessions C, les courbes de vitalité et enfin l'exercice des stock options. Ces outils obligeaient le management à traiter le personnel travaillant sous ses ordres avec franchise. En 1994, nous avons fait un grand pas en avant en améliorant les enquêtes auprès du personnel.

Nous n'interrogions pas les gens sur la qualité de la cantine, de la couverture maladie ou du plan de retraite. Nous posions des questions touchant à des problèmes fondamentaux autour du thème : « Reconnaissez-vous l'entreprise dont parle le rapport annuel dans celle où vous travaillez ? »

Bien sûr, nous ne dirigions pas GE à coups de sondages, mais la sincérité de nos salariés dans ces enquêtes en ligne anonymes nous a véritablement aidés à mettre l'accent sur les vraies priorités. Nous en montrions les résultats non seulement à nos salariés, mais aussi à nos administrateurs et aux analystes de Wall Street. Ces derniers ont été étonnés, la première fois que je l'ai fait, mais cela conférait une force incroyable aux tableaux que je leur présentais.

Savoir ce qui préoccupait notre personnel – et y répondre – a joué un rôle essentiel dans notre réussite.

### *Réveiller les belles au bois dormant*

Chaque fois que j'ai eu le sentiment qu'une fonction n'était pas aussi efficace qu'elle aurait dû l'être, j'en ai pris officieusement les commandes. J'en prendrai pour exemple les achats – qui portent sur des milliards de dollars de matériaux, pièces, produits et services.

Il fut un temps où l'on y envoyait des gens qui n'avaient pas fait un parcours particulièrement remarquable à la production. Au milieu des années 1980, nous avons constaté que nos coûts d'achat ne diminuaient pas assez vite : il fallait manifestement changer quelque chose. J'ai créé un comité qui se réunissait une fois par trimestre, sous ma présidence, à Fairfield. La présence des directeurs des achats y était obligatoire. Certains directeurs de division ont été très mal quand ils ont vu qui ils m'envoyaient. Les badernes, en règle générale, je ne les voyais qu'une seule fois.

Nous avons fait la même chose pour les services, le Six Sigma et l'e-business – en fait, pour tout ce qui comptait réellement. Créer un comité et faire venir les responsables de ces initiatives à Fairfield pour participer à des réunions présidées par moi-même ou l'un de nos présidents adjoints a beaucoup contribué à ce que les directeurs de division les choisissent réellement parmi l'élite de leurs troupes.

Dès l'instant où nous avions des responsables dynamiques et talentueux, les idées se mettaient à couler de source et à irriguer l'ensemble du groupe.

### *Le PDG, directeur de la publicité ?*

L'une des tâches les plus évidentes du PDG, c'est de gérer l'image et la réputation de son entreprise. J'ai peut-être poussé la chose à son extrême. Pendant plus de vingt ans, j'ai regardé des milliers de *story-boards* pour nos publicités de produits ou d'image. Je n'ai jamais laissé diffuser ou téléviser une seule publicité que je n'aimais pas.

Nous avons eu deux excellentes équipes publicitaires. La première était dirigée par Len Vickers, la seconde par Richard Costello. Quand Len a organisé un concours entre plusieurs agences, en 1978, l'enjeu étant notre nouveau slogan, BBDO l'a emporté grâce à « *GE : We bring good things to life* », que j'ai adoré immédiatement.

J'adorais jouer avec les pubs, j'avais des idées très marquées sur tout, je voulais être fier de tous nos clips, mais je crois que j'ai souvent fait tourner en bourrique notre agence et nos propres publicitaires, à force de mettre mon nez dans leurs affaires. Par exemple, j'étais convaincu que les informations télévisées du dimanche matin nous offraient la meilleure manière d'atteindre les élites intellectuelles du pays – c'est donc la tranche horaire où nous investissions le plus. Je regardais toujours de très près tout ce que nous faisions en termes de publicité. Quelques mois avant mon départ, j'étudiais encore les *story-boards* d'un clip télévisé pour des réfrigérateurs.

L'image d'une entreprise, c'est très important. Et j'étais convaincu que c'était mon boulot.

### *Tenir les rênes lâches ou serrées ?*

Faut-il intervenir ou laisser filer ? J'ai toujours fait confiance à mon intuition pour en décider. Dans l'imagerie médicale, par exemple, s'il est vrai que j'ai « plongé » pour la question des tubes de scanner, je ne me suis impliqué ni dans la planification ni dans la fixation du prix de notre plus grande avancée pour la détection du cancer, un scanner de 2,7 millions de dollars.

Il faut faire la part belle à l'instinct. Je dirigeais de très près quand j'avais l'impression que je pouvais faire une différence. Je lâchais les rênes quand je savais que je n'avais pas grand-chose – voire rien – à apporter.

En l'occurrence, il n'est pas utile d'avoir une approche univoque. On va parfois plus vite en agissant sans ordre ni discipline. Il faut, en tant que patron, choisir ses opportunités de faire la différence. J'adorais m'impliquer dans la bagarre quand je pensais pouvoir m'y rendre utile, mais j'aimais autant encourager notre équipe depuis la touche quand j'estimais ne pas pouvoir en être un élément valable.

### *Les croquis*

En décembre 2000, à soixante-cinq ans, j'étais sans doute le seul chef d'entreprise de mon âge à continuer à faire lui-même ses petits croquis pour les présentations aux analystes. J'ai toujours trouvé que le meilleur moyen de clarifier ma propre réflexion, c'était de prendre un crayon ou un feutre : quand je réussissais à réduire un problème complexe à quelques droites et quelques courbes, j'étais heureux comme un roi. Avant toutes les réunions d'analystes, je passais des heures avec quelques personnes de la direction financière et les responsables des relations avec les investisseurs, remplissant la corbeille à papiers de croquis esquissés puis roulés en boule. Nous arrivions toujours à un résultat dont je tirais des tas de choses. Le plus incroyable, c'est que nous avions toujours l'impression que la dernière présentation était vraiment « la meilleure de tous les temps ».

### *Les relations avec les investisseurs*

Un PDG ne saurait évidemment négliger Wall Street. Quand j'ai pris les commandes, le poste de responsable des relations avec les investisseurs servait de fin de carrière « pépère » aux gens de la direction financière. En général, ils étaient au siège et l'on attendait d'eux qu'ils répondent passivement aux questions des analystes et des investisseurs.

Nous avons changé tout cela à la fin des années 1980 – choisissant désormais de jeunes managers financiers à fort potentiel ayant en outre le sens du marketing. Nous attendions de chacun d'entre eux qu'il devienne le directeur marketing de l'action GE, qu'il soit toujours sur les routes, qu'il passe sa vie à aller voir les investisseurs et à vendre notre histoire. Les défenseurs se transformaient ainsi en attaquants. Tous ceux qui ont tenu ce poste se levaient le matin en pensant qu'ils seraient évalués sur le cours de l'action GE. Déjà sur une trajectoire rapide grâce à leurs compétences financières, ce poste leur permettait d'améliorer leurs savoir-faire en matière de vente et de présentation.

Ce poste, qui autrefois ne débouchait sur rien, était désormais l'un des plus recherchés. C'est devenu un tremplin extraordinaire : Warren Jansen, qui a inauguré la nouvelle formule en 1989, a ensuite été nommé directeur financier de NBC, puis de Delta Airlines et aujourd'hui d'Amazon ; Mark Begor, qui a pris sa succession, est maintenant directeur financier de NBC ; Jay Ireland, le suivant, est maintenant président du groupe de stations de NBC ; Mark Vachon est en poste depuis trois ans. Très sportivement, il a accepté de rester plus longtemps que les deux à trois ans habituels afin d'assurer la continuité pendant la période de transition entre ma présidence et celle de Jeff Immelt.

Notre équipe de relations avec les investisseurs se compose, en tout et pour tout, de deux personnes. Il faut dire que nos étoiles montantes bénéficient du soutien d'une constante extraordinaire, Joanna Morris, qui vient de notre équipe d'audit interne. Tout le monde la taquine parce qu'elle forme des stars, mais elle est mariée, a deux enfants, et souhaitait s'installer à Fairfield, sans avoir trop à voyager.

Il ne nous faut que deux personnes pour raconter l'histoire de GE – moins qu'il y a vingt ans – et maintenant cela lance leur carrière, au lieu d'en marquer la fin.

### *Barboter*

« On va barboter un peu là-dedans » : telle fut l'une de mes phrases favorites. Cela voulait dire se rassembler, souvent spontanément, pour se colleter avec un problème complexe. La seule condition, pour être admis à cet exercice, c'était de posséder des savoir-faire – ce n'était ni une question de titres, ni de poste. Nous avons barboté dans des problèmes de relations publiques ou d'environnement, ainsi que pour préparer l'ordre du jour de Boca et nos grandes acquisitions. Le principe consistait à faire germer des idées neuves sans papiers ni mémos, puis laisser reposer les conclusions une nuit entière, durant laquelle rien n'interdisait de continuer à barboter. Cette saine habitude nous a permis de prendre certaines de nos meilleures décisions.

Encore fallait-il commencer par briser les réflexes hérités de la hiérarchie. Autour de la table, nous étions tous égaux et chacun se sentait totalement libre d'exprimer ses idées avec franchise et naturel.

### *Votre activité secondaire est la spécialité de quelqu'un d'autre*

C'est à Peter Drucker que nous devons cette maxime. Nous nous sommes contentés de la mettre en pratique.

Ne soyez propriétaire ni de votre cafétéria, ni de votre imprimerie ; laissez cela à des spécialistes. Il faut bien comprendre où se situe la véritable création de valeur et y affecter le meilleur de vos ressources humaines et financières.

Par définition, les activités secondaires n'attireront jamais vos meilleurs éléments. Nous avons converti les nôtres en l'activité principale de quelqu'un d'autre, exigeant au passage qu'il mette ce qu'il a de meilleur à notre service. Cela nous a donné toute satisfaction, de nombreuses fois. C'est une forme de sous-traitance et, comme les autres, elle nous a contraints à licencier beaucoup au début des années 1980, les postes concernés ayant migré ailleurs.

Cela me mettait toujours en fureur d'entendre les économistes et les hommes politiques prétendre que toutes les créations de postes, aux États-Unis, venaient de PME entrepreneuriales. La réalité, c'est qu'une bonne partie d'entre elles correspondait à des transferts des grandes entreprises.

### *Cultiver la vélocité*

À Crotonville, même dans mes derniers jours à la présidence de GE, j'entendais souvent les gens se plaindre que nous n'allions pas assez vite. J'ai appris par l'expérience, de multiples façons, que si je regrettais rarement de passer à l'action, je regrettais souvent de ne pas le faire assez vite. Je ne crois pas m'être jamais dit : « J'aurais dû attendre six mois pour étudier le dossier avant de prendre ma décision ! »

Je pense que c'est parce que je n'hésitais jamais à agir résolument sur les gens, les usines et les investissements, que je me suis très vite démarqué de la masse de mes collègues en début de carrière. Pourtant, quarante ans plus tard, quand j'ai quitté le groupe, l'un de mes grands regrets a été de ne pas avoir agi assez vite en de nombreuses occasions.

### *Oubliez les zéros*

Dans une grande entreprise, les petites choses ont tendance à se perdre. Quand les activités et les entreprises se développent, leur taille risque davantage de les handicaper que d'être un atout. Les inconvénients de la taille – difficulté de la communication interne, poids de la hiérarchie et du formalisme – font obstacle à la naissance d'une atmosphère dynamique.

Les avantages inhérents aux petites entreprises – agilité, rapidité, facilité de la communication – disparaissent souvent quand elles grandissent. Mes débuts, aux plastiques, m'ont montré l'intérêt de la petite taille, du sentiment d'appartenance. Quand je suis devenu PDG, j'ai pensé que la meilleure manière d'assurer notre croissance était d'encourager les petits projets et de les protéger du reste de l'entreprise.

Nous avons très souvent eu recours à cette méthode, les projets devenant de petites entreprises au sein de la grande. Nous l'avons fait partout – pour le plastique Noryl, pour les scanners et les ultrasons en imagerie médicale, le financement des détaillants et des petites entreprises chez GE Capital. Cela n'a pas toujours marché. Mais dans tous les cas, une chose était claire : le fait de créer de petites entités faisait que les gens étaient gonflés à bloc, pleins d'optimisme, et disposaient des ressources adaptées à leurs besoins.

Ces projets jouissaient d'une grande visibilité et créaient des héros. Nous les fêtions même s'ils n'avaient pas réussi, pour bien faire comprendre que ce qui comptait à nos yeux, c'était d'accepter de prendre des risques.

Nous étions très conscients des implications de la taille. Le pire que l'on puisse faire, c'est de tenter de « gérer » la taille. Soit elle libère, soit elle paralyse. Nous essayions toujours de ne pas oublier que l'avantage de la taille, c'est qu'elle nous permettait de tenter davantage de coups.

J'espère que ces quelques réflexions seront utiles à mes lecteurs. Je dois dire que j'ai eu aussi beaucoup de chance.

J'ai même, depuis vingt-quatre ans, un porte-bonheur : c'est une serviette de cuir marron que je traîne absolument partout. Mon assistante,

Rosanne, l'a surnommée « Miss Lucky ». Je l'ai gagnée à un tournoi de golf, à Atlanta, en 1977, l'année avant mon arrivée à Fairfield. Elle est un peu fatiguée.

Mais elle m'a réussi, Miss Lucky, et je n'ai jamais voulu l'abandonner. Je ne m'en suis séparé qu'une seule nuit, Rosanne l'ayant emportée chez elle pour refaire une couture qui avait lâché. Ce n'est pas que je sois plus superstitieux qu'un autre, mais je ne voulais pas provoquer la chance.

Le jour où j'ai quitté Fairfield, Miss Lucky était avec moi. Comme le disait toujours mon ami Larry Bossidy en parlant d'elle : « C'est du Jack tout craché, ça. Il n'a pas besoin d'une serviette neuve. Il est venu avec celle-ci, il repartira avec. »

# 25

# Quelques considérations sur le golf

Ma carrière m'a réellement comblé. Mais si j'avais dû en choisir une autre, j'aurais aimé être golfeur professionnel. Depuis que, jeune caddy, j'ai mis les pieds sur un parcours, le golf a été l'une des passions de ma vie. Mon père, qui m'avait conseillé ce sport, avait raison : contrairement au hockey ou au football, je pourrais continuer à le pratiquer toute ma vie.

Il faut reconnaître qu'il conjugue tout ce que j'aime : les gens et l'esprit de compétition. Mes amitiés les plus durables sont nées sur des terrains de golf ou autour. Tout golfeur ayant envoyé un superbe coup ou rentré un put de 4 mètres connaît la puissance séductrice de ce jeu.

Je suis plus ou moins autodidacte, en matière de golf. J'ai commencé à l'âge de neuf ans, avec les autres caddies, à Kernwood. Avec mes cinq ou six clubs rafistolés au Chatterton, c'était une chance que je score en dessous de 120. Et si je voulais jouer en dehors du lundi matin, réservé aux caddies, je devais m'introduire subrepticement sur le terrain.

Au golf, tout semble toujours aller à contretemps. J'aurais tout donné pour avoir cinq bons clubs, à l'époque. Aujourd'hui, on me fait cadeau des meilleurs du monde et j'ai eu la chance de jouer sur certains des plus beaux terrains de la planète.

Je n'ai pas oublié ma première vocation. Au cours de l'été 2000, je me suis retrouvé – à l'âge de soixante-quatre ans – en train de porter le sac de mon petit-fils Jack, qui participait à une compétition junior au Sankaty Head Golf Club de Nantucket.

Le petit Jack a un meilleur swing que je n'avais à son âge. J'ai grandi avec un swing de caddy typique – plat, sans style, avec un mauvais grip. Je me contentais de pousser la balle et ne m'entraînais pas beaucoup au practice ; tout ce que je voulais, c'était être sur le terrain et jouer. J'étais cocapitaine de l'équipe de mon lycée à Salem et j'ai également joué en première année au collège.

Mes camarades de golf me font marcher parce que je suis toujours à l'affût d'un bon tuyau, qu'il vienne d'un autre joueur, d'un caddy, du préposé au vestiaire ou d'un garçon de café. Et les tuyaux, je les essaie tous. Je me procure les dernières balles, le dernier driver – tout est bon pour augmenter un peu la distance. Je suis même allé trouver Jerry Pittman, ex-joueur professionnel de Seminole, célèbre golf de Floride. Je lui ai demandé comment prolonger mon drive de dix mètres.

« Quel âge avez-vous maintenant ? m'a-t-il demandé. Et l'année dernière ? Pourquoi ne pas le reconnaître ? »

Non, je ne veux pas le reconnaître, car je suis convaincu que je peux encore faire des progrès. Il en a toujours été ainsi. Au golf, on recherche toujours l'illusion de la perfection. Si vous aimez les enjeux et les rebondissements, et je dois dire que c'est mon cas, ce jeu est vraiment grisant.

Aucun sport ne se prête davantage à la sociabilité. C'est en jouant au golf que j'ai rencontré certains des hommes les plus extraordinaires du monde et beaucoup sont devenus des amis pour la vie.

Chez GE, nous formons depuis des années un *foursome* redoutable, composé de Chuck Chadwell et de Dave Calhoun, de la division Moteurs d'avions, de Bill Meddaugh, de GE Supply, et de moi-même. Nous sommes tous à peu près du même niveau, mais nous passons notre vie à vouloir nous battre mutuellement, jouant au moins 36 trous, parfois 54 par jour. (Certaines années, leur prime de fin d'année a été réduite pour des « raisons non précisées ».)

Le fait d'être le PDG de GE m'a permis de rencontrer des tas de gens intéressants sur les terrains de golf. C'était non seulement l'occasion de passer une matinée ou une après-midi très agréable, mais aussi celle de se constituer une réserve d'histoires extraordinaires. Je me souviens en particulier d'une partie à Nantucket, avec Warren Buffett, Bill Gates et mon ami Frank Rooney, qui avait vendu la société de chaussures de sa femme à Warren. Bill et moi faisions équipe contre Warren et Frank.

Nous sommes allés jusqu'à la fin du premier trou et Warren a rentré un putt pour le par.

« Eh bien, a dit Bill, le match est terminé.

– Comment ? Qu'est-ce que c'est que cette histoire ? » ai-je demandé, fort inquiet.

Et Bill a expliqué que Warren et lui avaient fait un pari. Le premier qui faisait le par gagnait un dollar. S'ils arrivaient au neuvième trou sans avoir fait de par, c'était celui qui avait le score le plus bas qui gagnait. Il fallait le voir pour le croire ! Deux des hommes les plus riches du monde s'échinaient pour un dollar ! J'ai cru, l'espace d'un instant, que nous allions rentrer au club-house.

Un autre incident rigolo a pour héros Frank Rooney, l'ancien président de Melville. Des années durant, il a eu un contrat avec Warren, pour qui il était censé travailler une journée par semaine. Je suis convaincu que toutes ces journées, il les passe à jouer au golf. Un jour, j'ai joué avec Frank et il a fait un score de 78, presque son âge, me battant ainsi à plates coutures.

Le soir même, j'envoyais une note à Warren, lui racontant la partie et me plaignant que ses employés ne travaillaient manifestement pas assez. Il m'a répondu immédiatement : « Aucun de mes salariés ne descend en dessous de 80 et je crois n'en avoir aucun du nom de Rooney. »

Le golf m'a même permis de recruter un administrateur. Il y a trois ans environ, le magazine *Golf Digest* a publié une liste de PDG golfeurs. Scott McNealy, de Sun Microsystems, était en tête de liste. Je ne sais pas pourquoi, mais j'étais second. Il m'a adressé un défi : « Si je dois être le numéro un, autant en être certain. Jack, dis-moi où et quand et, *mano a mano,* nous allons tirer cela au clair, une fois pour toutes. »

Je l'ai appelé dès l'instant où j'ai vu son message. Nous avons fixé une date et Scott a eu la générosité de venir à Nantucket, cet été-là, pour y jouer un match de 36 trous, que j'ai gagné. Quinze jours ne s'étaient pas écoulés que je recevais un trophée portant l'inscription *Welch Cup*. Je l'ai battu à nouveau à Augusta, l'année suivante, à nouveau en 36 trous, de sorte que j'ai conservé le trophée. L'année dernière, il a gagné un match « abrégé » en 18 trous, aussi le trophée est-il aujourd'hui en Californie. (Il déteste que je dise que c'était un match abrégé.)

Ce n'est qu'après l'avoir battu la première fois que je l'ai invité à faire partie du conseil d'administration de GE. Il y entrait à point nommé : nous nous préparions à lancer notre initiative e-business.

J'ai eu de la chance. Scott est arrivé à un moment où mon golf s'améliorait. Durant la majeure partie de ma carrière de golfeur, je m'étais contenté de balader la balle, comme je pouvais, du premier au dix-huitième trou – je ne m'en sortais que parce que j'avais une certaine adresse au petit jeu.

Ce n'est qu'après avoir épousé Jane, en 1989, que j'ai réussi à passer au niveau supérieur. J'avais un handicap de 10, je crois, à l'époque, mais à force de lui servir de professeur, j'ai réussi à beaucoup progresser moi-même. À un moment donné, mon handicap est même descendu à 2 ou 3 et j'ai gagné deux championnats du club à Sankaty Head. Avant de rencontrer Jane, je me faisais éliminer au premier ou au second tour.

Je ne m'en rendais même pas compte, mais quand j'ai commencé à vouloir lui donner des cours, j'ai ralenti mon jeu, ce qui m'a permis d'analyser mon swing. En disant à Jane d'allonger son swing à la montée, j'ai réalisé que je devais en faire autant. J'ai donc travaillé mon swing, cherchant à le prolonger de plus en plus, et j'ai travaillé aussi le retour car, jusque-là, je ne finissais jamais mon swing.

Maintenant, lorsque je suis devant la balle, prêt à frapper, je me répète intérieurement : « Fred Couples, Fred Couples, Fred Couples… » J'ai toujours trouvé qu'il avait un *finish* remarquable et j'essaie alors de visualiser son swing dans ma tête.

Le fait de servir de professeur à Jane m'a aidé à décomposer mes mouvements et à étudier la mécanique du jeu.

En travaillant ma technique, je me suis aperçu que je ne lâchais plus en fin de partie. Peu à peu, je me suis mis à mieux jouer et à m'amuser de plus en plus.

En 1992, j'ai fait 36 trous par jour, dix jours de suite, à Sankaty Head, avant le tournoi. J'ai descendu mon handicap à 2, puis gagné le championnat.

Deux ans plus tard, j'ai réussi à gagner à nouveau. Mon talent a atteint son maximum au cours de la finale avec mon ami Jacques Wullschleger. C'est un golfeur extraordinaire. Voilà seize ans que nous jouons ensemble quarante ou cinquante fois par an. Il me bat 99 fois sur 100. Heureusement pour moi, mon unique chance sur cent s'est concrétisée au cours du championnat du club de 1994. J'ai gagné par mort subite, avec un putt de 4,50 mètres sur le 37$^{e}$ trou pour le *birdie*.

Jacques est un personnage hors du commun. Après avoir perdu contre moi, il a passé des journées entières à tailler un petit phare en bois à l'image de celui de Sankaty pour que j'aie un souvenir du grand jour.

C'est au printemps 1998, au Floridian, le golf de Wayne Huizenga, que j'ai connu mon heure de gloire. Le coprésentateur de l'émission *Today*, Matt Lauer, qui connaissait le joueur professionnel Greg Norman, lui avait demandé de venir nous y retrouver. C'était un match amical et Greg a montré beaucoup de sportivité en acceptant de jouer avec les golfeurs moyens que nous étions. En se promenant, il a fait un score de 70, soit 2 en dessous du par. Matt a fait 78.

En réalité, mon score était inférieur à celui de Greg – 69 des *tees* arrières alors qu'il avait fait 70 des départs des pros. J'étais fou de bonheur. Je crois que je l'ai dit à la terre entière – j'ai en tout cas faxé ma feuille de score à toutes les personnes de ma connaissance. Une semaine plus tard, à une réunion du Business Council, si quelqu'un avait le malheur de me demander des nouvelles de mon golf, je sortais la carte de score de ma poche.

Greg a pris la chose avec humour. Il a signé ma carte de score et m'a laissé me vanter, même si ce n'était qu'une partie amicale. Je lui ai dit que

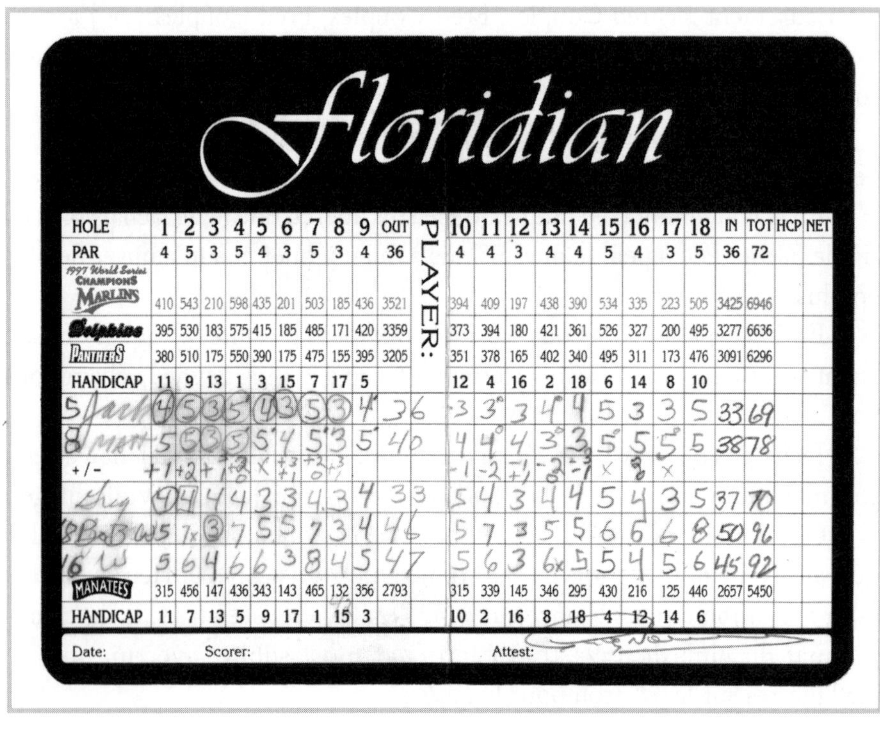

Floridian

| HOLE | 1 | 2 | 3 | 4 | 5 | 6 | 7 | 8 | 9 | OUT | 10 | 11 | 12 | 13 | 14 | 15 | 16 | 17 | 18 | IN | TOT | HCP | NET |
|---|---|---|---|---|---|---|---|---|---|---|---|---|---|---|---|---|---|---|---|---|---|---|---|
| PAR | 4 | 5 | 3 | 5 | 4 | 3 | 5 | 3 | 4 | 36 | 4 | 4 | 3 | 4 | 4 | 5 | 4 | 3 | 5 | 36 | 72 | | |
| 1997 World Series Champions Marlins | 410 | 543 | 210 | 598 | 435 | 201 | 503 | 185 | 436 | 3521 | 394 | 409 | 197 | 438 | 390 | 534 | 335 | 223 | 505 | 3425 | 6946 | | |
| Dolphins | 395 | 530 | 183 | 575 | 415 | 185 | 485 | 171 | 420 | 3359 | 373 | 394 | 180 | 421 | 361 | 526 | 327 | 200 | 495 | 3277 | 6636 | | |
| Panthers | 380 | 510 | 175 | 550 | 390 | 175 | 475 | 155 | 395 | 3205 | 351 | 378 | 165 | 402 | 340 | 495 | 311 | 173 | 476 | 3091 | 6296 | | |
| HANDICAP | 11 | 9 | 13 | 1 | 3 | 15 | 7 | 17 | 5 | | 12 | 4 | 16 | 2 | 18 | 6 | 14 | 8 | 10 | | | | |
| +/- | | | | | | | | | | | | | | | | | | | | | | | |
| Manatees | 315 | 456 | 147 | 436 | 343 | 143 | 465 | 132 | 356 | 2793 | 315 | 339 | 145 | 346 | 295 | 430 | 216 | 125 | 446 | 2657 | 5450 | | |
| HANDICAP | 11 | 7 | 13 | 5 | 9 | 17 | 1 | 15 | 3 | | 10 | 2 | 16 | 8 | 18 | 4 | 12 | 14 | 6 | | | | |

PLAYER:

Date: Scorer: Attest:

quand j'arrêterais de raconter cette histoire, on en serait à dire qu'il avait joué des départs femme et moi des départs pros. Mais j'ai peut-être poussé un peu trop le bouchon, surtout après que ma « victoire » eût été mentionnée dans les magazines et dans les journaux et que Don Imus se mette à en parler à la radio.

Un jour, Greg m'a appelé et m'a demandé en plaisantant : « Jack, tu es sûr que tu l'as dit au monde entier ?

– Tu as trouvé quelqu'un à qui je ne l'avais pas dit ? Qu'est-ce que tu attends pour m'envoyer son adresse ! »

# 26

# Ma succession

Tenant à préserver son anonymat, nous l'appelions « NG », pour *New Guy*, le nouveau.

Garder le secret sur l'identité de l'intéressé fut la partie facile du processus de succession, et ce fut bien la seule. Son choix était la décision la plus importante de ma carrière, ce fut aussi la plus longue et la plus difficile. J'en perdais le sommeil. Pendant un an au moins, j'ai commencé et terminé mes journées avec cette pensée lancinante en tête.

Ce qui rendait la chose si difficile, c'est que nous avions trois finalistes sensationnels : Jeff Immelt, Bob Nardelli et Jim McNerney, respectivement patrons de nos pôles Imagerie médicale, Générateurs et Moteurs d'avions. Chacun d'entre eux dépassait toutes nos attentes et avait à son actif des performances hors normes – autrement dit, ils étaient prêts à prendre les commandes de GE. Ces leaders remarquables étaient aussi mes amis – et j'allais en décevoir deux sur trois. J'avais rarement été confronté à une épreuve aussi redoutable.

La décision mettrait fin à un long processus. Si j'avais dû l'organiser quelques années après ma propre nomination, il aurait sans doute été identique à celui qu'avait adopté Reg. Sa démarche, réfléchie et minutieuse, avait fait l'admiration des théoriciens. Mais en vingt ans, le groupe avait tellement changé que je pouvais me permettre de modifier un peu la procédure. Je me souvenais parfaitement de ce que j'avais aimé et détesté vingt ans auparavant.

J'avais hérité d'un modèle fondé sur une juxtaposition d'activités autonomes – GE était désormais une organisation informelle, beaucoup plus intégrée, soutenue par un système de valeurs et de récompenses puissant et cohérent. Les candidats étaient tous trois le fruit de cette nouvelle architecture sociale. Habitués à travailler dans un environnement changeant, ils avaient une grande confiance en eux-mêmes. En outre, nos processus de travail, des comités de direction trimestriels aux Sessions C, qui duraient toute une journée, nous permettaient de nous rencontrer beaucoup plus souvent et de coopérer beaucoup plus intimement.

Avant d'entamer le processus, j'ai recensé les priorités qui me tenaient le plus à cœur.

Premièrement, je tenais à ce que mon successeur ait les coudées franches. Il fallait éviter que les candidats déçus ne sapent l'esprit et les valeurs que nous avions eu tant de mal à créer.

Deuxièmement, le processus ne devait en aucun cas se prêter aux manœuvres de couloir. Les changements de direction ont tendance à empêcher les entreprises de concentrer toute leur énergie sur le monde extérieur. Je me souvenais fort bien que lors de ma propre accession à la présidence, des clans s'étaient créés, dressant les gens les uns contre les autres et brisant l'unité de l'équipe de direction. Reg aurait souhaité éviter cet état de choses, mais il avait fait venir tous les candidats au siège pour les observer de plus près. Il l'avait payé cher, puisque cette proximité physique avait créé une atmosphère de panier de crabes.

Troisièmement, je voulais m'assurer que le Conseil s'impliquerait profondément dans la décision. Une fois qu'elle serait prise, il faudrait que nos administrateurs soient unis derrière le nouveau PDG. J'avais bénéficié de leur soutien durant la période critique de mes premières années à la présidence. Je ne l'oublierai jamais. Les conseils et la confiance qu'ils m'avaient prodigués à l'époque où les journalistes me surnommaient « Neutron Jack » et à travers les heures noires de l'affaire Kidder Peabody m'avaient énormément conforté, c'était inestimable.

Quatrièmement, je voulais choisir quelqu'un de suffisamment jeune pour pouvoir rester aux commandes de GE au moins dix ans. S'il est vrai qu'un PDG peut avoir un impact immédiat, j'ai toujours pensé que les gens doivent assumer leurs décisions sur la durée, en particulier leurs erreurs. J'avais clairement eu le temps d'assumer les miennes. Dans la situation inverse, on peut toujours être tenté de se lancer dans des coups d'éclat inconsidérés et dangereux. Je n'en avais vu que trop d'exemples. Certaines entreprises avaient vu défiler cinq ou six PDG pendant ma propre présidence. Je ne voulais pas que cela arrive à GE.

Telles étaient mes préoccupations quand nous nous sommes engagés sur cette route au printemps 1994. À cinquante-huit ans, j'avais encore sept ans devant moi. Ce ne serait pas trop : il n'est pas évident de choisir son successeur. On parie non sur le passé, mais sur l'avenir. Le candidat retenu devrait être parfaitement à l'aise dans un environnement caractérisé par le changement et hisser la société au niveau supérieur dans les cinq, dix, voire quinze années suivantes.

Quand j'ai nommé Bill Conaty directeur des ressources humaines en novembre 1993, je lui ai dit que notre tâche prioritaire serait de sélectionner le prochain PDG du groupe. Nous ne nous doutions ni l'un ni l'autre qu'elle allait presque nous consumer.

Quelques mois plus tard, au printemps 1994, nous avons entamé le processus. Nous avions toujours dans nos tiroirs un plan d'urgence, courte liste recensant les quelques dirigeants susceptibles de me remplacer au pied levé s'il m'arrivait quelque chose. Maintenant, pour la première fois, nous envisagions une succession normale – dès lors, nous ratissions plus large pour identifier les individus ayant le potentiel de prendre les commandes en 2001.

Chuck Okosky, le responsable du développement des cadres dirigeants, commença par établir une sorte de liste de spécifications énumérant toutes les qualités ou caractéristiques du PDG idéal. Il y avait évidemment l'intégrité et les valeurs, l'expérience, la vision, le leadership, le sens de la décision, le prestige ; en outre il fallait qu'il soit équitable, énergique, équilibré et courageux. Chuck précisait également qu'il devait avoir « une soif inextinguible de savoir » et démontré son talent pour « défendre courageusement » ses dossiers. J'avais ajouté une ou deux choses comme la capacité à « rester à l'aise sous l'œil d'un microscope » et avoir « le cran de jouer gros ».

L'exercice ne s'est pas révélé particulièrement utile. À y regarder de plus près, le Bon Dieu lui-même n'avait pas le profil.

Bill, Chuck et moi nous sommes alors plongés dans les rapports de Session C, dont nous avons extrait vingt-trois noms. Nous avions ainsi une première liste. Elle incluait les candidats évidents, les membres de la direction générale, et, pour la première fois, seize forts potentiels choisis dans un registre consensuel plus large, dont nos trois futurs finalistes. Le plus jeune avait trente-six ans, le plus vieux cinquante-huit (c'était certainement l'un des dirigeants pressentis en cas d'urgence). Parmi les hommes de terrain figuraient plusieurs directeurs de division, ainsi que de jeunes directeurs. C'était la fine fleur de GE en 1994, nos meilleurs prospects.

Nous avons élaboré des plans de développement pour chacun des candidats, concoctant des promotions jusqu'en 2000. Nous voulions que les plus jeunes d'entre eux bénéficient d'une expérience plus large, plus approfondie et plus internationale dans plusieurs de nos métiers.

En juin 1994, Bill et moi avons fait notre première présentation officielle du processus de succession devant le comité des rémunérations du conseil d'administration. Nous avons montré aux administrateurs la liste des qualités du « PDG idéal », celle des vingt-trois candidats, ainsi que les plans spécifiques prévus pour aguerrir les seize forts potentiels les plus jeunes. Dès cet instant, toutes les décisions clés de leur carrière allaient être prises en pensant qu'ils pouvaient briguer le poste de PDG.

Malgré le soin que nous avons apporté à leur développement, les résultats ont été décevants. Sur les vingt-trois personnes de la liste, seuls neuf sont encore chez GE. L'un d'entre eux, évidemment, est le nouveau PDG, il y a aussi trois présidents adjoints; les cinq autres sont à la tête de très grosses divisions. Onze sont partis pour diverses raisons, dont sept pour prendre les commandes d'autres entreprises cotées. Trois ont pris leur retraite, dont deux présidents adjoints.

Au fil des années, nous avons observé tous ces hommes avec une attention extraordinaire. Nous les avons soumis à toutes sortes d'épreuves. Les huit candidats encore en lice en juillet 1998 étaient passés par dix-sept postes différents. Par exemple, Jim McNerney, au début du processus, était président de GE Asia-Pacific, où nous l'avions nommé pour montrer le prix que nous attachions à l'internationalisation. Il avait déjà l'expérience de la production, des services informatiques et des services financiers. Nous l'avons nommé PDG de notre pôle Éclairage puis, deux ans plus tard, PDG des moteurs d'avion.

Bob Nardelli, qui avait travaillé à l'électroménager et à l'éclairage, était à l'époque PDG de notre pôle Transports. Nous lui avons confié les commandes des générateurs.

Jeff Immelt avait passé le plus clair de sa carrière aux plastiques, goûté à l'âpre concurrence qui sévit dans l'électroménager et était revenu aux plastiques. Il a été nommé PDG de l'imagerie médicale en 1997.

Après notre première présentation de juin 1994, nous avons pris l'habitude de faire officiellement le point sur le processus de succession devant le Conseil deux fois par an, en juin et en décembre. Je le faisais également en temps réel, en février et en septembre, quand nous discutions des primes et des stock options attribuées à nos principaux dirigeants.

Les administrateurs avaient aussi l'occasion de se faire une idée en dehors de la salle du Conseil : ils rencontraient les candidats lors des traditionnels tournois de golf d'avril à Augusta ; ils les retrouvaient en juillet, à Fairfield, au golf ou au tennis. Nous avions aussi notre réunion annuelle de Noël avec leurs épouses. Avant chacune de ces rencontres, mon assistante Rosanne et moi-même préparions les groupes de quatre golfeurs appelés à jouer ensemble et les plans de table, de façon à ce que chaque administrateur ait l'occasion de passer du temps avec des candidats différents.

En 1996, j'ai pensé qu'il serait bon que les administrateurs membres du comité des rémunérations voient nos candidats de plus près, sans que je sois présent. J'ai demandé à Si Cathcart, qui présidait le comité, d'emmener celui-ci visiter chacune de nos divisions. Ce grand administrateur, doublé d'un fidèle ami, m'avait toujours prodigué de précieux conseils. Il n'hésitait jamais à me moucher ou à me féliciter s'il estimait que je le méritais.

Deux de nos administrateurs, Si et G.G. Michelson, étaient déjà au Conseil lorsque Reg m'avait nommé président. Pour des raisons de continuité, je souhaitais que ces deux hommes, ainsi que Frank Rhodes, lui aussi membre du comité, restent au Conseil pendant la période de transition. Tous trois devant, en principe, prendre leur retraite, j'ai demandé au Conseil de proroger leur mandat. G.G. et Frank étaient au comité de Si, ainsi que Claudio Gonzalez, le PDG de la filiale mexicaine de Kimberley-Clark, et Andy Sigler, PDG en retraite de Champion International.

Ils ont passé une journée avec chacun des patrons de division et leur équipe, suivie d'un dîner ou d'une partie de golf ou de tennis le soir. Je ne m'occupais de rien. Au début, quelques candidats m'ont appelé pour me demander ce que l'on attendait d'eux. Je leur ai répondu que c'était leur affaire. Je voulais que le Conseil voie chacun de nos directeurs de division à l'œuvre. Certains ont fait des présentations minutieusement préparées. D'autres avaient très peu de papiers. Certains se faisaient accompagner de leur équipe au grand complet. D'autres, d'un ou deux collègues. Après chacune de ces visites sur le terrain, Si m'adressait une petite note résumant les impressions du comité.

Quatre ans après la première liste – après quelques départs en retraite, quelques départs tout court et quelques éliminations, nos vingt-trois candidats d'origine n'étaient plus que huit. Nous continuions à peaufiner notre liste des qualités et caractéristiques du « PDG idéal », en ajoutant ou en retranchant, mais cela continuait à sentir furieusement le Superman. J'ai trouvé beaucoup plus utile une liste de huit objectifs essentiels que Bill, Chuck et moi avons élaborée en 1998 :

1. Choisir le leader le plus énergique.
2. Chercher la palette de compétences managériales les plus complémentaires.
3. Conserver tous les candidats pendant la période de transition et dans l'équipe de direction suivante.
4. Minimiser les dysfonctionnements dus aux rivalités entre candidats.
5. Créer des occasions de voir les candidats de près et de façon personnelle avant la décision finale.
6. Prévoir une période de transition suffisante, compte tenu de la diversité des métiers et de la complexité du groupe.
7. Anticiper les remplacements à prévoir lors des annonces de nominations.
8. Repousser la décision finale aussi longtemps que possible pour faciliter la mise en œuvre des objectifs 4 et 5.

C'était un peu comme une lettre au Père Noël. Mais elle était bonne. Nous ne tiendrions pas tous ces objectifs. J'ai acquis assez vite la conviction que le troisième n'était pas réaliste. Non seulement nous ne retiendrions pas tous les candidats, mais j'étais parvenu à la conclusion qu'il valait mieux qu'il en soit ainsi. Les points 4 et 5 se sont avérés contradictoires. Si nous faisions venir les candidats à Fairfield pour les voir de près, nous risquions fort de déclencher des rivalités contre-productives. Les autres objectifs tenaient la route.

La leçon la plus importante que j'avais retenue de la succession à laquelle j'avais participé en tant que candidat, c'était la nécessité impérative d'éliminer les manœuvres de couloir. Aussi incroyable que cela puisse paraître, il n'y en a effectivement pas eu. Quand tout a été terminé, les finalistes m'ont dit qu'ils avaient ressenti la même chose.

Nos valeurs avaient acquis une telle importance que si l'un des candidats s'était amusé à jouer à ce genre de petit jeu, ses collègues l'auraient jeté par-dessus bord. Même quand nous avons réduit la liste aux trois finalistes, fin 1998, et que les médias ont commencé à faire monter la pression, aucun d'entre eux n'a fait quoi que ce soit pour nuire aux deux autres. C'était plutôt le contraire, à la limite.

Le fait de les maintenir tous les trois sur le terrain, à leur poste – Bob à Schenectady, Jim à Cincinnati et Jeff à Milwaukee – a permis à chacun d'entre eux de se concentrer exclusivement sur la division dont il était responsable. Le revers de la médaille était évident : je n'aurais pas l'occasion de voir chacun des candidats d'aussi près que Reg lorsqu'il nous avait tous rassemblés à Fairfield.

D'un autre côté, j'en avais beaucoup moins besoin que lui. Je travaillais aux côtés de ces trois hommes depuis des années. J'ai cependant créé des occasions de les observer sans les faire venir au siège. En 1997, par exemple, je les ai fait entrer tous les trois au Conseil de GE Capital. Et j'ai pris l'habitude de déjeuner avec eux après les réunions mensuelles du Conseil. J'essayais d'éliminer tout formalisme de ces rencontres. Nous parlions à bâtons rompus, et en général ils me disaient ce qu'ils pensaient des acquisitions envisagées par GE Capital. Cela a bien fonctionné un certain temps, mais quand le moment de la décision s'est approché, tout le monde a commencé à se sentir un peu gêné. Nous avons donc cessé de déjeuner ensemble.

En revanche, j'ai repris un aspect du processus de Reg, à cette différence près que cela se passait en dehors du bureau. Au printemps 1999, j'ai commencé à dîner en privé avec les patrons de nos onze divisions principales. Pendant le repas, je leur demandais ce qu'ils pensaient de notre portefeuille d'activités, les invitant à me dire lesquelles ils conserveraient ou supprimeraient. Je leur demandais aussi qui ils verraient dans l'équipe de direction générale et, comme je ne voulais acculer personne à la situation désagréable de choisir un seul gagnant, je leur demandais trois noms pour le poste de PDG.

Ces rencontres m'ont été utiles dans la mesure où elles m'ont aidé à constituer la future équipe de direction; mais pour ce qui est de désigner clairement mon successeur, je suis resté sur ma faim.

J'ai renouvelé l'opération au printemps 2000. Cette fois, je me suis plutôt concentré sur des aspects extérieurs à leur division, leur demandant par exemple ce qu'ils pensaient de nos négociations avec les syndicats et des problèmes d'environnement, ce qu'ils pensaient les uns des autres. Là encore, pas de surprise. Ils s'appréciaient et se respectaient mutuellement. Je leur ai aussi posé pas mal de questions concernant nos processus et nos valeurs, ce qu'ils appréciaient et ce qu'ils jetteraient par-dessus bord.

Parmi mon arsenal de questions, l'une des plus difficiles était la suivante : « Si vous n'êtes pas nommé président, quitterez-vous GE ? » Deux d'entre eux, l'un plus directement que l'autre, m'ont répondu affirmativement. L'un a dit qu'il voulait le poste, mais que s'il ne l'avait pas il aimait tellement la compagnie et ses hommes qu'il resterait pour voir ce qui se passerait. Je ne l'ai pas cru : les chasseurs de tête le harcèleraient certainement tant qu'il finirait par céder. Cette analyse s'est avérée exacte, ce qui n'a rien de surprenant compte tenu de la visibilité incroyable que leur statut de finaliste leur avait conféré. À ce stade, j'avais décidé qu'il était illusoire de croire que nous pouvions garder tous les candidats dans la maison.

Dès le départ, j'avais considéré que le processus dépassait la simple nomination du futur PDG. Je voulais constituer une équipe plus large, le faire épauler par les présidents adjoints – postes qui ne devaient être confiés ni aux candidats déçus, ni à des individus dont je n'étais pas certain qu'ils s'entendraient bien avec mon successeur. Je pensais que Dennis Dammerman, alors PDG de GE Capital, et Bob Wright, le patron de NBC, seraient parfaits. Les directeurs de division me les avaient souvent cités comme d'excellents dirigeants au cours de nos conversations. Dennis a donc été nommé président adjoint fin 1997 et Bob en juillet 2000. Dennis était impliqué dans le processus de succession pratiquement depuis le début, Bob a commencé à intervenir après sa nomination.

Pendant l'année 2000, les médias se sont mis à revenir de plus en plus souvent sur la succession GE, créant un climat d'incertitude. Quand j'allais à Crotonville, les stagiaires me demandaient désormais comment je ferais pour que GE ne perde aucun des trois finalistes et qui les remplacerait à la tête de leur division. Les analystes de Wall Street posaient les mêmes questions.

Un week-end de juin, j'ai eu une bonne idée. J'étais sous la douche – c'est souvent là que je réfléchis le mieux. Puisque j'étais certain d'en perdre deux sur trois, j'ai décidé d'assumer, de ne pas me laisser prendre au dépourvu.

Au lieu d'attendre que l'un ou l'autre ne parte à droite ou à gauche pour nommer leurs remplaçants, nous allions le faire immédiatement. Bob, Jim et Jeff seraient peut-être moins à l'aise au cours de leurs cinq derniers mois à leur poste actuel, mais leurs remplaçants seraient bien formés et prêts à prendre la relève. Les divisions concernées sauraient qui était leur futur patron, il y aurait donc moins de rumeurs et de commérages. Je pensais aussi que cela rassurerait Wall Street.

Au cours de nos Sessions C, tous les directeurs de division doivent nommer leur successeur. Nous considérons souvent cela comme de la routine et n'y prêtons pas beaucoup d'attention. Mais en avril 2000, le choix de mon propre successeur étant prévu pour le mois de décembre, j'avais écrit à tous nos directeurs de division pour les prévenir que nous consacrerions au moins une heure à discuter de leur remplacement éventuel. Nous savions donc qui nos trois finalistes souhaitaient avoir comme dauphins. C'était impeccable.

Le lundi matin, tout content, j'ai parlé à Bill et à Dennis de mon idée du week-end. Ils ont été enthousiasmés. Nous allions pouvoir confier la direction des divisions concernées à des personnes dont nous savions qu'elles seraient acceptées par leur prédécesseur. Comme le Conseil connaissait bien tous les candidats, il m'a été facile d'appeler les administrateurs et de leur expliquer le raisonnement, qui leur a plu.

Il me restait à expliquer la décision à Bob, Jeff et Jim. J'ai reconnu d'emblée que cela pouvait paraître injuste. Mais je leur ai démontré que c'était l'intérêt de leurs salariés et de nos actionnaires. Ils ont néanmoins été surpris.

« Est-ce que tu es en train de me dire que j'ai le choix entre être propulsé au sommet ou viré ? m'a demandé l'un des trois.

– Oui, c'est à peu près ça. Reconnais que tu m'as dit toi-même que tu ne resterais pas chez GE si tu n'étais pas nommé PDG ! Moi, je te dis : OK ! Voici ton remplaçant. Je te demande de le former en six mois. »

Aucun d'entre eux n'a trouvé cela particulièrement agréable, mais ils ont compris que c'était effectivement l'intérêt de GE. S'il fallait prouver que GE était aussi une usine à produire des hommes, ce fut chose faite en juin 2000. Nous étions fin prêts. Nous avions trois nouveaux directeurs de division. Le hasard a voulu qu'ils aient quarante-trois ans tous les trois.

Dave Calhoun avait dirigé l'équipe d'audit interne, puis il avait pris successivement la direction des plastiques en Asie, du transport, de l'éclairage et enfin de la réassurance. Ce grand sportif est intelligent, drôle et rapide ; en outre, il excelle à tisser des relations solides. C'était l'homme parfait pour devenir directeur d'exploitation des moteurs d'avions sous l'autorité de Jim McNerney.

La première fois que j'ai rencontré John Rice, c'est au cours d'un déjeuner avec de jeunes auditeurs internes à Schenectady. Il avait un esprit incisif et une personnalité très attachante, je l'ai apprécié instantanément. Je lui ai conseillé de sortir de la finance et de prendre une activité opérationnelle. Il a filé droit à la production de l'électroménager. Après une série de promotions, il a fini par remplacer Dave Calhoun d'abord à la direction de GE Plastics Asia, puis à celle de GE Transportation. Cette expérience le désignait tout naturellement pour devenir le directeur d'exploitation de Bob Nardelli aux Générateurs.

John Hogan avait occupé de nombreux postes à l'étranger pour les plastiques avant de devenir PDG de GE-Fanuc. Il a quarante-trois ans et en paraît quinze. Malgré cela, ce leader-né a beaucoup de maturité et un contact humain remarquable. Depuis plusieurs mois, il était responsable de la mise en œuvre de l'e-business au sein du pôle médical, de sorte qu'il était tout prêt à en devenir directeur d'exploitation sous l'égide de Jeff Immelt.

Confier ces responsabilités nouvelles à ces trois stars allait changer beaucoup de choses. Si 300 000 salariés de GE, dont moi, ne savaient toujours pas qui serait leur prochain président, ceux qui travaillaient dans trois des divisions les plus importantes de GE savaient exactement qui serait leur prochain patron.

J'ai déclaré publiquement que ces changements étaient « une étape naturelle dans notre plan de succession ». Et j'ai continué à opposer une fin de non-recevoir aux journalistes qui voulaient m'interroger sur ces nominations ou sur tout autre sujet lié à la succession.

Bob, Jim et Jeff en faisaient autant. Nous ne voulions pas aider les médias à en faire un cirque. Mais il était naïf de penser que je pourrais réellement tenir la presse à l'écart. Les premiers articles sur ma succession avaient paru dès 1996. Début septembre, deux mois avant la date où je devais nommer mon successeur, les articles consacrés au processus de succession GE se sont multipliés.

En l'espace de trois ou quatre jours, nous avons eu les honneurs de *Business Week*, du *Wall Street Journal*, du *Financial Times* et du *Sunday Times* de Londres. Non seulement ils donnaient le nom des candidats les mieux placés, mais également leurs chances respectives et leur profil, sans aucune aide de notre part.

Au moment de leur parution, j'étais aux Jeux olympiques, en Australie. Je les ai lus sur des fax, dans ma chambre d'hôtel et j'ai été étonné de l'attention que suscitait notre succession. Cela m'ennuyait aussi, car je savais quelle pression cela mettait sur les trois candidats.

À une heure et demie du matin, je me suis installé devant mon portable et je leur ai rédigé un e-mail collectif :

> Jeff, Jim, Bob
> Je suis désolé que vous deviez subir tous ces articles.
> Je pensais pouvoir faire mieux que Reg en décidant que tout le monde restait sur le terrain. Quoi que l'on fasse, apparemment, la presse transforme toutes les successions en conflits plus ou moins ouverts. Vous êtes des types bien, je vous en remercie. GE a de la chance que vous soyez resté durant la totalité du processus. Vos résultats et votre attitude remarquables à tous points de vue ne me facilitent pas la tâche. Merci, vous êtes vraiment épatants, tous les trois.

J'étais totalement sincère. Voici une réaction typique :

> Au total, Jack, nous avons quand même de la chance d'être là où nous en sommes et ce sentiment l'emporte sur les désagréments actuels. La croissance, le challenge, les bons moments passés ensemble, tout cela a rendu inoubliable notre expérience chez GE, quoi qu'il arrive ensuite et à qui. Votre approche est la bonne, je suis sûr que nous sommes tous d'accord là-dessus.
> Votre candidat préféré.

Ce genre de réponse en dit long sur la qualité des hommes qui étaient arrivés jusque là – et cela ne me facilitait pas les choses. Je disais souvent en plaisantant que si seulement l'un d'entre eux faisait une bêtise ou une folie, le scandale faciliterait ma décision. Quand j'ai fait le point, une fois de plus, avec le Conseil, je n'ai pas caché que je trouvais cela très dur. Sam Nunn, ancien sénateur de Georgie, qui siégeait au Conseil depuis 1997, a eu une réponse remarquable.

« Jack, me dit-il, il ne faut pas regretter de devoir choisir l'un de ces trois hommes. C'est vous qui les avez rendus célèbres. Ils postulent pour le plus beau job d'Amérique, on ne sait pas encore lequel le décrochera. Cela veut dire qu'ils sont tous les trois extraordinaires. En les mettant dans cette situation, vous en avez fait plus pour leur carrière que tout ce qui aurait pu leur arriver s'ils étaient restés dans leur coin. »

Cela m'a consolé, mais je savais que ça ne leur facilitait pas les choses, à eux. Le jour où ces articles ont été publiés, ils étaient tous les trois dans le Vermont, où Prudential Securities avait organisé une conférence. Ils prenaient le petit-déjeuner ensemble. La pièce entière avait les yeux rivés sur eux. Quelques jours plus tard, je suis tombé sur John Blystone, qui avait quitté GE en 1996 pour prendre la présidence de SPX et avait assisté à la même conférence. « Tu peux vraiment être fier, m'a-t-il dit. Ils plaisantaient et se taquinaient sur le podium. Ils se soutenaient mutuellement, à fond. Les actionnaires présents ont vu qu'ils se comportaient en vrais coéquipiers. Cela doit vraiment te faire plaisir. » Ce que John ne savait pas, et c'est amusant, c'est qu'il avait figuré parmi les seize stars de notre première liste, en 1994.

Pour être fier, je l'étais. Il y avait bien sûr des petites différences entre ces trois hommes, mais ils étaient aussi remarquables les uns que les autres. Chacun d'entre eux dirigeait sa division avec des marges et des parts de marché record ; le moral de leur personnel était au plus haut.

Bob s'était vu confier les générateurs en 1995, à un moment où nos turbines tombaient en panne un peu partout. Les résultats étaient en baisse depuis trois ans consécutifs. À peine avait-il trouvé la solution technique du problème que la pénurie de capacité des centrales faisait exploser la demande. Afin de pouvoir profiter de cette aubaine, il avait mis en place des mécanismes opérationnels fantastiques et fait des dizaines d'acquisitions dans le monde entier.

Il avait fait passer les résultats d'exploitation de sa division de 770 millions de dollars en 1995 à 2,8 milliards de dollars en 2000. Plus important encore, il tablait sur une croissance d'un milliard de dollars par an de son résultat net pendant trois exercices consécutifs, de 1999 à 2002. Rares sont les entreprises, dans le monde, dont les résultats après impôts atteignent le milliard de dollars – lui se préparait à augmenter le sien de cette somme, trois ans de suite !

Jim, lui aussi, obtenait des résultats magnifiques. Au cours de ses trois ans à la tête de la construction des moteurs d'avions, cette division a contribué davantage au résultat de GE qu'aucun autre de nos vingt principaux centres de profits. Il a fait passer le chiffre d'affaires de 7,8 milliards de dollars en 1997 à 10,8 milliards de dollars en 2000, tout en améliorant ses résultats de 21 % par an. Il a tant et si bien développé les services qu'ils représentaient désormais plus de la moitié du bénéfice de sa division. Et la mise au point du moteur GE-90, le plus gros et le plus puissant moteur de jet du monde, pour le Boeing 777 long courrier, a été une réussite stratégique fantastique.

Jeff, de la même manière, a hissé notre pôle médical à un niveau de performance sans précédent. Il a imaginé le concept d'une entreprise internationale qui servira de modèle à presque toutes nos entités et qui consiste à se procurer de la matière grise, des composants et des produits finis dans le monde entier. Il a fait de nombreuses acquisitions et réussi leur intégration. Sous sa houlette, notre division médicale est devenue une entreprise informatique autant qu'un producteur de matériel.

En trois ans, il a entraîné la division à des niveaux record de profits et de chiffre d'affaires, ce dernier passant de 3,9 milliards de dollars en 1996 à 7,2 milliards de dollars en 2000, tandis que le résultat net augmentait de 21 % par an. Jeff a énormément renforcé notre présence en Europe et nous a acquis la première place en Asie. En outre, sa division a sorti davantage de produits conçus en appliquant la technologie Six Sigma que n'importe quelle autre.

Ce n'était pas seulement ces performances exceptionnelles qui rendaient la décision si difficile. Je connaissais nos trois finalistes depuis très longtemps. Je les avais eus comme stagiaires à Crotonville. Bien avant qu'ils ne prennent la direction d'une division, j'avais passé des heures et des heures avec eux, dans toutes sortes de réunions. Je les avais promus et je les avais vus se transformer, souvent à des postes très difficiles, en dirigeants incroyablement sûrs d'eux.

La première fois que j'ai vu Jeff, il était en train de préparer son MBA à la Harvard Business School. C'était en 1982. Quand il avait préféré GE à Morgan Stanley, un partenaire de cette firme avait essayé de le faire revenir sur sa décision.

« GE ? Écoutez, si vous venez travailler chez nous, vous ferez une présentation à Jack Welch dans les six mois. Si vous allez chez GE, vous l'apercevrez de loin au bout de dix ans, si vous avez beaucoup de chance. » Trente jours après son arrivée chez nous, Jeff était assis autour d'une table avec moi et cinq autres personnes de la direction marketing.

Comme de nombreux patrons solides, Jeff a traversé des périodes difficiles. Nous l'avions muté à l'électroménager en 1989 pour élargir son expérience dans une industrie difficile. Cela lui a effectivement donné beaucoup d'expérience, et surtout beaucoup plus vite que prévu. Il s'est trouvé aux prises avec un rappel de produits énorme, le compresseur d'une nouvelle ligne de réfrigérateurs s'étant avéré défectueux. Dans les ateliers, 7 200 ouvriers ont dû s'atteler à la réparation de 3 millions de compresseurs. Je l'ai observé de près pendant les réunions mensuelles organisées pendant cette crise.

Une autre fois, en 1994, il avait eu une année vraiment très difficile aux plastiques. En sa qualité de directeur général de GE Plastics

Americas, il avait signé un certain nombre de contrats à prix fixes et s'était trouvé pris en tenaille entre le coût des matières premières, qui augmentait, et ses engagements vis-à-vis de nos clients. Il lui manquait 50 millions de dollars pour atteindre son objectif de résultat net. Lorsqu'il s'est rendu à Boca, en janvier 1995, il rasait les murs pour m'éviter, arrivant tard aux dîners et allant se coucher la dernière bouchée avalée. Le dernier soir, au moment même où il se précipitait vers l'ascenseur et sa chambre, j'ai fini par le coincer. Je l'ai attrapé par l'épaule et lui ai fait faire demi-tour.

« Jeff, je suis ton supporter le plus enthousiaste, mais tu viens d'avoir l'année la pire de GE Plastics. La pire de toutes. Je t'aime bien, et je sais que tu peux faire mieux. Mais si tu ne redresses pas la situation, je te sors.

– Écoutez, me répondit-il, si les résultats ne sont pas ce qu'ils devraient être, vous n'aurez pas besoin de me virer, je partirai de moi-même. »

Évidemment, il a redressé – et ensuite, il a assuré comme un fou, partout où il a été nommé.

Je pourrais raconter des histoires du même genre sur Bob ou sur Jim. Pour moi, la décision était affective. Il y avait beaucoup de sang, de sueur et de sentiments dans cette affaire. Quasiment comme dans une famille. Je n'ai jamais eu de mal à prendre des décisions. Cette fois, c'était différent.

À la réunion du Conseil de juillet 2000, nous avons passé trois heures, avec le comité du Conseil, à comparer les avantages et les inconvénients de chacun des candidats. La décision était encore largement ouverte. Je me battais pour ne pas me décider, voulant à tout prix garder ma liberté de choix jusqu'au dernier jour.

Ce n'est que le dimanche 29 octobre 2000 que j'ai fait ma recommandation. Nous étions à Greenville, en Caroline du Sud, où le Conseil venait visiter une usine de turbines électriques, voyage prévu depuis un an. J'aurais dû réfléchir que, vis-à-vis de Bob Nardelli, ce n'était pas génial, mais j'aimais bien montrer au Conseil les domaines où nous étions en pointe. Grâce à Bob, nous l'étions pour les générateurs et, le lendemain matin, il a ébloui tout le monde.

Après un week-end de golf à Augusta avec un grand nombre de nos administrateurs présents et passés, tradition qui remonte au moins aux années Reg, nous avons pris l'avion pour Greenville où le dîner était prévu dans une salle privée du Poinsett Club, dans une superbe maison ancienne du Sud.

Après le dîner, nous nous sommes rendus à l'hôtel Hilton, qui se trouvait à deux pas. Nous avions réservé une salle de conférence afin d'y organiser une réunion spéciale du Conseil. Le service de sécurité de GE était de garde à l'extérieur. La seule personne à ne pas faire partie du Conseil était Bill Conaty, qui m'avait secondé dès le premier jour du processus. Bob et son équipe étaient rentrés chez eux ou montés dans leur chambre. Peu après 10 heures du soir, j'ai ouvert la séance.

« Nous sommes parvenus à une conclusion. »

Ensuite, pendant à peu près un quart d'heure, j'ai expliqué au Conseil les raisons qui me faisaient penser que Jeff devait être le *New Guy*. Il avait fait un travail extraordinaire au médical, dont le concept servirait de modèle à la GE de l'avenir. Il avait, selon moi, un dosage parfait d'intelligence et de sens de la décision ; surtout, il avait au plus haut point une caractéristique qui me tenait particulièrement à cœur – il était vraiment bien dans sa peau. Certes, les deux autres candidats étaient remarquables, mais je pensais que Jeff avait réellement tout pour faire un parfait président.

Dennis Dammerman et Bob Wright intervinrent ensuite. Dennis rappela qu'il avait eu un premier entretien avec Jeff à la Harvard Business School, en 1982. Il souligna ses compétences de leader et son orientation client. Bob parla de son parcours. Puis, tous les membres du Conseil ont exprimé leur approbation unanime. Au bout de la table, Frank Rhodes a décrit avec éloquence la capacité de Jeff à apprendre et à se développer. Selon lui, Jeff faisait le poids intellectuellement, c'était clairement le bon choix.

J'avais rarement vu une réunion du Conseil se dérouler aussi bien. Tout le monde voulait intervenir. Au moins deux administrateurs ont soulevé la question de savoir si nous pourrions conserver au moins l'un des deux autres candidats, ils trouvaient vraiment dommage de perdre autant de talent.

« Est-ce que vous êtes sûr que vous ne voulez pas en garder un ?

– Je suis passé par là, ai-je répondu. Je sais comment ça se passe. Le nouveau président doit être plein de confiance et d'enthousiasme et avoir vraiment les coudées franches. Je ne veux pas qu'il se sente obligé de regarder par-dessus son épaule. »

Ensuite, j'ai demandé à Bill Conaty, qui aurait lui aussi souhaité garder l'un des deux, de s'exprimer. Il a dit qu'au départ, il avait pensé que l'expérience et les compétences des deux autres candidats étaient telles que nous avions intérêt à tenter d'en conserver au moins un, mais que finalement, et à contrecœur, il s'était rallié à mon point de vue.

En fin de compte, nous avions tous le sentiment que les deux hommes n'avaient certes pas été choisis pour me succéder, mais qu'ils méritaient la présidence d'une grande société. Nous ne devions pas les empêcher de se réaliser.

J'ai clos la séance sur ces paroles : « Rien ne nous oblige à prendre une décision définitive ce soir. Vous avez trois semaines pour y réfléchir. Appelez-moi si vous avez le moindre souci. » J'ai dit au Conseil que j'appellerais les membres du comité le mercredi, veille de Thanksgiving, pour leur demander leur accord définitif.

Une petite semaine avant cette réunion de Greenville, il s'était passé quelque chose qui modifiait la date à laquelle j'avais pensé passer le témoin. Nous avions en effet annoncé l'acquisition de Honeywell et j'avais accepté de conserver la présidence un peu plus longtemps que prévu (j'aurais dû partir au mois d'avril) pour veiller au bon déroulement du processus d'intégration. Cette acquisition, la plus grosse de notre histoire, avait déclenché beaucoup de commérages, nombre de journalistes affirmant que cela aurait forcément un impact sur notre processus de succession.

En interne, cependant, aucun de nous ne pensait que l'accord doive nécessairement changer quoi que ce soit. En fin de compte, j'ai quitté GE début septembre 2001, quatre mois après la date initialement prévue dans le plan de 1994.

Au cours des trois semaines suivant le Conseil de Greenville, j'ai reçu des coups de fil de cinq ou six administrateurs, chacun d'entre eux tenant à me dire tout le bien qu'il pensait de la décision et de la façon dont les choses s'étaient passées. Je crois qu'ils cherchaient aussi à me donner du courage. J'étais enchanté de la décision, mais très angoissé à l'idée de dire à Bob et à Jim qu'ils n'avaient pas été choisis.

La veille de Thanksgiving, comme prévu, j'ai appelé les membres du comité et j'ai obtenu leur approbation pour recommander le vendredi suivant, en séance plénière, la nomination de Jeff comme prédisent. En prenant la décision le week-end de Thanksgiving, nous minimisions la publicité – la plupart des gens pensaient que l'annonce serait faite après la réunion régulière du Conseil, prévue pour le 15 décembre.

J'ai convoqué le Conseil au complet pour le vendredi à dix-sept heures, après la clôture de Wall Street. Le vote officiel, ce vendredi 24 novembre, a été unanime et sans arrière pensées : Jeff était élu. Je l'ai appelé à dix-sept heures trente en Caroline du Sud, où il passait le week-end en famille.

«Le Conseil a pris une décision. C'est une grande nouvelle pour toi. J'aimerais bien que tu viennes à Palm Beach demain avec ta femme et ta fille. Nous vous attendons pour le déjeuner!» Je lui ai ensuite expliqué la logistique, que nous avions minutieusement préparée à l'avance.

Au lieu d'utiliser l'un des avions d'entreprise de GE, nous avions décidé que Jeff, sa femme Andy et leur fille Sarah prendraient un charter à Charleston, à dix heures trente. Pour des raisons de sécurité, l'avion avait été loué au nom du fils de Si Cathcart, James. Si avait même prévu qu'une voiture de son club les attende à l'aéroport. Enfin, ultime précaution, ils devaient atterrir à Stewart Airport et non à West Palm, où se posent habituellement les avions GE.

J'attendais Jeff devant la maison pour lui annoncer la grande nouvelle. Nous sommes allés déjeuner dans un restaurant italien, puis Jane a conduit la femme et la fille de Jeff à un appartement que je possède à Eastpoint. Jeff, lui, est revenu avec moi pour préparer la conférence de presse prévue pour le lundi, à New York. Bill Conaty, qui passait le week-end en Floride, est venu nous donner un coup de main. Nous avons également corrigé le brouillon du communiqué de presse annonçant la nomination – il suffisait de remplacer tous les NG (pour *New Guy*) par Jeff Immelt.

Dennis Dammerman, Bob Wright et leurs femmes sont venus nous rejoindre en avion pour féliciter Jeff, nous avons tous dîné à la maison et arrosé sa nomination. La soirée a été excellente, mais j'avais l'estomac noué – dès le lendemain, il faudrait que je prévienne Bob et Jim. J'ai attendu deux heures de l'après-midi pour les appeler. Ils étaient tous les deux chez eux.

«Le Conseil et moi-même avons pris une décision. Je vais venir t'en parler.»

Je n'allais tout de même pas leur annoncer la mauvaise nouvelle au téléphone. Je tenais à le faire de vive voix, je leur devais au moins cela. En même temps, je ne voulais pas non plus leur faire croire que c'était gagné. J'avais répété ces deux phrases au moins dix fois, demandant même à Jane si elle pensait que le ton était naturel.

Tout de suite après, je suis parti à l'aéroport de West Palm, où je suis arrivé sous une pluie torrentielle. Au trafic aérien toujours très chargé le week-end de Thanksgiving s'ajoutait une série de violents orages qui secouaient toute la côte Est. De nombreux aéroports étaient fermés, les avions cloués au sol. Quand j'ai dit à nos pilotes que nous n'allions pas à

Westchester, comme prévu, mais à Cincinnati, ils ont eu l'air très ennuyés. Cela les obligeait à modifier tous les plans de vol, alors qu'ils n'étaient même pas sûrs de pouvoir décoller.

Ils m'ont prévenu que nous ne décollerions pas avant deux heures, au minimum. Je me suis donc allongé pour réfléchir à ce que je devais dire. Il fallait le faire, mais cela me révulsait. C'était comme si j'avais dû choisir l'un de mes enfants et abandonner les autres. Cela paraissait vraiment injuste. Les trois candidats s'étaient vraiment donnés à fond pour GE, à 1 000 %. Ils s'étaient toujours montrés parfaitement loyaux, tant avec moi qu'entre eux.

Je leur avais demandé, à tous les trois, de faire ceci, ils l'avaient fait tous les trois, et puis je leur avais demandé cela, et encore cela. Ils avaient dépassé toutes nos attentes, et de loin. Et maintenant, il fallait que je leur annonce la plus mauvaise nouvelle de leur carrière – et je n'avais rien d'autre à leur donner, rien que des encouragements : ils feraient des PDG extraordinaires, mais ailleurs.

Nous avons quitté Palm Beach à dix-sept heures trente, dans les nuées, et nous sommes arrivés à Cincinnati vers dix-neuf heures. Nous avions atterri à un aéroport privé, il faisait noir, tout était détrempé, cafardeux. J'ai traversé le tarmac dans un léger brouillard pour rejoindre un hangar à peine éclairé. Je me sentais vraiment seul, seul avec ma vieille serviette de cuir.

Je ne voyais personne. Mais quand j'ai atteint la porte, Jim était à l'intérieur. Nous nous sommes très vite rendus dans une petite salle de conférences.

« Il est clair que ceci sera la conversation la plus difficile de ma vie », ai-je commencé.

La déception a envahi le visage de Jim.

« J'ai opté pour Jeff. Si tu dois être furieux contre quelqu'un, c'est moi. Accroche ma photo au mur et larde-la de fléchettes. Je ne peux même pas te dire pourquoi j'ai fait ça. J'y suis allé au flair, aux tripes. Nous avions trois champions, tous les trois dignes de la médaille d'or, mais une seule médaille d'or. »

Jim m'a demandé en blaguant si l'on ne recompterait pas les voix : nous étions en plein cœur du cafouillage auquel a donné lieu l'élection du président Bush en Floride. On ne pouvait pas être plus élégant.

« Écoute, m'a-t-il dit, le poste, j'aurais vraiment aimé le décrocher, mais je voudrais aussi te dire que je pense que le processus a été juste, tu l'as joué à la loyale, tu nous as donné toutes nos chances. »

Nous avons ensuite bavardé quarante minutes. Nous avons parlé de la vie, de son père, de ses dix-huit ans chez GE. Je lui ai dit qu'il avait fait un chemin extraordinaire depuis que j'avais fait sa connaissance, en 1982. Je lui ai rappelé que c'était l'un de mes vieux collègues de Pittsfield, Greg Liemandt, qui l'avait débauché de chez McKinsey. Depuis son premier job, au développement de notre division Services informatiques, jusqu'au dernier, il avait fait de grandes choses pour nous ; et la plus spectaculaire, c'était la façon dont il avait transformé notre division Moteurs d'avions.

« Tes deux dernières années ont été les meilleures de toutes et tu t'améliores tous les jours. Où que tu ailles, tu seras un grand PDG. »

J'ai à nouveau traversé le tarmac. J'avais encore une surprise pour l'équipage : « Nous n'allons pas à Westchester. J'ai besoin d'aller d'abord à Albany. » À nouveau, ils ont changé les plans de vol et, après avoir traversé d'épaisses couches de nuages, nous nous sommes retrouvés dans un aéroport désert, à neuf heures du soir. Comme à Cincinnati, il faisait froid et il pleuvait. Nous sommes arrivés plus tôt que prévu parce que le vent nous poussait ; Bob n'était pas encore là.

Son absence m'a soulagé, en fait. Ce serait particulièrement difficile de lui asséner la mauvaise nouvelle. Des trois, c'est lui que je connaissais depuis le plus longtemps, je l'avais rencontré à la fin des années 1970, lorsqu'il dirigeait une usine GE. Son père, comme celui de Jeff, avait travaillé toute sa vie chez GE.

Quand Bob avait quitté GE pour aller chez Case Corp. en 1988, j'avais tenté de le persuader de rester, ce que je faisais rarement. Je n'avais pas réussi, mais il était tout de même revenu trois ans plus tard. Depuis, je l'avais observé de près et j'admirais ses performances. En quarante ans de GE, je n'en ai jamais vu l'équivalent ; il pouvait se targuer d'obtenir les meilleures performances d'exploitation de l'histoire de GE, tous métiers confondus.

Il est arrivé ponctuellement à l'heure prévue, dix minutes après moi. Nous nous sommes assis sur un canapé, dans le coin d'une vaste salle d'attente totalement déserte. Quand je lui ai dit ce qu'il en était, il n'a pas pu cacher sa déception.

« Qu'est-ce que j'aurais pu faire d'autre ? m'a-t-il demandé.

– Bob, tu en as fait infiniment plus que je n'aurais cru possible. Tu as fait un boulot fantastique. Tout le monde t'adore, et tu seras un PDG extraordinaire. Mais je ne peux pas répondre à ta question. Je ne peux pas te donner satisfaction, sur ce point. Tu as fait tout ce que tu pouvais et devais faire, et même bien plus qu'on ne t'en demandait. Je crois que Jeff est l'homme qu'il faudra à la GE de demain. Ce qui t'arrive n'est la faute de personne, personne sauf moi. »

Nous avons eu une longue discussion, tentant d'analyser les choses. Je ne pouvais pas satisfaire son besoin d'en savoir plus. Compte tenu de ses résultats exceptionnels, il avait du mal à accepter.

Une fois encore, j'ai tenté d'adoucir la déception.

« Bob, tu vas être un PDG hors normes. Il y a quelque part une grande entreprise qui va avoir la chance de t'avoir. »

Nous nous sommes serré la main, puis je l'ai pressé contre moi. Dans l'avion, j'ai demandé une grande vodka et, finalement, nous sommes rentrés sur Westchester. Le regard perdu dans la nuit, de l'autre côté du hublot, j'étais en proie à des émotions contradictoires. J'étais soulagé d'avoir parlé à Jim et à Bob. Heureux pour Jeff, absolument convaincu que nous avions choisi le meilleur candidat. Mais vraiment triste d'avoir déçu deux amis qui avaient tant apporté à GE. Je me suis juré d'être leur agent, de les aider de toutes les façons possibles.

Le lundi, la conférence de presse a été intéressante. La prestation de Jeff m'a ravi. Il a fait preuve d'une assurance et de qualités que je lui connaissais. Notre seule erreur évidente a été de ne pas nous mettre d'accord à l'avance sur notre tenue vestimentaire : nous sommes arrivés tous les deux en blazer et en chemise bleue. Cela a amusé les médias.

Au cours des jours suivants, j'ai contacté mes amis Gerry Roche, du cabinet de chasseurs de têtes Heidrick & Struggles, et Tom Neff, de chez Spencer Stuart, pour leur parler de postes que Bob et Jim envisageaient. À un moment donné, Tom a tenté de me presser de convaincre l'un des deux d'aller chez son client Lucent Technologies. Je lui ai répondu par la négative.

Dans les dix jours, Jim a été choisi pour prendre la présidence de 3M et Bob pour celle de Home Depot. L'un de nos administrateurs, Ken Langone, a joué un rôle important dans la nomination de Bob : il était impatient de le recruter pour Home Depot, dont il était fondateur et actionnaire important.

À l'occasion de notre traditionnelle soirée de Noël, Jim et Bob, ainsi que leurs épouses, sont venus rejoindre la table où j'étais avec Reg et Jeff. Quand j'ai parlé d'eux dans mon discours, nos directeurs et nos administrateurs se sont levés pour les acclamer bruyamment. Rien n'est plus révélateur des valeurs de GE. Je crois que c'est moi qui applaudissais le plus fort.

Quelques semaines plus tard, à Boca, j'ai vraiment éclaté de fierté. J'attendais impatiemment la première présentation de Jeff en sa qualité de président-élu. Entre-temps, un autre président-élu, George Bush, avait convoqué un certain nombre de PDG de sociétés américaines, dont moi, à Austin, pour faire le point sur la situation économique. J'ai prononcé quelques paroles d'accueil à Boca, puis, pour la première fois en trente-trois ans, j'ai abandonné la réunion.

C'était inattendu, mais fort à propos, puisque cela donnait à Jeff l'occasion de faire son premier discours devant tous les directeurs de GE sans que je sois au premier rang. Quand je suis revenu, le soir, une vidéo de sa présentation m'attendait dans ma chambre d'hôtel.

Il était grisant de le voir prendre les commandes. Jeff était spirituel, intelligent, visionnaire et incroyablement convaincant. C'était lui, le patron !

Quand j'ai pris la parole à la fin de la journée, j'ai dit au public que j'avais regardé la prestation de Jeff sur l'écran de la télévision de ma chambre et que j'avais été aussi fier qu'un jeune papa à la naissance de son premier enfant. Sa performance évoquait l'un de mes plus heureux souvenirs : le jour où j'étais arrivé au labo, à Pittsfield, trente-neuf ans plus tôt, avec une boîte de dragées sous le bras pour fêter la naissance de Katherine.

À Boca, c'était à qui bomberait le plus le torse entre le père de Jeff, qui avait passé trente-huit ans de sa vie à travailler aux moteurs d'avions GE, et moi.

J'étais sûr d'une chose : le *New Guy* était aussi le *Right Guy*.

# Épilogue

Il y a près de vingt ans, du podium de l'hôtel Pierre, à New York, je décrivais ma vision aux analystes de Wall Street, je leur disais ce que je voulais que GE devienne. Si j'en attendais beaucoup, je dois dire que je n'imaginais même pas que GE et les personnes qui y travaillent puissent en faire autant.

Nous avons pris une bureaucratie et nous l'avons secouée. Nous avons créé une entreprise de classe mondiale, dont l'excellence est reconnue sur tous les continents. Je crois que la GE que je quitte est une authentique méritocratie, pleine de gens qui s'impliquent et se passionnent, avec des valeurs et une haute intégrité.

Nous avons vécu une magnifique aventure. Mais ce que GE est devenu en vingt ans n'est jamais qu'un épisode de la vie de l'entreprise. Nous avons construit sur les cent années qui nous avaient précédés. Ce qui me fascine encore plus, c'est ce que l'entreprise pourrait devenir dans les vingt prochaines années. Je sais que son avenir sera pris en mains par une équipe extraordinaire qui l'entraînera à aller toujours plus loin.

Par moments, les dix premières années de l'aventure m'ont donné l'impression que j'étais en train de faire la guerre. Nous changions avec un temps d'avance sur la courbe et nous en avons payé le prix. Il n'y a pas de révolution modeste. Il n'y a pas non plus de mutation modeste, pour une entreprise.

Contrairement à ma réputation, j'ai souvent péché par excès de prudence. J'ai attendu trop longtemps pour éliminer des managers qui ne voulaient ou ne pouvaient pas regarder la réalité en face. J'ai hésité pour certaines acquisitions, j'ai été long à adhérer à l'Internet, et même timide, lorsqu'il s'agissait de tirer un trait de plume sur tous les rituels et les traditions de ce qui avait été une bureaucratie. Tout, ou presque, aurait dû et pu être fait plus vite.

Néanmoins, GE est devenu une entreprise qui adore le changement, joue de sa taille pour prendre davantage de risques, et est tournée vers l'extérieur, vers ses clients – et non vers elle-même. J'ai toujours pensé que lorsque la vitesse du changement à l'intérieur d'une institution devient plus lente qu'à l'extérieur, la fin était proche, la seule question étant alors de savoir quand elle surviendra.

Dans une entreprise centenaire, il n'est pas naturel d'apprendre à aimer le changement – c'est pourtant ce que fait le GE que je quitte. Notre passion d'apprendre et de partager les idées nouvelles a été facilitée par un système opératoire qui permet à des activités très différentes les unes des autres de se développer plus vite et d'obtenir de meilleures performances que si elles étaient indépendantes.

C'est la qualité des hommes et non celle des stratégies qui a fait marcher tout cela. Nous avons passé un temps incroyable à recruter, former, développer et récompenser les meilleurs. Notre audience et notre succès auraient été limités si les meilleurs ne s'étaient pas dépassés pour devenir meilleurs encore.

La mondialisation a été une conséquence logique du dépassement. Nous avons cherché, sur toute la surface du globe, les meilleurs produits et les meilleurs cerveaux. Proteus, notre nouvel équipement de radiologie, en est l'exemple parfait. Aujourd'hui fabriqué à Pékin, c'est le produit d'une chaîne d'approvisionnement qui conjugue la meilleure qualité et le plus bas coût pour chacun de ses 719 composants. Ces derniers sont fabriqués aux États-Unis, au Canada, au Mexique, en Afrique du Nord, au Maroc, à Bangalore, en Corée, à Taiwan et dans d'autres pays d'Europe de l'Ouest ou de l'Est. Le générateur du scanner est construit en Inde, son système de suspension au Mexique et le mécanisme du tube aux États-Unis. Ces pièces, ainsi que de nombreux autres composants, sont ensuite expédiées à Pékin pour l'assemblage final.

Et tout est cohérent, le concept Six Sigma étant appliqué à tous les niveaux.

En général, on termine ce genre de livres par des prédictions… Mais l'exercice est difficile. Quand je suis devenu président, la pensée unique se résumait en trois soi-disant évidences : le pétrole passerait de 35 dollars à

100 dollars le baril – et encore, à condition de pouvoir s'en procurer; le rouleau compresseur des méthodes de production japonaises écraserait l'Amérique industrielle; enfin l'inflation, alors aux environs de 20 %, serait toujours à deux chiffres. Dans ces conditions, autant lire le marc de café...

Certains forces se préparent cependant à modifier l'idée que nous nous faisons généralement des marchés, de l'entreprise et du management.

En Chine, le génie capitaliste est presque sorti de la bouteille. Ce pays aura une influence énorme au siècle qui commence. Les entrepreneurs chinois sont plus ouverts au changement que personne. Quant aux responsables politiques, il gèrent la société tout en libérant l'économie du pays.

Tous ceux d'entre vous qui passent le plus clair de leur temps à représenter le paysage concurrentiel sous forme de camemberts ont intérêt à réserver la moitié du camembert aux Chinois. Il y a aujourd'hui en Chine des entreprises dont vous n'avez jamais entendu parler et qui se préparent à devenir des concurrents géants dans les dix prochaines années, menaçant votre existence même. La Chine, c'est beaucoup plus qu'un marché. C'est en train de devenir un immense concurrent.

La puissance économique croissante du pays compliquera les relations entre l'Europe, les États-Unis et le Japon. Les tensions commerciales augmenteront. Je ne sais pas quelle forme prendra le protectionnisme, mais je sais qu'il suscitera des discussions longues et passionnées.

La hiérarchie est morte. L'entreprise de demain sera virtuellement dépourvue de tout échelon; de moins en moins cloisonnée, ce sera une collection de réseaux d'information où davantage d'électrons et moins de gens géreront les processus. L'information deviendra transparente. Aucun patron ne sera plus en mesure de la garder sous le coude pour s'assurer le pouvoir comme ce fut si longtemps le cas.

Le plus clair de l'information dont un manager aura besoin pour diriger son entreprise résidera sur un écran d'ordinateur, dans un « cockpit numérique ». Il contiendra toutes les données nécessaires en temps réel et des alertes automatiques attireront son attention sur des tendances exigeant son attention immédiate.

Si l'information sera plus disponible qu'elle ne l'a jamais été, ce sera toujours le jugement humain qui fera marcher l'entreprise.

Un soir, quelques mois avant de quitter GE, j'étais dans un magasin de la 5e Avenue où j'étais venu acheter un pull. À un moment donné, le vendeur est parti chercher ma taille en réserve et, pendant ce temps, le directeur est venu me trouver.

« Mr Welch, me dit-il, est-ce que je peux vous parler ? »

C'était un jeune Américain d'origine africaine. Il m'avait vu à la télévision la veille au soir. Il avait beaucoup apprécié ce que j'avais dit, mais il avait envie de me poser une question. Pendant l'interview, j'avais indiqué l'importance, pour une entreprise, d'éliminer continuellement les 10 % les moins performants de son personnel.

Il m'a entraîné dans un coin retiré, sous un escalier, où nous pourrions parler sans être entendus, puis il m'a expliqué qu'il avait vingt vendeurs.

« Monsieur Welch, vous croyez vraiment que je dois en licencier deux ?

– Je pense que oui, sans doute, si vous voulez avoir la meilleure équipe de vendeurs de la 5e Avenue. »

Cela m'a fait rire d'entendre mes propres paroles me revenir non de quelqu'un de chez GE, mais du directeur d'un magasin de vêtements new-yorkais. Je crois que cet homme était en train de comprendre que si l'on veut devenir le meilleur dans son métier, c'est dur, réellement très dur.

Il faut être sûr de soi et avoir beaucoup de courage, car les décisions impopulaires entraînent forcément des réactions qu'il faudra bien affronter.

Pour parler de choses plus amusantes, l'engouement de Ken Langone pour Bob Nardelli, candidat malheureux à ma succession (aujourd'hui aux commandes de Home Depot) a suscité pas mal de plaisanteries chez nous. Grand et corpulent, Ken est un personnage haut en couleurs. Généreux, tenace et très intelligent, c'est un administrateur idéal. Mais si je l'ai fait entrer au Conseil en 1999, c'est parce qu'il connaît tout le monde, absolument tout le monde. Je voulais qu'il joue pour Jeff le rôle que Walter Wriston avait joué pour moi vingt ans plus tôt : qu'il lui fasse sa pub, qu'il crie sur tous les toits que ce serait le meilleur PDG d'Amérique.

Cela a failli marcher. Quelques semaines après l'arrivée de Bob à Home Depot, cependant, j'ai ouï dire que Ken faisait le tour de New York en chantant partout les louanges de Bob. Je lui ai téléphoné pour le rappeler à l'ordre.

« Tu me prends en flagrant délit, me dit-il en riant. À partir de maintenant, ce sera Jeff, Jeff et encore Jeff, il n'y en aura plus que pour lui, promis, juré, craché ! »

Quelques semaines plus tard, Patty Sellers, journaliste au magazine *Fortune*, m'a appelé à un autre sujet et m'a dit en passant qu'elle avait interviewé Langone pour un article en chantier sur Home Depot. Je lui ai demandé s'il lui avait parlé de Jeff. Réponse : il lui avait dit énormément de bien de Bob, mais pas un mot sur Jeff!

J'avais un témoin. J'ai appelé Ken : « Espèce de malotru! lui ai-je dit en plaisantant. J'ai entendu dire que tu continues à vanter les mérites de Bob. Tu m'avais pourtant promis qu'il n'y en aurait plus que pour Jeff! »

Je savais que Ken était partagé, ce qui était tout à fait justifié. À la fois fondateur de Home Depot et administrateur de GE, il a sous les yeux deux grands PDG. Tout ce que je lui demande, c'est d'être « honnête ».

Avant de quitter GE en septembre 2001, j'ai eu de nombreuses occasions de faire mes adieux. L'une des plus mémorables fut la dernière réunion des 550 premiers cadres dirigeants à Boca Raton, au début du mois de janvier 2001. J'avais assisté à ces grand-messes trente-trois ans de suite – plus de la moitié de ma vie – et ce serait la dernière.

En 1981, j'avais pris la succession de Reg à la tête d'une société performante qu'un grand nombre de collègues avaient rendue encore performante. J'étais convaincu que mon successeur héritait d'une excellente entreprise, mais qu'il la ferait encore beaucoup progresser. Tel est le rôle d'un président.

Voulant m'assurer que le message contenu dans mon dernier discours serait entendu, j'avais pris un bloc à feuilles jaunes, comme je l'avais toujours fait, et j'avais mis deux jours à développer ce que je voulais dire en essayant de ne pas tomber dans le sentimental larmoyant.

GE avait beaucoup changé ces vingt dernières années, certes, mais devrait changer plus encore au cours des deux décennies à venir. Ce que je leur ai dit ce matin-là pourrait s'appliquer à n'importe quelle entreprise. Le message était simple : oubliez ce que nous avons fait ensemble. Tournez la page.

« J'ai pris ce poste il y a vingt ans et, ensemble, nous avons beaucoup changé. Ç'a été une aventure passionnante et merveilleuse, dont je garderai des souvenirs fantastiques et des amitiés durables. Quant à ce que nous avons fait ensemble, vous pouvez en oublier une bonne partie. Les coupures de presse d'aujourd'hui serviront à emballer du poisson dans deux jours. Vous allez commencer une aventure nouvelle, complètement nouvelle. Il y aura du changement, comme vous n'en avez jamais vu et il se fera plus vite que jamais. Ce sera un vrai régal pour les amateurs, mais une vraie terreur pour ceux qui ne savent pas saisir les opportunités. »

J'ai conclu en demandant à tout le monde de tout chambouler chez GE, de faire la révolution. Ce discours a suscité une réaction chaleureuse, mais l'atmosphère était lourde d'émotion pour moi et pour les nombreux vieux amis présents dans la salle.

À Boca, la coutume veut qu'à la fin de la troisième soirée, Joyce Hergenhan, mon ancienne directrice des relations publiques, aujourd'hui présidente du GE Fund, annonce le score des parties de golf et de tennis de l'après-midi. La journée avait été froide et venteuse au point que certains étaient partis au bout de quatre trous. Joyce a donné mon score, puis elle a dit :

« Je suis sûre que tout le monde dans la salle pourrait raconter son histoire Welch préférée, mais comme j'ai le micro, vous allez entendre la mienne. Il y a trente ans, j'étais à l'hôpital, à New York, au lendemain d'une intervention chirurgicale importante, et Jack m'a téléphoné pour me dire qu'il venait me rendre une petite visite. J'aurais dû être ravie, mais je lui ai dit la vérité : je n'avais pas envie qu'il me voie aussi mal coiffée. Sa réaction, immédiate, était du Jack tout craché : "Qu'est-ce que c'est que cette histoire, Joyce, je viens pour te remonter le moral, pas pour sauter dans ton plumard" ! Je trouve que cela résume le personnage. Je me croyais au bord de la tombe et je m'inquiétais pour ma coiffure ! L'humour, la franchise et l'amitié de Jack ont très vite remis les choses à leur place. »

Les 550 personnes présentes dans la salle se sont mises à hurler de rire et je me suis senti rougir légèrement. C'est vrai que les propos qu'elle venait de rapporter étaient révélateurs, dans la mesure où seul le patron d'une toute petite entreprise vraiment informelle, l'épicerie du coin, dirait cela à l'un de ses employés.

Jeff Immelt a pris la parole tout de suite après Joyce, tandis que des hordes de serveurs se faufilaient à travers les tables pour apporter le champagne. Il a dit des choses qui me sont allées droit au cœur, revenant sur ma présentation aux analystes de Wall Street à l'hôtel Pierre, en 1981, lorsque j'avais expliqué que je rêvais de créer une entreprise dont les collaborateurs pourraient se dépasser, briser leurs propres limitations. À l'en croire, chacun, dans la pièce, avait vécu des choses qu'il n'aurait pas crues possibles.

Tout le monde s'est levé pour applaudir. Jeff s'est frayé un chemin dans la foule pour venir me rejoindre. Nous nous sommes donné l'accolade et je me suis rassis, en espérant que tout le monde en ferait autant.

Autant rêver ! J'ai fini par grimper sur ma chaise et lever mon verre en portant un toast.

« Chers amis, c'est vrai, nous avons fait ensemble des choses que nous n'aurions jamais imaginées. Nous sommes allés dans des pays où nous pensions ne jamais mettre les pieds, réalisé des rêves que nous n'aurions jamais crus possibles. Je viens d'une petite ville et d'une famille modeste, typiquement américaines, comme la plupart d'entre vous, et j'ai eu de la chance, grâce à votre travail. Je vous dois un immense merci. »

ANNEXE **A**

# Réaliser une croissance rapide dans une économie à croissance lente*

Où allons-nous ? À quoi ressemblera le General Electric de demain ? Quelle est sa stratégie ?

Si je le pouvais, ce serait le moment de sortir de ma poche et de décacheter sous vos yeux une enveloppe contenant une stratégie grandiose pour la prochaine décennie. Non seulement je n'ai rien de tel dans ma poche, mais je n'ai pas l'intention d'essayer, au nom de l'ordre intellectuel, de vous emballer les nombreuses et diverses initiatives de General Electric dans du papier cadeau. Cela va de la construction de nouvelles usines pour la division Plastiques (1,5 milliard de dollars) à l'acquisition de Calma (fournisseur de CAO/FAO) et de quatre sociétés de software en autant de mois, en passant par un investissement de 300 millions de dollars dans une usine de locomotives afin d'en augmenter la productivité et la capacité de production ; un nouveau laboratoire de microélectronique au centre de

* *Présentation aux représentants de la communauté financière à l'hôtel Pierre à New York, le 8 décembre 1981*

recherches de Schenectady; des investissements dans un centre d'application microélectronique à Raleigh/Durham et un nouveau laboratoire d'automatisation industrielle à Charlottesville.

Vouloir à tout prix faire entrer toutes ces initiatives et des dizaines d'autres *business plans* dans le cadre d'une seule et unique stratégie centrale applicable à l'ensemble de GE n'aurait aucun sens.

Si quelque chose doit fédérer et valoriser les nombreux plans et initiatives décentralisés de notre groupe, ce n'est pas une *stratégie* mais une *idée* centrale – un concept directeur qui guidera General Electric au cours des années 1980 et orientera nos différents plans et stratégies.

Un directeur de la planification de Bendix a écrit récemment une lettre remarquable au rédacteur en chef du magazine *Fortune*. Je me propose de vous la lire car elle correspond exactement à ma propre réflexion sur la planification stratégique pour une compagnie comme General Electric.

« Tout au long de votre excellente série d'articles sur la pratique actuelle de la planification stratégique, on retrouve un fil conducteur : la quête d'une approche chiffrée, susceptible de produire automatiquement des réponses. Cette méthode n'a pourtant rencontré que des échecs.

« Von Clausewitz a résumé cette problématique dans son célèbre ouvrage, *De la guerre*. La stratégie ne saurait se réduire à une formule. Les plans détaillés échouent toujours en raison des frictions que l'on rencontre inévitablement : événements fortuits, imperfections de l'exécution, ainsi que la volonté indépendante du camp adverse. En revanche, l'élément humain revêt une importance absolument capitale : la qualité des chefs, le moral des troupes et le savoir-faire presque instinctif des meilleurs généraux.

« L'état-major prussien a mis ces concepts en pratique et les a perfectionnés sous la houlette du général Von Moltke. Lui et ses officiers partaient du principe que le plan des opérations ne survivrait pas au-delà du premier contact avec l'ennemi. Ils ne déterminaient donc que des objectifs très larges et soulignaient la nécessité de tirer parti de toutes les opportunités imprévues à mesure qu'elles se présentaient… *Leur stratégie n'était pas un long plan d'action. C'était l'évolution d'une idée centrale au contact de circonstances changeant continuellement.*

« Les affaires et la guerre diffèrent sans doute par les objectifs et les codes de conduite. Dans les deux cas, cependant, il faut confronter la volonté indépendante des autres parties en présence. Cela, une approche type recette de cuisine ne vous permettra jamais de le faire, pas plus qu'elle ne vous permettra d'affronter les situations nouvelles qui ne cessent de se présenter dans le monde réel. »

Je voudrais maintenant appliquer ce raisonnement, qui consiste à affirmer que la *stratégie n'est pas un long plan d'action mais l'évolution d'une idée centrale au contact de circonstances changeant continuellement*, à la gestion de GE.

Dans le monde réel, et je pense à la décennie 1980, l'inflation sera manifestement l'ennemi numéro un; la plupart des pays et des gouvernements la combattront par le biais de leur politique monétaire et fiscale. Il en résultera un ralentissement de la croissance par rapport à ce que nous avons connu ces trente dernières années – et c'est bien évidemment sur cette base qu'il faut établir toute planification.

Dans cet environnement de croissance plus modeste qui caractérisera les années 1980, les entreprises et les pays se battront pour s'arroger le volume réduit d'activité; il leur faudra aussi lutter contre le chômage. Aussi n'y aura-t-il pas place pour les médiocres fournisseurs de produits et de services, pour l'entreprise qui tient systématiquement le milieu du peloton. Ceux qui prospéreront dans cet environnement de croissance lente seront ceux qui sauront identifier les industries à forte croissance et y participer en se fixant pour objectif d'être toujours numéro un ou numéro deux pour chacune de leurs activités. Ces places de tête, il faut les détenir non seulement sur les marchés, mais aussi en termes de productivité et de coûts, avec des produits et services de qualité vendus dans le monde entier; sinon il faut conquérir cette position par le biais de l'avance technologique ou d'un avantage clair sur un marché de niche.

La difficulté, quand GE participe à ces industries de croissance et y détient la première ou la seconde place, c'est de savoir jusqu'où et à quelle vitesse il convient d'en promouvoir le développement. Autrement dit, déterminer combien de ressources humaines et financières injecter dans telle ou telle opportunité pour être certains de capitaliser sur notre position de leader.

Par ailleurs, chaque fois que nous ne sommes pas numéro un ou numéro deux et que nous n'avons pas et ne voyons pas comment acquérir une avance technologique sur les autres, nous devons nous poser la question bien connue mais si difficile de Peter Drucker : « Si nous n'étions pas déjà dans ce métier, y entrerions-nous aujourd'hui ? » En cas de réponse négative, nous serons confrontés à une autre question difficile : « En ce cas, que faisons-nous pour résoudre le problème ? »

Les directions et les entreprises qui n'auront pas ce courage et s'accrocheront à des métiers condamnés à la stagnation perpétuelle – que ce soit par respect de la tradition, pour des raisons sentimentales ou à cause de la faiblesse de leur direction – auront disparu en 1990. Il faut bien voir, en effet, que pendant une période de forte croissance, entre 1945 et 1970, près de la moitié des 500 premières sociétés américaines ont perdu leur place au palmarès du magazine *Fortune* à la suite d'une acquisition, d'une faillite ou tout simplement par manque de croissance.

Nous sommes convaincus que cette idée centrale – être le numéro un ou le numéro deux (précisons qu'il ne s'agit pas d'un *objectif* mais d'un *impératif*) – nous permettra de constituer un portefeuille d'activités unique dans l'équation du monde des affaires à la fin de la décennie qui commence.

Cette idée centrale tangible sera flanquée d'une couronne de valeurs clés intangibles – de thèmes qui créeront notre cohésion et, grâce à la culture commune de GE, deviendront des réflexes. Il s'agit respectivement d'apprendre à regarder la réalité en face, de cultiver inlassablement la qualité et surtout l'élément humain.

J'aimerais commencer par vous décrire ce que j'entends par réalité. Cela peut paraître simpliste, mais je vous assure qu'il est beaucoup moins facile qu'il n'y paraît de faire en sorte qu'une entreprise ou un groupe de personnes voie le monde tel qu'il est et non tel qu'ils voudraient qu'il soit ou espèrent qu'il sera demain. Nous devons pénétrer tous les esprits, au sein de notre société, de la nécessité d'adopter une attitude, de créer une atmosphère permettant aux gens – les y encourage, en fait – à voir les choses comme elles sont (et non comme ils voudraient qu'elles soient) et à agir en conséquence. Il nous faut absolument commencer par établir ce concept de la réalité dans l'ensemble de l'entreprise avant de nous attaquer à l'exécution de l'idée centrale – la nécessité d'être numéro un ou numéro deux dans tout ce que nous faisons ou de prendre les décisions qui s'imposent.

Quand nous parlons qualité ou excellence, nous voulons dire créer une atmosphère telle que tout individu, dans l'ensemble de l'entreprise, fasse l'impossible pour être fier de tous les produits ou services que nous proposons au marché. Cela signifie que nous tentons tous de dépasser nos propres limites, d'être, dans certains cas, meilleurs que nous n'avions pensé pouvoir l'être. Je suis témoin que cela arrive presque tous les jours, sous mes yeux, de toutes les façons possibles ou presque et partout dans l'entreprise.

Ce thème de l'excellence me conduit à notre troisième et dernière valeur, l'élément humain. Dans cette perspective, nous avons créé et nous créerons de plus en plus une atmosphère telle que les gens auront l'audace d'essayer des approches nouvelles – en étant assurés que les seules limites à leur créativité et à leur dynamisme seront la vitesse à laquelle ils agiront et jusqu'où ils iront.

Le résultat net de ces trois valeurs – la réalité, la qualité, l'élément humain – que l'on pourrait appeler les valeurs *soft* – ce sera une entreprise plus vivante, plus adaptable et plus agile que des sociétés représentant le vingtième ou le cinquantième de notre taille. Ces valeurs nous permettront de conserver notre héritage et notre culture communs tout en donnant un sentiment d'appartenance aux managers qui dirigent, exploitent et construisent notre portefeuille d'activités numéro un ou numéro deux. Nous mettrons à leur disposition les ressources nécessaires pour battre, escarmouche après escarmouche, les concurrents auxquels ils se heurteront sur le marché. Oui, ils bénéficieront de tous les avantages d'une entreprise de la taille de General Electric – en termes de richesse financière, technologique et de ressources managériales – mais aussi de la liberté et de la flexibilité nécessaires pour prospérer dans les années 1980.

General Electric est une panoplie d'entreprises diverses qui doit faire l'envie de toute société américaine spécialisée sur une seule de ces lignes de produits, du pétrole à la haute technologie. La plupart de ces dernières ont essayé d'élargir le périmètre de leurs activités, mais elles ont en général du mal à trouver la voie. Pour notre part, nous l'avons déjà parcourue et nous sommes aujourd'hui une entreprise industrielle et financière florissante, largement diversifiée, hautement rentable. Quel que soit l'instrument de mesure utilisé, dans les années 1970, nos performances ont été largement supérieures à la croissance du PIB et de l'indice boursier Standard & Poor 400. Nous avons la motivation et le potentiel de faire mieux dans les années 1980. Si certains d'entre vous veulent établir un lien entre GE et le PIB, la première sera la locomotive qui tirera le second, et non le fourgon de queue.

Je prédis que vous en viendrez à vous placer dans cette perspective et je vous invite à mesurer nos performances et à nous juger à l'aune des progrès accomplis sur la voie que j'ai tenté de décrire.

Merci de m'avoir écouté. Mes collaborateurs vont maintenant se joindre à moi pour répondre à vos questions.

ANNEXE **B**

# Planning de la Session C 2001

1. **Business Leadership**
   - Forecast Business and Organization Drivers During the Next Year and Discuss Required Organization and Leadership Changes *(On Organization Charts, Highlight Those With Less Than Two Years in Role).*
   - Evaluation of Direct Reports. Reference all EMS's from the e-EMS System for Performance/Promotability Discussion.
   - Utilize Format Provided for Relative Rankings *(20-70-10)* for all Officers and SEB's.
   - List Best Back-Ups for Each Direct Report Position (*Indicate 6σ Experience*).
   - Use "Bar Chart" to Indicate Compensation Differentiation and "Bucket Chart" to Illustrate Hire/Attrition Dynamics.
2. **e-Business - Digitization**
   - CEO, CFO and Team to Review Digitization of Decision Support and How You Are Changing Your "Leadership Day."
   - Review your Vision/Actions of a Digitized Organization *(Fewer Layers, Front-Room/Back-Room Resources Redeployment, New Ideas).* Provide Examples of Your "Leadership Cockpit."
3. **Quality - Customer Centricity**
   - CEO/Quality Leader Discussion re 6σ Organization Status and Vitality.
   - Provide 6σ "DNA" Summary of 2000 Promotions From MBB/BB Positions Into Operating Roles With Best/High Impact Examples. Discuss Future MBB/BB Pipeline.
   - Discuss Quality Training Programs and Describe Plans to Achieve and Maintain 100% Employee Six Sigma Certification.
4. **Globalization**
   - CEO/Sourcing/Manufacturing Leader Review Describing Organization/Leadership Moves to Accelerate Major Sourcing Initiatives Globally *(Intellect, Technology, Auctions etc).*
   - Review Metrics and Structure of your Global Business *(Team Measurements, Global vs. Regional Dynamics, FSE and Localization Plans).*
5. **Sales/Services - Technology**
   - CEO/Sales/Service/Technology Leader *(Service, Product)* Discussion regarding Performance and Effectiveness of the Leadership Team in Driving New Opportunities.
   - Describe Processes and Resources for Seamless Integration of Sales and Service Teams to Drive Growth.
6. **EB Talent**
   - Rank the Performance of EB Employees (20-70-10) with Promotability Overlay *(Format Attached).* For Key Top Performers, Discuss Development Plans. For Least Effective, Planned Resolution.
   - Use "Bar Chart" to Indicate Compensation Differentiation and "Bucket Chart" to Illustrate Hire/Attrition Dynamics.
7. **Diversity**
   - 2000 Progress/2001 Plans (Including $EB^+$ U.S. Diversity #'s) For All Populations.
   - Review Status and Results of Staff Mentoring and Plans to Increase Diverse EB and Above Population.
   - CEO/Affinity Group Leaders Review of 2001 Game Plans to Develop and Coach High Potentials.
8. **Pipeline Development**
   - High Potential Lists and Best Bets for Officer and SEB.
   - Nominations for EDC/BMC/Executive Assessments *(Include Name, Title, Band, Performance Rating, Diversity Status, Home Country).*
9. **Honeywell Integration**
   - Detail Organization Opportunities and Key Talent.
10. **Appendix**
    - "Bucket Chart" Back-Up for Officers/SEB's/EB's *(#, Name, Diversity Status, Title, "From/To").*
    - "Bar Chart" Back-Up *(Name, Ranking, Diversity Status, Title).*

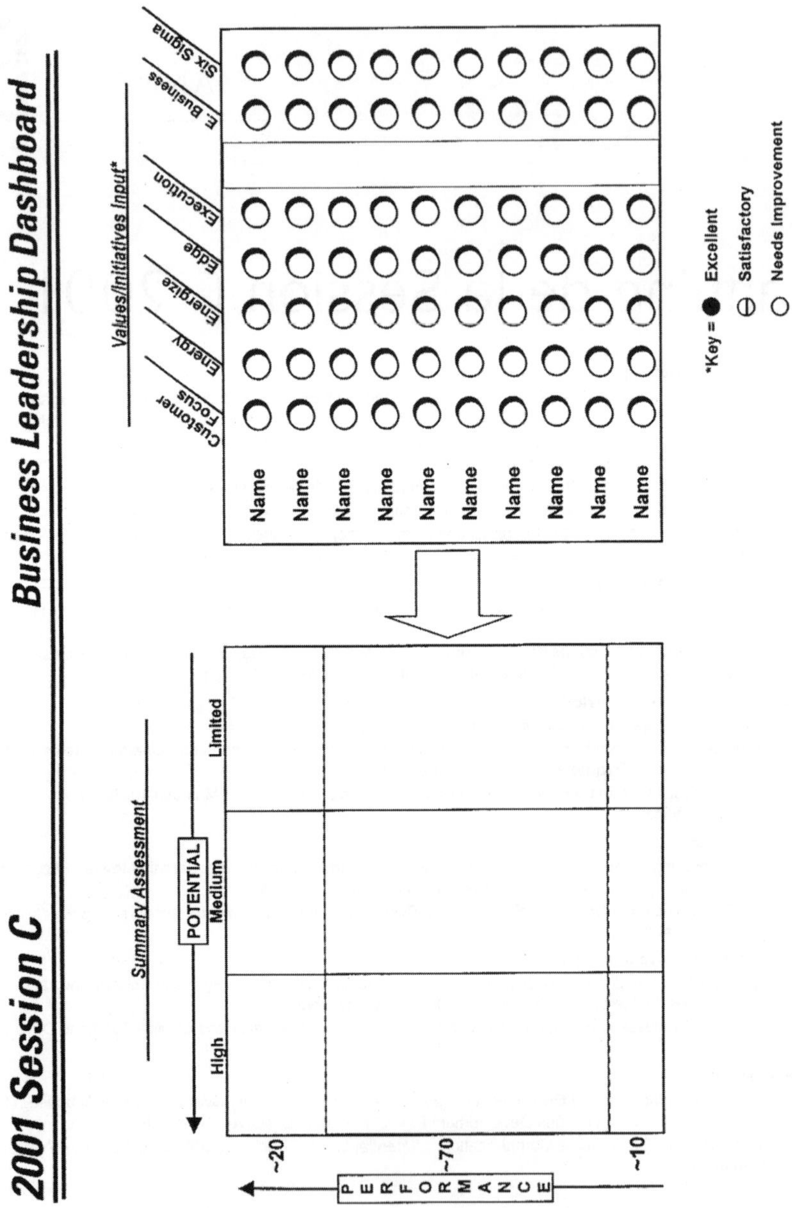
2001 Session C
Business Leadership Dashboard
Summary Assessment
POTENTIAL
High
Medium
Limited
PERFORMANCE
~20
~70
~10
Values/Initiatives Input*
Customer Focus
Energy
Energize
Edge
Execution
E. Business
Six Sigma
Name
*Key =
Excellent
Satisfactory
Needs Improvement

## 2001 Session C — EB Vitality

**Performance/Promotability** *(Denote: *Female, ♦Minority, σ MBB/BB Experience)*

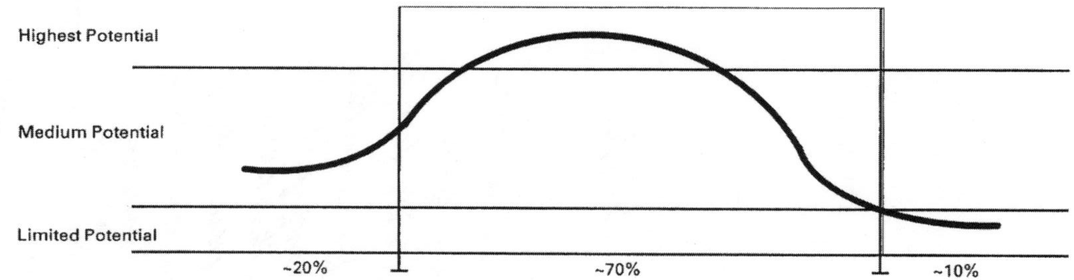


**Differentiated Rewards**

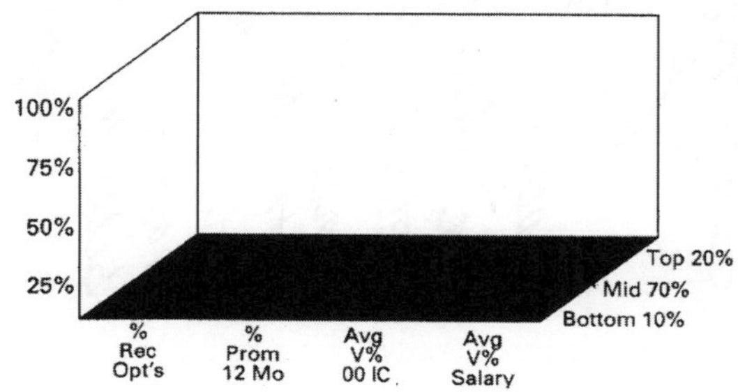


**Executive Churn** *(Since '00 S-C)*

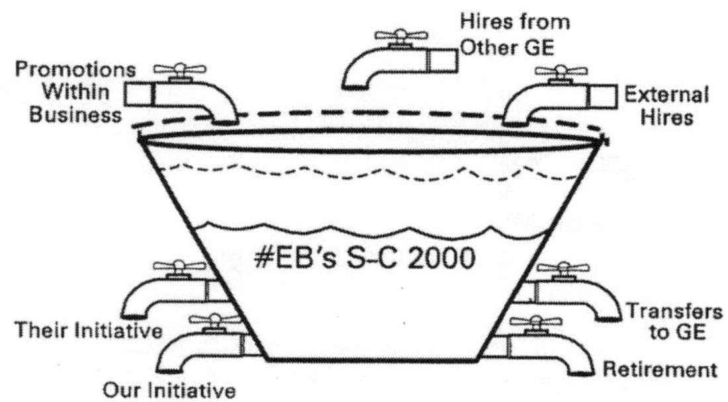

# ANNEXE C

John F. Welch
*Chairman of the Board*

*General Electric Company*
*3135 Easton Turnpike, Fairfield, CT 06431*

2/19/01

Dear Jeff,

Congratulations on everything--- Your year at Medical, your selection as CEO of the best Company in the world and the wonderful start you have in this new role. I knew you were really good---- but you are even better than I could imagine.

Congratulations on the $______ --- it is just the beginning!

I look forward to cheering you on and will always be available when <u>you</u> feel it would be useful.

Thanks again,

Jack

**John F. Welch**
*Chairman of the Board*

*General Electric Company*
*3135 Easton Turnpike, Fairfield, CT 06431*

Dear Jeff, 2/13/00

Congratulations on a sensational year. Your IC is $_____ up 41% over last year reflecting this. Attached are my comments on last year.

For 2000, I think it is---

1.) More New products (DFSS)

2.) Better "operations" Cash, cost mgt. --- Have to both grow & acquire ---- and get prepared for a rainy day. We can tighten up and really execute in 2000

3.) Make the Global Product Company a way of life -- Another year should really do this.

Jeff, Congratulations. Jack

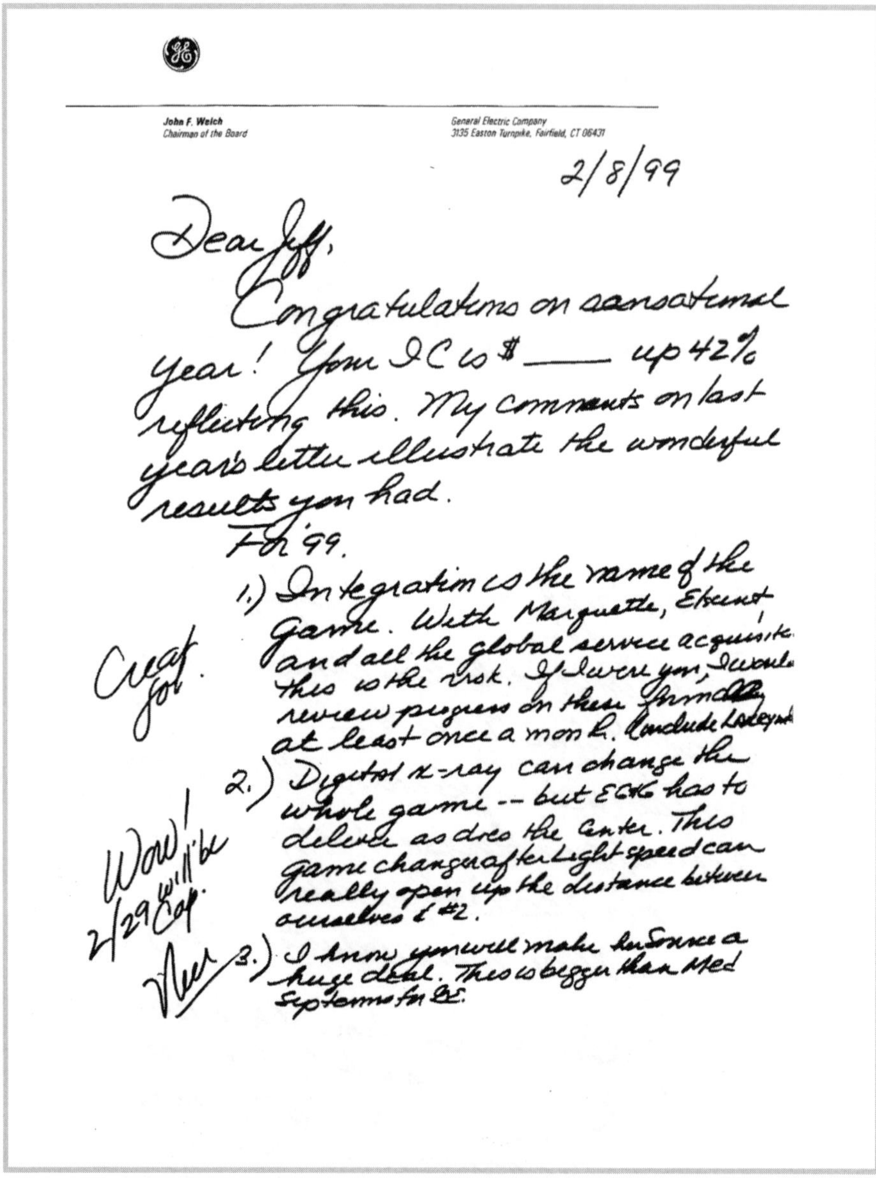

John F. Welch
Chairman of the Board

General Electric Company
3135 Easton Turnpike, Fairfield, CT 06431

2/8/99

Dear Jeff,

Congratulations on a sensational year! Your IC is $___ up 42% reflecting this. My comments on last year's letter illustrate the wonderful results you had.

For '99.

1.) Integration is the name of the game. With Marquette, Elscint, and all the global service acquisitions this is the risk. If I were you, I would review progress on these formally at least once a month. Include Lakeyard.

2.) Digital x-ray can change the whole game -- but EGHG has to deliver as does the center. This game changer after Light speed can really open up the distance between ourselves & #2.

3.) I know you will make InSite a huge deal. This is bigger than Med Systems for GE.

Great job.

Wow!

2/29 will be Cap.

Jack

**John F. Welch**
*Chairman of the Board*

*General Electric Company*
*3135 Easton Turnpike, Fairfield, CT 06431*

2/8/99

Wonderful 4.) Your customer 6σ focus on order to first image can be the Company role model. Lightspeed touched a few --- this can touch them all.

You have 5.) Ultrasound & Nuclear have gone from also rans to real players. Be sure you use Session C to review their teams' capabilities --- Have the people matched the businesses growth?

Jeff, another great year. I like everything you are doing in every way. Call on me for anything. As I said last year, I want to help.

Best,

Jack

P.S. I'll be looking for your businesses' Internet ideas! -- New Distribution??

PPS. The "Global Product Company" is a huge deal - It will take enormous energy & dreaminess to make it happen.

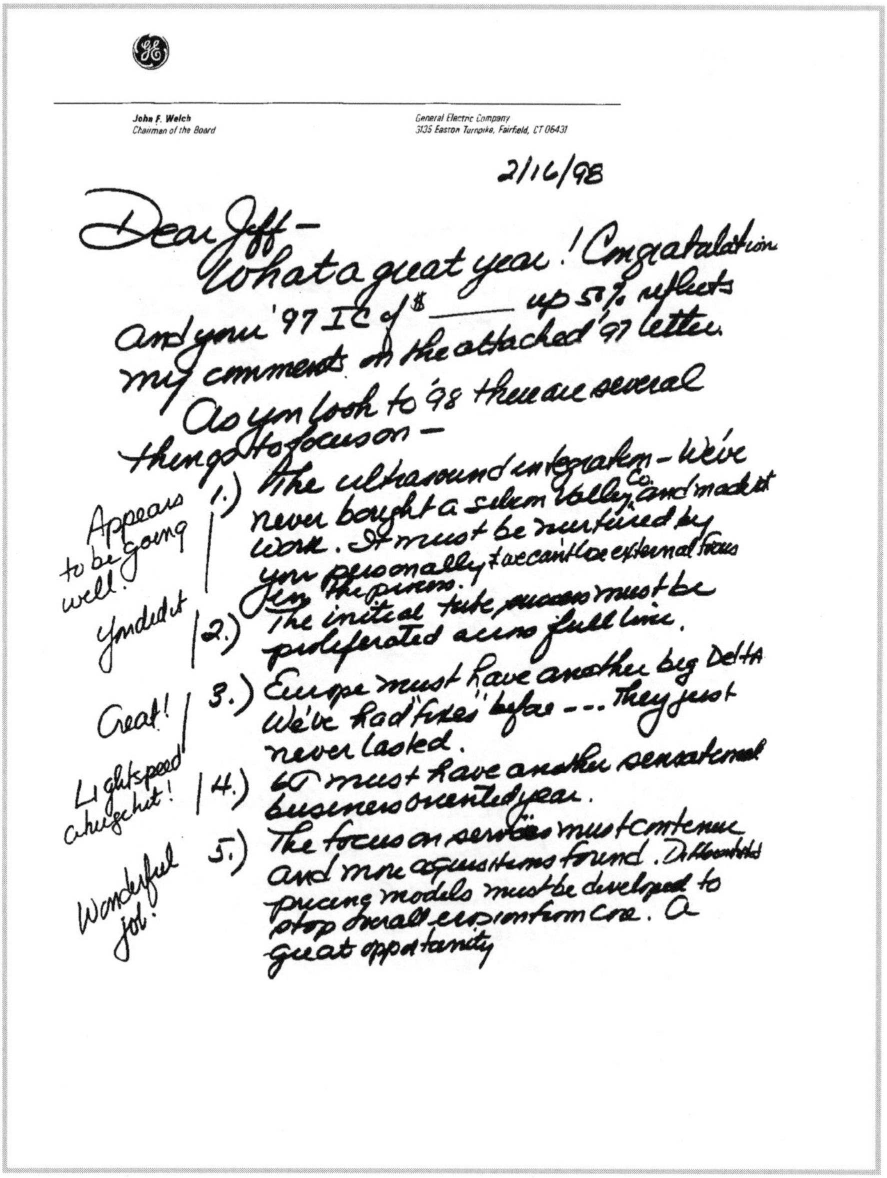

John F. Welch
Chairman of the Board

General Electric Company
3135 Easton Turnpike, Fairfield, CT 06431

2/16/98

Dear Jeff –

What a great year! Congratulations and your '97 IC of $____ up 50% reflects my comments on the attached '97 letter.

As you look to '98 there are several things to focus on –

1.) The ultrasound integration – We've never bought a Silicon Valley Co. and made it work. It must be nurtured by you personally & we can't lose external focus in the process.

2.) The initial tube success must be proliferated across full line.

3.) Europe must have another big Delta. We've had "fixes" before ... they just never lasted.

4.) 6σ must have another sensational business oriented year.

5.) The focus on services must continue and more acquisitions found. Differentiated pricing models must be developed to stop overall erosion from core. A great opportunity

Appears to be going well!

You did it

Great!

Lightspeed a huge hit!

Wonderful job!

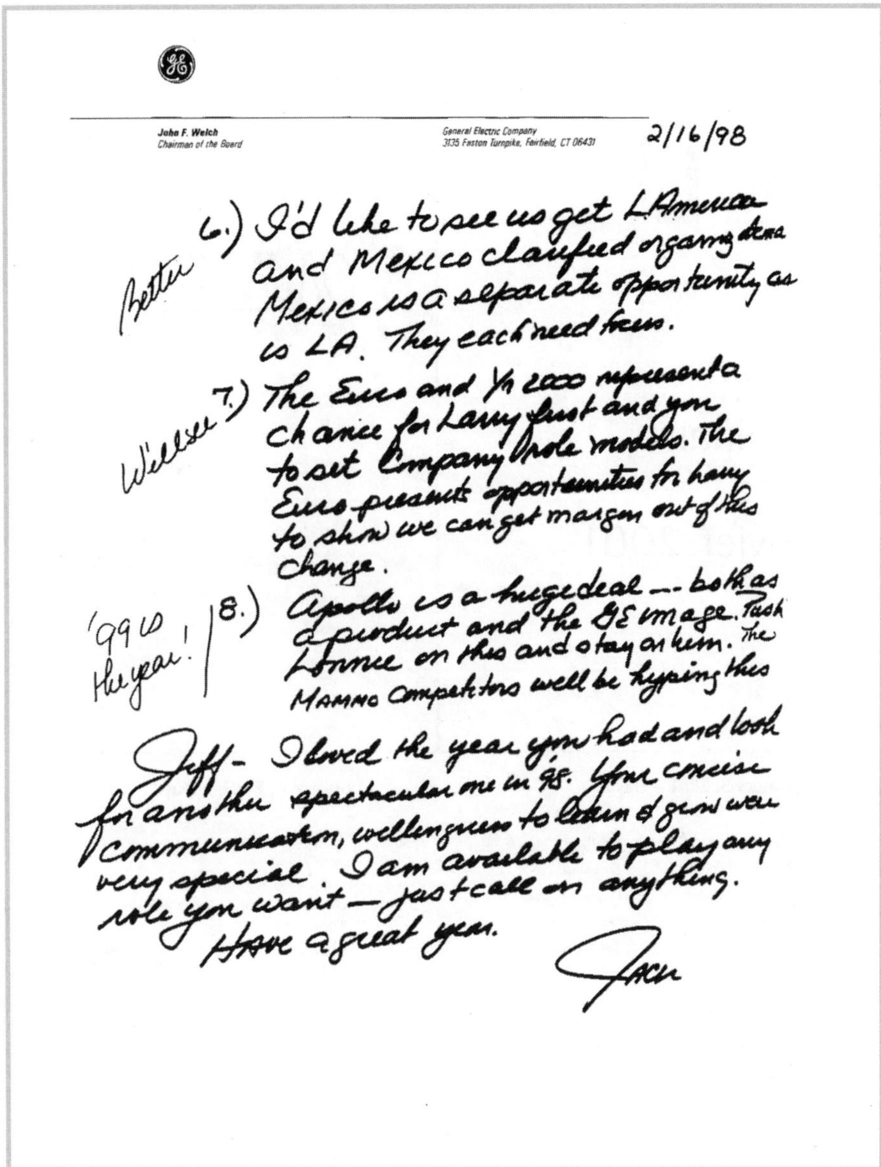

**John F. Welch**
Chairman of the Board

General Electric Company
3135 Easton Turnpike, Fairfield, CT 06431

2/16/98

Better 6.) I'd like to see us get L America and Mexico clarified organizationally. Mexico is a separate opportunity as is LA. They each need focus.

Will see 7.) The Euro and Yr 2000 represent a chance for Larry first and you to set Company role models. The Euro presents opportunities for Larry to show we can get margin out of this change.

'99 is the year! 8.) Apollo is a huge deal -- both as a product and the GE image. Push Lonnie on this and stay on him. The MAMMO competitors will be hyping this

Jeff- I loved the year you had and look for another spectacular one in 98. Your concise communication, willingness to learn & grow were very special. I am available to play any role you want — just call on anything.

Have a great year.

Jack

# ANNEXE D

## Planning du séminaire de Boca de janvier 2001

**OMM2001**

*Operating Managers Meeting*

**Business Agenda**

**January 3-4, 2001**
**Operating Managers Meeting**
**Boca Raton, Florida**

### January 3, 2001 – Day I

| | | |
|---|---|---|
| 7:30 | Opening Remarks | *Jack Welch* |
| | Financial Report | *Keith Sherin* |
| | Honeywell Update | *Dennis Dammerman* |
| | Integrity | *Ben Heineman* |
| | NBC Update | *Bob Wright* |
| | *Break* | |
| | **e-BUSINESS** | |
| | Overview | *Jeff Immelt* |
| | **Make** | |
| | Driving Productivity Through Digitization | *Denis Nayden*<br>*John Rice*<br>*Joe Hogan*<br>*Dave Calhoun* |
| | *Break* | |
| | **Sell** | |
| | Changing Industry Structure | *Larry Johnston* |
| | Growth Through Digitization | *Bill Meddaugh* |
| | **Buy** | |
| | e-Sourcing Best Practices | *Lloyd Trotter* |
| | e-Transactions | *Ted Torbeck* |
| | Integration of Make Buy, Sell | *Rick Smith* |

### January 4, 2001 – Day II

| | | |
|---|---|---|
| 7:30 | Overview | *Jeff Immelt* |
| | **GLOBALIZATION** | |
| | Global Best Practice Translations | *Gary Rogers* |
| | Sourcing Intellect Globally | *Scott Donnelly* |
| | Sourcing Services Globally | *Tiger VN Tyagarajan* |
| | Global Sourcing and Digitization | *Marc Onetto* |
| | *Break* | |
| | **SIX SIGMA** | |
| | Overview | *Piet van Abeelen* |
| | At the Customer | *David Joyce* |
| | Price Management Using Span | *Charlene Begley* |
| | Fulfillment Span | *Bill Driscoll* |
| | *Break* | |
| | **SERVICES** | |
| | The Installed Base Growth Opportunity | *George Oliver*<br>*Ric Artigas*<br>*Dennis Cooke*<br>*Mike Neal* |
| | *Stretch Break* | |
| | Closing Remarks | *Jack Welch* |

# Remerciements

J'ai toujours eu la chance d'avoir à mes côtés des hommes et des femmes dont le soutien, les encouragements et l'affection ont fait toute la différence du monde. Ils ont rendu mon aventure personnelle passionnante et enrichissante, me faisant souvent paraître meilleur que je ne suis. Certains d'entre eux, comme ma mère, n'ont guère besoin d'être mentionnés ici – ils sont omniprésents dans tout ce qui précède. Toutefois, beaucoup d'autres sont à peine mentionnés. Le docteur Jim Westwater, mon directeur de thèse à l'université de l'Illinois, en fait partie. Pourtant, si toutes ces personnes ne m'avaient pas apporté leur soutien, personne n'aurait jamais entendu parler de Jack Welch.

Il m'est arrivé de dire que si je n'étais pas l'ampoule la plus brillante du lustre, j'avais du moins le talent de faire en sorte que toutes les autres, ou presque, brillent de tous leurs feux. J'ai peur de ne pouvoir nommer tout le monde. Je demande à ceux qui ont joué un rôle dans ma vie et que j'ai pu oublier de bien vouloir accepter mes excuses. Mes remerciements ont beau être brefs, ma gratitude n'en est pas moins durable et profonde.

Je voudrais tout d'abord remercier mon épouse, Jane, pour sa patience et son amour. C'est ma meilleure amie, ma confidente. Jane s'est montrée plus que compréhensive, alors même que la rédaction de ce livre tournait à l'obsession. Je tiens aussi à remercier mes quatre enfants, Kathy, John, Anne et Mark. Ils sont extraordinaires. Je sais qu'il n'est pas toujours facile d'avoir Jack Welch comme papa, mais de leur côté, ils ont tout fait pour me faciliter mon rôle de père. Ils m'ont donné huit petits-enfants fantastiques qui ont déjà beaucoup enrichi ma vie et joueront un rôle plus important encore à l'avenir.

J'ai appris très tôt dans ma carrière que si l'on veut que les choses soient faites, le secret est d'avoir une assistante super efficace. J'en ai eu quatre : Eunice Hurley aux plastiques, Louise Koval quand j'ai été directeur de groupe, Helga Keller quand je suis arrivé à Fairfield et pendant mes sept premières années de présidence et enfin Rosanne Badowski. Je n'aurais pas été capable d'arriver au bout de nombreuses journées GE sans Rosanne. Ces treize dernières années, elle m'a soutenu de façon incroyable. Sue Baye, son assistante dévouée, m'aide depuis vingt ans.

J'ai eu de nombreux excellents professeurs et j'ai tenté de les nommer tous dans cet ouvrage. GE avait cent ans d'ancienneté avant que Jack Welch n'y apporte le moindre impact. Je dois évidemment beaucoup à tous ceux qui ont construit le groupe dont nous avons hérité. J'ai ainsi une dette envers Fred Borch, le prédécesseur de Reg, qui a eu le courage de me nommer directeur, ainsi qu'à son spécialiste de la stratégie entrepreneuriale, Jack McKitterick. Fred et Jack étaient des aventuriers. Leurs entreprises n'ont pas toujours été couronnées de succès, mais beaucoup l'ont été.

Quand je pense à GE et à son passé, je constate qu'il est impossible de nommer toutes les personnes à qui je dois de la reconnaissance. Quelques noms reviennent souvent dans le récit de mes premières années. Leurs efforts ont eu un grand impact sur ce qui allait suivre. Whit Ridgway a promu l'internationalisation de notre activité Turbines à gaz. Gerhard Neumann a été le premier pilote de la construction de moteurs de jets. « Ticker » Klock a vu la promesse que recelait GE Capital. Ces individus et leurs associés ont planté le décor.

Je tiens à remercier tous ceux qui, à Selkirk, ont fait en sorte que mon premier poste de management soit un succès, depuis Billy Mack jusqu'à Kevin Murray, qui a commencé dès le tout premier jour et est resté trente ans.

Je ne remercierai jamais suffisamment Ted LeVino. Alors DRH, il a vu la nécessité d'opérer un changement de première grandeur chez GE et le soutien qu'il m'a apporté pendant la course à la succession a été crucial. J'ai eu la chance d'avoir d'autres DRH intelligents et efficaces. Frank Doyle et Jack Peiffer ont précédé Bill Conaty. Frank m'a apporté une aide particulièrement précieuse pendant les années difficiles, quand nos premières décisions de restructuration ont suscité tant de critiques.

Aucun d'entre eux n'a la place qu'il mérite dans ce livre. Pas plus que Glen Hiner, qui a dirigé avec succès la division Plastiques des années durant, ou Gary Rogers, qui a dirigé trois grandes unités : la distribution électrique, l'électroménager et les plastiques. J'ai été enchanté de voir Jeff Immelt proposer au Conseil de nommer Gary président adjoint en 2001.

Nombre d'autres grands dirigeants ont laissé leur marque dans diverses divisions GE, comme Dick Stonesifer et Larry Johnston à l'électroménager, Jack Urquhart aux générateurs électriques, Jim Rogers aux moteurs d'avions, Uwe Wascher aux plastiques et Carl Schlemmer aux transports. Carl nous a convaincus d'investir dans les locomotives à un moment où peu de personnes y voyaient le moindre avenir. Sa division, le transport, a servi de terrain d'entraînement à nombre de dirigeants.

J'ai déjà mentionné la performance remarquable de Lloyd Trotter, PDG de notre division Industrie, mais je tiens à le remercier d'avoir amélioré GE de bien d'autres manières. Sa générosité d'esprit en a fait un modèle pour tout le personnel. Il a fondé et dirigé avec succès l'African-American Forum de GE.

Au fil des années, beaucoup de collaborateurs remarquables ont créé des relations intimes et durables avec les clients de GE. Ces relations ne sont jamais aussi essentielles qu'en période de changement de direction. Je citerai, entre autre, Ed Bavaria et Chuck Chadwell aux moteurs d'avions, Del Williamson aux générateurs, Jim DelMauro, Paul Mirabella et Tom Dunham à l'imagerie médicale ; Dave Tucker aux transports ; Charlie Crew, Omer Murphy et Herb Rammrath aux plastiques.

J'ai mentionné plusieurs administrateurs, mais beaucoup d'autres n'ont pas été cités, bien qu'ils aient joué un rôle important dans cette histoire. Je voudrais remercier en particulier Sandy Warner, qui a apporté à toutes nos réunions une précieuse perspective économique internationale, Henry Henley, Charlie Dickey, Barbara Preiskel, Wayne Calloway, George Low, Bob Mercer et Jim Cash ainsi que certains partenaires plus récents, dont Andrea Jung, Ann Fudge et Shelly Lazarus.

RCA nous a donné non seulement Gene Murphy, devenu plus tard président adjoint, mais aussi Rick Miller, qui a intégré avec succès la fabrication de téléviseurs de GE et celle de RCA et John Rittenhouse, qui en a fait autant pour l'aéronautique et la défense. Trois remarquables administrateurs viennent également de RCA : Thornton Bradshaw ; le Général David Jones, grand patriote ; et l'ancien ministre de la justice William French Smith.

Je tiens à mentionner trois personnes qui ont dirigé notre fonds de pension et rendu plus sûre la retraite de nombreux salariés de GE : Ed Malone, Dale Frey, qui a énormément élargi le champ de ses activités, et le patron actuel, John Myers. Un exemple de la créativité avec laquelle Dale et John géraient leurs investissements, c'est l'immeuble Gulf & Western, à New York. Ils ont acheté cet immeuble au milieu des années 1990 dans un marché immobilier incertain, créé un partenariat avec Donald Trump, puis utilisé la magie de son nom et son génie en matière de marketing pour transformer cet immeuble en l'un des développements hôteliers les plus rentables de New York.

Deux personnes extérieures à GE ont stimulé ma réflexion : Peter Drucker et Ram Charan, avec lequel j'ai toujours aimé échanger des idées. C'est au cours de l'une de ces discussions sur les valeurs de GE et leur importance qu'il a créé l'expression « architecture sociale ».

Je suis particulièrement reconnaissant à Bill Lane, qui travaillait avec moi, tous les ans, la lettre du président qui figure dans le rapport annuel. Bill prenait cette tâche avec autant de sérieux que moi.

J'ai eu la chance d'avoir beaucoup d'amis très intimes en dehors de ma vie professionnelle. Quatre d'entre eux m'étaient particulièrement proches : Anthony LoFrisco et sa femme, Eleanor, et Carl Warren et sa femme, Donna. Avec mes amis de bureau, les Fresco, les Bossidy, les Wright et les Puccini, nous formons une bande qui n'engendre pas la mélancolie.

Partout où je suis passé, il y a toujours eu un *foursome* de golf grâce auquel je passais d'excellents week-ends. Dans les premiers temps, au Berkshire Hills Country Club, il y a eu Dave Dansereau, Pete Jones et John Kreiger. Au Country Club de Pittsfield, je retrouvais Sel Atherton, Ernie Sagalyn et Jim O'Brien. Au Silver Spring Country Club, c'était Carl Warren, Ron Weber et Chuck Lokey. Enfin, au country club de Fairfield, nous étions cinq à nous relayer : Ocie Adams, Tom Graham, Bill Gray et Tom Kreitler.

Je souhaite également remercier Bill Hutton et son épouse Joan. À l'âge de quatre-vingt-quatorze ans, Bill continue à venir tous les jours à son bureau de Prudential Securities. C'est un gentleman consommé. Bill et Joan avaient été champions du Sankaty Head plusieurs années plus tôt, mais ils ont eu la gentillesse de prendre Jane sous leur aile à ses débuts, quand elle ne parvenait pas à faire décoller sa balle du tee. Bill continue à appeler mon bureau chaque fois que le titre GE atteint un nouveau sommet, pour me dire qu'il continue à en recommander l'achat.

Je remercie Strat Sherman et Noel Stichy d'avoir écrit le premier livre sur moi. Travailler avec eux m'a permis d'y voir plus clair. Noel a aussi joué un rôle clé dans la rénovation de Crotonville.

Écrire un livre ne ressemble à rien de ce que j'avais fait auparavant et je dois dire que c'est nettement plus difficile que je ne l'imaginais. Heureusement, j'ai reçu l'aide de collaborateurs de toutes les divisions de GE. Jeff Immelt et Dennis Dammerman ont été particulièrement obligeants et m'ont prodigué critiques et conseils précieux. Je voudrais aussi remercier Bob Nelson, Brackett Denniston, Bill Conaty, Beth Comstock et Joyce Hergenhan, qui ont relu des parties du manuscrit. Pam Wickham et Katie Varner se sont chargées de la recherche d'éléments factuels et chiffrés importants.

Je suis reconnaissant à Andy Lack, de NBC, qui a eu l'idée du titre américain. Bob Woodward, du *Washington Post*, a suggéré plus tard un titre un peu similaire. Si deux journalistes célèbres parvenaient chacun de leur côté à la même conclusion, il m'a semblé que l'idée devait être bonne.

J'ai déjà remercié Reg Jones dans ce livre pour le soutien inébranlable qu'il m'a apporté. Mais je tiens aussi à le remercier d'avoir raconté sa vie et son point de vue sur sa succession à mon collaborateur John Byrne au cours de deux longs entretiens.

Chez GE, cependant, nul n'a consacré plus de temps ou apporté à ce livre une contribution plus précieuse que Rosanne, mon assistante. Elle y a consacré de nombreux week-ends et a largement allongé ses journées de travail – ses efforts l'ont d'ailleurs beaucoup amélioré. Elle m'a aidé à démêler les phrases les plus maladroites, fait de nombreuses suggestions et repéré bon nombre d'erreurs.

Plusieurs de mes amis d'enfance, en particulier Bill Cullen et George Ryan, m'ont aidé à revivre les détails de notre jeunesse à Salem. John Kreiger, autre vieil ami, m'a rappelé nombre de souvenirs de Pittsfield. Je voudrais aussi remercier ma première épouse, Carolyn, qui a eu la gentillesse de prendre plusieurs fois le temps de parler à John Byrne des années que nous avions passées ensemble.

J'ai emprunté à Bernadine Healy, directrice de la Croix Rouge, l'expression « sympathie de façade » qui décrit à la perfection le comportement des bureaucraties.

C'est Mark McCormack qui, avec ses visites semi-annuelles, répétées plusieurs années de suite, a fini par me convaincre d'écrire ce livre. Mark Reiter, mon agent, m'a aidé à trouver d'excellents éditeurs aux États-Unis et dans le reste du monde.

Enfin, et c'est le plus important, je tiens à remercier John Byrne. Nous avons certainement passé plus de mille heures ensemble à peaufiner chaque phrase, chaque mot, chaque virgule. John a également interviewé plus de cinquante personnes dont les souvenirs ont précisé les miens. Son caractère égal et sa faible tension artérielle ont donné à notre équipe une grande stabilité. Au bout de quinze à seize heures de travail, quand nous étions au bord de l'épuisement total, il prouvait encore son insatiable curiosité intellectuelle et sa ténacité en rouvrant son ordinateur pour retaper une phrase ou une réflexion mal présentée.

L'équipe de Time Warner Trade Publishing a fait un travail remarquable. Nous avions choisi Warner comme éditeur à cause de la passion que son président Larry Kirshbaum et son éditeur Rick Wolff avaient tout de suite montrée pour le projet. Nous ne nous étions pas trompés.

Larry s'est donné à fond, travaillant la nuit et le week-end. Il s'est avéré impossible de le tenir à l'écart, il a pratiquement fait équipe avec John et moi. Au cours de l'une de ces séances de travail tardives, je me suis tourné vers lui et lui ai dit : « Tu sais, chaque fois que je te regarde, j'ai l'impression de me voir moi-même. » J'adore Larry et la passion qui l'anime.

Rick était toujours plongé dans le livre. Nous l'avons surnommé « le chef de gare » parce qu'il passait sa vie à nous titiller pour nous faire respecter le calendrier. Et comme le train avait parfois du retard, Harvey-Jane Kowal, directeur éditorial, et Bob Castillo, son bras droit, ont dû faire des miracles pour que la date de parution prévue soit respectée.

Je le répète, j'ai sans doute oublié quelques personnes, voire davantage, parmi toutes celles qui ont rendu possible cette grande aventure. J'espère que chacune d'entre elles sait à quel point je lui suis reconnaissant.

# Index

## C

# D

## E



## F

## G

## H



## I



## J

## S

## W



## X



## Y



## Z



*Cet ouvrage a été achevé d'imprimer*
*par l'Imprimerie Floch à Mayenne en décembre 2001.*
*Dépôt légal : décembre 2001. N° d'impression : 53173.*
*Imprimé en France*